Applied Marketing Science / Angewandte Marketingforschung

Reihe herausgegeben von

Dieter Ahlert, Marketing Centrum Münster, Westfälische Wilhelmsuniversität Münster, Münster, Deutschland

Christof Backhaus, Newcastle University Business School, Newcastle, UK

Markus Blut, Newcastle University Business School, Newcastle, UK

Christian Brock, Wirtschafts- & Sozialwiss, Universität Rostock, Rostock, Mecklenburg-Vorpommern, Deutschland

Andreas Eggert, Lehrstuhl für BWL, Universität Paderborn, Paderborn, Deutschland

Heiner Evanschitzky, Department of Marketing, Aston Business School, Birmingham, UK

Ina Garnefeld, Schumpeter Sch, Bergische Universität Wuppertal, Wuppertal, Nordrhein-Westfalen, Deutschland

Josef Hesse, Lehrstuhl für BWL, Universität Münster, Münster, Deutschland

Hartmut H. Holzmüller, Lehrstuhl für Marketing, Technische Universität Dortmund, Dortmund, Deutschland

Gopalkrishnan R. Iyer, Department of Marketing, Florida Atlantic University, Boca Raton, FL, USA

Lou Pelton, College of Business, University of North Texas, Denton, TX, USA

Jan Hendrik Schumann, Lehrstuhl für BWL, Schwerpunkt Market, Universität Passau, Passau, Bayern, Deutschland

Arun Sharma, Department of Marketing, University of Miami Department of Marketing, Miami, FL, USA

Florian von Wangenheim, Technology Marketing, Zürich, Schweiz

David M. Woisetschläger, Lehrstuhl für Dienstleistungsmanage, TU Braunschweig, Braunschweig, Deutschland

Nancy Wünderlich, Universität Paderborn, Paderborn, Deutschland

The book series "Applied Marketing Science / Angewandte Marketingforschung" is designated to the transfer of top-end scientific knowledge to interested practitioners. Books from this series are focused – but not limited – to the field of Marketing Channels, Retailing, Network Relationships, Sales Management, Brand Management, Consumer Marketing and Relationship Marketing / Management. The industrial focus lies primarily on the service industry, consumer goods industry and the textile / apparel industry. The issues in this series are either edited books or monographs. Books are either in German or English language; other languages are possible upon request.

Book volumes published in the series "Applied Marketing Science / Angewandte Marketingforschung" will primarily be aimed at interested managers, academics and students of marketing. The works will not be written especially for teaching purposes. However, individual volumes may serve as material for marketing courses, upper-level MBA- or Ph.D.-courses in particular.

Prof. Dr. Dieter Ahlert, Universität Münster, Deutschland
Prof. Dr. Christof Backhaus, Newcastle University, UK
Prof. Dr. Markus Blut, Newcastle University, UK
Prof. Dr. Christian Brock, Universität Rostock, Deutschland
Prof. Dr. Andreas Eggert, Universität Paderborn, Deutschland
Prof. Dr. Heiner Evanschitzky, Aston Business School, UK
Prof. Dr. Ina Garnefeld, Universität Wuppertal, Deutschland
Dr. Josef Hesse, Münster, Deutschland
Prof. Dr. Hartmut H. Holzmüller, Technische Universität Dortmund, Deutschland
Prof. Dr. Gopalkrishnan R. Iyer, Florida Atlantic University, USA
Prof. Dr. Lou Pelton, University of North Texas, USA
Prof. Dr. Jan Hendrik Schumann, Universität Passau, Deutschland
Prof. Dr. Arun Sharma, University of Miami, USA
Prof. Dr. Florian von Wangenheim, ETH Zürich, Schweiz
Prof. Dr. David M. Woisetschläger, Technische Universität Braunschweig, Deutschland
Prof. Dr. Nancy Wünderlich, Universität Paderborn, Deutschland

Weitere Bände in der Reihe http://www.springer.com/series/12293

Isabelle Kes

Retargeting und die Rolle des Online-Shopping-Momentums

Theoretische Fundierung und empirische Analyse

 Springer Gabler

Isabelle Kes
München, Deutschland

Dissertation Technische Universität Braunschweig, 2019

ISSN 2627-1982   ISSN 2627-2008   (electronic)
Applied Marketing Science / Angewandte Marketingforschung
ISBN 978-3-658-31987-8   ISBN 978-3-658-31988-5   (eBook)
https://doi.org/10.1007/978-3-658-31988-5

Die Deutsche Nationalbibliothek verzeichnet diese Publikation in der Deutschen Nationalbibliografie; detaillierte bibliografische Daten sind im Internet über http://dnb.d-nb.de abrufbar.

Planung/Lektorat: Carina Reibold
Springer Gabler ist ein Imprint der eingetragenen Gesellschaft Springer Fachmedien Wiesbaden GmbH und ist ein Teil von Springer Nature.
Die Anschrift der Gesellschaft ist: Abraham-Lincoln-Str. 46, 65189 Wiesbaden, Germany

Geleitwort

Der Markt für Online-Werbung insgesamt und für verhaltensbasierte Online-Werbung im Besonderen ist seit Jahren in seiner ökonomischen Bedeutung stetig steigend, so dass die Frage der Effektivität der Online-Werbung für die Unternehmenspraxis von hoher Relevanz ist. Speziell im Online-Handel sind Unterbrechungen von Kaufprozessen ein großes Problem, da solchen Unterbrechungen noch schwieriger als im stationären Handel durch anbieterseitige Maßnahmen entgegengewirkt werden kann. Vor diesem Hintergrund ist die Erforschung des Online-Shopping-Momentums von hoher Bedeutung. Verhaltensbasierte Online-Werbung ist potenziell geeignet, bei Unterbrechungen des Online-Shopping-Prozesses das Momentum zu einem späteren Zeitpunkt aufzunehmen. Zur Erfolgswirkung verhaltensbasierter Online-Werbung wie bspw. dem Retargeting gibt es in der Literatur schon zahlreiche positive Befunde. Über die Rolle der Zeit, also Unterschiede in der kurz- bzw. längerfristigen Wirksamkeit und die Bedeutung von Retargeting für eine mögliche Wiederaufnahme des Shopping-Momentums existieren bislang jedoch keine wissenschaftlichen Forschungsarbeiten.

Die Dissertationsschrift von Dr. Isabelle Kes setzt an diesen Forschungslücken an und fundiert in zahlreichen empirischen Studien die Entstehung des Online-Shopping-Momentum und untersucht die Wirkung von Retargeting als einer Form der verhaltensbasierten Online-Werbung auf das periodeninterne und periodenübergreifende Shopping-Momentum. Die Untersuchungen basieren sowohl auf szenariobasierten Laborexperimenten als auch auf realen Feldexperimenten mit echten Verhaltensdaten. Dies ist insbesondere deshalb bedeutend, da somit ein gleichermaßen hohes Maß interner und externer Validität der Befunde gesichert ist.

Die Arbeit liefert gleich mehrere wissenschaftliche Erkenntnisgewinne. So erfolgt erstmalig ein Nachweis für die mehrperiodige Natur des Online-Shopping-Momentum. Darüber hinaus erhöhen die empirischen Untersuchungen das Verständnis der Wirkung von verhaltensbasierter Online-Werbung im Zeitverlauf. So kann beispielsweise eine positive Wirkung von Retargeting auf Cross-Buying sowie das langfristige Suchverhalten nachgewiesen werden. Zudem konnten Carry-Over-Effekte von Retargeting nachgewiesen werden, die einen nicht nur auf die kurzfristige Konsumentenreaktion ausgerichteten Einsatz dieses Instruments nahelegen.

Die Untersuchungen von Frau Dr. Isabelle Kes tragen somit insgesamt zu einem besseren Verständnis bei, wie verhaltensbasierte Online-Werbung im Kaufprozess des Konsumenten funktioniert und welche Wirkung in verschiedenen Phasen entfaltet wird. Die aus den empirischen Untersuchungen abgeleiteten Handlungsempfehlungen bieten wertvolle Anregungen für den Einsatz und die Optimierung von verhaltensbasierter Online-Werbung, beispielsweise für die Preissetzung von Online-Werbung.

Mit ihrer Arbeit ist es Frau Dr. Isabelle Kes gelungen, einen – über das bereits bestehende Verständnis der grundsätzlichen Wirksamkeit hinausgehenden – wertvollen Beitrag zur theoretischen und empirischen Fundierung der verhaltensbasierten Online-Werbung zu leisten. Ich wünsche der gelungenen und lesenswerten Dissertationsschrift eine weite Verbreitung und gute Rezeption von Seiten der Wissenschaft und Praxis.

Univ.-Prof. Dr. David M. Woisetschläger

Vorwort

Als die Idee aufkam, Retargeting als Treiber des Online-Shopping Momentums zu betrachten, habe ich die verschiedenen Typen von Momenti von Adler (1981) studiert. Ein Anwendungsfeld darunter war das akademische Schreiben. Während ich die Beschreibung der verschiedenen Phasen der Entstehung eines Momentums am Beispiel eines Papers bzw. einer Dissertation gelesen habe, habe ich mich viel zu oft wiedererkannt. Das Entscheidende bei jedem Momentum ist das eigentliche Ziel. Dessen Erreichung gibt der Person die Kraft und den Schwung, ein Momentum entstehen und überdauern zu lassen. Dieses Ziel war in meinem Fall die Dissertation und nach einigen Unterbrechungen durch Anträge, Vorlesungen oder administrative Aufgaben und schließlich dem Start in einen neuen Job außerhalb des Akademischen Lebens gab es doch immer wieder mein persönliches Retargeting in Form von Deadlines, neuen Papern und Ideen und vor allem Freunden, KollegInnen und Familie, die mich durch Ansporn und manchmal auch Trietzen zurück ins Momentum geführt haben – dafür möchte ich mich im Folgenden bedanken.

Mein erster Dank hierfür gebührt meinem akademischen Lehrer, Prof. Dr. David M. Woisetschläger, der mir das nötige wissenschaftliche Rüstzeug vermittelt hat, um die Promotion erfolgreich abzuschließen. Sein kritisches Auge sowie viele lebhafte Diskussionen haben maßgeblich zum Gelingen der Promotion beigetragen. Mein weiterer Dank gilt Frau Prof. Dr. Susanne Robra-Bissantz für die unkomplizierte Übernahme und Erstellung des Zweitgutachtens. Darüber hinaus möchte ich mich bei Prof. Dr. Thomas Spengler für die Übernahme des Vorsitzes bei meiner Disputation sowie seine Unterstützung in der Zeit meiner Vertretung für Prof. Dr. David Woisetschläger herzlich bedanken. Darüber hinaus gilt ein riesiger Dank Prof. Dr. Harald van Heerde, der sich die Zeit genommen hat, mir unermüdlich in Skype Calls Dynamic Linear Modelling nahe zu bringen. Darüber hinaus möchte ich mich bei der Xplosion Interactive GmbH für die Unterstützung und den fachlichen Austausch bedanken.

Weiterhin möchte ich vor allem dem Team des Lehrstuhls für Dienstleistungsmanagement danken – trotz vieler Höhen und Tiefen, die wir gemeinsam an diesem Lehrstuhl durchlebt haben, wart ihr der Grund dafür, dass ich immer gern zur Arbeit gekommen bin. Besonders hierfür verantwortlich war Nadine Pieper – die beste Büro-Partnerin der Welt – mit ihrem offenen Ohr und ihrem herzlichen Lachen und vor allem der unendlich häufigen Unterstützung. Zudem möchte ich Dr. Marc Schnöring besonders erwähnen – seit den Anfängen des Lehstuhls in Dortmund haben wir den Lehrstuhlalltag, so einige Partys und viele lebhafte Diskussionen geteilt. Mein weiterer besonders herzlicher Dank gilt Dr. Daniela Mau für die unermüdliche Hilfe und jedes mutmachende Wort. Ebenfalls herzlich bedanken möchte ich mich bei Irina Hoof für die lange gemeinsame Lehrstuhlzeit und für gemeinsame Nachtschichten schon zu Bochumer Zeiten. Mein weiterer Dank gilt Dr. Jan Dreisbach, Jonas Tostmann, Dr. Christof Backhaus, Dr. Daniel Heinrich und Christoph Weiß und natürlich der guten Seele des Lehrstuhls Elisabeth – „Lisa" – Weimer. Zudem möchte ich unseren externen Doktoranden, Dr. Sandra Stiller, Alexander Gieß und Dr. Hannes Gurzki sowie unseren „Ehemaligen", Dr. Christian Lucas, Dr. Nils O. Ommen und Kerstin Stricker für die gemeinsame Zeit danken. Ganz besonders erwähnen möchte ich Katharina Glaß mit der ich spannende Forschungsprojekte bearbeiten und eine grandiose Konferenz- und New York-Reise erleben durfte.

Ein Lehrstuhl würde ohne gute Hiwis niemals funktionieren und auch meine Dissertation hätte mich noch mehr graue Haare gekostet ohne die riesige Unterstützung unserer Hiwis – stellvertretend möchte ich vor allem Matthias Renner und Sahel Juvin nennen.

Ganz besonders möchte ich meinem Diss-Buddy Dr. Katharina Wachter danken – ohne viele gemeinsame Meilensteine – egal, ob gerissen oder eingehalten-, ohne feuchtfröhliche Abende und Prokrastination daheim und in Afrika hätte ich diese Zeit nicht überstanden. Aus meinem Diss-Buddy ist eine Freundin geworden, die ich nicht mehr missen möchte!

Auch außerhalb des Lehrstuhls haben Menschen ganz entscheidend zum Erfolg meiner Dissertation beigetragen. Ein besonderer Dank gilt dabei Oliver Elling, der mit unermüdlicher Geduld meine Schachtelsätze korrigiert hat. Ohne Ablenkung, Spaß und einen aus meiner Sicht völlig unverständlichen Glauben an mich, wäre ich nie so weit gekommen. Mein Dank dafür gilt den besten Freunden der Welt – Möni, Kaddy, Eva, Julia, Melanie, Elli, Olivia, Micha und Laura.

Zu guter Letzt gebührt mein größter Dank meiner Familie. Meine Eltern haben mich immer unterstützt und mir diesen Weg überhaupt erst ermöglicht. Ohne ihren unerschütterlichen Glauben, an den erfolgreichen Ausgang des Projekts Doktorarbeit, hätte ich es mir selbst nie zugetraut. Danke für alles. Schließlich möchte ich mich bei meinem Freund Alexander Eiting bedanken. Er war stets mein größter Ideengeber, mein größter Kritiker und meine größte Unterstützung. Er hat mir durch schwere Zeiten geholfen, mich immer wieder motiviert und immer an mich geglaubt. Diesen drei geliebten Personen ist dieses Buch gewidmet.

Isabelle Kes

Zusammenfassung

Während sich verhaltensbasierte Online-Werbung (sog. Behavioral Advertising) vor dem Hintergrund stark fragmentierter Zielgruppen und der damit einhergehenden drohenden Streuverlusten in der Marketingpraxis stetig an Relevanz gewinnt, herrscht über die Effektivität von Behavioral Advertising im wissenschaftlichen Diskurs indes keine Einigkeit. Retargeting als eine weit verbreitete Spielart der verhaltensbasierten Werbung nutzt individuelle Verhaltensdaten von Besuchern eines Online-Shops oder einer Webseite zur Schaltung personalisierter Offsite-Werbemaßnahmen nach Verlassen der Webseite mit dem Ziel, die Person erneut zur Webseite zurückzuführen und final zu einem Kauf zu bewegen. Vor dem Hintergrund einer stetig zunehmenden Verschiebung von Werbebudgets in den Online-Bereich bei gleichzeitigem lauter werdenden Ruf nach fairerer, wirkungsbasierter Attribution über alle Marketing-Kanäle hinweg, zielt die vorliegende Arbeit darauf ab, einen signifikanten Beitrag zur Schließung der bestehenden Forschungslücken zur Effektivität verhaltensbasierter Werbung zu leisten sowie offene Fragen der Praxis zur Wirkung von Retargeting zu beantworten.

Basierend auf einer extensiven theoretischen und konzeptionellen Herleitung wird mit Hilfe von drei Studien zunächst in Studie 1 die Eignung des Phänomens des Online-Shopping-Momentums als konzeptionelles Framework für die Wirkung von Retargeting überprüft. Darauf aufbauend wird in Studie 2 die kurzfristige Wirkung von Retargeting auf die Erfolgsgrößen Klick auf ein Banner, Rückkehr und Kauf unter Berücksichtigung eines vorliegenden Momentums analysiert. Schließlich werden in Studie 3 mit Hilfe eines in der (Online-)Werbewirkungsforschung einzigartigen longitudinalen Forschungsdesigns die langfristigen Auswirkungen des Einsatzes von Retargeting untersucht. Konkret werden in den drei Studien zunächst vier laborexperimentelle Untersuchungen durchgeführt, die dann jeweils in Kooperation mit einem Online-Shop mittels eines Feldexperiments sowie langfristiger Beobachtungsdaten validiert und grundlegend erweitert werden.

Die Untersuchungen zeigen, dass sich das Phänomen eines Momentums in einem Online-Shopping-Kontext nachweisen lässt und einen konzeptionellen Rahmen zur Erklärung der Wirkungsweisen von Retargeting liefert. Generell kann Retargeting in den vorliegenden Studien eine positive und beschleunigende Wirkung unter bestimmten, moderierenden Voraussetzungen entfalten und damit ein signifikanter Einfluss des Momentums auf die Wirkung von Retargeting attestiert werden. Zudem zeigt sich ein zeitlich variierender (positiver) Effekt, der durch die strategische Ausgestaltung von Retargeting-Kampagnen forciert werden kann. Schließlich werden zahlreiche Implikationen für die relevante Forschung sowie konkrete Handlungsempfehlungen für die Praxis abgeleitet.

Abkürzungsverzeichnis

Abb.	Abbildung
AIC	Akaike Information Criterion
AMA	American Marketing Association
Anm. d. Verf.	Anmerkung des Verfassers
AT	Action Tendency
Aufl.	Auflage
B2B	Business to Business
B2C	Business to Consumer
Bd.	Band
BIC	Bayesian Information Criterion
BIF	Behavior Identification Form
Bsp.	Beispiel
bspw.	beispielsweise
bzw.	beziehungsweise
ca.	circa
DLM	Dynamic Linear Model
ELM	Elaboration-Likelihood Modell
et al.	et alii
f.	folgende
ff.	fortfolgende
ggü.	gegenüber
H	Hypothese
HR	Hazard Rate

Hrsg.	Herausgeber
min	Minuten
Mrd.	Milliarden
MW	Mittelwert
o.V.	ohne Verfasserangabe
P	Proposition
ROI	Return on Investment
s	Sekunde
S.	Seite
Std.-Abw.	Standardabweichung
SUR	Seemingly unrelated regression
vgl.	vergleiche
WK	Warenkorb

Symbolverzeichnis

Symbolverzeichnis für Studie 2

Indizes

I	Ereignis (Kauf, Klick, Rückkehr)
J	Kunde
T	Zeit

Variablen

B	Regressionskoeffizient
h_0	Basisrisiko
H	Risiko
P	Hilfsparameter

Symbolverzeichnis für Studie 3

Indizes

T	Zeit

Vektoren / Matrizen

Y_t	Ergebnis der Beobachtungsgleichung (Webseitenaufruf, Suchintensität, Kauf)
F_t	Matrix der zeitvariierenden Regressoren
Z_t	Matrix sämtlicher Moderatoren
G_t	Matrix der zeitvariierenden Einflussstärken
D_t	Matrix der Kontrollgrößen
θ_t	Zeitvariierende Koeffizienten
ψ_t	Koeffizienten der Moderatorvariablen
v_t	Fehlerterm der Beobachtungsgleichung

w_t	Fehlerterm der Entwicklungsgleichung
$N(0,V)$	Normalverteilt mit Mittelwert 0 und Kovarianz V
V	Kovarianzmatrix des Fehlerterms v_t
W	Kovarianzmatrix des Fehlerterms w_t

Symbolverzeichnis für die Implikationen

Indizes

t	Zeit
k	Nutzergruppen

Variablen / Matrizen

M_t	Budget
P_{kt}	Marge eines Check-outs
q_k	Anzahl Check-outs
s_{kt}	Budget-Verteilungsverhältnis über Nutzergruppen und Zeit
W_t	Gewicht einer Nutzergruppe
θ_t	Zeitvariierende Koeffizienten
ε_{qkt}	Elastizität der Nachfrage
$\varepsilon_{mark.eff}$	Elastizität der Maketingeffektivität
ε_{profit}	Elastizität des Umsatz- und Erlösbeitrags
MC	Momentumzyklus
G_t	Wachstumsrate
f_k	Responsefunktion

Inhaltsverzeichnis

Abbildungsverzeichnis

Kapitel 5

Kapitel 6

Tabellenverzeichnis

Die Bedeutung eines Online-Shopping-Momentums für die Effektivität von Retargeting

1

1 Problemstellung

Während sich verhaltensbasierte Online-Werbung (sog. Behavioral Advertising) vor dem Hintergrund stark fragmentierter Zielgruppen und der damit einhergehenden drohenden Streuverluste[1] in der Marketingpraxis stetig an Relevanz gewinnt,[2] herrscht im wissenschaftlichen Diskurs über die Effektivität von Behavioral Advertising keine Einigkeit.[3] Retargeting als eine Form der verhaltensbasierten Online-Werbung wurde bereits 2010 als die neue Goldmine des Online-Marketing bezeichnet.[4] Retargeting nutzt individuelle Verhaltensdaten von Besuchern eines Online-Shops oder einer Webseite zur Schaltung personalisierter Offsite-Werbemaßnahmen nach Verlassen der Webseite mit dem Ziel, die Person erneut zu ihr zurückzuführen So werden beispielsweise Besuchern der Seite eines Online-Sportartikelhändlers bei darauffolgenden Besuchen auf Seiten, auf denen der Händler Werbefläche bucht, individualisierte Banner gezeigt. Je nach Ausmaß der Personalisierung können diese Banner[5] den Nutzer entweder nur an den zuvor besuchten Shop erinnern und zufällig ausgewählte Produkte

---

[1] Vgl. Klaus 2016.

[2] Vgl. Boerman et al. 2017.

[3] Stellvertretend vgl. Fong et al. 2016; Lambrecht und Tucker 2013 – für einen Ausführlichen Überblick zum wissenschaftlichen Diskurs siehe Abschnitt 2 im Kapitel 3.

[4] Bauer und Bryant 2010.

[5] Ein Banner ist ein Bereich der Werbefläche der üblicherweise 480*60 Pixel groß ist. Üblicherweise besteht ein Banner aus einer Kombination aus Text und graphischen Elementen sowie einem Link zur Webseite des Werbenden Händlers oder Herstellers.

I. Kes, *Retargeting und die Rolle des Online-Shopping-Momentums*, Applied Marketing Science / Angewandte Marketingforschung, https://doi.org/10.1007/978-3-658-31988-5_1

des Shops enthalten – statisches Retargeting, oder aber sie enthalten die zuvor angesehenen oder verwandte Produkte und Produktkategorien – dynamisches Retargeting. Folglich ermöglicht Retargeting es den Unternehmen, potentielle Kunden und Bestandskunden, nach Verlassen der Händlerwebsite, individuell und bedarfsspezifisch anzusprechen und so Streuverluste zu vermeiden.[6] Auch wenn sich der Hype um Retargeting seit seinen Anfangsjahren etwas gelegt hat, ist seine Beliebtheit in der Unternehmenspraxis weiterhin ungebrochen. Die Media Budgets der vergangenen Jahre deuten darauf hin, dass der Anteil des jährlichen „Media Spendings" für Display und insbesondere Retargeting stetig gewachsen ist: Lagen die Ausgaben im Jahr 2016 noch bei 10,3 Billionen €, so sind für 2020 bereits 21,3 Billionen € prognostiziert.[7] Praktiker sehen in personalisierter Werbung allgemein und in Retargeting im Besonderen das Allheilmittel für unterbrochene Kaufprozesse. Dies unterstützen unterschiedliche wissenschaftliche und praxisnahe Studien, indem sie zeigen, dass Retargeting ein durchaus mächtiges Kommunikationsinstrument sein und eine positive Wirkung auf Klick- und Conversion-Raten entfalten kann.[8] Doch obwohl Retargeting vielfach eingesetzt und auch mit enormeren Budgets hinterlegt wird, wird der damit zu erzielende Return-on-Investment (ROI) von den wenigsten Marketingverantwortlichen als sehr hoch eingeschätzt[9]. Auch die Entwicklung hin zu mehr ganzheitlich evaluierten und verteilten Mediabudgets – basierend auf Attributionsmodellen, die deutlich über das immer noch weitverbreitete „Last-Click-Wins" hinausgehen[10] – verdeutlichen,[11] dass Display-Banner im Vergleich zu anderen Online-Marketing-Kanälen generell ein sehr teures und nicht immer effektives Werbemittel sind. Gleichwohl Retargeting aufgrund der Darstellung von für den

---

[6]Vgl. Palanisamy und Wong 2003, S. 18.; Beales 2010.

[7]Vgl. Alexander 2017.

[8]Vgl. Lambrecht und Tucker 2013 Bleier und Eisenbeiss 2015b Sahni et al. 2017.

[9]o. V. 2018.

[10]Bei der Bewertung von Online-Marketing Kanälen wird bei dem Prinzip „last-Click-wins" der Erfolg, wie beispielsweise ein Kauf, dem letzten zuvor durch den Kunden angeklickten Werbemittel zugerechnet. Diese Vorgehensweise ignoriert die Natur der User-Journey, die meist mehrere Touchpoints beinhaltet. Mit Hilfe von dynamischen Attributionsmodellen wird versucht, von dieser Betrachtung weg und zu einer ganzheitlichen und faireren Evaluation der Online-Marketing-Kanälen und damit einer besseren Budgetverteilung zu kommen.

[11]Während in der Praxis das Attributionsmodell „last-Click-wins" weiterhin vorherrscht, hat sich mittlerweile in der Forschung die Erkenntnis durchgesetzt, dass bei der Erfolgsmessung und Budgetallokation differenziertere Betrachtungsweise angezeigt ist. Vgl. bspw. stellvertretend Anderl et al. 2016.

Konsumenten relevantem Content die bei Display-Werbung üblichen Streuverluste zu reduzieren vermag, sind die Klick- und Conversion-Rate immer noch
deutlich niedriger als bei anderen Online-Marketing-Maßnahmen: So zeigen beispielsweise die aktuellen Zahlen von AdWords,[12] dass Banner lediglich eine
durchschnittliche Klickrate von 0,35 % und eine Conversion-Rate von 0,89 %
erreichen, während dieselben Kennzahlen für das Search-Netzwerk von Google
Ads bei einer Klickrate von 1,91 % sowie einer Conversion-Rate von 2,7 %
liegen[13]. Wenngleich diese Unterschiede unter anderem durch die unterschiedlichen Rollen der Kanäle im Kaufprozess bedingt sind, machen sie deutlich,
dass der Einsatz von Retargeting einer differenzierteren Betrachtung bedarf sowie
eine effektive und effiziente Aussteuerung an unterschiedliche Gestaltungs- und
Kontextfaktoren geknüpft zu sein scheint.

Der Entscheidung über den Einsatz und die Ausgestaltung einer Retargeting-
Kampagne muss stets das angestrebte Ziel zugrunde gelegt werden. Generell der
Form des Werbemittels inhärent ist die Absicht, den Webseitenbesucher zurück
zu einer bereits besuchten Webseite oder einem Online-Shop zu führen. In der
relevanten wissenschaftlichen Literatur konnte bereits empirisch der Nachweis
geführt werden, dass Retargeting im Vergleich zu statischer Display-Werbung
sowohl Klick- und Conversion-Raten steigert als auch unter bestimmten Voraussetzungen die Rückkehrrate von Konsumenten auf die Webseite – nachdem sie
Retargeting-Banner ausgespielt bekommen haben – auch ohne direkten Klick auf
diese erhöht.[14] Demnach konnte neben einem Performance-Ziel auch eine Erhöhung der Awareness und mithin ein Branding-Effekt nachgewiesen werden. Es
gibt somit bereits einige gesicherte Erkenntnisse zu Banner-induzierter Rückkehr
sowie zum Kauf der beworbenen Produkte. Bislang besteht indes noch ein Wissensdefizit, was die Auswirkung von Retargeting auf das Verhalten der Nutzer auf
der Webseite des Unternehmens, das sogenannte Onsite-Verhalten, betrifft. So gibt
es nahezu keine empirisch gesicherten Erkenntnisse zu den Auswirkungen auf das
Suchverhalten oder dem Engagement mit der Seite.[15] FONG (2016) betont, dass
mit Blick auf die langfristigen Auswirkungen – besonders auf das Suchverhalten
sowie die Loyalität – ein erhebliches Forschungsdefizit vorherrscht. Wenngleich

---

[12]Google Ads (vormals Adwords) ist ein Werbesystem des US-amerikanischen Unternehmens Google LLC. Werbetreibende können hiermit Anzeigen schalten, die sich vor allem
an den Suchergebnissen bei Nutzung der unternehmenseigenen Dienste orientieren. Der
Dienst wurde am 24. Juli 2018 in Google Ads umbenannt.

[13]Vgl. o. V. 2017.

[14]Vgl. beispielsweise Bleier und Eisenbeiss 2015b.

[15]Für eine Ausnahme vgl. Fong et al. 2016.

bisherige Untersuchungen zeigen konnten, dass der Nutzer mit Retargeting häufiger zur Seite eines Händlers zurückkehrt und dass folglich die Online-Lernkurve[16] beschleunigt und verstärkt wird. Dies äußert sich etwa in höheren Verkaufszahlen und letztlich in gesteigerter Loyalität.[17] Andererseits besteht indes die Gefahr, dass dadurch, dass Konsumenten durch Retargeting direkt zu Produkten geführt werden, die ihren Präferenzen entsprechen, das „Stöbern" überflüssig und die Suche nach dem *richtigen* Produkt verkürzt wird. Korrespondierend konnte FONG ET AL. (2016) bereits einen negativen Effekt für die Wirkung personalisierter Empfehlungen auf Cross-Buying nachweisen.[18] Zudem haben die Autoren herausgefunden, dass E-Mail-Angebote, welche sich auf Produkte aus vergangenen Käufen beziehen, zwar die Kaufrate erhöhen, die Suchaktivitäten auf der Seite des Online-Händlers jedoch deutlich reduzieren.[19] Daraus lässt sich die Notwendigkeit ableiten, besser zu verstehen, ob Retargeting die angestrebte höhere Relevanz der Angebote nur zu Lasten eines verringerten Engagements auf der Webseite erreichen kann. Um diesen Zielkonflikt besser zu verstehen und sich ggf. bewusst für eine der beiden Seiten entscheiden zu können, bedarf es mehr empirisch fundierten Wissens und eines tiefgehenden Verständnises über die Wirkungsweisen und Erfolgsfaktoren von Retargeting.

Sämtliche Studien zu Retargeting weisen darauf hin, dass nicht jedes personalisierte Banner die gleiche Wirkung und Effektivität hat: So herrscht Einigkeit darüber, dass die Effektivität von Retargeting durch die Ausgestaltung in Abhängigkeit vom angestrebten Ziel der gesamten Kampagnen beeinflusst wird.[20] Jedoch ist noch nicht hinreichend untersucht worden, wie sich die jeweilige Ausgestaltungsformen auswirken: Zum einen gibt es unterschiedliche Erkenntnisse sowie die unbeantwortete Frage, wie die gesamte Kampagne – also das Zusammenspiel der einzelnen Banner – gestaltet sein sollten. SAHNI ET AL. (2017) haben die elementare Rolle von Timing und Frequency Caps auf Klickraten nachgewiesen. Indes konnte bislang empirisch nicht dokumentiert und eingehend analysiert werden, wie solche Kampagnen langfristig wirken und welchen Einfluss sie auf die mittelbaren Reaktionen wie Rückkehr (ohne Klick) oder das Onsite-Verhalten im Online-Shop haben.

---

[16]Die Lernkurve bildet die Entwicklung eines Lernprozesses ab. Da die Verbesserung einer Fähigkeit nicht exponentiell mit der Wiederholung der Aufgabe steigt, kann diese anhand einer Kurve dargestellt werden (siehe hierzu Abschnitt 2.2.2.3 im Kapitel 4.)

[17]Vgl. Kull et al. 2007; Moe und Fader 2004; Moe und Fader 2001; Johnson et al. 2004.

[18]Vgl. Fong et al. 2016.

[19]Vgl. Fong 2016.

[20]Vgl. u. a. Bleier und Eisenbeiss 2015c, 2015b; Sahni et al. 2017; Choi 2013; Lambrecht und Tucker 2013; Moriguchi et al. 2016; Chen und Stallaert 2014.

Zum anderen gibt es zur inhaltlichen Ausgestaltung der einzelnen Banner bereits vereinzelte Studien. Während LAMBRECHT und TUCKER (2013) lediglich standardisiertes Retargeting – also Banner, die sich zwar an einen vorherigen Webseitenbesuch anschließen und den Konsumenten zurückleiten wollen, aber deren dargestellte Produkte sich nicht auf vorheriges Verhalten auf der Webseite beziehen – und dynamisches Retargeting gegenüberstellen, gehen BLEIER und EISENBEISS (2015) weiter: Sie untersuchen den Einfluss des Grads der Personalisierung, der den Banner zugrunde liegt. So finden sie heraus, dass die Wirkung der verschiedenen Ausprägungen – von hoher Personalisierung mittels Darstellung zuvor betrachteter Produktkategorien und Marken über Darstellung nur der Produktkategorie oder derselben Marke bis hin zu standardisiertem Retargeting – nicht einheitlich wirken, sondern in ihrer Wirkung variieren – je nach der Situation, in der sich der Konsument befindet. Keinerlei Erkenntnisse gibt es bislang darüber, ob auf die verschiedenen Ausgestaltungsformen der Banner unterschiedlich schnell reagiert wird.

Vor dem Hintergrund des wissenschaftlichen Diskurses ist eine zentrale Frage, wann ein Konsument besonders empfänglich für die personalisierte Ansprache ist. Im stationären Handel wurde zur Beantwortung ähnlicher Fragestellungen das Phänomen des Shopping-Momentums herangezogen. Dieses stellt ein psychologisch-fundiertes Framework für die Reaktionen der Konsumenten beim Kauf dar. DHAR, HUBER und KAHN waren die ersten die den Kaufprozess analog zum Momentum beschrieben haben. Der Begriff des Momentums wird immer wieder in verschiedensten Kontexten verwendet: Im Basketball ist der Wunsch nach dem Momentum in Form einer Hot Hand allgegenwärtig und auch der Finanzmarkt beobachtet argwöhnisch sogenannte Momentum-Trader.[21] In der Psychologie gibt es schon lange die Analogie zwischen der menschlichen Reaktion auf Stimuli, die sowohl aus Motivation und Antriebskraft als auch aus Widerstandskraft und Inertia besteht, und dem physikalischen Momentum wie NEWTON es bereits in seinen berühmten drei Newton'schen Gesetzen[22] beschreibt.[23] ADLER hat das Momentum bereits 1981 definiert und die Theorie des Momentums entwickelt.[24] DHAR, HUBER und KAHN (2007) haben dieses sogenannte verhaltenswissenschaftliche Momentum auf den Prozess des Einkaufens übertragen. Die Autoren konnten empirisch nachweisen, dass dieser

---

[21]Vgl. Prothmann 2009.
[22]Vgl. Newton 1999.
[23]Vgl. Nevin und Grace 2000, S. 73f.
[24]Vgl. Adler 1981.

psychologische Prozess einen Großteil des Verhaltens bei dem Besuch eines Einkaufszentrums erklärt.

Vor dem Hintergrund steigender Zahlen des Online-Handels – für 2021 wird ein Umsatz von 4,5 Milliarden Dollar weltweit erwartet[25] – und der zunehmenden Ablösung des stationären Handels durch Online-Einkäufe, stellt sich die Frage, inwiefern das Phänomen des Momentums auch auf den Online-Shopping-Kontext übertragen werden kann. Geht man davon aus, dass der Prozess des Online-Einkaufs eine weitere Ausprägung des Momentums darstellt, würde dies einen großen Mehrwert zur Erklärung des Konsumentenverhaltens und der Einsatzmöglichkeiten personalisierter Ansprache bieten.

Ein Online-Kaufprozess wird, wie gut dokumentiert ist, häufig unterbrochen.[26] Betrachtet man den Kaufprozess als Momentumsprozess steht dieser vor der Herausforderung, mit häufigen Unterbrechungen konfrontiert zu werden. Sowohl aus dem theoretischen Blickwinkel des „Behavioral Momentum" und der „Task-Completion" als auch aus der Perspektive der Online-Händler stellen Unterbrechungen ein Problem dar: Sie führen zu einer längeren Zeitdauer bis zur endgültigen Zielerfüllung, falls es überhaupt noch erfüllt wird, und der Zielerreichungsprozess geht mit geringerer Motivation und höherem empfundenem Aufwand einher. Dies zeigt sich in der Praxis anhand von Warenkorbabbruchraten von über 75 %[27]. Aus der Forschung zur Zielerreichung ist bekannt, dass die Wiederaufnahme von Zielerreichungsprozessen mit einer Grundaktivierung dieses Ziels einhergeht. Allerdings wird diese durch kontextbezogenes Priming verstärkt. Übertragen auf die Idee des unterbrochenen Online-Shopping-Momentums ist ein solches Priming demnach das „Zünglein an der Waage" – eine aktivierende Rolle, die Retargeting als Katalysator im Kaufprozess potentiell einzunehmen vermag.

Vor diesem Hintergrund eröffnen sich verschiedene **Forschungslücken**: Das Phänomen des Shopping-Momentums stellt eine Basis für einen psychologischen und theoretischen Rahmen dar, in den die Wirkung von Retargeting eingebettet werden kann. Allerdings gibt es trotz zahlreicher Untersuchungen zum Phänomen des Momentums in diversen Kontexten wie Sport[28], Finanz-[29] aber auch

---

[25]Vgl. Shopify Plus, 2018 – https://www.hubspot.com/marketing-statistics
[26]Vgl. Mulpuru et al. 2010.
[27]Miller 2018.
[28]Vgl. u. a. Taylor und Demick 1994.
[29]Vgl. u. a. Fong et al. 2005; Huehn und Scholz 2014; Prothmann 2009.

Verhaltenswissenschaften[30] **keinen Nachweis für die Übertragbarkeit des Phänomens auf den Kontext des Online-Kaufverhaltens.** DHAR, HUBER und KAHN (2007) haben als einzige bisher das Phänomen auf das Kaufverhalten übertragen; allerdings beschränken sich die Autoren auf den Kontext „stationärer Handel". Zudem legen sie den Fokus bei ihren Analysen auf einen periodeninternen Momentum, welches lediglich einen einzelnen, isolierten Kaufprozess betrachtet. Auf diese Art vernachlässigen die Autoren die **mehrperiodige Natur eines Momentums**, welches laut ADLER (1981) sowie NEVIN und GRACE (2000) in variierender Länge periodenintern und -übergreifend vorliegen kann.

Zwar liegen zum Untersuchungsgegenstand Retargeting bereits einige Studien vor[31], diese beschränken sich jedoch auf die generelle Einordnung sowie die Identifikation von Determinanten der Effektivität des Retargeting. Bislang liefert keine Untersuchung eine umfassende psychologische und theoretische Basis für die Effektivität dieser Kommunikationsform. Die bisherigen Studien liefern **kontroverse Ergebnisse bezüglich der Effektivität von Retargeting.**[32] Ferner werden bislang lediglich Klick und Kauf ausführlich und Rückkehr ohne Klick – der sogenannte view-through – lediglich vereinzelt betrachtet. **Konsequenzen für das Onsite-Verhalten** der Beworbenen in Form von verändertem Suchverhalten oder analogen vorgelagerten Erfolgsgrößen werden bislang nicht betrachtet. Keine Studie betrachtet bislang die Frage nach der **beschleunigenden Wirkung von Retargeting.** Der Fokus aller bisherigen Studien lag auf den positiven Auswirkungen von Retargeting. Auf diese Weise wurden **mögliche Trade-offs**, die mit einer Nutzung von Retargeting einhergehen, gänzlich außenvor gelassen. Darüber hinaus berücksichtigt keine der bisher veröffentlichten Untersuchungen die **dynamische Natur im Sinne einer zeitvariierenden Effektivität** des Beworben-Werdens. Bestehende Untersuchungen fokussierten lediglich die kurzfristigen Auswirkungen von Retargeting.[33] Auch muss konstatiert werden, dass **dynamische Effekte** wie beispielsweise zeitliche Carry-Over-Effekte von Retargeting ignoriert wurden, gleichwohl bereits FONG (2016) deren Wichtigkeit hervorgehoben hat. Schließlich betrachtet keine der bestehenden Untersuchungen **finanzielle Auswirkungen** der Retargeting-Werbung.

---

[30]Vgl. u. a. Adler 1981; Nevin und Grace 2000; Pritchard et al. 2014.

[31]Vgl. stellvertretend Lambrecht und Tucker 2013; Riekhof et al. 2009; Farahat und Bailey 2012. Für einen detaillierten Überblick des wissenschaftlichen Diskurses siehe Abschnitt 2 im Kapitel 3.

[32]Vgl. u. a. Farahat und Bailey 2012; Lambrecht und Tucker 2013.

[33]Vgl. u. a. Lambrecht und Tucker 2013; Fong 2016; Fong et al. 2016; Sahni et al. 2017.

2   Ziele und Gang der Untersuchung

Vor dem Hintergrund der dargestellten Forschungslücken soll die vorliegende Arbeit unter anderem **folgende zentralen Forschungsfragen** beantworten und dadurch bedeutsamen Lücken im wissenschaftlichen Diskurs zu Retargeting schließen:

- Kann das Phänomen des Shopping-Momentums auf den Kontext des Online-Shoppings übertragen werden?
- Eignet sich das Phänomen des Shopping-Momentums als theoretischer Rahmen für die Wirkung von Retargeting?
- Welchen Einfluss hat ein unterbrochenes Online-Shopping-Momentum – so es denn nachgewiesen werden kann – auf die Effektivität und Wirkungsweise von Retargeting?
- Ist Retargeting ein reiner Performance-Marketing-Kanal, der auf Klick und Kauf abzielt, oder wirkt Retargeting vielmehr indirekt über einen Awareness- bzw. Branding-Effekt?
- Wie wirkt Retargeting langfristig, und variiert der Effekt im Zeitverlauf?
- Inwiefern beeinflusst Retargeting das Suchverhalten auf der Webseite und damit mittelbar die Cross-Buying-Wahrscheinlichkeit?

Die aufgeführten Forschungsfragen sollen in drei aufeinander aufbauenden Studien beantwortet werden. So wird zunächst im Rahmen einer laborexperimentellen Serie von Untersuchungen überprüft, ob es das zuvor theoretisch-konzeptionell erarbeitete Phänomen auch den Transfer auf den Online-Shopping-Kontext erlaubt, und welche Rolle Unterbrechungen dieses Momentums dabei spielen. Darauf aufbauend fokussiert Studie 2 die kurzfristigen Effekte von verschiedenen Retargeting-Ausgestaltungsformen auf zentrale Erfolgsgrößen sowie die potentiell beschleunigende Wirkung von Retargeting in Abhängigkeit von einem aktiven Online-Shopping-Momentum. Basis hierfür stellt eine parametrische Zeitreihenanalyse von Daten eines großzahligen Feldexperiments mit einem großen deutschen Sportartikelhändler dar. Schließlich betrachtet Studie 3 mittels eines Dynamic Linear Model (DLM) die langfristige und dynamische Natur von Retargeting: So werden Verhaltensdaten eines Online-Modehändlers über vier Monate genutzt, um die Fragen nach zeitlich variierenden Effekten von Retargeting sowie dem postulierten Trade-off von Streuverlustreduktion durch Retargeting einerseits und verringertem Suchverhalten und Cross-Buying andererseits zu beantworten.

   Zur Beantwortung der skizzierten Forschungsfragen wird folgende Vorgehensweise gewählt:

In **Kapitel** 2 werden die terminologischen Grundlagen der Arbeit gelegt. Ferner wird zunächst eine theoretische Fundierung für das Phänomen des Momentums im Online-Shopping-Kontext hergeleitet. In **Kapitel** 3 wird zunächst Retargeting vorgestellt, erläutert und in den Kontext verschiedener Online-Marketing-Maßnahmen eingeordnet. Daran anschließend werden die verschiedenen Auswirkungen und Folgen des Einsatzes von Retargeting vorgestellt sowie ein Überblick über den bestehenden wissenschaftlichen Diskurs zum Untersuchungsgegenstand gegeben. Im Rahmen des **Kapitels** 4 wird ein theoretischer Rahmen gespannt, in dem die Forschungsfragen theoretisch hergeleitet werden. Dabei werden zunächst die genutzten Theorien vorgestellt, um sie dann auf den vorliegenden Kontext anzuwenden. Der gesamte Aufbau dieses theoretischen Teils der Arbeit orientiert sich an der Idee eines postulierten Momentums, welches unterbrochen werden kann und Einfluss auf Retargeting als Reaktion auf die Unterbrechung ausübt.

Basierend auf den erarbeiteten theoretischen Grundlagen, werden in **Kapitel** 5 die empirischen Studien vorgestellt. Im Gleichklang mit dem Aufbau des Theorieteils wird auch hier in **Studie 1** zunächst das Phänomen des Momentums und seiner Unterbrechungen anhand mehrerer laborexperimenteller Untersuchungen beleuchtet. Zudem wird aufgezeigt, ob und inwiefern Unterbrechungen für das zukünftige Kaufverhalten schädlich sind. Aufbauend auf den in Studie 1 gewonnenen Erkenntnissen wird in der **Studie 2** der Einsatz von Retargeting als potentielle Reaktion auf die Unterbrechungen des Momentums anhand eines großzahligen Feldexperiments analysiert. Dabei liegt der Fokus auf den kurzfristigen Auswirkungen verschiedener Ausgestaltungsformen von Retargeting auf Onsite- und Offsite-Verhalten der Konsumenten sowie auf der Beantwortung der Frage, ob Retargeting die Schließung der Unterbrechung bei einem noch aktiven Momentum beschleunigt. In der **dritten Studie** werden die langfristigen Auswirkungen von Retargeting anhand von Felddaten analysiert. Hierbei werden mit Hilfe eines Dynamic Linear Model die sich im Zeitverlauf möglicherweise verändernden Effekte des Retargetings genauer betrachtet. Besonderes Augenmerk liegt auf den potentiell ausgelösten Veränderungen im Onsite-Verhalten. Hier werden Auswirkungen einer potentiellen Online-Lernkurve den Werbeeffekten gegenübergestellt, und es wird analysiert, ob der postulierten Trade-off von einerseits Retargeting induzierter Rückkehr und Kauf und anderseits eingeschränktem Such- und Cross-Buyingverhalten tatsächlich gegeben ist.

In **Kapitel** 6 folgt schließlich die Ableitung von Implikationen für die Wissenschaft und Handlungsempfehlungen für die Unternehmenspraxis. Abschließend sollen die wesentlichen Limitationen der Studien diskutiert und ein Ausblick auf zukünftige Forschungsarbeiten gegeben werden. Ein Überblick über den Gang der Untersuchung ist der nachfolgenden Abbildung 1 zu entnehmen.

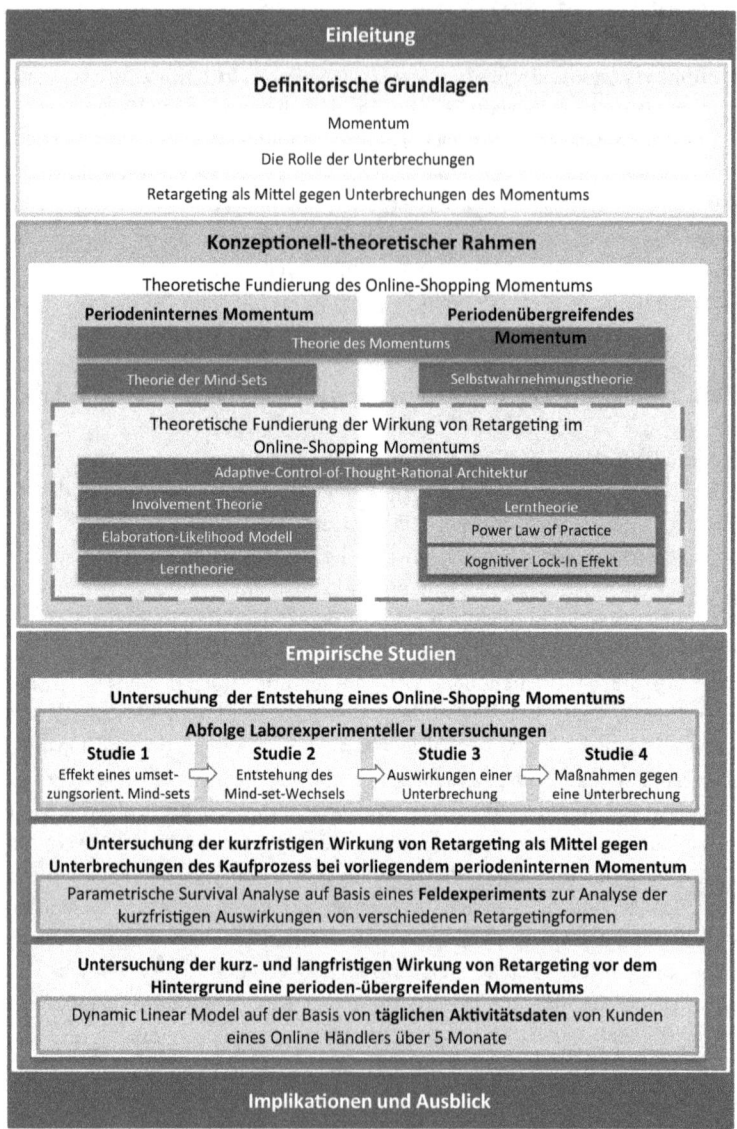

Abbildung 1 Darstellung des Gangs der Arbeit. (Quelle: eigene Darstellung)

Die Rolle des Shopping-Momentums im Online-Kaufprozess

2

1 Die Metapher des Momentums und ihre Nutzung in der Literatur

Im Rahmen dieser Arbeit dient das Phänomen des Momentums als konzeptionelle Grundlage für ein besseres und differenzierteres Verständnis des Online-Kaufverhaltens. Um dieses Phänomen genauer zu durchdringen und die Übertragbarkeit auf das Online-Kaufverhalten zu verdeutlichen, wird im Folgenden zunächst das Phänomen genauer erläutert, definiert und auf den Kontext des Online-Kaufprozesses und Retargeting angewendet. Darauf folgt ein Überblick über Rolle und Behandlung des Phänomens in der Literatur.

1.1 Definition des Phänomens Momentum

Neben der hinlänglich bekannten Nutzung des Begriffs „Momentum" in journalistischen Texten, um eine Abfolge von positiven oder negativen Ereignissen auszudrücken, wird die Metapher des Momentums bereits in verschiedenen Bereichen der Literatur eingesetzt. Ursprünglich aus der Physik stammend, wurde es Sinnbild eines Phänomens im Sport und in den letzten Jahren immer häufiger auch von wirtschaftlichen Ereignissen. Es beschreibt grundsätzlich eine Abfolge von ähnlichen Ereignissen, die eine bestimmte Reaktion bei Beteiligten und Beobachtern fördert, so wie beispielsweise eine Abfolge gelungener Spielzüge zu einem Hochgefühl bei Spielern und Zuschauern führt. LEHMAN und HAHN (2013) sprechen dabei vom Momentum als "*a systematic and sustained trajectory in*

© Der/die Autor(en), exklusiv lizenziert durch Springer Fachmedien Wiesbaden GmbH, ein Teil von Springer Nature 2020
I. Kes, *Retargeting und die Rolle des Online-Shopping-Momentums*,
Applied Marketing Science / Angewandte Marketingforschung,
https://doi.org/10.1007/978-3-658-31988-5_2

performance over time in which performance is either increasing (i.e., positive momentum) or decreasing (i.e., negative momentum) as a result of successive positive or negative outcomes in a row".[1] Hierbei ist die Rede von einem psychologischen oder einem verhaltensbezogenen Momentum, da es sich entweder auf die Erwartungen der Beobachter oder aber das Beibehalten gewohnter Handlungen der Beteiligten bezieht. Davon abzugrenzen sind drei weitere von HUBBARD (2015) differenzierte Momentums-Arten:

So gibt es neben dem psychologischen und dem verhaltensbezogenen Momentum (behavioral) auch ein repräsentatives, ein operationales sowie ein aufmerksamkeitsbezogenes Momentum (attentional).[2] **Das repräsentative Momentum** bezeichnet das Phänomen, dass Menschen, wenn sie eine Folge auftauchender Objekte beobachten, die Erwartung entwickeln, dass ein neu auftauchendes Objekt an der Position erscheinen müsste, die die Erscheinungspunkte der bis zu diesem Zeitpunkt aufgetauchten Objekte in Bewegungsrichtung fortführt. Dementsprechend würde man das neue Objekt ein kleines Stück weiter rechts erwarten als das letzte, wenn die vorherigen immer ein Stückchen weiter rechts als ihre jeweils vorherigen erschienen sind.[3] Dieses menschliche Erwartungsverhalten wird als repräsentatives Momentum bezeichnet und lehnt sich sehr stark an die ursprüngliche, aus der Mechanik stammende Idee des Momentums an. In der klassischen Mechanik spricht man von einem linearen oder einem translatorischen Momentum als dem Produkt aus Masse und Geschwindigkeit eines Objekts. Zum Beispiel hat ein schwerer LKW, der sich schnell vorwärtsbewegt, ein großes Momentum – es wird eine große Kraft benötigt, um den LKW zu beschleunigen, und eine ebensolche, um ihn anschließend wieder zu stoppen. Wäre der LKW leichter und/oder langsamer, wäre auch weniger Impuls, also ein geringeres Momentum, vorhanden.

Die zweite in der Literatur differenzierte Form ist das **operationale Momentum**. Es beschreibt Situationen, in denen eine Über- oder Unterschätzung – beispielsweise einer Summe – die Folge von wiederholt beobachtetem Hinzufügen oder Wegnehmen von Bestandteilen ist. In einem Experiment wird Probanden ein Korb mit Äpfeln gezeigt, zu denen in unregelmäßigen Abständen unterschiedlich viele neue Äpfel hinzugefügt werden. Zu einem bestimmten Zeitpunkt wird der Korb mit Äpfeln verdeckt, und der Proband soll angeben, wie viele Äpfel sich darin befinden.[4] Die daraufhin zu beobachtende Überschätzung der Anzahl an

---

[1] Lehman und Hahn 2013, S. 855.
[2] Vgl. Hubbard 2015.
[3] Vgl. Hubbard 1990; Thornton und Hubbard 2002.
[4] Vgl. McCrink et al. 2007.

Äpfeln im Korb wird als operationales Momentum bezeichnet. Dies ist häufig bei Kindern zu beobachten.[5] Das repräsentative und das operationale Momentum bilden demnach denselben Effekt ab lediglich bezieht sich Ersteres auf einen geometrischen und Letzteres auf einen numerischen Raum.[6]

Zudem identifiziert HUBBARD (2015) ein **aufmerksamkeitsbezogenes (attentionales) Momentum**, das sich auf visuelle Aufmerksamkeit bezieht. Es besagt, dass Störungen, die entgegen der Bewegungsrichtung von Objekten auftauchen, später und schwerer zu erkennen sind, als Störungen in Bewegungsrichtung. Es muss also erst das Bewegungsmomentum überwunden werden.[7] Je weiter der Abstand zwischen dem neu auftauchenden Objekt und den ursprünglich bewegten Objekten ist, desto länger dauert die Reaktion auf die neuen Objekte.[8]

Diese Arbeit fokussiert jedoch das behaviorale sowie das psychologische Momentum. Die häufig bekannten Momenti aus dem Sport, der Finanzwirtschaft oder auch der Politik stellen oftmals eine Mischform beider Arten dar. Valllerand et al. (1988) definieren das psychologische Momentum. Es bezeichnet die Wahrnehmung, dass eine potentielle Handlung oder ein Ergebnis in Abhängigkeit vom Ergebnis vorheriger Handlungen leichter oder schwieriger zu erreichen ist.[9] Außerhalb der Physik wird ein solches Momentum häufig umgangssprachlich als „Hot Hand" oder „Cold Foot Phänomen" bezeichnet[10]. Während ein „Hot Hand Phänomen" sich auf eine Serie positiver Ergebnisse bezieht – ein positives Momentum, spricht man von „Cold Foot" im Fall einer Reihe negativer Ergebnisse, also einem negativen Momentum. Im Bereich der Finanzwissenschaften bezieht sich der Ausdruck Momentum jeweils auf eine Entwicklung der Leistung oder Performance von bspw. Investitionsobjekten oder Finanzanlagen.[11] In diesem Fall ist der Ausdruck Momentum konsistent zum Phänomen „history of success".[12] Verschiedene Untersuchungen in unterschiedlichen Kontexten haben gezeigt, dass Menschen in Entscheidungssituationen auf Momenti

---

[5]Vgl. McCrink und Spelke 2016.

[6]Vgl. Knops et al. 2013.

[7]Vgl. Pratt et al. 1999.

[8]Vgl. Nevin und Grace 2000.

[9]Vgl. Adler 1981; Vallerand et al. 1988.

[10]Vgl. Gilovich et al. 1985.

[11]Vgl. Lehman und Hahn 2013; Jegadeesh und TITMAN 1993; Koijen et al. 2009.

[12]Vgl. Audia et al. 2000.

achten. So wurde nachgewiesen, dass Manager von Mutual Funds eher in Unternehmen investieren, die ein positives Momentum aufweisen.[13] Ebenso spielen Basketballspieler den Ball lieber zu einem Spieler, der eine „hot hand" hat.[14]

Tabelle 1 gibt einen Überblick über verschiedene Definitionen und Sichtweisen auf behaviorale und psychologische Momenti.

Schließlich wurde das **behaviorale Momentum** 1983 von NEVIN ET AL. definiert. Es besagt, dass ein Verhalten so lange beibehalten wird, bis eine externe Motivation ein entgegengesetztes Verhalten auslöst. Es gibt hierbei nachweislich eine Reaktanz gegen die Verhaltensveränderung.[15] Laut ADLER (1981) weist ein Verhaltensmomentum unabhängig davon, in welchem Umfeld oder Kontext es auftritt, bestimmte Merkmale auf:[16] Es basiert zum einen auf anfänglicher Motivation, egal, ob diese schon vor Beginn des Handlungsprozess bestanden hat oder erst im Laufe dieses Prozesses entsteht. Weiterhin zeichnet sich das Momentum durch die emotionale Auswirkung zwischenzeitlicher Ergebnisse aus. Im Fall eines positiven Momentums führt jedes positive Zwischenergebnis zu einem tiefen Gefühl der Selbst-Wertschätzung und demnach zu einer Bestärkung der Person in ihrer Handlung. Umgekehrt führen negative Vorfälle im Rahmen eines negativen Momentums zu Verunsicherung und Frustration und damit häufig zu einer schlechteren Leistung bei darauffolgenden Teilschritten des Zielerreichungsprozesses. Auf diese Weise kann ein Momentum – egal, ob positiv oder negativ – eine selbstverstärkende Wirkung haben. Eine weitere symptomatische Eigenschaft eines Momentums ist die Erregung, die mit dem Momentumsprozess einhergeht. Dementsprechend ist der erste Indikator für ein entstehendes Momentum das ansteigende Aktivitätsniveau.[17] Das laut ADLER (1981) wichtigste Charakteristikum eines Momentums ist jedoch die Veränderung der Leistung durch erzielte Zwischenergebnisse – im positiven Fall also eine gesteigerte Leistung mit verbesserter Qualität und/oder Menge der Ergebnisse. Das Besondere des Momentums ist die sich wie eine Spirale verstärkende oder abschwächende Energie. So betrachtet, könnte ein Momentum rein theoretisch unendlich anhalten, würde es nicht durch externe Ereignisse unterbrochen oder freiwillig verlassen werden.[18] Im Kontext des Konsumentenverhaltens wurde ein Verhaltensmomentum durch DHAR, HUBER und KAHN (2007) nachgewiesen: In einer großangelegten Serie

---

[13]Vgl. Jegadeesh und TITMAN 1993.

[14]Vgl. Bar-Eli et al. 2006.

[15]Vgl. Nevin und Grace 2000.

[16]Vgl. hier und im folgenden Adler 1981, S. 30ff.

[17]Vgl. hierzu auch Gollwitzer und Kinney 1989.

[18]Vgl. Adler 1981, S. 33f.

von Experimenten haben sie herausgefunden, dass im Rahmen des Besuchs eines Einkaufszentrums durch die erste Entscheidung für einen Kauf ein sogenanntes „Shopping-Momentum" ausgelöst wird.[19]

Das Verhaltensmomentum und das psychologische Momentum können nicht immer trennscharf voneinander abgegrenzt werden. Es gibt Situationen, deren Phänomene je nach Perspektive sowohl als behaviorales als auch als psychologisches Momentum bezeichnet werden können. So wird ein externer Beobachter oder Zuschauer ein Momentum im Sport als psychologisches Momentum wahrnehmen, während es für den handelnden Spieler sowohl ein psychologisches als auch ein Verhaltensmomentum sein kann.

LEHMANN und HAHN (2013) haben erkannt, dass es nicht nur im Sport sowohl periodeninterne als auch periodenübergreifende Momenti gibt. Während ein Momentum im Sport sowohl innerhalb eines Spiels als auch über mehrere Spiele hinweg in einer Saison auftreten kann, agieren auch Unternehmen oder Personen binnen bestimmter Zeitgrenzen oder aber über diese hinweg. So entscheiden Mitglieder eines Unternehmens oder Konzernsim Rahmen bestimmter Zeitgrenzen im Hinblick auf gesetzte Ziele und Deadlines. Dementsprechend werden Handlungen und Ergebnisse beobachtet und gegebenenfalls als ein Momentum beurteilt.[20] Somit gibt es Momenti, die innerhalb einer Leistungsperiode entstehen,und solche, die leistungsperiodenübergreifend sind. Auch im Konsumentenverhalten kann das eher verhaltensbezogene Momentum sowohl periodenintern als auch -übergreifend beobachtet werden: Momenti könnten in diesem Fall innerhalb eines Kaufprozesses entstehen oder aber über mehrere Besuche eines Geschäfts hinweg, wobei dies bislang nicht Untersuchungsgegenstand bestehender Literatur ist.

---

[19]Vgl. Dhar et al. 2007, S. 372.
[20]Vgl. Lehman und Hahn 2013; Lehman et al. 2011.

Tabelle 1 Überblick über verschiedene Definitionen des Momentums

Quelle	Definition	Kontext
(Adler 1981)	Ein Momentum besteht aus fünf Phasen: 1. Fokus auf ein spezifisches Ziel 2. Motivation begründet die Anstrengung bei der Zielerreichung 3. Emotionen verbunden mit der Motivation in Richtung des Ziels 4. Gesteigerte Aufmerksamkeit bezogen auf die Aktivität 5. Erhöhte Leistung aufgrund der oben genannten Faktoren	Verhaltenswissenschaften
Nevin (2000)	**Behavioral Momentum:** Wirksames Verhalten besteht aus zwei trennbaren Verhaltensaspekten, die zusammen die Stärke einer Reaktion definieren: Basis-Antwortrate und der Widerstand der Basis-Antwortrate, das bisherige Verhalten aufgrund eines Unterbrechers (Stimulus) zu verändern.	Verhaltenswissenschaften
Taylor (1994)	„Eine positive oder negative Veränderung in der Wahrnehmung, den Affekten, der Physiologie und dem Verhalten (verursacht durch ein Ereignis oder eine Reihe von Ereignissen), die sich in einer entsprechenden Verschiebung der Leistung und des wettbewerblichen Outputs äußert"	Sport
(Lehman und Hahn 2013)	Momentum kann innerhalb einer Performance-Periode oder zwischen Perioden auftreten; Momentum ist "eine systematische und anhaltende Kurve der Performance über die Zeit, in der die Performance entweder steigt (i.e. pos. Mom.) oder sinkt (i.e. neg. Mom.) als ein Ergebnis erfolgreicher positiver oder negativer Ergebnisse in Folge (p.855). Momenti variieren in Größe, Dauer und Änderungsrate; **within-period Momentum** bezieht sich auf einen Trend, in dem sich die Performance innerhalb einer Periode systematisch zum Anspruchsniveau hin oder von diesem weg bewegt; **across-period Momentum** bezieht sich auf einen Trend, bei dem die Performanceziele für verschiedene Perioden in Folge entweder „erreicht" oder „nicht erreicht" werden.	Finanzierung

(Fortsetzung)

Tabelle 1 (Fortsetzung)

Quelle	Definition	Kontext
Dhar (2007)	**Shopping-Momentum** tritt auf, wenn der Kauf eines Treiber-Items die Wahrscheinlichkeit des Kaufs eines Ziel-Items erhöht. Es entsteht durch den Wechsel vom abwägenden in das umsetzungsorientierte Mind-Set.	Kaufverhalten

Quelle: Eigene Zusammenstellung

Besonders das behaviorale Momentum ist hierbei vom Konzept des Flow[21] abzugrenzen (sieheTabelle 2). Beide Konzepte beziehen sich auf die handelnde Person. Während „Flow" ein eher labiler, unbeständiger Geisteszustand ist, der mit Ekstase, völliger Konzentration und Entrücktheit beschrieben wird[22], ist das Momentum eher eine Folge von Ereignissen. Gemeint ist damit das reflexionsfreie, gänzliche Aufgehen in einer gut funktionierenden Tätigkeit, die man trotz hoher Beanspruchung noch unter Kontrolle hat.[23] Flow kann hingegen als *„wholistic sensation present when we act with total involvement"*[24] beschrieben werden. Demnach ist Flow eher ein Geisteszustand, der zwar theoretisch losgelöst von Motivatoren entsteht, in der Praxis jedoch leichter in Situationen vorkommt, in denen Konkurrenz, Wettstreit und Gefahr vorherrschen oder Geldgewinne erhofft werden können. Aufgrund dieser häufig nötigen Treiber wird ein Flow jedoch auch leichter unterbrochen. Die reine realistische Bewertung der Situation führt häufig bereits zu einer Unterbrechung des Gefühls des Flow. Während ein Momentum eine Abfolge von positiven oder negativen Ereignissen beschreibt und unabhängig von Empfindungen der beteiligten Person ist, ist Flow mehr das Konzept der völligen Konzentration innerhalb des Ereignisses. Dieses Konzept tritt häufig im Rahmen von Sport, Spiel o. ä. auf. Flow kann ein Auslöser oder aber Bestandteil eines Momentums sein. Denn die völlige Konzentration und Hingabe für eine Aufgabe, die der Flow beschreibt, kann zu einer besseren Leistung und damit zum Startpunkt eines positiven Momentums führen. Gleiches gilt auch für ein negatives Momentum. Ein Beispiel könnte ein Spieler im Kasino

---

[21]Vgl. inhaltlich zu Flow Csikszentmihalyi 1975.
[22]Vgl. Csikszentmihalyi 1975, S. 43ff.
[23]Vgl. Rheinberg et al. 2003, S. 3.
[24]Vgl. Csikszentmihalyi 1975, S. 43.

sein, der in einem völligen Flowzustand versinkt und alles um sich herum vergisst, sich jedoch von einem verlorenen Spiel zum nächsten hangelt und somit ein negatives Momentum erreicht hat.[25]

Tabelle 2 Gegenüberstellung der Charakteristika von Momentum und Flow

Charakteristika	Verhaltensbezogenes Momentum	Flow
Fokus auf handelnder Person	✓	✓
Sowohl positiv als auch negativ	✓	✓
Innerhalb eines Ereignisses	✓	✓
Ereignisübergreifend	✓	
Geisteszustand	Wird durch den Wechsel von Geisteszuständen ausgelöst	✓
Handlung bleibt unter Kontrolle	✓	
Verlust rationaler Kontrolle		✓
Zustand völliger Hingabe und Konzentration		✓
Meist ausgelöst durch Motivatoren (finanzielle Anreize, Wettstreit etc.)		✓
Leichte Unterbrechung durch externe Einflüsse	(✓)	✓

Quelle: eigene Darstellung

Für die vorliegende Untersuchung soll die Idee des Shopping-Momentums nach DHAR, HUBER und KAHN (2007) als Form des verhaltensbezogenen Momentums aufgegriffen, adaptiert und zum Online-Shopping-Momentum weiterentwickelt werden. So wird das Momentum im Kontext des Online-Handels differenzierter betrachtet und in Anlehnung an LEHMAN und HAHN (2013) zwischen einem periodeninternen und einem periodenübergreifenden Momentum unterschieden. Auf diese Weise soll den Besonderheiten der jeweiligen zeitlichen Umstände und deren Einfluss Rechnung getragen werden. Im Folgenden wird zunächst das periodeninterne Momentum im Rahmen des Kaufverhaltens betrachtet und auf den Kontext des Online-Kaufverhaltens übertragen, um daraufhin das periodenübergreifende Momentum genauer vorzustellen und auf den Kontext anzuwenden.

---

[25]Für einen genaueren Überblick der Literatur zum Flow-Konzept siehe Csikszentmihalyi 1975, Csikszentmihalyi 1985, Csikszentmihalyi und Csikzentmihaly 1991, Rheinberg et al. 2003.

1.2   Periodeninternes Momentum im (Online-)Kaufverhalten

Im Rahmen des Konsumentenverhaltens in Kaufsituationen haben DHAR, HUBER und KAHN (2007) bereits das Shopping-Momentum nachgewiesen. In einer groß-angelegten Serie von Experimenten haben sie untersucht, ob im Rahmen eines Besuchs eines Einkaufszentrums durch die erste Entscheidung für einen Kauf ein sogenanntes „Shopping-Momentum" ausgelöst wird.[26] Zunächst weisen die Autoren die generelle Existenz des Momentum-Effekts im Shopping-Kontext nach, um darauf aufbauend nachzuweisen, dass die Grundlage des entstehenden Momentums ein Wechsel vorliegender Geisteshaltungen (Mind-Sets) ist. Demnach findet ein Wechsel von einer abwägenden Haltung hin zu einer planenden, umsetzungs-orientierten Haltung statt, wenn die Entscheidung für den ersten Kauf gefallen ist.[27] Zudem wird aufgezeigt, dass ein Momentum durch externe Preisvergleiche oder wechselnde Zahlungsmöglichkeiten unterbrochen werden kann.

Der Besuch eines Online-Händlers verläuft nahezu identisch zum Offline-Kaufprozess von DHAR, HUBER und KAHN (2007). Jedoch ist bisher unklar, ob sämtliche Charakteristika des Shopping-Momentums sowie seine auslösenden Aspekte auf den Online-Kontext übertragbar sind. Daher ist zu untersuchen, ob das Momentum online ebenfalls durch das erste Hinzufügen eines Artikels in den Warenkorb ausgelöst wird. Vor dem Hintergrund, dass Warenkörbe im Online-Shopping-Kontext häufig als Erinnerungsstütze genutzt werden und nicht immer wirklich darauf hindeuten, dass der Konsument auch kaufen möchte[28], muss die Eignung des Warenkorb-Events als Auslöser eines Online-Shopping-Momentums überprüft werden.

Wie bereits von DHAR, HUBER und KAHN (2007) erkannt wurde, kann ein Shopping-Momentum unterbrochen werden. Im Rahmen der experimentellen Untersuchung wurde bestätigt, dass ein Momentum beispielsweise durch unter-schiedliche vom Unternehmen geforderte Zahlungsmethoden oder aber durch offensichtliche Preisvergleichsmöglichkeiten unterbrochen werden kann.[29] Über-tragen auf die Situation des Online-Handels wäre dies der Moment, indem der Kunde die Seite des Shops verlässt und damit seinen Kaufprozess abbricht. Hier-bei bleibt zu untersuchen, ob durch das Verlassen der Seite eines Online-Händlers ebenfalls ein Wechsel des zugrundeliegenden Mind-Sets erfolgt. Im Hinblick auf

---

[26]Vgl. Dhar et al. 2007, S. 372.

[27]Vgl. Dhar et al. 2007, S. 376.

[28]Vgl. Kukar-Kinney und Close 2010; Hoof et al. 2013.

[29]Vgl. Dhar et al. 2007, S. 375.

die Tatsache, dass Kaufabbruchraten immernoch zwischen 75 %[30] und 88 %[31] liegen, ist es von hoher Praxisrelevanz zu untersuchen, ob das Shopping-Momentum durch Rückführung zur Seite des Händlers reaktiviert werden kann.

Laut LEHMAN und HAHN ist ein periodeninternes Momentum *"a trend in which performance within a period is systematically moving toward or away from the aspiration level"*.[32] Die zustellende Frage dabei ist, welchen Zeitraum eine Periode ausmacht. Im Kontext des Risikomanagements in Organisationen wird von Geschäftsjahren gesprochen.[33] Im Fall des Sports wäre ein periodeninternes Momentum auf ein Spiel und die sich währenddessen ereignenden Handlungen bezogen. Im Rahmen des hier entwickelten Online-Shopping-Momentums ist ein Kaufprozess als eine Periode anzusehen. Im optimalen, also unterbrechungsfreien Fall bestünde der Kaufprozess aus dem Besuch des Online-Händlers, dem Vergleich verschiedener Produkte aus dem Shop, dem Hinzufügen einzelner Produkte zum Warenkorb und einem abschließenden Kauf der Produkte.[34]

1.3   Periodenübergreifendes Momentum im (Online-) Kaufverhalten

Für psychologische Momenti – z. B. aus dem Sport – ist bereits bekannt, dass es, neben dem Momentum innerhalb eines Spiels, ein solches auch über mehrere Spiele hinweg geben kann.[35] Ebenso haben LEHMAN und HAHN dies für Finanztransaktionen von Unternehmen entdeckt. Sie sprechen bei einem periodenübergreifenden Momentum von einem *"trend in which performance targets are either met or not met for multiple periods in a row"*.[36] Dementsprechend beinhaltet ein periodenübergreifendes Momentum mehrere periodeninterne Momenti. Beispielhaft sieht man dies bei mehreren Spielen, die innerhalb einer Saison angeordnet sind. Auch hierbei ist die Rede von einer Mischform aus verhaltensbezogenem und psychologischem Momentum.

Während LEHMAN und HAHN (2013) davon ausgehen, dass ein periodeninternes Momentum stärker wirkt als ein periodenübergreifendes und Letzteres

---

[30]Vgl. Nicholls 2011.

[31]Vgl. Johnson et al. 2005.

[32]Lehman und Hahn 2013, S. 855.

[33]Vgl. Lehman und Hahn 2013.

[34]Vgl. zu den Bestandteilen des Online-Kaufprozesses u. a. Moe und Fader 2001.

[35]Vgl. Gernigon et al. 2010; Vallerand et al. 1988.

[36]Lehman und Hahn 2013, S. 856.

außer Kraft setzt, sobald es verfügbar ist, ist dies für das Online-Shopping-Momentum bisher nicht nachgewiesen. Ein periodenübergreifendes positives Online-Shopping-Momentum setzt wiederholte Besuche des Online-Händlers und erfolgreich abgeschlossene Käufe voraus. In diesem Fall entsteht durch erneute Besuche eines Händlers eine Art Lock-in-Effekt. Dieser entwickelt sich dadurch, dass der Kunde mit jedem wiederholten Besuch der Seite mit dieser vertrauter wird und hinzulernt und dass somit ständig wachsende Wechselbarrieren entstehen.[37] Loyalität zu diesem besuchten Händler wäre damit eine mögliche Folge eines langfristigen, periodenübergreifenden Momentums. Gleichzeitig kann aber auch vermutet werden, dass die Loyalität durch repetitive positive Erfahrungen mit dem Shop – im Sinne von positiven periodeninternen Momenti – zunächst entsteht und dann selbst als Treiber eines langfristigen Shopping-Momentums agiert. Dementsprechend sind das periodeninterne Momentum und das übergreifende Momentum eng miteinander verbunden. Durch ein wiederholtes Durchlaufen eines periodeninternen Momentums wird ein übergreifendes Momentum erzielt. Bei Unterbrechungen des periodeninternen Momentums wird die Reaktivierung solcher Abbrecher demnach noch wichtiger für die Erreichung des erwünschten Lock-in-Effekts, der mit einem periodenübergreifenden Momentum einhergehen würde. Von einer Unterbrechung eines periodenübergreifenden Momentums kann im Fall einer längerfristigen Pause zwischen zwei Besuchen des Online-Händlers ausgegangen werden, wenn der Kunde als inaktiv gilt. Vor diesem Hintergrund stellt Kundenloyalität eine zentrale Größe bei der Betrachtung von Online-Shopping Momenti sowie dem Einsatz personalisierter Ansprachen im Rahmen dieser Momenti dar. Besonders bei diagnostizierter Inaktivität eines Kunden ist die Reaktivierung umso bedeutender.[38] Diese Reaktivierung kann durch spezielle Formen der Ansprache unterstützt werden. Retargeting, als Form der individualisierten Ansprache mittels Displaybannern, kann hier womöglich hilfreich sein.

1.4   Stand der Forschung zum Phänomen Momentum in der Literatur

HUBBARD (2015) hat eine umfassende Systematisierung des Phänomens Momentum zusammengestellt. Diese differenziert fünf Typen von Momenti: das repräsentative Momentum, das operationale Momentum, das aufmerksamkeitsbezogene

---

[37]Vgl. Johnson et al. 2003.
[38]Vgl. hierzu u. a. Kes et al. 2014.

Momentum (attentional) sowie das psychologische und das verhaltensbezogene Momentum (behavioral)[39] (vgl. Abschnitt 1.1). Im Folgenden liegt der Fokus auf dem Verhaltens- und dem psychologischen Momentum, da das nachzuweisende Shopping-Momentum im Online-Kontext eine Form des behavioralen Momentums ist, sich jedoch stark an Erkenntnissen zum psychologischen Momentum anlehnt.

Zum behavioral Momentum gibt es eine kontextübergreifende, systematisierende Arbeit von ADLER (1981), die darlegt, in welchen Bereichen verhaltensbezogene Momenti überhaupt auftreten. So zeigt er Momenti u. a. in den Bereichen des Sports, der Finanzwelt sowie des wissenschaftlichen Schreibens auf. Darüber hinaus entwickelt ADLER basierend auf den gesammelten Erkenntnissen über auftretende Momenti eine Systematisierung und einen Katalog von Attributen des Phänomens. Aufbauend darauf stellt ADLER seine Theorie des Momentums dar,[40] auf die im weiteren Verlauf der Arbeit noch genauer eingegangen wird (vgl. Abschnitt 2.1.1 im Kapitel 4). Die bereits von ADLER (1981) identifizierten Kontexte, in denen Momenti auftreten, spiegeln sich auch in der Literatur wieder (für eine Übersicht ausgewählter Veröffentlichungen siehe Tabelle 3). Hierbei zeichnen sich drei Hauptbereiche ab: Der Sportkontext, der Bereich der Finanzen und schließlich der Bereich des Konsumentenverhaltens.

Der Sportkontext war hierbei der erste Bereich, in dem versucht wurde, die Existenz von psychologischen und behavioral Momenti nachzuweisen. Einen ausführlichen Überblick über die Literatur zum Momentum in der Art, wie es im Sportkontext verwendet wird, bieten TAYLOR und DEMICK (1994). BAR-ELI, AVUGOS und RAAB (2006) beschreiben darüber hinaus das Momentum als „Hot-Hand-Phänomen" im Basketball.[41] Hierzu erarbeiteten sie einen Review sämtlicher Arbeiten, die das Phänomen des Momentums im Sport bis 2005 betrachteten. Sie stellten fest, dass es keine eindeutige Evidenz für die Existenz eines Momentums gibt. Jedoch konnten sie zeigen, dass in der Literatur überwiegende Einigkeit darüber besteht, dass ein Anpassungsverhalten an positive, in Folge auftretende Ereignisse zu beobachten ist, welches auf dem Momentum beruhen kann.

---

[39] Vgl. Hubbard 2015.
[40] Vergleiche hierzu Abschnitt 2.1.1 im Kapitel 4
[41] Vgl. Bar-Eli et al. 2006.

Tabelle 3 Übersicht ausgewählter Arbeiten aus den verschiedenen Bereichen, in denen das Phänomen des Momentums bereits untersucht wurde

Autor (Jahr)	Kontext	Empirische Basis	Inhalt	Theoretische Fundierung
(Adler 1981)	Kontextübergreifend	Konzeptionell, Monographie	• Überblick über die Kontexte, in denen Momenti auftreten (Sport, Finanzen, Alltagssituation, etc.) • Systematisierung der verschiedenen Momentumsarten und Entwicklung eines Attributkatalogs • Entwicklung einer Theorie, die sowohl das Auftreten eines Momentums erklärt als auch die Reaktionen der sozialen Umwelt	Entwicklung der Theorie des Momentums – aufbauend auf der Inertia Theory von Newton
(Taylor und Demick 1994)	Sport, Basketball, Football	Konzeptionell, Meta-Analyse	Ziel ist eine neue multidimensionale Konzeptualisierung von Momentum: • Wenn Momentum mehr als eine „cognitive illusion" ist, muss es beeinflussende Faktoren geben, die die Übertragung der Wahrnehmung des Momentums auf den Wandel der Leistung beeinflussen • bisheriges "psychological Momentum" vernachlässigt die Rolle der Emotionen sowie psychologischer, sozialer und verhaltenswissenschaftliche Faktoren, die bei der Entwicklung eines Momentums eine Rolle spielen	Theory of Momentum

(Fortsetzung)

Tabelle 3 (Fortsetzung)

Autor (Jahr)	Kontext	Empirische Basis	Inhalt	Theoretische Fundierung
(Bar-Eli et al. 2006)	Sport	Review sämtlicher empirischen Arbeiten zu Momentum im Sport 1985–2005	Bedingungen für das Vorliegen einer Hot Hand: (a) Ein Spieler spielt nach dem Motto „Erfolg bringt Erfolg", (b) eine Erfolgsserie ist statistisch unwahrscheinlich und (c) die Zahl der Erfolge in einer Reihe überschreitet die vorhergesagte Wahrscheinlichkeit. Ergebnisse des Reviews: • Die empirische Evidenz der Existenz der Hot Hand ist stark begrenzt. • Methodologische Entwicklungen sowie experimentelle Ergebnisse zeigen, dass Hot Hand womöglich keine Anpassungsfähigkeit eines potentiellen Aberglaubens ist, sondern ein adaptives Verhalten, das teilweise auf dem Hot-Hand-Belief beruht.	Theory of Self-Efficacy

(Fortsetzung)

Tabelle 3 (Fortsetzung)

Autor (Jahr)	Kontext	Empirische Basis	Inhalt	Theoretische Fundierung
(Prothmann 2009)	Finance (Dissertation)	**Studie 1:** konzeptionell **Studie 2:** Aktien-Felddaten Dt. 1980–2008 (Preis, Marktwert, höchster und niedrigster Preis) **Studie 3:** Aktien-Felddaten UK (Rendite vers. Strategien 1989–2008	**Studie 1:** • Aufbereitung der Momentum-Literatur im Finanzbereich: Begründung für Momentum-Gewinne ist Falschreaktion von Investoren auf neue Informationen • Aufarbeitung und Vergleichrationaler und verhaltenswiss. Ansätze – kein Ansatz ist besser geeignet, die Existenz eines Stock-Price-Momentum-Effektes vollständig zu erklären. **Studie 2 und 3:** Untersuchung, ob ein spezifisch nicht-rationales Verhalten von Investoren die Rendite von Momentum-Strategien erklärt: 1) "anchoring" kann nicht als Treiber des Momentum-Effektes zurückgewiesen werden: 52-Wochen-Hoch-Strategie erfolgreicher als Momentum-Strategie; "anchoring" kann nicht als Grund für Gewinn der 52-Wochen-Hoch-Strategie ausgeschlossen werden 2) Starke Evidenz für "anchoring" als Erklärung der Momentum- und der 52-Wochen-Hoch-Strategie. Enges Verhältnis zwischen Momentum und der 52-Wochen-Hoch-Strategie ist zudem bestätigt.	Fama French Three Factor Model behavioral vs. rational explanation for momentum

(Fortsetzung)

Tabelle 3 (Fortsetzung)

Autor (Jahr)	Kontext	Empirische Basis	Inhalt	Theoretische Fundierung
(Lehman et al. 2011)	Finance	Felddaten über mehrere Jahre	Generelle Erkenntnisse zum Momentum: Momentum kann innerhalb einer Peformance-Periode oder zwischen Perioden auftreten; Momentum ist "eine systematische und anhaltende Kurve der Performance über die Zeit, in der die Performance entweder steigt (i.e. pos. Mom.) oder sinkt (i.e. neg. Mom.) als ein Ergebnis erfolgreicher positiver oder negativerErgebnisse in einer Reihe" (p.855). Momenti variieren in Größe, Dauer und Änderungsrate; Performance der Übernahme von Risiken (–) Performance der Übernahme von Risiken ist stärker, wenn die Performance unter dem Anspruchsniveau ist Unterhalb des Anspruchsniveaus: Performance der Übernahme von Risiken wird durch das within-period Momentum moderiert (+) Oberhalb des Anspruchsniveaus: Performance der Übernahme von Risiken wirddurch das within-period Momentum moderiert (–) Across-period Momentum: Momentum der Risikoübernahme (–), falls within-period-feedback nicht verfügbar ist	–

(Fortsetzung)

Tabelle 3 (Fortsetzung)

Autor (Jahr)	Kontext	Empirische Basis	Inhalt	Theoretische Fundierung
Huehn und Scholz (2014)	Finance	Felddaten: Aktienkurse in Europa	Analyse von kurzfristigen Umschwüngen und langfristigen Momentums-Mustern bei Einnahmen am Stockmarket Empirisches Ergebnis: • negative Beziehung zwischen Vormonats- und zukünftigen Ergebnissen in der kurzfristigen Betrachtung und eine pos. Beziehung bei langfristiger Betrachtung. • Investoren korrigieren Vormonatsrückflüsse kurzfristig, während langfristig unterreagieren auf Unternehmensinformationen • Gleichzeitig scheinen langfristige Momenti in Strategien auf Überreaktionen von Momentum-Tradern zu basieren. • Kurzfristige Reaktionen scheinen ausgeprägter zu sein, wenn die grundsätzliche Stimmung eher pessimistisch ist.	–

(Fortsetzung)

Tabelle 3 (Fortsetzung)

Autor (Jahr)	Kontext	Empirische Basis	Inhalt	Theoretische Fundierung
Chen et al.(2014)	Finance	• Firmendaten vom Center for Research in Security Prices (CRSP) • Daten von 1979–2009 • Firmen, die am New York Stock Exchange, American StockExchange oder Nasdaq gelistet waren	• Vergleich von Erfolgen durch Gewinn-, Einnahmen- und Preis-Momentum-Strategien mit dem Ziel die Reaktionen der Investoren zu verstehen, wenn sie mit mehreren Informationen zur Unternehmensperformance in verschiedenen Situationen konfrontiert werden. • Es wurde nachgewiesen, dass es keine dominierende Momentumsstrategie im Vergleich von Gewinn-, Einnahmen- und Preis-Momentumgibt. Grund dafür ist, dass überraschende Gewinne, überraschende Einnahmen und vorherige Returns alle gleichermaßen exklusive unbezahlte Informationen mit sich bringen. • Profit eines Momentums, die durch Informationen über die Unternehmensperformance (Gewinn oder Einnahmen) getrieben werden, sind abhängig von der begleitenden Unternehmensmarkt Performance Informationen (Preis), und vice versa und können dementsprechend nie allein auftreten. • Eine dreiteilige Momentums-Strategiebringt monatlich bis zu 1.44 % Revenuezuwachs. Die Informationen, die durch überraschende Gewinne und Einnahmen übertragen werden,sind für ca. 19 % des Preis-Momentums-Effekts verantwortlich	–

(Fortsetzung)

Tabelle 3 (Fortsetzung)

Autor (Jahr)	Kontext	Empirische Basis	Inhalt	Theoretische Fundierung
Nevin und Grace(2000)	Verhaltenswis-senschaften	Metaanalyse	Basierend auf einer Vielzahl von Studien zum Momenti, wird das Behavioral Momentum wie folgt definiert: • Wirksames Verhalten besteht aus zwei trennbaren Verhaltensaspekten, die zusammen die Stärke einer Reaktion definieren: Basis-Antwortrate und der Widerstand der Basis Antwortrate das bisherige Verhalten aufgrund eines Unterbrechers (Stimulus) zu verändern • Es wird theoretisch und konzeptionell hergeleitet, ob und inwiefern das Behavioral Momentum eine quantitative Version von Thondikes Law of Effect ist • Es wird diskutiert, welchen Erklärungsbeitrag die "Behavioral Momentum Theorie" zu Themen wie der Verstärkung von Response rates, Widerstand gegen Veränderung und Präferenzbildung leisten kann und welche Implikationen diese für Klinische Behandlungen, Drogenabhängigkeit und Selbstkontrolle haben	Law of Effect (Thorndike 1924) Behavioral Momentum Theory

(Fortsetzung)

Tabelle 3 (Fortsetzung)

Autor (Jahr)	Kontext	Empirische Basis	Inhalt	Theoretische Fundierung
Pritchard (2014)	Verhaltenswis-senschaften		• Die Studie fokussiert den Rückfall in ein Problemverhalten nach einer offensichtlich erfolgreichen Behandlung.Es gibt hierzu verschiedene theoretische Erklärungsversuche. Der fokussierte Ansatz ist die "Behavioral Momentum Theorie". BMT besagt, dass Verhalten ist langandauernder in Situationen, die mit höheren Raten von Verstärkung nach einer Unterbrechung der Reaktion einhergehen – das Phänomen nennt sich: „Reinforcer-Relation" • Dementsprechend, kann ein Rückfall nach erfolgreicher Behandlung kann als dauerhafter Teil des Verhaltens angesehen werden, wenn die Behandlung in irgendeiner Art gestört wird. • Eine Vielzahl von Lösungen für problematische rückfallbehaftete Problembehandlung werden basierend auf der BMT diskutiert.	Behavioral Momentum Theory

(Fortsetzung)

Tabelle 3 (Fortsetzung)

Autor (Jahr)	Kontext	Empirische Basis	Inhalt	Theoretische Fundierung
Chen et al. (2011)	Job Satisfaction	Felddaten – verschiedene Datensätze	Neue theoretische Perspektive auf Arbeitsqualität und -veränderung sowie die Systematisierung der Arbeitszufriedenheit im Zeitverlauf: • "job satisfaction momentum" (i.e., systematic increase or decrease over time) go above and beyond absolute levels of job satisfaction in explaining differences in turnover decisions? • Erkenntnis: stärkere negative Veränderung der Zufriedenheit mit dem Job gehen mit der Intention höheren Umsatzes einher. Zudem wird vermutet, dass der dynamische Zusammenhang zwischen Veränderung der Jobzufriedenheit und dem Umsatz sich bestätigt, wenn das durchschnittliche Level an Zufriedenheit mit dem Job in der gesamten Zeitspanne berücksichtigt wird. • Es wird gezeigt, dass zukunftsorientierte Arbeitserwartungen die Beziehung von Zufriedenheit und Umsatz teilweise mediieren und organisationale Reife die Beziehung zwischen Zufriedenheit und zukunftsorientierten Arbeitserwartungen moderiert. Ein direkter Effekt auf die Veränderung in Umsatzintentionen durch Veränderung der Zufriedenheit konnte nicht nachgewiesen werden.	Prospect Theory Spiral theories Conservation of resources theory
(Dhar et al. 2007)	Kaufverhalten	Experimentelle Untersuchung	• Nachweis der Existenz des Momentums im Kaufverhalten • Nachweis des Wechsels der Mind-Sets mit dem ersten Kauf • Bestätigung, dass das Implantational Mind-Set kauffördernder ist • Nachweis einer möglichen Unterbrechung des Momentums	Theorie der Mind-Sets

Quelle: eigene Darstellung

In der Finanzwirtschaft spricht man von der sogenannten Momentum-Strategie. Diese basiert darauf, dass Aufwärtstrends bei Aktiennotierungen aus Seitwärtsbewegungen und sogenannten Beschleunigungsphasen bestehen, in denen die Kurse effektiv zulegen. Dabei dauern die Seitwärtsbewegungen oft relativ lange, während die Beschleunigungsphasen eher kurzfristiger Natur sind. Das Ziel der Strategie besteht darin, die Seitwärtsbewegungen zu vermeiden und in den Phasen der Kursgewinne zu investieren. Gekauft werden vor allem Aktien, die vermuten lassen, dass sie kurz vor einem stärkeren Anstieg stehen. Sie werden nach dem Momentum herausgefiltert, das anzeigt, wann sich die Kursdynamik eines Wertes beschleunigt. Es errechnet sich aus der fortlaufenden Division des aktuellen Kurses mit einem Vergleichswert aus der Vergangenheit.

Während im Sport und Finanzkontext bereits verschiedenste Studien zu behavioral und psychologischen Momenti existieren, gibt es zum Bereich des Konsumenten- bzw. Kaufverhaltens bisher nur eine Arbeit, welche die generelle Existenz eines Momentums beim Kaufverhalten nachweist und theoretisch erklärt.[42]

2   Unterbrechungen des Online-Shopping-Momentums

Nachdem die beiden Arten eines Momentums in den vorhergehenden Kapiteln erläutert und auf das Online-Kaufverhalten übertragen wurden, muss im Folgenden kritisch darauf eingegangen werden, was im Fall eines nicht reibungslos funktionierenden Momentums geschieht. Bereits DHAR, HUBER UND KAHN (2007) haben bestätigt, dass ein Shopping-Momentum unterbrochen werden kann. Im Folgenden soll daher zunächst kritisch beleuchtet werden, was die Unterbrechung eines Momentums generell bedeutet, um dies im darauffolgenden Kapitel auf den Kontext des Online-Shopping Prozesses anzuwenden. Im Anschluss daran werden mögliche Reaktionen und vorbeugende Maßnahmen von Online-Händlern dargestellt.

---

[42]Vgl. Dhar et al. 2007.

2.1 Kritische Betrachtung der Unterbrechung eines Momentums

Es ist hinlänglich bekannt, dass Unterbrechungen einer Aufgabe zu negativen Folgen führen. Darunter sind zunächst eine zunehmende Bearbeitungsdauer[43] und geringere Genauigkeit[44], aber auch vermehrter Stress[45] und Eigenwahrnehmung von höherer Arbeitsbelastung zu beobachten.[46] Da es bisher recht wenig empirische Forschung zu „Unterbrechungen von Aufgaben" gibt, fokussierten sich HODGETTS und JONES zunächst auf die Untersuchung der kognitiven Reaktionen auf Unterbrechungen.[47] Im Mittelpunkt stehen hierbei die Auswirkungen auf die Erinnerung an das ursprüngliche Ziel. Die Aktivierung eines Ziels, die nötig ist, um darauf hinzuarbeiten, lässt mit der Zeit und vor allem bei neu hinzukommenden, aktuelleren Zielen nach.[48]

Unterbrechungen in einer frühen Stufe eines Arbeitsablaufes verringern die Erinnerung und verhindern eine erfolgreiche Vervollständigung der Aufgaben.[49] Wie kritisch eine Unterbrechung bei der Bearbeitung eines bestimmten Ziels ist, wird maßgeblich durch zwei Aspekte bestimmt: Zum einen durch **zeitliche Aspekte** der Unterbrechung und zum anderen durch die **Komplexität** der während der Unterbrechung zu bewältigenden Aufgaben:[50]

Zunächst gilt, dass je länger die Fokussierung auf ein Ziel her ist, desto mehr Fehler passieren und desto langsamer wird der Ausführende.[51] Außerdem ist die grundlegende Reaktivierung des Ziels wesentlich schwieriger und langwieriger, je länger die Unterbrechung der ursprünglichen Zielerreichung zurückliegt. Dies wird zudem durch Untersuchungsergebnisse zum Kurzzeitgedächtnis bestätigt.[52] Die Forschungsergebnisse zu den Auswirkungen von Unterbrechungen auf die Ausführung einer Aufgabe sind bislang widersprüchlich bezüglich der Schwere der Auswirkungen und den verschiedenen Arten.[53] Besonders zu längerfristigen

---

[43]Vgl. Eyrolle und Cellier 2000.

[44]Vgl. u. a. Flynn et al. 1999.

[45]Vgl. u. a. Zijlstra et al. 1999.

[46]Vgl. Kirmeyer 1988.

[47]Vgl. Hodgetts und Jones 2006, S. 104.

[48]Vgl. Anderson und Douglass 2001.

[49]Vgl. Bjork und Bjork 1992; Speier und Morris 2003; Speier et al. 1999.

[50]Vgl. Hodgetts und Jones 2006, S. 104f.

[51]Vgl. Hodgetts und Jones 2006, S. 103ff.

[52]Vgl. Peterson und Peterson 1959, S. 197f.

[53]Vgl. u. a. Hodgetts und Jones 2006; Bailey et al. 2000.

Unterbrechungen – also solchen Unterbrechungen, die länger andauern als die eigentliche Aufgabe gedauert hätte – gibt es bislang wenige Untersuchungen. Vor allem vor dem Hintergrund, dass die Bedeutung dieser Unterbrechungsdauer womöglich mit der Art der betroffenen Aufgabe variiert, besteht hier laut HODGETTS und JONES (2006) weiterhin enormer Forschungsbedarf.[54]

Der zweite Aspekt, der in der Literatur als kritisch erwähnt wird, ist die Komplexität der Aufgabe, die im Zeitraum der Unterbrechung ausgeführt wird. Die Literatur ist nicht ganz einheitlich in ihren Aussagen über den Einfluss der „Stör-Aufgaben".[55] Als Stör-Aufgaben gelten hierbei solche Aufgaben, die den Durchführenden von der Erledigung seines eigentlichen primären Ziels abhalten. Dennoch scheinen die Anzahl sowie die Komplexität der Aufgaben, die bis zur Reaktivierung des ursprünglichen Ziels erledigt werden, einen entscheidenden Einfluss auf die Schnelligkeit und die Leichtigkeit der Reaktivierung zu haben.[56]

Daraus lässt sich ableiten, dass im Falle einer Unterbrechung eine möglichst schnelle Reaktivierung sinnvoll wäre, um den „Stör-Aufgaben" nicht zu viel Raum zu geben und eine Rückführung zum ursprünglichen Ziel zu ermöglichen.

2.2   Unterbrechungen des Momentums angewendet auf den Online-Kaufprozess

Das Online-Shopping-Momentum kann an mehreren Stellen unterbrochen werden. Zunächst einmal kann ein Besucher lediglich auf der Seite des Händlers stöbern und diese unverrichteter Dinge wieder verlassen. Darüber hinaus können Kunden zu einem späteren Zeitpunkt ihres Besuchs die Seite verlassen, nachdem sie bereits Produkte in den Warenkorb gelegt oder sogar den Bestellvorgang bereits begonnen haben. In diesem Fall spricht man vom Warenkorbabbruch.[57] Während solche Warenkorbabbrüche in den Anfängen des Online-Handels noch häufig auf eine beschränkte Funktionalität der Webseiten, eine verwirrende Menüführung, geringe Downloadgeschwindigkeiten oder Probleme beim Auffinden von Versand- und Kontaktinformationen zurückzuführen waren,[58] liegen die Gründe für Warenkorbabbrüche heutzutage vor allem bei den Konsumenten selbst, da sich die technischen Funktionen von Webseiten in den letzten Jahren deutlich

---

[54]Vgl. Hodgetts und Jones 2006, S. 105.

[55]Vgl. u. a. Anderson und Douglass 2001, Altmann und Trafton 2002.

[56]Vgl. Hodgetts und Jones 2006, S. 105f.

[57]Vgl. Hoof et al. 2013.

[58]Vgl. u. a. Ganesh et al. 2000.

verbessert haben. Während in den aufgeführten Fällen von einer Unterbrechung des periodeninternen Momentums gesprochen werden kann, besteht bei länger ausbleibender Rückkehr zur Seite auch nach einem bzw. mehreren erfolgreichen Käufen eine Unterbrechung des periodenübergreifenden Momentums. Wenn davon ausgegangen wird, dass ein Momentum durch einen wechsel des Mind-sets entsteht, so kann im Fall einer Unterbrechung entweder das umittelbar ein Wechsel zurück in das abwägende Mind-set stattfinden, oder das umsetzungsorientierte Mind-Set zunächst andauern bevor bei ausbleibender Reaktivierung der Wechsel stattfindet. Im letzteren Fall würde von einem unterbrochenen aber noch aktiven Momentum die Rede sein.

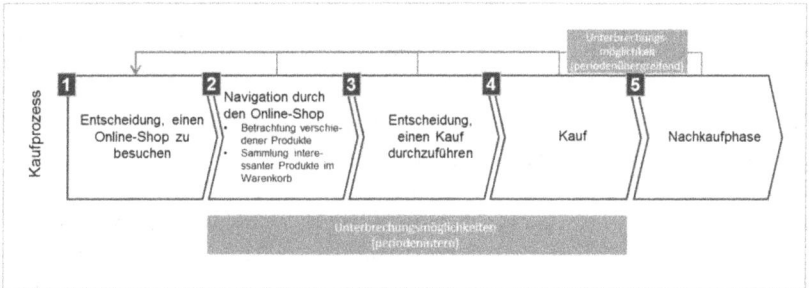

Abbildung 1 Unterbrechungsmöglichkeiten im Online-Kaufprozess. (Quelle: eigene Darstellung in Anlehnung an Hoof et al. 2013 S. 2 und Moe und Fader 2001.)

Der typische Online-Kaufprozess besteht in der Regel aus fünf Stufen (siehe Abbildung 1): Kunden entscheiden sich, einen Online-Shop zu besuchen und „landen" auf der Seite eines Online-Händlers (Stufe 1).[59] Befindet sich der Nutzer auf der Webseite, kann er nun die verschiedenen Angebote des Anbieters einsehen und nutzen, indem er zum Beispiel Produktdetailseiten aufruft, Kategorieseiten ansieht, Produkte über die shop-interne Suchmaschine sucht und/oder Produkte dem Warenkorb hinzufügt und/oder wieder entfernt (Stufe 2). Entscheidet sich der Konsument für den Kauf, kann er den Kauf-Prozess einleiten (Stufe 3). Zunächst wird hierbei dann meist eine Übersichtsseite dargestellt, auf der der Kunde die im Warenkorb befindlichen Produkte und deren Preise sowie häufig auch Versandkosten und Lieferzeitpunkt einsehen kann. Um den Kauf abzuschließen, muss der Kunde sich nun registrieren oder, falls er bereits ein Konto besitzt, in dieses

---

[59]Vgl. hier und im Folgenden Hoof et al. 2013, S. 6ff.

Konto einloggen. Alternativ bieten viele Online-Händler einen Guest-Check-Out an, durch den es Kunden ermöglicht wird, etwas zu kaufen, ohne sich zu registrieren und ein Profil anzulegen. Dabei müssen Kunden nur für Versand und Zahlung benötigte Informationen eingeben, die aber nicht gespeichert werden. Außerdem werden dem Kunden schließlich Zahlungsmöglichkeiten präsentiert, aus denen er wählen kann (Stufe 4). Schließlich hat der Konsument auch nach dem Kauf die Möglichkeit, auf der Seite weiter zu stöbern, komplementäre Produkte anzusehen oder zusätzliche Dienste in Anspruch zu nehmen (Stufe 5). Die Phasen des Kaufprozesses müssen nicht stringent durchlaufen werden.so kann auch im Verlauf ein Rücksprung zu einer vorherigen Phase stattfinden, beispielsweise wenn ein Kunde aufgrund neu gewonnener Informationen doch nicht kauft, sondern wieder anfängt, Alternativen zu vergleichen. Ein Abbruch und das Verlassen des Shops können zu jedem beliebigen Zeitpunkt im Prozess stattfinden. Der Konsument kann also sowohl während einzelner Stufen als auch bei dem Übergang von einer zur nächsten Stufe den Prozess abbrechen. Alles in allem steht fest, dass Unterbrechungen zwischen den Stufen des Kaufprozesses das finale Ergebnisbeeinflussen, da sie das aufgebaute Wissen reduzieren und die Rückkehr zum Shop mit zusätzlichen kognitiven Kosten verbunden ist. Es können dabei selbst- und fremdinduzierte Unterbrechungen differenziert werden. Selbstinduzierte Unterbrechungen können sowohl auf einen weitreichenderen Vergleich von Alternativen als auch ein bewusstes Entscheiden gegen den aktuellen Kauf zurückzuführen sein, während fremdinduzierte Unterbrechungen nichts am ursprünglichen Ziel ändern und die Handlung lediglich unterbrechen, z. B. ein Telefonanruf während man sich im Kauf-Prozess befindet.

Wie in Abschnitt 2.1 generell dargestellt, bestätigt sich die Problematik der Unterbrechung eines Momentums auch im Online-Shopping-Kontext. Eine Studie des Marktforschungsunternehmens Forrester Research, für die 3.000 Personen befragt wurden, beschäftigt sich mit einer besonderen Form der Abbrüche eines Seitenbesuchs, nämlich den Warenkorbabbrüchen.[60] Hierbei handelt es sich um das Verlassen eines Online-Shops trotz bereits im Warenkorb befindlicher Produkte. In der Literatur besteht Einigkeit dahingehend, dass je weiter ein Kunde sich dem finalen Kauf nähert, also den Check-Out-Prozess beginnt, desto unwahrscheinlicher wird der Warenkorbabbruch. So werden nur ca. 4,4 % der abgebrochenen Warenkörbe kurz vor der finalen Kaufbestätigung verlassen und zwar häufig dann, nachdem der Kunde seine Zahlungsinformationen bereits angegeben hat.[61] Laut Forester Research gab eine Vielzahlder Kunden im Rahmen der

---

[60]Vgl Mulpuru et al. 2010.
[61]Vgl. u. a. o. V. 2000; Mücke (2011).

Studie an, dass sie den Kauf abbrachen, weil Versand- und Bearbeitungskosten zu hoch waren (44 %) oder sienoch nicht bereit waren, den Kauf durchzuführen (41 %). Weiterhin war der Preis ein häufig genannter Grund, so wollten 27 % der Befragten Preise auf anderen Webseiten vergleichen und 25 % gaben an, dass der Produktpreis höher war, als sie bereit waren zu zahlen. Zusätzlich gaben 24 % der Befragten an, sie würden den ungekauften Warenkorb als eine Art Einkaufsliste nutzen auf der sie sich Produkte merken könnten, um diese bei späteren Käufen zu berücksichtigen.[62] Insgesamt wird deutlich, dass die beiden Hauptgründe, nicht zu kaufen, sich zum einen auf den Preis bzw. die Kosten und zum anderen auf den Kaufzeitpunkt, also das Timing des Kaufs, beziehen.[63]

2.3 Maßnahmen zur Vorbeugung von Unterbrechungen oder der Reaktivierung im Anschluss an die Unterbrechung

Da es, wie erläutert, für Online-Händler ein großes Problem darstellt, dass Konsumenten ihren Besuch beim Händler unverrichteter Dinge abbrechen und kurz- oder sogar längerfristig inaktiv bleiben, wurden in den vergangenen Jahren verschiedenste Wege erprobt, einen solchen Abbruch entweder im Vorhinein zu verhindern oder die Kunden danach zu reaktiveren. Eine Übersicht bietet Tabelle 4. Die Maßnahmen lassen sich in Vermeidungsstrategien und Reaktionen unterteilen. So finden Vermeidungsstrategien auf der Seite während des Besuchs des Kunden statt (onsite), während Reaktionen des Händlers sich darauf fokussieren, den Konsumenten zurückzuholen (offsite).

On-Site Maßnahmen
Eine Möglichkeit, Konsumenten bei ihrem Kauferlebnis zu unterstützen und sie somit daran zu hindern, den Kaufprozess zu unterbrechen, stellen sogenannte Avatare dar. Avatare sind meist menschlich-anmutende virtuelle Charaktere, die den Konsumenten während des Kaufprozesses begleiten, Fragen beantworten, beraten und/oder unterstützen.[64] Sie übernehmen somit die Rolle des persönlichen „Shopping-Beraters" im stationären Handel. Seit Ende der Neunziger sind Avatare ein immer beliebter werdendes Mittel, um Marketingaktivitäten von Unternehmen

---

[62]Vgl. Mulpuru et al. 2010.
[63]Vgl. Nicholls 2011.
[64]Vgl. Redmond 2002.

Tabelle 4 Systematisierung verschiedener beispielhafter Aktivitäten gegen eine Unterbrechung des Kaufprozesses

Onsite Aktivitäten	Offsite Aktivitäten
• Einsatz von Avataren / Chat-bots	• Reaktivierungsmailings
• Personalisierte Incentives	• Personalisierte Erinnerungs-E-Mails
• Factual Targeting onsite	• Retargeting
• Rabatte/Promotions auf der Seite	
• Vereinfachte /verkürzte Bestellvorgänge	
• Generelle Optimierung der Usability und User Experience des Shops	

Quelle: eigene Darstellung

zu unterstützen.[65] Das bekannteste Beispiel für Avatare ist wohl Lara Croft, die als virtueller Charakter für eine Vielzahl von Produkten geworben hat. Avatare werden von BAHORSKY definiert als "pictorial representation of a human in a chat environment".[66] Während diese Definition beschränkt ist auf reale individuelle Personen in verschiedensten Umfeldern, definieren HOLZWARTH ET AL. (2006) Avatare als "general graphic representations that are personified by means of computer technology". Bringt man beide Definitionen zusammen, so kann ein Avatar als *"figurative, mostly anthropomorphic visualizations that are utilized in interactive mediato represent suppliers of goods and services and that are equipped with an agent system to expand their functionality"* beschrieben werden. Eine etwas abgeschwächte Form des Kundenberaters, im Vergleich zum Avatar, stellt die Beratung via Chatfunktion dar. Der entscheidende Unterschied zum Avatar ist, dass der Kunde mit einer realen Person chattet, die ggf. flexibel oder unorthodox reagieren kann. Die unmittelbare Klärung von Fragen wird von Kunden häufig als positiv und zuvorkommend wahrgenommen.[67] Vermehrt werden hier jedoch anstelle der tatsächlichen Person aufwendig programmierte Bots eingesetzt, die mittels lernender Algorithmen zunehmend individualisiert auf Kundenanfragen reagieren können.

Darüber hinaus, gehen viele Online-Händler dazu über, die verfügbare und vorhandene Informationen über ihre Kunden und Besucher zu nutzen.[68] Dies passiert beispielsweise bei der Darstellung einer individualisierten Produktauswahl oder

---

[65]Vgl. Qiu und Benbasat 2005; Hayes-Roth et al. 1999.

[66]Bahorsky 1998, S. 8.

[67]Vgl. Holzwarth et al. 2006, S. 20f.

[68]Vgl. u. a.Grewal et al. 2011, S. 45f.

Rabattaktionen, die sich speziell für einen bestimmten Kundentyp rechnen. Im Ausnahmefall werden im Rahmen von dynamic Pricing auch komplette Preise individuell angepasst. Auf die Tatsache, dass zu hohe Versandkosten häufig als Treiber von Warenkorbabbrüchen gesehen werden, reagieren Händler mit einem möglichen Erlass von Versandkosten. Ebenso erhöhen Angaben von Verfügbarkeit und Versanddauer die Zufriedenheit mit dem Shop und das Gefühl von transparenten Informationen. Ebenso steigert Transparenzim Bezahlprozess das Vertrauen in den Shop und damit die Bereitschaft einen Kauf auf der besuchten Seite abzuschließen. Generell werden vermehrt ganze Seiten personalisiert und bieten dem Konsumenten eine individuelle und auf seine Bedürfnisse zugeschnittene User Experience an.

Off-Site Maßnahmen

Im Falle einer bereits geschehenen Unterbrechung, muss es Ziel jeglicher Maßnahmen des Händlers sein, wertvolle Konsumenten zur Seite zurückzuholen. Betrachtet man den kognitiven Prozess, den der Konsument dabei durchlebt, muss das ursprüngliche Ziel, welches durch neue Aufgaben in den Hintergrund gerückt ist, reaktiviert werden.[69] Dementsprechend muss das Ziel eines Kaufs dem Kunden erneut bewusst gemacht und reaktiviert werden.

Eine Möglichkeit stellen in diesem Fall sogenannte Reaktivierungsmailings dar.[70] Hierbei gehört die umfassende Messbarkeit zu den größten Stärken des E-Mail-Marketings. Hierzu steht eine Reihe von KPIs (Key Performance Indicators) zur Verfügung. Jede Reaktion der Empfänger lässt sich messen und, eine entsprechende Einwilligung vorausgesetzt, sogar einzelnen Nutzern zuordnen. Mit E-Mail-Remarketing existiert ein überaus nützliches Werkzeug für die Konversionsförderung. Nichtsdestotrotz versuchen nur 20 % der Fortune 500-Anbieter, Folgekontakte zu ihren Site-Besuchern herzustellen, und gerade einmal 2 % des gesamten E-Mail-Verkehrs entfallen auf die gezielte Ansprache von Kaufabbrechern oder inaktiven Kunden. E-Mail-Marketing ist laut der aktuellen Studie „Effizienz von Marketingkanälen im On- und Offline-Bereich des Interaktiven Handels" des Bundesverbands für Versandhandel und Trusted Shops das effizienteste Marketingmittel im Online-Handel. 32 % der Versandhändler geben an, dass E-Mail-Marketing eine hohe Response- und Wiederkäuferrate aufweist – zum Vergleich: 28 % bei Suchwortanzeigen, 4 % bei Bannern. Damit werden

---

[69]Vgl. u. a. Anderson und Schunn 2000.

[70]Der folgende Abschnitt stammt aus einem Arbeitspapier, welches sich mit den Erfolgstreibern von Reaktivierungsmailings beschäftigt. Soweit keine anderen Quellen angegeben sind, stammt der Text aus Kes et al. 2014; S. 3ff.

klassische Stärken von E-Mail-Marketing unterstrichen. Mit Hilfe von deutlicher Personalisierung der E-Mails kann die Effektivität des E-Mail-Marketings sogar noch gesteigert werden. So kann die Angabe des Empfängernamens die Öffnungsraten der E-Mails um 20 % und die damit verbundenen Kaufraten sogar um 31 % steigern [71]. Eine weitere Form des E-Mail-Marketings sind regelmäßige Informationen per Mail über Produkte, die ein Konsument im Warenkorb „zurückgelassen" hat[72] –beispielsweise mit Zusatzinformationen darüber, ob sich deren Preis oder Verfügbarkeit geändert hat. Darüber hinaus wurde erkannt, dass vermehrt Besuche auf der Seite der Zahlungskonditionen abgebrochen werden. Um darauf zu reagieren, werden häufig im Nachgang Rabatte bei der Wahl einer bestimmten Zahlungsmethode gewährt.[73]

Im Gegensatz zum E-Mail-Marketing, bei dem eine Erlaubnis des Konsumenten eingeholt werden muss, um ihm Newsletter o. ä. zuzusenden, basiert personalisierte Werbung auf z. B. durch Cookies gespeicherten Verhaltensdaten. Retargeting als Form personalisierter Werbung, mit dem Ziel, Konsumenten, die eine Seite verlassen haben, zu reaktivieren, stellt somit eine weitere Möglichkeit dar, auf einen Kaufabbruch zu reagieren. Diese Form der personalisierten Werbung hat das Ziel, einen Nutzer durch individuelle Banner auf die Seite eines Shops zurück zu holen. Retargeting als ein Beispiel für personalisierte offsite Kommunikation stellt den Kern der vorliegenden Arbeit dar und wird im Folgenden genauer beleuchtet.

---

[71]Vgl. Sahni et al. 2018.
[72]Vgl. Constantinides 2004.
[73]Vgl. u. a. Grewal et al. 2011, S. 46ff.

Retargeting als Mittel zur Überbrückung und Schließung des unterbrochenen Momentums

1 Retargeting als Form personalisierter Online-Werbung

1.1 Einordnung von Retargeting in den Kontext der Personalisierung

Retargeting bezeichnet die folgende Form der Kommunikation zwischen einem Händler und Konsumenten: Ein Nutzer besucht die Seite eines Online-Händlers, stöbert dort und sieht sich verschiedene Produkte an. Daraufhin verlässt er die Seite und besucht verschiedene andere Seiten, wie beispielsweise facebook, google oder diverse Online-Zeitschriften. Auf diesen nachfolgenden Seiten werden dem Nutzer nun Werbebanner angezeigt, welche den zuvorbesuchten Shop bewerben und Produkte beinhalten, die er sich zuvor angesehen hat oder die aus der Kategorie der angesehenen Produkte stammen. Der Inhalt dieser Banner basiert dabei auf dem vorangegangenen Verhalten des Online-Nutzers. Sie zielen darauf ab, den Nutzer nach dem unterbrochenen Besuch des Online-Händlers zu diesem zurück zu bringen, also möglicherweise ein unterbrochenes Online-Shopping-Momentum zu schließen. Dementsprechend stellt Retargeting eine sehr individualisierte Art der Kommunikation dar. Es wird demnach im thematischen Feld der Personalisierung angesiedelt (vgl. Abbildung 1).

I. Kes, *Retargeting und die Rolle des Online-Shopping-Momentums*, Applied Marketing Science / Angewandte Marketingforschung, https://doi.org/10.1007/978-3-658-31988-5_3

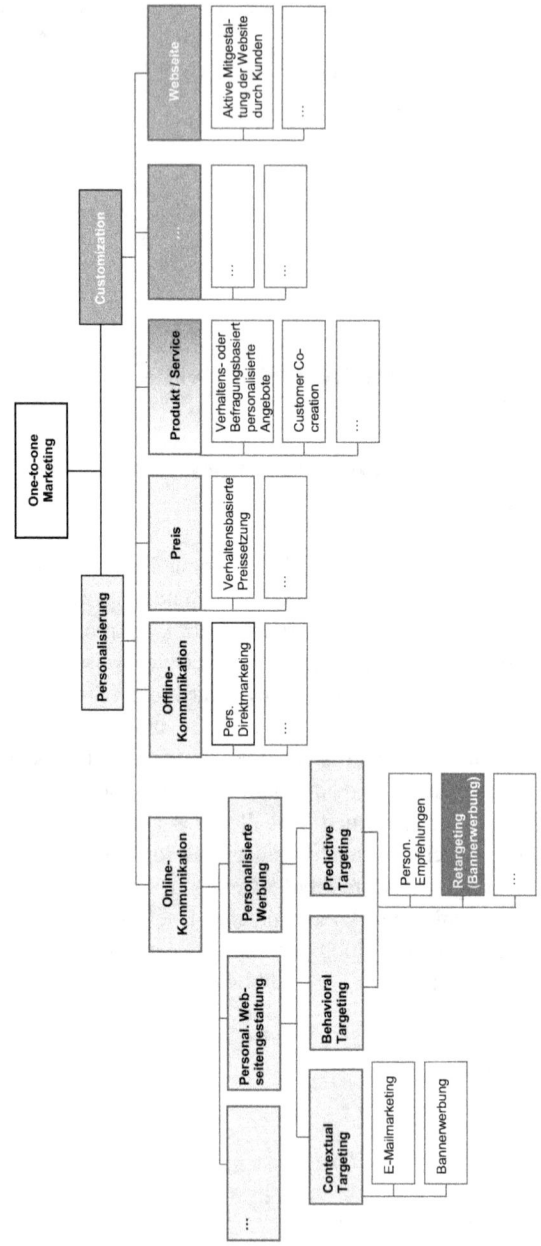

Abbildung 1 Einordnung des Retargeting in das Konzept der Personalisierung. (Quelle: eigene Darstellung)

Vor dem Hintergrund der dargestellten Einordnung des Retargetings in das Phänomen der Personalisierung, soll im Folgenden zunächst dieses Phänomen erläutert und von angrenzenden Begriffen abgegrenzt werden. **Personalisierung** ist neben der **Customization** eine Form des **One-to-one-Marketings**, welches die Zuordnung von einem oder mehreren Aspekten des Marketing Mix eines Unternehmens zu individuellen Kunden propagiert.[1] Anders als im traditionellen Marketing, zielt **One-to-one-Marketing** darauf ab, Konsumenten schrittweise zu verstehen, um ihre Bedürfnisse aktiv zu befriedigen.[2] Die zweite Form des One-to-one-Marketings ist **Customization**, die häufig synonym zum Begriff der Personalisierung genutzt wird.[3] Im Online-Bereich kann Customization sowohl auf der Webseite eines Unternehmens oder Händlers ansetzen, als auch bewusst auf anderen Seiten. Ersteres bezeichnet entweder die an den Bedürfnissen eines einzelnen Kunden orientierte Gestaltung von Webseites, oder die aktive Mitgestaltung der Webseite durch den Nutzer.[4] Auf diese Weise wird dem Nutzer die Möglichkeit gegeben, das Angebot nach den eigenen Bedürfnissen zu gestalten. Trotz dieses offensichtlichen Vorteils, ist Customization nicht immer erfolgreich. So fühlen sich manche – besonders Neukunden – eventuell mit der Anpassungsaufgabe überfordert oder sehen sich nicht im Stande ihre Präferenzen explizit zu spezifizieren. Besonders vor dem Hintergrund der dynamischen Natur von Präferenzen ist eine vom Unternehmen ausgehende Anpassung, wie sie die Personalisierung bezeichnet, sinnvoller.[5] Sie bezeichnet individualisierte Kommunikationsmaßnahmen oder Produktgestaltungen. Allerdings gibt es derzeit keine einheitliche Definition in der Literatur. Tabelle 1 gibt einen exemplarischen Überblick der verschiedenen Herangehensweisen.

---

[1]Vgl. u. a. Peppers et al. 1999.

[2]Vgl. Weng und Liu 2004, S. 384.

[3]Vgl. u. a. Ansari und Mela 2003.

[4]Vgl. Ansari und Mela 2003, S. 132.

[5]Diese Terminologie ist konsistent mit vielen Quellen aus der Literatur (vgl. u. a. Murthi und Sakar, 2003; Syam et al. 2005), es ist aber durchaus bekannt, dass Personalisierung und Customization häufig synonym benutzt werden. So unterteilen beispielsweise Ansari und Mela (2003) unabhängig vom Initiator der Individualisierung in onsite customization und external customization.

Tabelle 1 Verschiedene Definitionen des Begriffs der Personalisierung

Quelle	Definition von Personalisierung
WHITE ET AL. (2008), 40	"Personalization […] is a specialized flow of communication that sends different recipients distinct messages tailored to their individual preferences or characteristics"
ARORA ET AL. (2008), 306	"Personalization is when the firm decides, usually based on previously collected customer data, what marketing mix is suitable for the individual."
BALL, COELHO, VILARES (2006), 391–403	Technology-mediated personalization is "personalizing customer interactions and service offerings through information technology such as customer databases and applications software"
PERSONALIZATION CONSORTIUM, 2003	"Personalization is the use of technology and customer information to tailor electronic commerce interactions between a business and each individual customer. Using information either previously obtained or provided in realtime about the customer, the exchange between the parties is altered to fit that customer's stated needs, as well as needs perceived by the business based on the available customer information"
JILL DYCHE, BASELINE CONSULTING, 2002, 35–36	"Personalization is the capability to customize customer communication based on knowledge preferences and behaviors at the time of interaction [with the customer]"
PAUL HAGEN, FORRESTER RESEARCH, 1999	"Personalization is the ability to provide content and sevices tailored to individuals based on knowledge about their preferences and behavior"
DOUG RIECKEN, IBM, 2000, 27	"Personalization is about building customer loyalty by building a meaningful one-to-one relationship; by understanding the needs of each individual and helping satisfy a goal that efficiently and knowledgeably addresses each individual's need in a given context"

Quelle: eigene Darstellung

Im Weiteren folgt diese Arbeit der Definition des PERSONALIZATION CONSORTIUMS (2003) sowie der etwas offener und nicht so sehr auf das digitale Umfeld fokussierter Definition von PAUL HAGEN (1999). In beiden wird unter anderem deutlich, dass Personalisierung mehrere Schritte umfasst. ADOMAVICIOUS und TUZHILIN (2005) haben diesen Prozess der Personalisierung genauer dargestellt: Die technische Einführung einer Personalisierung geschieht anhand eines Prozesses über 6 Phasen (vgl. Abbildung 2).

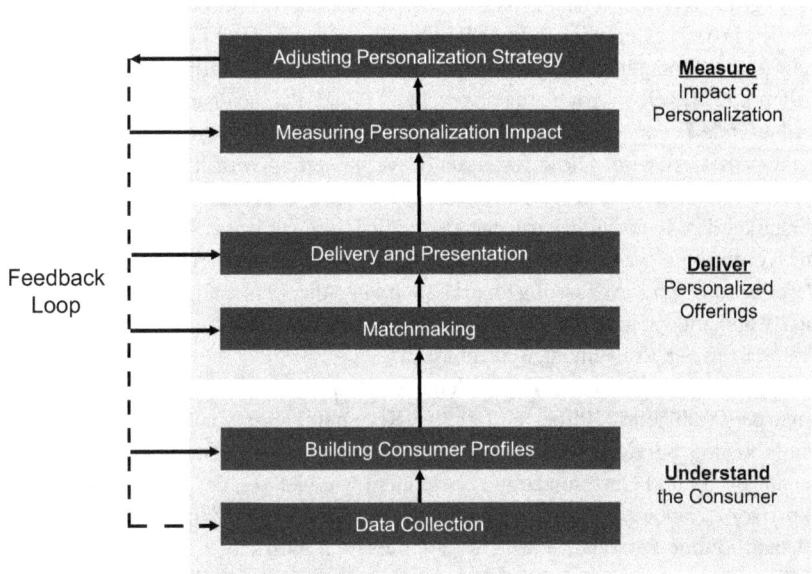

Abbildung 2 Prozess der Personalisierung. (Quelle: In Anlehnung an Adomavicius (2005), S. 85)

Der Prozess beginnt mit der **Sammlung von Daten** in verschiedenen Interaktionskanälen (paid, owned und earned sowohl on- als auch offline), die Konsumenten und Händler verbinden. Hinzukommen im zweiten Schritt verschiedene **heterogene Datenquellen**. Auf diese Weise soll ein möglichst informatives und umfassendes Bild des individuellen Konsumenten hergestellt werden. Im Anschluss an die Datensammlung liegt im dritten Schritt das Hauptaugenmerk auf der Erstellung korrekter und akkurater **Konsumentenprofile**, mit Hilfe derer die Personalisierungssysteme in der Lage sind, einzelnen Konsumenten passenden Content und Dienstleistungen zuzuordnen. Dieser Prozess des „matchmaking"[6] umfasst Leistungen wie Empfehlungssysteme, Prognosetools oder Pricingmechanismen. Im Anschluss an die **Übermittlung der personalisierten Leistung** an den Konsumenten, wird im fünften Schritt die **Effektivität der Personalisierung** anhand verschiedenster Kennzahlen gemessen. Die Qualität der Empfehlungen

---

[6]Vgl. Adomavicius und Tuzhilin 2005, S. 84f.

ist in großen Teilen abhängig von der Ausgereiftheit der in den vorherigen Stufen des Prozesses entwickelten Technologien. Abschließend können im sechsten Schritt die Kennzahlen genutzt werden, um die vorherigen fünf Stufen zu überprüfen und zu verbessern. Dementsprechend ist der Personalisierungsprozess eine fortlaufende Feedback-Schleife, die mit jedem Kontakt von Provider und Konsument verbessert wird. Diese fortlaufende Verbesserung wird häufig als „virtuous cycle of personalization" bezeichnet.[7] Durch das Erreichen eines solchen sich verstärkenden Kreislaufs wird der Personalisierungsprozess ein nützliches Tool zur Vermittlung wachsenden Wertes an Beteiligte. Zusätzlich sind die ständige Verbesserung und Anpassung unerlässlich, um die personalisierte Leistung an sich wandelnde Umweltbedingungen sowie sich verändernde Geschmäcker und Präferenzen der Konsumenten anzupassen.[8]

Unter Personalisierung fallen demnach Bereiche wie personalisiertes Pricing, personalisierte Offline- und Online-Kommunikation sowie individualisierte Produkt- und Servicegestaltung. Letztere bildet eine Schnittstelle zwischen Personalisierung und Customization, je nachdem wie viel von der Individualisierung aktiv vom Kunden und wie viel vom Unternehmen gesteuert wird. Betrachtetet man Online-Personalisierung, so kann es sich zum einen um personalisierte Online-Dienstleistungen handeln, zum anderen um Kommunikationsmaßnahmen auf der Webseite eines Unternehmens als auch offsite, die darauf abzielen, den Konsumenten auf die eigene Seite zurückzuholen.[9] Beispielhaft sind hier personalisierte E-Mails, affiliate Seiten (Partnerseiten in einem Netzwerk) oder personalisierte Werbung genannt. Personalisierte Werbung ist per Definitionem nicht auf ein bestimmtes Medium beschränkt.[10] Zudem beinhaltet sie nicht zwingend die Interaktion zwischen Unternehmen und Konsument. Untergruppen der personalisierten Werbung (auch behavioral advertising genannt)[11] sind beispielsweise customized advertising[12] oder auch interactive advertising[13]. Diese sind meist im Bereich der Online- oder mobilen Werbung zu finden, da einer

---

[7]Vgl. Adomavicius und Tuzhilin 2005, S. 85f.

[8]Vgl. Arora et al. 2008, S. 315.

[9]Vgl. Ansari und Mela 2003, S. 133.

[10]Vgl. Yu und Cude 2009, S. 504.

[11]Vgl. Boerman et al. 2017.

[12]Vgl. Tsang et al. 2004, Gal-Or und Gal-Or 2004.

[13]Vgl. Huang et al. 2013.

ihrer Hauptbestandteile die technologische Interaktivität darstellt.[14] Personalisierte Werbung nutzt allerdings immer, egal in welcher Ausprägung, Daten über den zu bewerbenden Konsumenten. Hierzu werden entweder Informationen aus vom Kunden verfassten Texten, wie Suchanfragen oder E-Mails genutzt – in diesem Fall spricht man von **kontextualem Targeting**[15] – oder aber es werden Verhaltensdaten genutzt – dem sogenannten **Behavioral Targeting**. Die weitreichendste Form ist das **Predictive Targeting**, bei dem die Verhaltens- und Beobachtungsdaten, die in den Cookies gespeichert sind, durch weitere Third Party Daten, z. B. Befragungsdaten, ergänzt werden. Somit wird eine breitere Datenbasis generiert, um Vorhersagen über zuküftige Interessen und bedürfnisse treffen zu können.

Die Abbildung 3 zeigt die unterschiedlichen Vorgänge bei den drei Targetingarten am Beispiel der auf den gewonnenen Informationen aufbauender Bannerwerbung. Während im ersten Fall lediglich auf Kontext zurückgegriffen wird, um den Inhalt einer Banneranzeige zu individualisieren, greifen behavioral und predictive Targeting auf tatsächlich beobachtetes Verhalten und im letzten Fall zusätzliche Befragungsdaten zurück. Im Fall des Behavioral und auch des Predictive Targeting wird hierbei Verhalten auf der Seite des werbenden Unternehmens oder Händlers betrachtet und als Grundlage herangezogen. Demnach ergibt sich hier der Fokus, den Nutzer auf diese Seite zurückzuholen – in diesem Fall spricht man von <u>Re</u>targeting. **Retargeting** stellt zunächst eine Form des Behavioral Targeting dar. In Einzelfällen wird das Predictive Targeting als Erweiterung zur Ermittlung der passenden Inhalte herangezogen.[16]

---

[14]Vgl. Pramataris et al. 2001.

[15]Vgl. Kes und Woisetschläger 2012a.

[16]Da predictive Targeting jedoch bisher nur in seltenen Fällen genutzt wird – wird Retargeting im Folgenden als Form des Behavioral Targeting betrachtet.

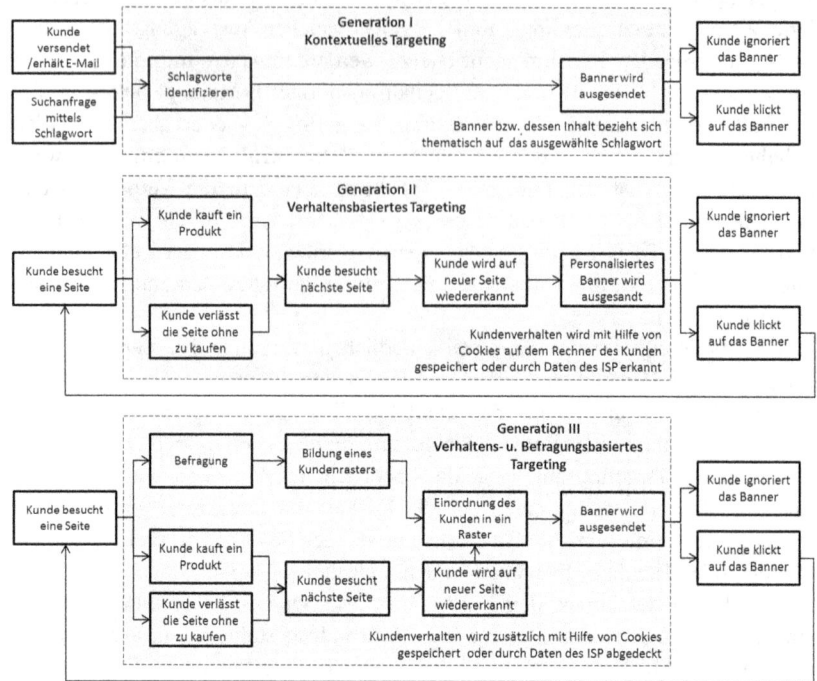

Abbildung 3 Funktionsweise der verschiedenen Targetingformen am Beispiel Banner-werbung. (Quelle: Kes und Woisetschläger 2012b, 231.)

1.2   Definition und Funktionsweise von Retargeting

Retargeting ist eine Form der auf Behavioral Targeting basierenden personalisier-ten Werbung, die dann zum Einsatz kommt, wenn ein Konsument die Seite eines Online-Händlers nach dem Ansehen verschiedener Produkte und ggf. einem Kauf wieder verlässt. In diesem Fall wird dem Nutzer eine Bannerwerbung angezeigt, deren Inhalt auf Erkenntnissen über das Verhalten des Nutzers im Online-Shop basiert. Hier besteht das Ziel in erster Linie in der Rückholung des Nutzers auf eine bereits besuchte Seite. Somit setzt das Retargeting im Kundenlebenszyklus erst nach dem ersten Kunden-Unternehmenskontakt an, beispielsweise nach dem ersten Besuch eines Online-Shops.

Der Prozess des Retargeting lässt sich in verschiedene Schritte unterteilen. Es beginnt mit dem Besuch eines potentiellen Kunden beim Anbieter. Nun besteht die Möglichkeit, dass der Kunde ein Produkt dieser Seite erwirbt oder sie direkt wieder verlässt. In jedem Fall werden Cookies des Nutzers auf dessen Web-Browser heruntergeladen und gespeichert, vorausgesetzt, der Kunde ermöglicht dies. Mit Hilfe der auf diesen Cookies gespeicherten Daten kann über einen statistischen Algorithmus ermittelt werden, welcher Kundentyp vorliegt und nach welchen Leistungen er beim Besuch der Seite gesucht hat.[17] Auf den folgenden Webseites, die der Kunde aufruft und auf denen der Anbieter Werbefläche gekauft hat, erscheint daraufhin ein personalisiertes Banner, dessen Aufbau, Inhalt und Gestaltung davon abhängen, wie der Konsument sich zuvor verhalten hat.[18] Durch diese so ermöglichte individuelle Ansprache soll der Kunde dazu animiert werden, durch Anklicken des Banners auf die ursprüngliche Seite zurückzukehren und (wieder) einen Kauf zu tätigen (vgl. Abbildung 3).

Die Literatur hat bisher keine einheitliche Definition für Retargeting hervorgebracht. Tabelle 2 bietet einen Überblick über die verschiedenen Definitionen. Diese Arbeit folgt der Definition von YU und CUDE (2009), da diese deutlich herausstellen, dass Retargeting für Individuen gemacht wird, basierend auf deren individuellem Verhalten (in vielen Fällen) aber ohne deren ausdrückliche Einwilligung.[19]

Trotz der unterschiedlichen Foki der Definitionen, sind sie sich einig darin, dass Retargeting eine Form des Behavioral Targeting ist und somit immer auf gesammelten Daten über das Verhalten des Nutzers aufbauen.[20] Sofern es sich nicht um im Rahmen von Befragungen zur Verfügung gestellte Informationen handelt, werden zur Sammlung der Daten in vielen Fällen Cookies eingesetzt.

---

[17]Vgl. Jaworska und Sydow 2008, S. 63f.

[18]Vgl. Del Rey 2010, S. 117.

[19]An dieser Stelle sei erwähnt, dass die Möglichkeiten Konsumenten ohne vorherige Einwilligung zu kontaktieren, gesetzlich weiter eingeschränkt wurden. Bewegungen wie „Your Choices Online" sind nur ein Beispiel für den Wandel hin zu mehr Transparenz und Offenlegung durch Unternehmen und mehr Mitbestimmungsrecht für Nutzer. Seit Mai 2018 gelten mit in Kraft treten des GDPR strengere Regeln für die Nutzung und Sammlung personalisierter Daten. Im Jahr 2019 folgt mit der Neuauflage der ePrivacy Richtlinie eine weitere Veränderung und voraussichtliche Beschränkung in den Nutzungsmöglichkeiten persönlicher Daten.

[20]Die folgenden Kapitel beziehen sich in großen Teilen auf einen Beitrag von Isabelle Kes und David M. Woisetschläger von 2012 aus der Zeitschrift WiSt. Wenn keine anderen Quellen angegeben sind so stammt der Inhalt der folgenden zwei Kapitel aus diesem Artikel. Kes, Woisetschläger (2012) Behavioral Targeting, in: Wirtschaftswissenschaftliches Studium, 41. Jg., Nr. 5, 228–233.

Tabelle 2 Sammlung verschiedener Definitionen von Retargeting

Quelle	Definition von Retargeting
Lambrecht (2013), S. 2	"Dynamic retargeting combines personalized recommendations based on consumer internal browsing of a firm's website with the use of external browsing data to track consumers across the web."
Fong (2016), S. 2	Retargeting is a description of "targeted offers matched to customers' transaction histories" – in der Studie fokussiert FONG sich ausschließlich auf "the practice of offering customers products that are similar to products they have previously purchased"
Choi (2013), S. 1)	"Retargeting captures the users' purchase intent with the users visit history to the sites."
Yu (2009)	"Personalized advertising was defined as advertising that is created for an individual using information about the individual, being delivered without the individual's prior permission" (ähnlich zu Yuan, Tsao, 2003; Wolin, Korgaonkar, 2005)

Quelle: eigene Darstellung

„Ein Cookie ist ‚ein Stück Information', welches beim Besuchen einer Webseite im Browser des Besuchers gespeichert wird – entweder permanent oder für eine bestimmte Zeit."[21] Mit Hilfe von Cookies werden persönliche Daten anonymisiert aggregiert. Alternativ zu Cookies werden Smart Cards, Tokens oder digitale Zertifikate genutzt.[22] Neben der reinen Datenspeicherung dienen sie ebenfalls dazu, Nutzer auf zu einem späteren Zeitpunkt besuchten Seiten wieder zu erkennen. Auf Basis der gesammelten Daten werden Algorithmen und Regeln ermittelt, die bestimmen, welcher Nutzertyp welches, wie gestaltete Werbemittel gezeigt bekommt. Zudem können Algorithmen beispielsweise anstehende Kaufentscheidungen mit Verhaltensmustern von Nutzern zusammenbringen, sodass zukünftig verschiedene Verhaltensweisen als Hinweis auf anstehende Kaufentscheidungen genutzt werden können.

Generell gibt es verschiedene Formen des Retargeting. Zum einen gibt es statisches und dynamisches Retargeting. Während statisches Retargeting zwar Produkte eines zuvor besuchten Shops anzeigt, bezieht sich der Inhalt dynamischer Retargeting-Banner tatsächlich auf die konkreten Aktivitäten des Nutzers

---

[21]Lammenett 2009, S. 29; Vgl. Bauer und Bryant 2010, S. 43.

[22]Vgl. Lorenz et al. 2009, S. 28.

auf dem zuvor besuchten Shop. So können entweder exakt die betrachteten Artikel angezeigt werden oder aber Artikel derselben Kategorie oder Marke.

1.3 Kritische Betrachtung des Behavioral Targeting

1.3.1 Chancen und Risiken des Behavioral Targeting aus Sicht der Unternehmen

Die Personalisierung auf Basis von Verhaltensdaten bringt sowohl Chancen als auch Herausforderungen mit sich. So sind sowohl aus Kunden- als auch aus Unternehmenssicht positive Aspekte mit der Nutzung von personalisierter Werbung auf Basis von Behavioral Targeting verbunden. Aus Unternehmenssicht kann durch personalisierte Werbung eine höhere Werbeeffizienz erreicht werden, da durch die Verringerung von Streuverlusten geringere Werbekosten nötig werden. Zudem wird nachweislich durch personalisierte Banner eine bis zu 10 % höhere Konversionsrate als bei herkömmlichen Bannern erreicht.[23] Hinzu kommt die Tatsache, dass die Kundendaten nicht nur zur Aussendung individueller Werbung genutzt werden können, sondern ebenso Aufschluss über die Zielgruppe und die Präferenzen der Kunden geben und somit zur Entwicklung von zielgruppenspezifischen Angeboten herangezogen werden können.

Für werbende Unternehmen geht jedoch die Nutzung von Behavioral Targeting mit dem ständigen Risiko der Verärgerung bis hin zum Verlust der Kunden einher. Dies kann zum einen durch eine vom Kunden wahrgenommene Verletzung der Privatsphäre, zum anderen durch zu häufige, individualisierte aberauch sich wiederholende Werbung und dadurch ausgelöste Reizüberflutung sowie Belästigungsgefühl des Kunden, geschehen. Im Rahmen der politischen Diskussion um Datennutzung und -schutz wird eine Ausweitung der bisherigen Opt-out bzw. Opt-in Regelungen im Rahmen der neuen ePrivacy Richtlinie 2019 in Erwägung gezogen. Bereits durch die Einführung von GDPR 2018 genügt es nicht mehr ein Opt-out anzubieten, sondern Nutzer einer Webseite müssen pro aktiv „opt-in" gehen. Durch die deutlich sichtbare Option, die Speicherung von Daten bzw. die Aussendung von Werbemittel basierend auf den eigenen Daten zu unterbinden, wird dem Kunden eine größere Spanne der Mitbestimmung eingeräumt.[24] Dies kann eine erhöhte Ablehnungsrate zur Folge haben, da ein Großteil der Kunden durch sichtbare Möglichkeit der Unterbindung erst hierzu verleitet wird.

---

[23]Vgl. Bearne 2008.
[24]Vgl. Yildiz 2007, S. 7.

Andererseits stärkt es aber auch das Vertrauen in das Unternehmen und fördert die Kundensouveränität.[25] Ähnliche Effekte wurden bereits besonders beim E-Mail-Marketing im Rahmen des Permission Marketing festgestellt.[26]

Präferenzen von Konsumenten werden häufig „on-the-fly" gebildet, als Folge von einer aktuell zu bewältigenden Aufgabe und kontextuellen Charakteristika, zu dem davon beeinflusst, welche Attribute überhaupt beurteilbar sind,[27] welches Informationsformat vorliegt,[28] welche Art der Antwort möglich ist,[29] welche Attribute des Produkts zu seiner Empfehlung genutzt werden, sowie welche erreichbaren Alternativen in die Überlegung einbezogen werden können.[30] Problematisch hierbei ist, dass davon ausgegangen wird, dass Konsumentenpräferenzen immer mit dem Ziel der Nutzenmaximierung verbunden wären. Oftmals sind Konsumenten sich jedoch nicht wirklich im Klaren darüber, was für sie das Beste ist. Gleichzeitig basieren Entscheidungen eventuell auf Präferenzen, die beispielsweise durch extensiven Preisvergleich oder aber eine besonders eindringliche Werbung entstanden sind. Demzufolge muss bei der Personalisierung von Angeboten oder Produkten berücksichtigt werden, wie die Daten, die als Basis für die Personalisierung dienen, entstanden sind. Zum anderen wird unterstellt, dass Konsumentenpräferenzen über die Zeit stabil wären oder aber sich in einer vorhersehbaren Art entwickeln. Die Stabilität von Präferenzen ist für Personalisierung jeglicher Art wichtig, da sie auf vorherigem Verhalten und getroffenen Kaufentscheidungen beruht. Präferenzen sind dann stabil, wenn sie in ein stabiles Informationsumfeld eingebettet sind und Konsumenten sich bereits mehrfach gleich entschieden haben.[31] Dies zeigt die Wichtigkeit der intelligenten Analyse des Verhaltens, auf dem die Werbeinhalte aufbauen.

Bezogen auf die technische Funktionsweise unterliegt die Nutzung von Cookies Einschränkungen. So haben Nutzer die Möglichkeit, die Speicherung von Cookies technisch zu unterbinden. Jeder Browser bietet die Option, in den Einstellungen die Speicherung von Cookies zu verbieten. Allerdings geht damit einher, dass manche Seiten nicht vollumfänglich nutzbar sind oder Funktionen, die dem Nutzer einen einfachere oder individualisierteres Erlebnisbieten nicht möglich sind. Dementsprechend bietet die Speicherung von Cookies vielfältige Vorteile.

---

[25]Vgl. Godin 1999, S. 40ff.

[26]Vgl. Kent und Brandal 2003, S. 500ff.; Marinova et al. 2002, S. 62f.

[27]Vgl. Hsee 1996.

[28]Vgl. Bettman et al. 1998.

[29]Vgl. Slovic 1995.

[30]Vgl. Simonson und Tversky 1992.

[31]Vgl. Arora et al. 2008, S. 315f.

Zudem sind Browser so voreingestellt, dass die Speicherung von Cookies zugelassen wird, wobei Nutzer dies häufig nicht wissen. Gleichzeitig bieten Browser
allerdings auch die Möglichkeit, „in private" zu browsen, was dazu führt, dass
keine Historie des Nutzers angelegt und keine Cookies gespeichert werden.

Darüber hinaus muss einschränkend betrachtet werden, dass bei sämtlichen
Formen des Behavioral Targeting ein Computer mit dazugehöriger IP-Adresse
identifiziert wird. Wird dieser jedoch nicht von einer Einzelperson genutzt, weiß
das werbende Unternehmen nicht, ob es sich bei dem potentiellen Kunden um
die Mutter, den Teenager oder das Schulkind der Familie handelt. So bleiben
nicht nur die ausgesendeten Werbemittel z. T. ungenutzt, sondern auch bei der
Bildung statistischer Modelle als Basis für die Personalisierung der Werbemittel
kann dieser Umstand zu Verzerrungen führen.

1.3.2 Chancen und Risiken des Retargeting aus Sicht der Beworbenen

Gleichzeitig bietet Behavioral Targeting auch aus **Konsumentensicht** Vorteile.
So stiftet die Werbung einen höheren Kundennutzen, da sie sich auf Interes-
sensgebiete und Bedürfnisse der Kunden bezieht und somit als weniger störend
empfunden wird.[32] Zudem wird durch die passende Werbung die Suche nach
geeigneten Produkten vereinfacht und Suchkosten verringert. Auf diese Weise
kann das in den letzten Jahren gestiegene Bedürfnis nach Bequemlichkeit und
Einfachheit leichter befriedigt werden. Sowohl LAMBRECHT und TUCKER (2013)
als auch BLEIER und EISENBEISS (2015) haben nachgewiesen, dass unter gewissen Umständen, Retargeting zu höheren Klick-Raten führt, was die Erkenntnis
über die Nützlichkeit der personalisierten Werbung widerspiegelt. Zudem weisen
BLEIER und EISENBEISS (2015) nach, dass der empfundene Informationsgehalt bei
Retargeting höher ist, als bei standardisierten Bannern.

Der Einsatz des Behavioral Targeting impliziert jedoch auch die Gefahr möglicher negativer Konsequenzen. Die personalisierte Werbung kann zu Reaktanz
der Kunden führen. Durch die Individualisierung wird diese Gefahr gesteigert,
da auf diese Weise Kunden die Online-Werbung öfter wahrnehmen und sich
somit schneller belästigt fühlen. Daher steigt das Risiko, dass Kunden sogenannte
Ad Blocker oder Pop-up Blocker einsetzen oder der Nutzung von Daten bereits
beim Aufrufen der Seite nicht zustimmen. Bezüglich der Kundenreaktionen auf
die Nutzung personalisierter Daten existieren verschiedene Studien, die nahezu
alle eine negative Reaktion auf die Datennutzung bestätigen. So zeigte sich in

---

[32]Vgl. Edwards et al. 2002.

einer Untersuchung von YU und CUDE (2009) eine überwiegend negative Reaktion auf personalisierte E-Mail.[33] Ähnliche Ergebnisse ergaben sich für generelle personalisierte Werbung.[34] In mehreren Studien wird die negative Wirkung personalisierter Werbung auf den gefühlten Datenmissbrauch zurückgeführt[35]. JIN und VILLEGAS (2006) gehen sogar so weit, von einer generellen Ablehnung von Online-Werbung durch den potentiellen Kunden zu sprechen.[36]

Eine häufig genannte Sorge im Zusammenhang mit personalisierter Werbung sind Datenschutzbedenken, sogenannte Privacy Concerns. Bedenken hinsichtlich des Schutzes der Privatsphäre bezeichnen das Ausmaß mit dem eine Person wegen der Praktiken von Organisationen bezüglich der Sammlung und nachgelagerten Nutzung ihrer persönlichen Informationen beunruhigt ist.[37] Laut WESTIN 1967 hängen Bedenken von Individuen hinsichtlich der Wahrung ihrer informatorischen Privatsphäre damit zusammen, wann, wie und in welchem Ausmaß persönliche Informationen an andere weitergegeben werden und inwiefern dies kontrolliert werden kann. Es zeigt sich, dass diese Bedenken zwei Bereiche betreffen: Zum einen sind Konsumenten besorgt über die möglichen schädlichen Konsequenzen, die sich aus der Sammlung von Daten ergeben können – sowohl hinsichtlich monetärer als auch psychologischer Folgen.[38] Zum anderen beschäftigt Konsumenten die Fairness der Interaktion zwischen ihnen und den Werbenden, die ihre Daten einbeziehen.[39] So fanden SCHUHMAN ET AL. (2013) heraus, dass die Berücksichtigung der Reziprozitätsnorm von entscheidender Bedeutung ist, um eine positive Einstellung der Konsumenten zum Behavioral Targeting zu erreichen.

Tabelle 3 fasst die aus Kunden- und Unternehmenssicht positiven und negativen Aspekte, die mit einer auf Verhaltensdaten basierenden Aussendung von Werbemitteln verbunden sind, zusammen.

---

[33]Vgl. Yu und Cude 2009, S. 510.

[34]Vgl. Stewart und Pavlou 2002, S. 392.

[35]Vgl. Phelps et al. 2000, S. 34; Del Rey 2010, S. 116.

[36]Vgl. Jin und Villegas 2006, S. 250.

[37]Vgl. Smith et al. 1996.

[38]Vgl. u. a. Groene 2012, S. 3; Malhotra et al. 2004; Youn 2009; Dinev und Hart 2006.

[39]Vgl. Ashworth und Free 2006.

Tabelle 3 Positive und negative Aspekte des BT aus Kunden- und Unternehmenssicht

Chancen aus Unternehmenssicht	Probleme aus Unternehmenssicht
Höhere Werbeeffizienz (Geringere Werbekosten durch Verringerung von Streuverlusten) Höhere Werbeeffektivität (Bis zu 10 % höhere Conversion-Rate als bei herkömmlichen Bannern) Sammlung wichtiger Kundendaten und -informationen	Risiko der verschlechterten Kundenbindung durch ausgelöste Reaktanz der Kunden Getrackte Daten entsprechen nicht zwingend dem Kundenbedarf – eine IP je Rechner Speicherung von Cookies kann durch den Konsumenten unterbunden werden
Chancen aus Kundensicht	**Probleme aus Kundensicht**
Höherer Kundennutzen (Werbung bezieht sich auf Interessensgebiete und Bedürfnisse des Kunden) Geringere Suchkosten (Höherer Conveniencegrad)	Verletzung der Privatsphäre Reizüberflutung durch zu viel individualisierte Werbung

Quelle: Kes und Woisetschläger 2012b, 232.

2 Retargeting als Mittel zur Steigerung der Werbeeffektivität

2.1 Kurzfristige Auswirkungen von Retargeting

Trotz deraufgeführten Nachteile gibt es auch heute noch Praxisvertreter, die Retargeting als die Goldmiene des Online-Marketings bezeichnen.[40] Wie Retargeting jedoch tatsächlich wirkt, lässt sich mit Hilfe verschiedener Erfolgskennzahlen ermitteln. LAMBRECHT und TUCKER haben in ihrer Studie generisches Targeting welches lediglich auf den Shop, der zuvor besucht wurde, verwies dynamischem ReTargeting, das Produkte zeigte, die Konsumenten zuvor betrachtet haben, gegenübergestellt. Dabei wurde herausgefunden, dass dynamisches Retargeting erfolgreicher darin war, Kunden zum Kauf zu animieren als generisches Retargeting.[41] Allerding wurde zudem gezeigt, dass Konsumenten je nach Position in ihrem Kaufprozess unterschiedlich auf Retargeting reagieren:[42] Wie bereits in der Literatur häufig erläutert, sind Präferenzen bei Konsumenten nicht immer

---

[40]Vgl. Chen und Stallaert 2014, S. 429.
[41]Vgl. Lambrecht und Tucker 2013, S. 3.
[42]Vgl. Bleier und Eisenbeiss 2015b.

bereits zu Beginn einer Suche fest definiert.[43] So weisen die meisten Menschen zu Beginn ihrer Suche lediglich eine generelle Ahnung dessen auf, was sie wollen. Erst im Verlauf der Suche, lernen Sie die verschiedenen Produktoptionen und Attribute kennen und schärfen damit das Bild ihres Bedürfnisses[44]. BRUCKS (1985) diskutiert, dass Konsumenten je nach vorhandenem Maß an Wissen über die Produktkategorie in ihrem Suchverhalten variieren. Demzufolge interessieren sich Konsumenten zu Beginn einer Produktsuche zunächst für den generellen Produktnutzen und erst im Verlauf der Suche, einhergehend mit der Verfeinerung der Präferenzen, fokussieren sie mehr auf detaillierte Produktattribute.[45] Daher reagieren Menschen je nach Phase des Suchprozesses in der sie sich befinden unterschiedlich auf personalisierte Werbung. Dies zeigt sich sowohl in der Betrachtung von **Klick-Raten**[46] als auch **Conversion-Raten.**[47] LAMBRECHT und TUCKER (2013) bestätigen, dass die kurzfristige Effektivität von personalisiertem Retargeting demnach davon abhängt, ob das Maß der Informationsgenauigkeit in einer Werbung dazu passt, wie fest definierte Präferenzen ein Konsument bereits hat.

Lediglich den **Klick** als Erfolgsgröße zu betrachten, führt jedoch möglicherweise zu falschen Einschätzungen bei der Beurteilung von Online-Marketing Kampagnen. Studien zeigen, dass verschiedene andere Erfolgskennzahlen herangezogen werden sollten, wie beispielsweise **Rückkehr zum Shop** ohne das Banner anzuklicken (sogenannte View-through), Onsite-Verhalten oder aber die Dauer des Verweilens auf der Seite eines Shops nach Rückkehr, genauso wie Recall und Auswirkungen auf die Marke.[48] Das **Onsite-Verhalten** lässt sich hierbei in verschiedene Aktionen unterteilen. Neben Aktionen wie dem Hinzufügen von Produkten zu sogenannten Wishlists oder dem Hinzufügen zum Warenkorb, stellte besonders das **Suchverhalten** auf der Seite einen wichtigen Bestandteil des Onsite-Verhaltens dar. Suchverhalten lässt sich nach BLOCH, SHERRELL und RIDGWAY (1986) in zwei Arten unterteilen: zum einen die Suche vor einem Kauf, zum anderen die fortlaufende Suche. Die Suche vor dem Kauf ist laut Kelly definiert als "information seeking and processing activities which one engages in to facilitate decision making regarding some goal object in the marketplace"[49].

---

[43]Vgl. Bettman et al. 1998.

[44]Vgl. Griffin und Broniarczyk 2010.

[45]Vgl. Brucks 1985.

[46]Vgl. Kes und Woisetschläger 2012a.

[47]Vgl. Lambrecht und Tucker 2013.

[48]Vgl. Dalessandro et al. 2012.

[49]Kelly 1968, S. 273.

Im Gegensatz dazu bezeichnet die fortlaufende Suche solche Suchaktivitäten, die unabhängig von einem bestimmten Kaufbedürfnis oder -entscheidung sind. Dementsprechend tritt diese Form der Suche nicht mit dem Ziel auf, ein unmittelbares Problem zu lösen.[50] Im optimalen Fall werden durch personalisierte Werbung wie Retargeting physikalische Suchkosten reduziert. Diese bezeichnen vor allem Zeit, die benötigt wird, um entscheidungsrelevante Informationen zu finden. Besonders vor diesem Hintergrund stellt das Suchverhalten eine wichtige Erfolgskennzahl dar.[51] Zudem reduziert die Darstellung von Produkten, die ins Relevant-Set des jeweiligen Konsumenten passen, auch kognitive Suchkosten. Letztere spiegeln den Aufwand wider, der mit der Verarbeitung und dem Abwägen der gesammelten Informationen verbunden ist.[52] Es muss daher auch in Betracht gezogen werden, ob Retargeting durch die gezielt ausgesprochenen Empfehlungen, die im optimalen Fall den Konsumenten direkt zu dem Produkt führen, das ihn interessiert, das „Stöbern" in dem Shop reduziert. Da der Kunde nicht mehr nach dem gewünschten Produkt suchen muss und dabei verschiedene andere Produkte ungeplant entdeckt und womöglich kauft, reduziert sich das **Cross-Buying-Verhalten** der Konsumenten. Ähnliches hat FONG (2013) bei personalisierten E-Mail-Marketing-Maßnahmen entdeckt.[53] Demnach sollten auch solche mittelbar verbundenen Auswirkungen betrachtet werden.

2.2 Langfristige Auswirkungen von Retargeting

„Langfristig ist für uns alles, was länger als drei Tage nach dem Besuch des Users auf dem Shop ist..." aus einem Gespräch mit Dataminer W.Z. einer Media Agentur mit Fokus auf Retargeting

Im Bereich des Online-Marketings werden langfristige Auswirkungen kontrovers diskutiert. Bislang herrscht nicht nur Uneinigkeit über die Auswirkungen selbst, sondern bereits über die Definition der betreffenden Zeitspanne.

Aus der Literatur, die sich mit klassischen Offline-Phänomenen beschäftigt, kennt man langfristige Effekte als solche, die einen Zeitraum von Monaten oder Jahren überdauern oder aber mit einer Verzögerung dieser eintreten.[54] Mela, Gupta und Lehmann systematisieren die zeitliche Einteilung für Promotions und

---

[50]Vgl. Bloch et al. 1986.
[51]Vgl. Johnson et al. 2003, S. 63.
[52]Vgl. Johnson et al. 2003, S. 63.
[53]Vgl. Fong 2016.
[54]Vgl. Mela et al. 1997}.

Advertising Effekte in kurzfristig – unmittelbare z. B. wöchentliche Effekte – mittelfristige Effekte – 4 bis 16-wöchige Betrachtungen – und schließlich langfristige Effekte, die mehr-jährige Zeitspannen betrachten.[55]

Diese Zeiteinteilungen sind auf den Online-Marketing-Bereich nicht übertragbar. Wie das oben angeführte Zitat bereits andeutet, sind Praktiker fokussiert auf sehr unmittelbare Effekte und gehen von einem sehr schnellen Abflachen möglicher Auswirkungen aus.[56] Auch bisherige wissenschaftliche Untersuchungen, die, wenn auch sehr vereinzelt, sich längerfristige Effekte im Bereich der Display-Werbung ansehen, gehen in den genutzten Felddaten nie über rund 50 Tage hinaus.[57]

Dennoch darf diese Fokussierung auf kurzfristige Betrachtungen nicht dazu führen, dass langfristige Auswirkungen ignoriert oder als nicht wichtig angesehen werden. Die Auswirkungen eines Banners enden nicht mit einem Klick oder einem Kauf. Besonders unter Berücksichtigung der Tatsachen, dass Konsumenten für gewöhnlich nicht nur ein Banner erhalten, ist zu vermuten, dass im Zeitverlauf weitere Folgen auftreten.[58] Besonders im Fall von Retargeting wurde bereits nachgewiesen, dass eine häufige Wiederholung der Konfrontation mit Bannern zu einer Abnahme der Klickwahrscheinlichkeit führt.[59] Zudem spielt bei indirekten Effekten wie **Recall** oder Auswirkungen auf das **Image** einer Marke eine unterbewusste langfristige Verarbeitung der Informationen eine entscheidende Rolle, die durch im Zeitverlauf sich wiederholende Konfrontation mit Bannern noch verstärkt wird.[60]

Hinzu kommt die Annahme, dass Retargeting nicht direkt, wohl aber indirekt über die realisierten, häufigeren Besuche des Shops eine langfristige Auswirkung auf Händler hat. So muss auch hier zwischen den Auswirkungen auf den Hersteller beworbener Produkte oder deren Marke und dem Händler, auf dessen Shop das beworbene Produkt verkauft wird, unterschieden werden. Für das beworbene Produkt bzw. dessen Hersteller stellt sich ein positiver Effekt ein, wenn der Konsument das Produkt tatsächlich noch nicht gekauft hat, durch die Werbung zu exakt diesem Produkt zurückgeleitet wird und es kauft. Darüber hinaus kann sich

---

[55]Vgl. Mela et al. 1997, S. 249.

[56]Vgl. Courbet et al. 2014, S. 274.

[57]Vgl. u. a. Chatterjee et al. 2003; Choi 2013; Goldfarb und Tucker 2011a; Lambrecht und Tucker 2013; Nottorf 2013.

[58]Vgl. u. a. Janiszewski 1993.

[59]Vgl. Nottorf 2013.

[60]Vgl. Courbet et al. 2014, S. 279.

ein sowohl negativer als auch positiver Imageeffekt allein durch die wiederholte Ausstrahlung einstellen.

Für den Händler stellt sich die Situation etwas vielschichtiger dar. Zum einen profitiert natürlich auch dieser von einem direkten **Kauf** des beworbenen Produkts. Zum anderen jedoch profitiert er ebenfalls bei erfolgreicher Werbung für komplementäre Güter, da in diesem Fall **Cross-Buying** eine Erfolgskennzahl sein könnte. Zudem verdient er womöglich auch an der bloßen wiederholten Rückkehr, da sich durch wiederholte Besuche ein Gewöhnungs- und Lerneffekt einstellen kann, der dazu führt, dass der Konsument mit dem Shop vertrauter wird und sich ein Lock-in Effekt einstellt.[61] Basierend auf der Idee der Online-Learning-Kurve wäre dementsprechend auch **wiederholte Rückkehr** eine Erfolgskennzahl.

Es kann dementsprechend konstatiert werden, dass langfristige Auswirkungen ebenfalls existieren und sich auf sämtliche Beteiligten des entstehenden mehrseitigen Marktes der personalisierten Werbung auswirken. Dessen Ausmaß und Richtung sind bislang unzureichend untersucht worden.

2.3 Stand der Forschung zur Wirkung von Retargeting

Die Literatur zu personalisiertem Retargeting ist kein völlig alleinstehendes Feld. Wie bereits im Rahmen der Einordnung von Retargeting in das Themengebiet der Personalisierung deutlich gemacht wurde, ist Retargeting in den Bereich des Behavioral Targeting und damit in die personalisierte Werbung eingebettet (vgl. Abbildung 4).

Dies spiegelt auch die Literatur in diesem Bereich wider. Wissenschaftliche Arbeiten zum Retargeting bauen häufig auf Erkenntnissen zur generellen personalisierten Kommunikation bzw. Werbung auf. Zudem ist es sinnvoll, Arbeiten zum Retargeting von solchen zu personalisierten Empfehlungen abzugrenzen. Dementsprechend gliedert sich der folgende Literaturüberblick in zwei Bereiche: Es werden zunächst die relevantesten sowie aktuellen Arbeiten aus dem generellen Bereich der personalisierten Werbung zusammengestellt und deren Erkenntnisse kurz dargelegt, um darauf folgend spezifischer auf Literatur zu Retargeting einzugehen (vgl. Tabelle 4):

Der übergeordnete, maßgebliche Literaturstrom, der einen entscheidenden Einfluss auf die Forschung zum Retargeting ausübt, betrachtet die Werbeform der **personalisierten Kommunikation und Werbung**. Ein hierbei häufig betrachteter Bereich sind personalisierte E-Mails. So haben ANSARI und MELA

---

[61]Vgl. Johnson et al. 2003, S. 68ff.

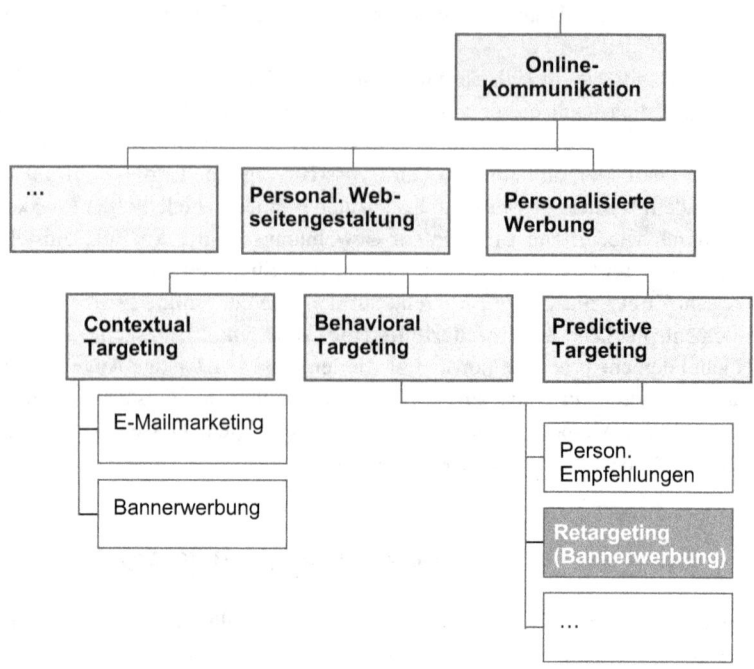

Abbildung 4 Ausschnitt aus der Einordnung des Retargeting in das Konzept der Personalisierung Abb. 1. (Quelle: eigene Darstellung)

(2003) beispielsweise die Auswirkung der Personalisierung von Newsletterinhalten betrachtet und herausgefunden, dass die persönliche Ansprache zu erhöhten Öffnungsraten der E-Mails und nachfolgend auch zu vermehrten Klick-Through-Raten führte. Die Personalisierung bezog sich hierbei auf die Inhaltskategorie der betrachteten Produkte eines Konsumenten. Darüber hinaus haben SAHNI, WHEELER und CHINTAGUNTA (2018) untersucht, inwiefern sich nicht-informative Informationen und personenbezogene Personalisierung (Name des Ansprechpartners etc.) auf die Öffnungsraten der E-Mails und die Kaufraten der beworbenen Produkte sowie Abmelderaten von E-Maildiensten auswirken. Es konnte nachgewiesen werden, dass die Angabe des Empfängernamen in der Betreffzeile Öffnungsraten um 20 % und die Conversion Rate um 31 % erhöht.[62] Die Argumentation der Autoren baut dabei darauf auf, dass Konsumenten durch den

---

[62]Vgl. Sahni et al. 2018.

Tabelle 4 Literaturüberblick zur Effektivität personalisierter Werbung allg., zur Konsumentensicht auf pers. Werbung und zu Retargeting

Autoren (Jahr)	Empirie			Modell			Ergebnisse	Theorie	Onsite / Offsite Personalisierung
	Design	Sample		Endogene	Exogene				
Personalisierte Kommunikation und Werbung									
Effektivitätsperspektive									
Ansari (2003)	Felddaten (User-Logfiles und E-mails) 1. ökonometrisches Modell 2. Optimierungsmodell	Daten von anonymer Webseite User-Log-Files E-Mail-Files 1.048 User		• Klick-Wahrscheinlichkeit bei E-Mail-Links	Personalisierung des Newsletter-Inhalts		1. ökonometrisches Modell zur Vorhersage der Klick-Wahrscheinlichkeit: • Algorithmus zur Personalisierung von Content, basierend auf vorhergesagten Präferenzen 2. Optimierungsmodell zur optimalen Empfehlung der E-Mail-Konfiguration: • Customization System, das ein MDP Probit Model nutzt in Verbindung mit einem Optimierungsmodell zur Personalisierung von Kommunikation im Internet Bestätigung der Überlegenheit des Models, da sich die Vorhersage des Auswahlverhaltens eines Users auf das des "nearest neighbor" stützt		Offsite (e-mail)

(Fortsetzung)

Tabelle 4 (Fortsetzung)

Autoren (Jahr)	Empirie			Modell			Ergebnisse	Theorie	Onsite / Offsite Personalisierung
	Design	Sample		Endogene	Exogene				
Tucker (2010)	Quasiexperiment Untersuchung von Klick-Raten von 79 Werbekampagnen einer Non-Profit Organisation auf Facebook vor und nach der Änderung der Privatsphäre-Politik	tägliche Daten: Klick-Raten 79 verschiedener Werbekampagnen; 1.2 Mio User 1995 Klicks - 2,5 Wochen vor und nach Politikänderung bei Facebook		• Klick-Wahrscheinlichkeit	• Wahrgenommene Kontrolle über persönliche Informationen • Ad-reach (Schätzung der Reichweite von Facebook)		• verbesserte Privatsphäre-Kontrolle verdoppelte die Klick-Wahrscheinlichkeit • Bei nicht-personalisierter Werbung veränderte sich die Klick-Wahrscheinlichkeit nicht • Je einzigartiger die genutzten persönlichen Informationen waren, desto stärker war der Anstieg in der Effektivität	• Reactance Theory • ad-signaling-framework	Offsite (Bannerwerbung, Social Media)
Iyer (2005)		Konzeptionelles Paper		Unternehmensgewinn	Vergleich von Konsumenten mit eindeutigen Präferenzen und sogenannten Vergleichs-Shoppern		Werbung sollte gezielt an die Konsumenten ausgesandt werden, die eine eindeutige Produktpräferenz haben Weniger Werbung an sogenannte Vergleichs-Shopper auszusenden, führt zu stärkerer Differenzierung im Markt Targeting steigert somit die Equlibriums-Gewinne von Firmen Werbung gezielt auszusenden, ist bei hohem Wettbewerb von größerem Vorteil als target pricing		Unabhängig vom Medium

(Fortsetzung)

Tabelle 4 (Fortsetzung)

Autoren (Jahr)	Empirie		Modell		Ergebnisse	Theorie	Onsite / Offsite Personalisierung
	Design	Sample	Endogene	Exogene			
Tam (2006)	1. Laborexperiment 3x2 Design 2. Feldexperiment: onsite Aktivitäten auf Musik-Download-Seite	1. Labor Experiment: 207 Studenten (Hong Kong)2. Feldexperiment: 182 Nutzer ; 6 Wochen;	• Aufmerksamkeit (Klicks) • Kognitive Verarbeitung (Content Recall, Information Exploration) • Entscheidung (Final Choice) • Beurteilung (Beurteilung des Angebots)	• Selbstbezug • Content Relevance • Goal Specificity	1. Laborexperiment: • Selbstbezug steigert Klicks• Selbstbezug weist keinen signifikanten Einfluss auf Recall auf, aber Relevanz des Inhalts steigert Recall • Selbstbezug verringert den empfundenen Aufwand bei Entscheidungsfindung • Selbstbezug steigert die Akzeptanz der vorgeschlagenen Angebote • Selbstbezug steigert empfundene Nützlichkeit der Banner 2. Feldexperiment: • Selbstbezug steigert Klickrate •Angebote, die sich auf persönliche Interessen beziehen, verringern den Aufwand der Entscheidungsfindung • Selbstbezug führt zu veränderten Nutzerentscheidungen • Selbstbezug und personalisierte Agents steigern Kundenzufriedenheit	• Social cognition als Basis des ELM, der Einstellungsbildung und des menschlichen Urteils • Informationsverarbeitung und Task environment	Onsite (persönliche Agent)

(Fortsetzung)

Tabelle 4 (Fortsetzung)

Autoren (Jahr)	Empirie		Modell			Ergebnisse	Theorie	Onsite / Offsite Personalisierung
	Design	Sample	Endogene	Exogene				
Goldfarb (2011)	Online-Befragung 2 x 2 x 2-Design	852 Befragte pro Kampagne über alle Webseiten; 198 Befragte pro Webseite; Dauer: Ø 55 Tage je Kampagne	• Kaufintention	• Sichtbarkeit (Aufdringlichkeit) • Fit zur Referer-Seite (contextually targeted vs. nicht getargeted)		• Werbung, deren beworbenen Produkte zur Referer-Webseite passen, steigern die Effektivität (Purchase Intention (PI)) • Auffällige Werbung verdoppelt die Effektivität der Werbung nahezu (PI) • Aber aufdringliche Werbung auf kontextuell passenden Seiten funktioniert schlechter als unauffällige Werbung • Diverse Robustheits-Checks bestätigen die Ergebnisse • Die Ablehnung der Werbung war bei Personen, die in der Veröffentlichung ihrer persönlichen Daten eher zurückhaltend waren, größer		Offsite (Bannerwerbung; contextually targeted)
Goldfarb (2011)	9.596 Feldexperimenten zu Werbekampagnen vor und nach Gesetzesänderung	Gesamt: 3,3 Mio. Befragte; 9.596 random Ais; 7 Jahre; 400 vers. Produkte; 40 vers. Webseiten-Kategorien; 10 Länder; 81% der Daten nach Gesetzesänderung Jede Studie: Ø347 Teilnehmer; Ø-Dauer: 55 Tage;	• Kaufintention • Ad recall	• Exposure • Gesetzesänderung • Geschlecht • Internetnutzung und -erfahrung • Einkommen• Alter		Nach der Gesetzesänderung: • Kaufintention war geringfügig niedriger als vorher • 65% verringerte Kaufintention durch die Gesetzesänderung im Vergleich zur Kontrollexposure Kontrollen:		Offsite (Bannerwerbung)

(Fortsetzung)

Tabelle 4 (Fortsetzung)

Autoren (Jahr)	Empirie		Modell		Ergebnisse	Theorie	Onsite / Offsite Personalisierung
	Design	Sample	Endogene	Exogene			
					• Außerhalb Europas gab es keinen Einbruch der Werbeeffektivität - Bannerwerbung ist also nicht generell uneffektiver geworden • Vergleiche der Werbeformen in EU und USA vor und nach der Gesetzesänderung ergaben kaum Unterschiede • Unspezifische Webseiten hatten größere negative Auswirkungen durch die Gesetzesänderung • Größere Werbeformate hatten geringere negative Auswirkungen durch die Gesetzesänderung		
Chen (2014)	Konzeptionelles Paper	Auswirkungen von Behavioral Targeting auf den Ertrag des Publishers, die Pay-offs der Werbetreibenden und das Allgemeinwohl	Gleichgewichts-Pay-offs Ertrag der Publisher Pay-offs der Advertiser	Behavioral Targeting (ja / nein) Berücksichtigung von Opt-out Möglichkeiten	Online-Publisher: Behavioral Targeting kann zu verringerten Gewinnen führen Es gibt zwei gegensätzliche Effekte: den Wettbewerbseffekt (verringert den Gewinn pro Klick-through) und den Propensity-Effekt (positiver Effekt durch erhöhte Klick-Raten) Werbetreibende: Kleine Werbende profitieren von Behavioral Targeting		Offsite

(Fortsetzung)

Tabelle 4 (Fortsetzung)

Autoren (Jahr)	Empirie		Modell		Ergebnisse	Theorie	Onsite / Offsite Personalisierung
	Design	Sample	Endogene	Exogene			
					dominierende Werbende verlieren mit Behavioral Targeting, wenn sie einen Wettbewerbsvorteil haben, da sie dann mit standardisierter Werbung mehr Konsumenten erreichen würden und davon immer noch einen Großteil für sich gewinnen		
Fong, Nathan (2012)	1.Feldexperiment: E-Mail- und Onside-Daten eines Online-Weinhandel 2.Feldexperiment: E-Mail- und Onside-Daten eines Ticketanbieters	1.Feldexperiment: Kunden $400 Umsatz in den verg. 12 Monaten zahlten $100 pro Flasche Wein 2.Feldexperiment 96.000 Konsumenten Dauer: 4 Jahre 51 E-Mail Kampagnen mit je 10% Kontrollgruppe(kein Angebot) und 28% bekamen standardisierte E-Mails	Suchverhalten Klicks Cross-Category Kauf Kauf generell Kauf im Zielgenre Kauf im beliebtesten Genre	Behavioral Targeting (passendes Weinangebot, zufälliges Angebot) 2.Feldexperiment Behavioral Targeting (passende Angebote, zufälliges Angebot und gar kein Angebot)	1.Feldexperiment: Wirkung von Targeting auf Suchverhalten Targeting führt zu geringfügig weniger Suchaktivität – diese Reduktion des Suchverhaltens bezieht sicher nur auf nicht-zielgerichtetes Suchen Targeting führt zu höheren Klick-Raten 2.Feldexperiment: Wirkung von Targeting auf nachfolgende Käufe Targeting führt zu signifikant weniger Cross-Category Käufen als standardisierte Angebote Standardisierte E-Mail-Angebote führten zu höheren Kaufraten sowohl im neuen Genre als auch im bereits gekauften Genre.	Foot-in-the-Door-Phänomen Theorien zum Suchverhalten	Offsite (pers. E-Mail-Angebote)

(Fortsetzung)

Tabelle 4 (Fortsetzung)

Autoren (Jahr)	Empirie		Modell		Ergebnisse	Theorie	Onsite / Offsite Personalisierung
	Design	**Sample**	**Endogene**	**Exogene**			
Fong et al. (2016)	1. Feldexperiment (Daten einer E-book-App) 2. Feldexperiment (Daten einer E-book-App inkl. Klickstream-Daten) 3. Feldexperiment: Daten eines Online-Ticket-Verkaufs	1.Feldexperiment: zufällige Aussendung von Promotions and zu vor registrierte Kunden (n = 86.294). 2.Feldexperiment: zufällige Aussendung von Promotions and zu vor registrierte Kunden und Messung ihres in-App-Verhaltens (n = 1.198 high-fit Kunden) 3.Feldexperiment: zufällige Aussendung von Promotions and zu vor registrierte Kunden	Cross-Category Käufe (Anzahl Käufe in anderen Kategorien) Same-Category Käufe (Anzahl Käufe in derselben Kategory) Cross-Category Käufe (Anzahl Käufe in anderen Kategorien) Same-Category Käufe (Anzahl Käufe in derselben Kategory) Cross-Category Käufe (Anzahl Käufe in anderen Kategorien) Same-Category Käufe (Anzahl Käufe in derselben Kategory)	Degree of targeting Degree of Targeting Suchverhalten (Kontrolle über diff-in-diff und pre-condition Suchverhalten) Degree of Targeting	1. Feldexperiment: Personalisierte Empfehlungen reduzieren cross-category Käufe significant; während same-category Käufe signifikant gesteigert werden 2. Feldexperiment: Personalisierte Empfehlungen reduzieren das Suchverhalten Ein Großteil des Effekts kann durch Suchverhaltenstyp des jeweiligen Nutzers erklärt werden 3. Feldexperiment: Bestätigung der bisherigen Ergebnisse in anderem Kontext		Off- und Onsite (In-App)

(Fortsetzung)

Tabelle 4 (Fortsetzung)

Autoren (Jahr)	Empirie	Sample	Modell		Ergebnisse	Theorie	Onsite / Offsite Personalisierung
	Design		Endogene	Exogene			
Konsumentensicht							
Schumann (2014)	1. Laborexperiment 2 x 2 x 2-Design (Scenariotechnik) 2. Feldexperiment 2x2-Design	1. Laborexperiment: 469 Befragte 2. Feldexperiment: 120.000 User einer Nachrichtenseite und eines SocialNetwork	1. Laborexperiment: • Akzeptanz der Nachverfolgung • Wahrgenommene Aufdringlichkeit 2. Feldexperiment: Akzeptanz der Nach-verfolgung (Informations-bereitstellung) Klick-Rate Response-Rate	1. Laborexperiment: • Distributive Gerechtigkeit (Relevanz; Reziprozität) • Procedurale Gerechtigkeit (Kontrolle) • Kovariate: generelle Privacy Concerns; generelle Einstellung zu Werbung; Wahrgenommene Nützlichkeit der Webseite 2. Feldexperiment: • Relevanz • Reziprozität	1. Laborexperiment: • personalisierte Werbung wird signifikant aufdringlicher wahrgenommen als solche, die nicht als personalisiert erkannt wurde• Befragte über die Nützlichkeit von Targeting zu informieren, hat keine sig. Auswirkung• Reziprozität wirkt sich positiv auf die Akzeptanz von pers. Werbung aus • Reziprozität wirkt sich negativ auf die wahrgenommene Aufdringlichkeit aus• Kontrolle wirkt sich positiv auf die Akzeptanz von pers. Werbung aus • Kontrolle hat keine sig. Auswirkung auf die wahrgenommene Aufdringlichkeit 2. Feldexperiment: • Reziprozität führt zu höheren Klick-Raten als Relevanz • Reziprozität führt zu höher Responseraten als Relevanz	Reziprozitäts-norm	Offsite

(Fortsetzung)

Tabelle 4 (Fortsetzung)

Autoren (Jahr)	Empirie		Modell		Ergebnisse	Theorie	Onsite / Offsite Personalisierung
	Design	Sample	Endogene	Exogene			
van Doorn (2013)	Studie 1: 3 x 2-Experiment Studie 2: 3 x 2 x 2 -Experiment Replikation der Studie 1 zusätzlich Effekt von gewährtem Rabatt;	Studie 1: Financial Services; 233 Teilnehmer; Online-Panel; Studie 2: Telekommunikations-Dienstleistung; 467 Teilnehmer; Online-Panel	• Intrusiveness • Kaufintention	• Fit • Gewährung eines Rabatts • Nutzung persönlicher Daten	Vorstudie: 12 Tiefeninterviews zur Verifizierung der Operationalisierung von Personalisierung Studie 1: • Personalisierung -> stärkere Gefühle von Aufdringlichkeit und geringere Kaufintention • Abschwächung der Effekte durch hohen Fit mit Bedürfnissen des Users • Großer Fit -> höhere Kaufintention und stärker empfundene Aufdringlichkeit Studie 2: • Keine Abschwächung durch das Angebot von Rabatten • Höhere Aufdringlichkeit verringert die positive Wirkung der Anpassung		Offsite
White (2008)	Studie 1: 2x2-Design Beurteilung für eine fiktive Person (Scenario technik) Studie 2: Realexperiment 2 x 2-Design	Studie 1: 86 Studenten Studie 2: 331 Studenten	Klick-through Intention Reaktanz	• Unverwechselbarkeit • Begründung für die Personalisierung • wahrgenommener Fit • wahrgenommen Nützlichkeit	Studie 1: Bei vorhandener Begründung • Unverwechselbarkeit keinen Einfluss auf Klick-through-intention • Unverwechselbarkeit hat keinen Einfluss auf die Reaktanz Ohne vorhandene Begründung	Reactance Theory	Offsite (E-Mail)

(Fortsetzung)

Tabelle 4 (Fortsetzung)

Autoren (Jahr)	Empirie		Modell		Ergebnisse	Theorie	Onsite / Offsite Personalisierung
	Design	Sample	Endogene	Exogene			
					• Unverwechselbarkeit verringert die Klick-through-intention• • Unverwechselbarkeit verstärkt die Reaktanz Studie 2: Bei vorhandener Begründung • Unverwechselbarkeit keinen Einfluss auf Klick-through-Intention • höhere wahrgenommene Nützlichkeit führte zu höherer Klick-through-Intention • Unverwechselbarkeit hat keinen Einfluss auf die Reaktanz Ohne vorhandene Begründung • Unverwechselbarkeit verringert die Klick-through-intention • Unverwechselbarkeit verstärkt die Reaktanz • höhere wahrgenommene Nützlichkeit führte zu höherer Klick-through-Intention • Bei höherer Nützlichkeit war die Klick-through-Intention bei geringer Unverwechselbarkeit höher		

(Fortsetzung)

Tabelle 4 (Fortsetzung)

Autoren (Jahr)	Empirie	Modell			Ergebnisse	Theorie	Onsite / Offsite Personalisierung
	Design	Sample	Endogene	Exogene			
Yu (2009)	Befragung	195 Personen; Dauer 5 Tage;	• Einstellungen zur Werbung • Einstellung zum Werbenden • Reaktion auf Werbung • Kaufintention	• Media Typ (online, offline, Telephone)	Generell negative Einstellung zu personalisierter Werbung • Online wird weniger kritisch gesehen als Postsendungen oder Anrufe • Die Ablehnung auf pers. Werbung zu reagieren ist bei Postsendungen am geringsten (Brieföffnen vs. E-Mail öffnen oder Anruf entgegennehmen) Generell kein Interesse oder Nutzen durch pers. Werbung • Bei offline Werbung fühlten sich die Befragten am wenigsten in ihrer Privatsphäre gestört • Bei Online-Werbung war die Sorge um die Nutzung privater Informationen am größten • Die negative Auswirkung auf die Einstellung zum werbenden Unternehmen sowie Mistrauen in dieses war bei Telefonanrufen am stärksten, dicht gefolgt von Online-Werbung	keine	(vs. offline) offsite

(Fortsetzung)

Tabelle 4 (Fortsetzung)

Autoren (Jahr)	Empirie		Modell		Ergebnisse	Theorie	Onsite / Offsite Personalisierung
	Design	Sample	Endogene	Exogene			
Alreck (2007)	Drei-Schrittige Befragung	1.135 Personen Mid-Atlantic US März 2007	Wissen und Einstellung zu Online-Behavioral Targeting und Tracking Ursprung ihrer Einstellungen und Beurteilungen Handlungen und Verhalten vor dem Hintergrund der genannten Einstellungen		• Auf Konsumentenseite herrscht wenig Bewusstsein und Kenntnis über Datennutzung; • Kundenbeurteilungen und Einstellung sind abhängig von wahrgenommener Fairness und Umgang mit Privatsphäre; • Nutzer surfen und kaufen online ohne Rücksicht auf Umgang mit Privatsphäre, Sorgen und Ängste scheinen irrelevant	3-Ebenen Einstellungsmodell	Offsite und onsite
Retargeting							
Rickhof (2009)	Feldexperiment Bannerwerbung in zwei Netzwerken für Softwareplattform	890.000 AIs; 2,7 Mio. User	• Klicks / CTR • Leads / LR • Sales / CR • Turnover-per-sales (TPS) • CPO • CPL	Werbeform (Targeting vs. Behavioral Targeting vs. stand. Werbung)	• CTR, CR und LR waren in den Targeting Gruppen besser als in der Kontrollgruppe; • CTR und LR waren in BT am besten; • TPS in BT > Targeting > Kontrollgruppe; • CPL bei BT und Targeting > Kontrollgruppe; • CPO bei BT < Targeting < Kontrollgruppe		Offsite (Retargeting)

(Fortsetzung)

Tabelle 4 (Fortsetzung)

Autoren (Jahr)	Empirie		Modell		Ergebnisse	Theorie	Onsite / Offsite Personalisierung
	Design	Sample	Endogene	Exogene			
Choi (2013)	Realexperiment 3 x 2 Design Felddaten Von drei Plattformen (Printing, Handel und Reise)	90 Mio. User; 6 Wochen; 7 Online-Werbeplattformen; 3 Produktkategorien	• Conversion-Rate • Wahrscheinlichkeit zur Seite zurückzukehren	Werbeform (Retargeting vs. standardisierter Werbung Kontext (Print, Handel, Reise)	Retargeting steigert Rückkehrwahrscheinlichkeit zur Seite um 240% Retargeting steigert die Conversion Rate Betrachtet man nur die Gruppe der Rückkehrer, ist die CR bei der Kontrollgruppe höher Retargeting steigert CR, wenn auch mediiert von Rückkehr		Offsite (Retargeting)
Lambrecht (2013)	Online-Feldexperiment Felddaten einer Reiseplattform	77.937 Konsumenten; Dauer: 21 Tage	Klickrate Conversion-Rate	Art der Personalisierung (exakt gesehenes Produkt (dynamisches Retargeting), Markenbanner (generisches ReTargeting), standardisiert)	• Personalisiertes Retargeting führte zu weniger Käufen als generisches Retargeting • generisches Retargeting ist am effektivsten bevor exakte Präferenzen definiert sind • Dynamische Retargeting ist effektiver, in der Phase der definierten Präferenzen		Offsite (Retargeting)

(Fortsetzung)

Tabelle 4 (Fortsetzung)

Autoren (Jahr)	Empirie		Modell		Ergebnisse	Theorie	Onsite / Offsite Personalisierung
	Design	Sample	Endogene	Exogene			
Bleier (2015)	Online-Feldexperiment Laborexperiment	1. Feldexperiment Retailer 1 (hohes Vertrauen) 1.520.144 Ais; Retailer 2 (niedriges Vertrauen) 1.515.732 Ais; 2. Laborexperiment 304 Teilnehmer;	Klick-through Klick-through Intention	1. Feldexperiment Stärke der Personalisierung (hoch vs. niedrig) Vertrauen (hoch / niedrig) 2. Laborexperiment Personalisierungstiefe und – breite Nützlichkeit Reaktanz Privacy Concerns Trust (Moderator)	Feldexperiment Bei gering personalisierten Bannern unterscheiden sich die Klick-Raten nicht zwischen hohem und niedrigem Vertrauen Bei hoch personalisierten Bannern ist die Klickrate bei hohem Vertrauen 3-mal so hoch wie bei Bannern des Händlers, dem wenig vertraut wird 2. Laborexperiment Unabhängig vom Vertrauen zum Händler: Nützlichkeit steigert Klick-through Intention Reaktanz und Privatsphärebedenken schwächen sie ab Hohes Vertrauen: Hohe Personalisierungstiefe und geringe –breite steigern die empfundene Nützlichkeit Wenig Vertrauen: Hohe personalisierungstiefe und geringe –weite steigern die Reaktanz Privatsphärebedenken sind nur bei wenig Vertrauen ein sig. Problem	SOR-Modell	Offsite (Retargeting)

(Fortsetzung)

Tabelle 4 (Fortsetzung)

Autoren (Jahr)	Empirie					Theorie	Onsite / Offsite Personalisierung
	Design	Sample	Modell				
			Endogene	Exogene	Ergebnisse		
Bleier (2015)	Online-Feldexperiment und Laborexperimente	1. Feldexperiment 44.495 Nutzer; 6 Wochen; 1.264.885 Ais; 2. Feldexperiment 38.501 Nutzer; 6 Wochen; 641.136 Ais; 1. Laborexperiment 355 Teilnehmer; 2. Laborexperiment 312 Teilnehmer	Klick-through View-through Klick-through-Intention View-through-Intention	1. Feldexperiment Stärke der Personalisierung (stark, mittel (Produktkategorie oder Marke passend) und keine Personalisierung) 2. Feldexperiment Personalisierung (ja/nein) Kongruenz (passend zum Shopping Motiv/nicht passend) Informationsgehalt Aufdringlichkeit Laborexperimente: Informationsgehalt Aufdringlichkeit	1. Feldexperiment Personalisierung steigert die Klickwahrscheinlichkeit Effektivität von Personalisierung hängt von Phasen des Kaufprozesses ab Strake Personalisierung erhöht die Klickwahrscheinlichkeit sig. nur zu Beginn der Kaufphase, gegen Ende wirken beide Formen der mittleren Pers. besser 2. Feldexperiment Auf Kongruenten Seiten erzielen pers. Banner mehr Views als nicht-personalisierte Banner Auf inkongruenten Seiten weniger View-through Laborexperimente: Personalisiert steigert den Informationsgehalt Personalisierung wirkt sich nicht auf die Aufdringlichkeit aus Personalisierung führt zu höherer Klick-Intention Personalisierung führt zu höherer View-through-Intention als unpersonalisierte Banner bei kongruenten Seiten bei Nutzen in einem Zielfokussierten Modus	Motive Kongruenz Präferenzstabilität	Offsite (Re'Targeting)

(Fortsetzung)

Tabelle 4 (Fortsetzung)

Autoren (Jahr)	Empirie	Modell			Ergebnisse	Theorie	Onsite / Offsite Personalisierung
	Design	Sample	Endogene	Exogene			
Bruce, Murthi, Rao (2017)	Paneldaten	Panel Daten von einem US-Händler Tägliche Ad Impressions ausgesteuert über ein Werbenetzwerk und zugehörige Klicks über 154 Tage	• Ad Klicks • CVR (Conversion Rate)	• Content (Preis vs. Brand) • Static vs. animated display Format • Targeted vs retargeted Zielgruppen	Hauptfragestellung: Wie zentrale Feature digitaler Werbung das Engagement der Konsumenten im Zeitverlauf beeinflussen:l features of digital ads affect consumer engagement over time. carry-over rates for dynamic formats are greater than those for static formats; however, static formats can still be effective for price ads and retargeting. Most notably, results also show that retargeted ads are effective only if they offer price incentives.		Offsite
Sahni, Narayanan, Kalaynam (2017)	Feldexperiment	Feldexperiment mit google double Klick (Klicks und pageaufrufe) über 4 Wochene	• Visits	• Frequency Caps • Fokus (Warenkorbprodukt vs. Angesehene Produkte) • Ausstrahlungszeitpunkt	• Generell führt Retargeting zu 14.6% mehr Rückkehrern in 4 Wochen • Je länger der ursprüngliche Besuch der Website zurückliegt desto geringer ist die Effektivität der Werbung • 33% des Effekts der ersten Kampagnenwoche treten am ersten Tag auf • Es konnte ein positiver Effekt von Ad-Stock nachgewiesen werden		Offsite

Quelle: eigene Darstellung

Trigger der persönlichen Ansprache einen höheren Aufwand in Kauf nehmen, um die restlichen Informationen der Nachricht zu verarbeiten.

Neben dem E-Mailmarketing existieren vereinzelte Untersuchungen zu anderen Kommunikationsformen. Beispielsweise haben TAM ET AL. (2006) personalisierte Avatare und deren Auswirkung auf die Aufmerksamkeit sowie die kognitive Verarbeitung von Informationen auf einer Webseite und die Beurteilung des Leistungsangebots untersucht. Dabei stellte sich sowohl im Rahmen eines Labor- als auch eines Feldexperiments heraus, dass ein Bezug zu persönlichen Interessen und damit relevanterem Inhalt zu leichterer kognitiver Verarbeitung und gesteigertem Interesse führt. Ebenfalls auf onsite Personalisierung fokussieren FONG ET AL. (2016) indem sie personalisierte Empfehlungen und deren Auswirkung auf Cross-Category Spillover Effekte untersuchen. Es konnte hierbei nachgewiesen werden, dass personalisierte Empfehlungen cross-category Käufe reduziert, was wiederum konsistent zu ersten Erkenntnissen von FONG zur Auswirkung von Retargeting auf Suchaktivitäten ist.[63]

Ein weiteres Medium für personalisierte Werbung, welches ebenfalls offsite – also nicht auf der Seite des beworbenen Unternehmens oder Händler – stattfindet, sind Werbebanner. Diese sind insofern von der Form des Retargeting abzugrenzen als dass sie nicht ausschließlich solche Konsumenten ansprechen, die bereits auf der Webseite des Werbetreibenden waren, sondern an alle Konsumenten ausgespielt werden, die bestimmte Targetingkriterien aufweisen. Studien dieses Bereichs fokussieren Banner, die individuelle Inhalte anzeigen und hierzu auf kontextuelles oder verhaltensbasiertes Targeting zurückgreifen. Hiermit beschäftigt sich unter anderem TUCKER (2014), indem sie anhand von Felddaten die Klickwahrscheinlichkeit bei Social Media-Kampagnen in Abhängigkeit von der Reichweite[64] sowie der wahrgenommenen Kontrolle über die eigenen Informationen untersucht hat. Es zeigt sich, dass verbesserte Privatsphäre-Einstellungen und damit verstärkte Kontrollmöglichkeiten für Nutzer zu höheren Klick-Wahrscheinlichkeiten führen.[65] GOLDFARB und TUCKER (2011) haben zudem untersucht, inwiefern die Passung von Werbung zum Webseitenkontext sowie die

---

[63] Vgl. Fong et al. 2016; Fong 2016.

[64] Reichweite bezeichnet eine „Kontaktmaßzahl zur Beurteilung der Medien" in der Werbung. *Quantitative Reichweite* gibt an, wie viele Personen in einer Zeiteinheit mit dem Werbeträger in Kontakt kommen. Für die Mediaselektion maßgebliches Entscheidungskriterium, weil es die Auswahl auf jenen Werbeträger zusteuert, der das Werbemittel bei gegebenen Aufwendungen (Werbebudget) am wirkungsvollsten an die Zielpersonen heranträgt." Springer Gabler Verlag (Herausgeber), Gabler Wirtschaftslexikon http://wirtschaf tslexikon.gabler.de/Archiv/57519/reichweite-v11.html

[65] Vgl. Tucker 2010.

Auffälligkeit der Werbeanzeige zu verstärkter Kaufintention führen. Interessanterweise ist festgestellt worden, dass beide Maßnahmen für sich sehr effektiv waren, wohingegen die kombinierte Anwendung zu verringerter Kaufintention führte.[66] Darüber hinaus wurde untersucht, inwiefern die Einführung neuer gesetzlicher Datenschutzrichtlinien in Form der "Privacy and Electronic Communications Directive" (2002/58/EC) und die damit einhergehende Einschränkung in den Möglichkeiten, Banner individualisiert auszusenden, sich auf die Effektivität der betreffenden Werbekampagnen auswirkt. Dabei zeigte sich, dass Kampagnen, die unter der eingeschränkten Möglichkeit des Targetings „litten", signifikant geringere Kaufintentionen aber auch verminderte Wiedererkennung (Ad recall) zur Folge hatten.[67]

Generell befassen sich die meisten Studien bei personalisierter Werbung entweder mit der Effektivität dieser, oder mit der Konsumenteneinstellung zu personalisierten Kommunikationsformen. Die Arbeite von CHEN und STALLAERT (2014) ist eine der ersten Studien, die, wenn auch nur konzeptionell, die finanziellen Auswirkungen für Werbetreibende und Werbenetzwerke untersuchen. Hier zeigt sich, dass Behavioral Targeting unabhängig von dem gewählten Werbemedium unter bestimmten Umständen zu positiven Effekten für alle Beteiligten führen kann. Allerdings identifizieren sie zwei gegenläufigen Effekte – Wettbewerbseffekt und Propensityeffekt – deren Verhältnis darüber entscheidet, ob das Werbenetzwerk von Behavioral Targeting profitiert oder nicht. Zudem konnte herausgefunden werden, dass besonders kleine werbetreibende Unternehmen von Behavioral Targeting profitieren, während solche mit einem Wettbewerbsvorteil bei standardisierter und massenhaft ausgesandter Werbung mehr profitieren, da sie trotz Streuverlusten mehr Konsumenten erreichen würden.[68]

Während Personalisierung in den bisher vorgestellten Studien darauf abzielte möglichst passende individuelle Angebote oder aber Gestaltung von Webseiten zu realisieren, geht **Retargeting** einen Schritt weiter und zielt darauf ab, Konsumenten nach einem Besuch der eigenen Webseite auf diese zurückzuholen[69]. Der Bereich des Retargetings im Speziellen ist bisher noch recht wenig wissenschaftlich erforscht. Erste Untersuchungen betrachten zunächst einmal die

---

[66]Vgl. Goldfarb und Tucker 2011a.
[67]Vgl. Goldfarb und Tucker 2011b.
[68]Vgl. Chen und Stallaert 2014, S. 431.
[69]Vgl. Lambrecht und Tucker 2013.

generelle Funktionsweise[70] dieser Form personalisierter Werbung sowie die generelle Effektivität[71]. Zudem zeigen Untersuchungen bezüglich der Effektivität von Retargeting gegenläufige Ergebnisse. So weisen sowohl wissenschaftliche als auch Praxisstudien darauf hin, dass mit der Personalisierung von Werbemaßnahmen insbesondere Bannerwerbung deren Effektivität deutlich ansteigt.[72] Andere Studien zeigen allerdings, dass Retargeting nicht per se effektiver ist als standardisierte Werbung.[73] BRUCE, MURTHI und RAO (2017) weisen beispielsweise in verschiedenen Feldexperimenten nach, dass Retargeting Anzeigen die lediglich kontextuell oder geobasiert getargeten Anzeigen lediglich dann übertrafen, wenn sie Preisbezogene Incentives beinhalteten. LAMBRECHT und TUCKER (2013) vergleichen verschiedene Formen des Retargetings – Retargeting-Banner mit zufälligem Content (standardisiertes Retargeting) und solche mit zuvor betrachteten Produkten (dynamisches Retargeting) – und decken auf, dass dynamisches Retargeting nur im Fall von definierten Kaufpräferenzen effektiver ist als standardisiertes Retargeting. Einige Untersuchungen gehen sogar so weit, von deutlich negativen Effekten, wie Ablehnung und Reaktanz der Konsumenten zu sprechen.[74] BLEIER und EISENBEISS (2015) gehen ein Stück weiter und unterscheiden zwischen Vorkauf-, Kauf- und Nachkaufphase. Es wurde konstatiert, dass starke Personalisierung nur zu Beginn des Kaufprozesses wirkt. Darüber hinaus konnte nachgewiesen werden, dass die Ausstrahlung der Retargeting-Banner auf Webseiten, die passend zur ursprünglichen Kaufmotivation sind, den Einfluss von Vertrauen auf die Effektivität von Retargeting verstärken. Besonders vor dem Hintergrund entstehender Reaktanz und eingeschränkter Privatsphäre durch Retargeting wurde Vertrauen in den werbenden Händler als kritischer Erfolgsfaktor identifiziert.[75]

Tabelle 4 gibt einen Überblick über die aktuelle und relevante Literatur dieser Arbeit. Sie gliedert sich in zwei Bereiche und startet mit einem Überblick über generelle Personalisierung im Bereich der Werbung und Kommunikation, der sich wiederum in einen Bereich zur Effektivität der Werbung und einen Bereich zu Konsumentenperspektive auf die Werbung untergliedert ist. Der zweite Hauptbereich des Literaturüberblicks fokussiert spezifischer auf Retargeting.

---

[70]Vgl. u. a. Riekhof et al. 2009.

[71]Vgl. u. a. Lambrecht und Tucker 2013.

[72]Vgl. u. a. Gupta et al. 2014; Postma und Brokke 2002; Riekhof et al. 2009.

[73]Vgl. u. a. Lambrecht und Tucker 2013.

[74]Vgl. u. a. Doorn und Hoekstra 2013.

[75]Vgl. Bleier und Eisenbeiss 2015c.

Basierend auf der Einordnung bestehender Studien zum Retargeting in den Kontext der Personalisierung, zeigen sich deutliche Lücken in der Literatur. So wurden bislang keinerlei langfristige oder dynamische Effekte von Retargeting betrachtet. Während BLEIER und EISENBEISS 2015 als eine der wenigen Studien View-through (Aufruf der zuvor besuchten Seite nach ausgestrahltem Banner aber ohne Klick), neben den üblicherweise betrachteten Größen Klick und Kauf, als Abhängige Größe betrachtet haben, hat noch niemand die Auswirkungen von Retargeting auf die Schnelligkeit des erfolgreichen Zurückholens des Nutzers auf die zuvor besuchte Seite untersucht. Zudem gibt es, soweit der Autorin bekannt ist, keine Erkenntnisse über die Auswirkungen der Rückkehrart – via Klick oder via Direkteingabe – auf die Kaufwahrscheinlichkeit im Kontext des Retargeting. Darüber hinaus mangelt es an einer sauberen theoretischen Fundierung und konzeptionellen Grundlage für die Wirksamkeit von Retargeting im Kaufprozess unter verschiedenen situativen Faktoren. Bislang wurde hierfür auf variierende theoretische Modelle sowie vermehrt schematische Konzeptionen des Kaufprozesses zurückgegriffen.

Vor diesem Hintergrund zielt die vorliegende Arbeit darauf ab, diese Lücken in der bisherigen Forschung zu Retargeting zu schließen.

Theoretische Fundierung der Effektivität von Retargeting und des Online-Shopping-Momentums

4

1   Wissenschaftstheoretische Einordnung der Arbeit

Eine wissenschaftstheoretische Einordnung und Fundierung von marketingwissenschaftlichen Untersuchungen erfolgt üblicherweise in drei Schritten:[1] Demnach wird die Arbeit zunächst metatheoretisch eingeordnet, was bedeutet, dass sie einer grundsätzlichen, wissenschaftstheoretischen Weltanschauung bzw. einem Paradigma zugeordnet wird.[2] Im zweiten Schritt wird dann eine adäquate theoretische Denkschule[3] ausgewählt. Abschließend wird im dritten Schritt ein adäquates theoriebasiertes Forschungsdesign erarbeitet, mit dem die konzeptionelle Grundlage zur Beantwortung der vorliegenden Forschungsfragen geschaffen wird.

Eine Theorie zur Erklärung der Auswirkung von personalisierten Maßnahmen zur Schließung eines unterbrochenen Momentums im Bereich des Online-Shoppings sollte sich durch „Widerspruchsfreiheit, Allgemeinheit, Präzision und Bewährtheit"[4] auszeichnen. Es existiert allerdings in der Literatur bisher keine eigene Theorie, die hierzu herangezogen werden könnte. Daher wird im Rahmen dieser Arbeit auf mehrere Theorien zurückgegriffen werden. Diese Arbeit folgt demnach der Methodologie des komplementären theoretischen Pluralismus nach

---

[1]Vgl. Baumgarth 2003, 7 ff.; Morgan 1980, S. 606.

[2]Vgl. Chalmers 2001; Seiffert 2003; . Für wissenschaftstheoretische Überlegungen zur Konsumentenforschung siehe Kroeber-Riel et al. 2013, S. 19ff.

[3]Eine Denkschule ist ein Forschungsparadigma, das von einem Großteil der Vertreter eines wissenschaftlichen Fachgebiets geteilt wird (vgl. Kroeber-Riel et al. 2013, S. 21).

[4]Trommsdorff 2004, ·S. 22.

© Der/die Autor(en), exklusiv lizenziert durch Springer Fachmedien Wiesbaden GmbH, ein Teil von Springer Nature 2020
I. Kes, *Retargeting und die Rolle des Online-Shopping-Momentums*, Applied Marketing Science / Angewandte Marketingforschung, https://doi.org/10.1007/978-3-658-31988-5_4

FEYERABEND.[5] Im Rahmen des theoretischen Pluralismus werden Erkenntnisse aus verschiedenen Theoriegebäuden angewendet, die nicht in konkurrierender Beziehung zueinander stehen dürfen. Ganz im Gegenteil: Gerade die Kombination der theoretischen Konzepte soll den Erklärungsbeitrag liefern. In der Marketingforschung hat sich die theoretische Fundierung durch eine Kombination von Theorien aus den Verhaltenswissenschaften und der Mikroökonomie als besonders nützlich erwiesen.[6] Bei der vorliegenden Arbeit sind dies vor allem verschiedene Theorien der Sozialpsychologie. Im Gegensatz zu der Methodik des Theorien-Monismus, welche sich, laut seinen Anhängern, durch Einheitlichkeit, Stringenz und die Vermeidung von Inkommensurabilität[7] auszeichnet, kann die Nutzung verschiedener Theorien zu einer Gefährdung durch Inkommensurabilität führen.[8] Jedoch stehen die in dieser Arbeit genutzten Theorien in keiner Weise in konkurrierender oder substitutiver Beziehung zueinander, sondern sie stehen komplementär und einander ergänzend nebeneinander.

Die heutigen Forschungsarbeiten im Konsumentenverhalten sind meist empirisch ausgerichtet und unterliegen vielfach den positivistischen, wissenschaftstheoretischen Ansätzen des kritischen Rationalismus als wissenschaftstheoretische Denkschule.[9] Dieser kann auch insgesamt ein hoher Einfluss auf die Betriebswirtschaftslehre unterstellt werden.[10] Dennoch soll aufgrund einiger grundlegender Anwendungsprobleme des kritischen Rationalismus im Zusammenhang mit sozialwissenschaftlichen Fragestellungen in dieser Arbeit dem wissenschaftlichen Realismus gefolgt werden.[11] Der Hauptgrund für diese Einordnung liegt in den grundlegenden Unterschieden zwischen den Gegenstandsbereichen der Naturwissenschaften, welche die Basis des kritischen Rationalismus boten, und den Sozialwissenschaften.[12] Während die Phänomene, die den Naturwissenschaften zugrunde liegen, größtenteils deterministischer Natur sind, besteht in den

---

[5]Vgl. Feyerabend 1965.

[6]Vgl. Homburg 2000, S. 355f. So betont HOMBURG, C. (2000) im Hinblick auf den theoretischen Pluralismus: „Ein gesundes Miteinander von mikroökonomischen und verhaltenswissenschaft-lichen theoretischen Konzepten ist von größerem Nutzen als die dogmatische Forcierung einer speziellen Theorierichtung," Homburg 2000, S. 355.

[7]Unter Inkommensurabilität wird in der Wissenschaftstheorie die Nichtvereinbarkeit konkurrierender und zudem rivalisierender Paradigmen verstanden, vgl. Chalmers 2001, S. 95ff., sowie vertiefend Kuhn 1967 und Feyerabend 1967.

[8]Vgl. Kuhn 1967; Feyerabend 1967.

[9]Vgl. bspw. Chalmers 2001; Popper 2003.

[10]Vgl. Homburg 1998, S. 60 und die dort angegebene Literatur.

[11]Vgl. weitergehend Hunt, S. (1991), S. 379 f.

[12]Vgl. Homburg 1998, S. 62.

Sozialwissenschaften die Notwendigkeit der strengen Kontrolle von unzähligen Einfluss- und Kontextfaktoren, um eine Theorie effektiv falsifizieren zu können. Eine vollständige Kontrolle der Kontextfaktoren erscheint aber selbst bei einer experimentellen Versuchsanordnung nicht realistisch, erst recht nicht bei der Einbindung von Realexperimenten oder Felddaten, denn keine Untersuchungssituation, in der das Verhalten von Individuen eine Rolle spielt, kann perfekt repliziert werden. Daher scheint eine schlüssige Falsifikation von Hypothesen im sozialwissenschaftlichen Kontext kaum möglich.[13] Weiterhin sind Messfehler bei empirischen Erhebungen in den Sozialwissenschaften in der Regel von höherem Ausmaß als dies bei naturwissenschaftlichen Messungen der Fall ist.[14] Dies steht ebenfalls einer zweifelsfreien Falsifizierung einer Hypothese entgegen.

Wesentliches Charakteristikum des wissenschaftlichen Realismus ist neben der positivistischen Grundorientierung die induktive Schlussweise, im Rahmen derer man sich durch eine Vielzahl von Einzelbeobachtungen der Wahrheit annähert. An die Stelle des Falsifikationsprinzips des kritischen Rationalismus rückt damit im wissenschaftlichen Realismus das Prinzip der schrittweise zunehmenden Bestätigung. Ebenso wie im kritischen Rationalismus wird dabei akzeptiert, dass im Sinne des Fallibilismus auf diesem Wege absolut sicheres Wissen nicht erreicht werden kann.

Die Erforschung des Konsumentenverhaltens kann idealtypisch als Realwissenschaft angesehen werden. Dies begründet sich darin, dass soziales oder wirtschaftliches Verhalten untersucht wird, welches u. a. für Unternehmen aus Sicht des Marketings interessant sein kann.[15] Demnach eignen sich die Theorien des Konsumentenverhaltens zur Erklärung oder auch zur Prognose des Verhaltens als Grundlage für die Marketingplanung.[16] Sie stammen aus dem Bereich der Verhaltensforschung und können als angewandte Verhaltenswissenschaften bezeichnet werden. Zudem haben sie ihren Ursprung in unterschiedlichen Wissenschaften und sind damit interdisziplinär.[17] Die explizit in dieser Arbeit verwendeten Theorien werden im Folgenden vorgestellt und der im Sinne des methodischen Theorienpluralismus erzielte Erkenntnisbeitrag, der durch ihre Kompatibilität entsteht, wird verdeutlicht.

---

[13] Vgl. hier und im Folgenden Homburg et al. 2003, S. 54ff.

[14] Vgl. hier und im Folgenden Homburg et al. 2003, S. 60f.

[15] Vgl. Trommsdorff 2003, S. 18ff.

[16] Vgl. Walters und Bergiel 1989; Bruhn und Meffert 2001, S. 2f.

[17] Vgl. Meffert 1992, S. 24; Kroeber-Riel et al. 2013, S. 14. Die unterschiedlichen wissenschaftlichen Disziplinen können primär den Sozialwissenschaften zugeordnet werden. Es handelt sich dabei im Einzelnen um die Ökonomik, die Psychologie und die Soziologie. In der Vorliegenden Arbeit wird auf Sozialpsychologische Theorien zurückgegriffen.

2 Theoretischer Rahmen zur Fundierung der wissenschaftlichen Untersuchung

Zur Fundierung des konzeptionellen Modells dieser Arbeit werden Theorien der Sozialpsychologie herangezogen. Besonders im Bereich des Konsumenten-verhaltens[18] und hier vor allem im Bereich der Werbewirkung[19] werden die Theorien der Sozialpsychologie häufig genutzt. Das Online-Shopping-Momentum alleine genügt nicht zur tiefgehenden Untermauerung der Wirkungszusammen-hänge dieser Arbeit, jedoch bietet es eine gute Ausgangslage zur Einordnung verschiedener Theorien und Konzepte, welche die Teilbereiche des konzeptio-nellen Modells theoretisch stützen. Die Theorie des Momentums nach ADLER (1981) stellt den Rahmen für die theoretische Fundierung des konzeptionellen Modells dar. Da sie jedoch nicht tief genug in die psychologischen Verhaltens-muster eindringt, wird zusätzlich die Theory of Mind-Sets zur Herleitung des periodeninternen Momentums herangezogen. Diese bildet in Kombination mit der Selbstwahrnehmungstheorie die theoretische Basis für die Erläuterung des Phänomens "Online-Shopping-Momentum", wobei letzteres die Grundlage des periodenübergreifenden Momentums darstellt.

Vor dem Hintergrund, dass beide Momenti unterbrochen werden können, wer-den verschiedene Theorien herangezogen, um die Rolle dieser Unterbrechungen sowie den Einfluss von personalisierter Werbung im Fall einer solchen Unterbre-chung zu erklären. Abbildung 1 gibt einen Überblick über das Zusammenspiel der genutzten Theorien (dunkel grau) sowie der darauf aufbauenden Paradigmen (heller grau).

Im Folgenden wird zunächst das Phänomen des Momentums theoretisch her-geleitet (siehe Abschnitt 2.1.1–2.1.3) und auf den Kontext des Online-Shoppings übertragen (siehe Abschnitt 2.1.4). Im Anschluss daran wird theoretisch erörtert, wie mit den Unterbrechungen eines solchen Momentums umgegangen werden kann. Dazu wird zunächst mit Hilfe der Adaptive Control of Thought-Rational (ACT-R) Architektur die Problematik von Unterbrechungen eines Momentums hergeleitet (siehe Abschnitt 2.2.1). Daraufhin wird die Wirksamkeit und Eignung von Retargeting im Fall einer Unterbrechung theoretisch erörtert. Zunächst wer-den hierzu die Involvement-Theorie, das Elaboration-Likelihood Modell sowie die Lerntheorie vorgestellt (siehe Abschnitt 2.2.2) und werden dann auf den vor-liegenden Kontext angewendet (siehe Abschnitt 2.2.3). Das Kapitel schließt mit einer Synthese der genutzten Theorien.

---

[18]Für einen Überblick zum Bereich des Konsumentenverhaltens vgl. Kroeber-Riel et al. 2013.

[19]Für einen Überblick zum Bereich der Werbung Mayer und Illmann 2000.

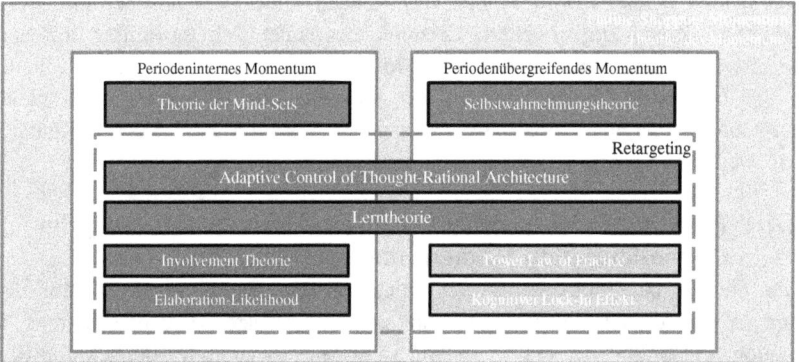

Abbildung 1 Konzeptionelles Zusammenspiel der genutzten Theorien. (Quelle: eigene Darstellung)

2.1 Theoretische Fundierung des Online-Shopping-Momentums

Wie bereits erläutert, stellt das Phänomen des Momentums im Online-Shopping Kontext eine Abfolge von Kaufentscheidungen dar. In Anlehnung an das ursprünglich aus der Physik stammende Phänomen bezeichnet es die sich selbst verstärkende Abfolge positiver oder negativer Ereignisse. Die Theorie des Momentums nach ADLER (1981), eine Theorie der sozialen Handlungsweisen, beschreibt und erläutert das Auftreten des Momentums unabhängig von Situation und Kontext. Das Shopping-Momentum basiert zudem auf der Idee wechselnder Mind-Sets bei der Realisation der ersten Kaufentscheidung. Bestärkt wird diese Idee durch das nachgewiesene Phänomen der „Inaction inertia" (zu Deutsch: „Inaktivitätsträgheit"), welches aus anderer Perspektive ein ähnliches Verhalten bei Menschen erklärt: Es fokussiert auf das Verhalten von Menschen nach dem Verpassen einer Chance und das darauf folgende Zögern bei jeder nachfolgenden Chance.

Ein Kaufprozess und der Besuch eines Online-Händlers finden nicht isoliert statt. Stattdessen sind beide Ereignisse eingebettet in zum einen vorherige Käufe und zum anderen nachfolgende Käufe, wobei beide entweder beim selben Händler oder mehreren Händlern durchgeführt werden können. Daher muss das Phänomen des Momentums breiter als bisher betrachtet werden: Das ursprüngliche periodeninterne Shopping-Momentum, welches sich auf einen Besuch eines

Kaufhauses bezog[20], wird in der vorliegenden Arbeit um das periodenübergreifende Momentum erweitert. Letzteres begründet sich theoretisch auf der Selbstwahrnehmungstheorie, welche die Idee der Theorie der Mind-Sets erweitert. Im Folgenden werden zunächst alle drei Theorien losgelöst vom Kontext des Online-Shoppings vorgestellt, um dann in Abschnitt 2.1.4 auf den Kontext angewandt zu werden.

2.1.1 Theorie des Momentums als theoretische Fundierung des Online-Shopping-Momentums

Die Theorie des Momentums von ADLER (1981) besagt, dass ein Momentum „a state of dynamic intensity marked by an elevated or depressed rate of motion, grace, and success"[21] ist. Sie stellt eine dynamische Betrachtung der menschlichen Natur dar. Mittelpunkt ist sowohl die Identifikation von Momenti in unterschiedlichen Situationen und eine Systematisierung der Attribute des Phänomens[22], als auch die Frage, ob (oder ob nicht) ein Momentum sozial wahrgenommen wird. Bei der Wahrnehmung eines vorliegenden Momentums differenziert ADLER (1981) zwischen sehr positiven Reaktionen, die in Bewunderung und Anziehung gipfeln, und anderseits verstärkt negativen Reaktionen, die in Ablehnung und Neid münden.[23]

Ein Momentum lässt sich demnach durch einen fortlaufenden Prozess beschreiben, der durch einen initialen „Schock" ausgelöst wurde. Dieser Prozess wird dabei durch sogenannte Feedbackschleifen begleitet, was bedeutet, dass eine ständige Reflektion und Vergegenwärtigung der sich wiederholenden positiven oder negativen Ereignisse stattfindet. Im positiven Fall führt diese Reflektion immer wieder neue Energie in den Prozess, ausgelöst durch vorherige positive Ereignisse und die damit verbundene erwartete Belohnung durch zukünftige Erfolge.[24] Das Momentum zeichnet sich dabei dadurch aus, dass kontinuierlich neue Kräfte entwickelt und mit bestehenden Impulsen kombiniert werden. Dementsprechend wird der bestehende Prozess, beispielsweise des Basketballspielens oder aber auch einer Karriereentwicklung, durch wiederkehrende positive Erfahrungen mit neuer Energie und Kraft gespeist, die sich mit den bestehenden, im Prozess geförderten Impulsen verbindet. Laut ADLER (1981) durchlaufen Personen in einem Momentum kontinuierlich „the stages of motivation, emotion,

---

[20]Vgl. Dhar et al. 2007.

[21]Adler 1981, S. 29.

[22]Vgl. hierzu Abschnitt 1.1.1 im Kapitel 2

[23]Vgl. Adler 1981, S. 178.

[24]Vgl. Adler 1981, S. 177f.

arousal, action, and feedback to create the spiral of intensification that builds positive or negative force".[25] Dieser angesprochene Momentumsprozess beginnt demnach mit einer Vorbereitungs- und einer Antriebsphase, gefolgt von einer selbstverstärkenden Durchhaltephase, und endet in einer Auflösungsphase. Letztere stellt sich sehr unterschiedlich dar. Je nach Momentumsart und Kontext kann sie entweder abrupt sein, ausgelöst durch externe Störung, oder aber schleichend, „einschlafend" durch Vernachlässigung.[26] Bestätigung sieht ADLER (1981) in der Newton'schen Inertia-Theorie, anhand derer er begründet, dass es ein „prinicple of social inertia" gibt, welches überwunden werden muss, um ein Momentum zu initialisieren. Für die Durchhaltephase findet sich Bestätigung in Leibniz' Theorie zu primitiven und derivaten Kräften[27]. Darin erklärt Leibniz, dass ein kraftvoller Schub zu verbundenem, nachfolgendem Antrieb führt, begründet durch einen zirkulierenden Feedback-Prozess: *„Early Behavioral impetus is returned through a tripartite reaction system (cognitive, emotional, and physiological) to generate recycled impulse, eventually cresting in the carry-through motion."*[28]

Abschließend lässt sich sagen, dass ADLER (1981) Momenti, egal in welchem Umfeld, als Zusammenspiel von Kraft und Umsetzungsverhältnis darstellt. Betrachtet man dieses Konzept detaillierter, ergibt sich die in Tabelle 1 dargestellte Formel:

Demnach lässt sich ein Momentum als Produkt aus Umsetzungsverhältnis und der Summe aus ursprünglicher Kraft und abgeleiteter Kraft – reduziert um die Widerstandskraft – bezeichnen. Überträgt man die allgemeine Gleichung des Momentums auf das bereits erwähnte Beispiel des Verfassens einer Dissertation, so stehen an erster Stelle als ursprüngliche Kraft die intrinsische Motivation und die Anstrengung des Doktoranden. Diese wird im positiven Fall verstärkt durch die Zufriedenheit bei Reflektion bereits erreichter Erfolge wie Konferenzbeiträge oder finalisierte Teilstudien sowie der antizipierten Zufriedenheit bei zukünftigen Teilerfolgen. Im negativen Fall würde sie reduziert durch Frustration und Demoralisierung in Folge von Niederlagen wie abgelehnten Konferenzbeiträgen. Generell abschwächend wirken sich Aspekte wie die Arbeitsbelastung am Lehrstuhl oder aber die mangelnde Zeit zur Bearbeitung der Dissertation sowie persönliche Eigenschaften wie Trägheit aus. Die aus der Summe der genannten Faktoren entstehende Kraft multipliziert mit dem Talent und den Fähigkeiten des Doktoranden ergibt das Momentum der Dissertationserstellung.

---

[25] Adler 1981, S. 178.

[26] Vgl. Adler 1981, S. 37ff.

[27] Vgl. Leibniz 1920.

[28] Adler 1981, S. 39.

Tabelle 1 Differenzierte Betrachtung der Komponenten eines Momentums

Momentum = Kraft × Umsetzungsverhältnis

Momentum = (ursprüngl. Kraft + Abgeleitete Kraft- Widerstandskraft) × Umsetzungsverhältnis

	Innere Anstrengung	Recycled Feedback	Hindernis der Bewegung	Fähigkeit zur Wandlung
Bewegungsrate				
+				
Qualität der Leistung		Zukünftige Antizipation der Zufriedenheit	Physikalische, psychologische oder zwischenmenschliche und strukturelle Qualität	Innerliche Kraftübersetzung
oder				
Intensitätsniveau		Frustration (Demoralisierung)	Trägheit und Widerstand	Fähigkeit, Erfahrung, erlernte Reaktionen, Talent, Übung

Quelle: Adler 1981, S. 40

Während die Theorie des Momentums verstärkt auf die beobachtbaren Charakteristika eines Momentums in verschiedenen Kontexten eingeht, vernachlässigt sie die dahinterstehenden psychologischen Mechanismen. Im folgenden Kapitel wird deshalb die Theorie der Mind-Sets dargelegt, die die psychologischen Grundlagen eines Momentums erörtert.

2.1.2 Theory of Mind-Sets

Die Theorie der Mind-Sets nach GOLLWITZER (1987) beschäftigt sich mit der Rolle verschiedener Mind-Sets (zu Deutsch: Geisteszustände), die ein Individuum bei der Entscheidung und Realisierung eines Ziels durchläuft. Sie beruht auf dem Rubikon-Modell der Zielerreichung.[29] Dieses geht davon aus, dass Menschen immer mehr Wünsche haben, als Zeit und Gelegenheit vorhanden sind, diese zu verwirklichen. Daher werden Wünsche anhand der Wahlkriterien Wünschbarkeit und Machbarkeit ausgewählt und in zu erreichende Ziele verwandelt. Die Transformation wird als eine (Auswahl-) Entscheidung verstanden, die ein Handlungsgefühl hervorruft. Die Entscheidung lässt den Wunsch als verbindliches Ziel erscheinen. Die Theorie der Mind-Sets stammt aus der Motivationspsychologie, die sich zum einen mit der Wahl von Handlungszielen und zum anderen mit der Realisierung dieser Ziele beschäftigt.[30] Diese zwei unterschiedlichen, aber zugleich verknüpften Vorgänge in ein Rahmenmodell zu integrieren, gelang GOLLWITZER und HECKHAUSEN in dem Rubikon-Modell der Handlungsphasen.[31] Auf dem Weg zu diesem Ziel werden nach GOLLWITZER und HECKHAUSEN (1987) vier aufeinanderfolgende volitionale[32] oder motivationale Phasen durchlaufen. Angefangen mit der Phase des Abwägens folgt die Phase des Planens, dann die Durchführungsphase und zuletzt die Phase der Bewertung (siehe Abbildung 2).

Die erste Phase, auch prädezisionale Handlungsphase genannt, zeichnet sich durch ein Abwägen der unterschiedlichen Wünsche und Handlungsoptionen aus. Hierfür werden Wünschbarkeit und Realisierbarkeit der Alternativen verglichen, um sich für ein verbindliches Ziel zu entscheiden.

In der präaktionalen Phase liegt der Fokus auf der Realisierung der getroffenen Entscheidung. Im Rahmen neu gebildeter Ziele muss meist eine Warteperiode überbrückt werden, bis eine günstige Gelegenheit eintrifft und mit der zielfördernden Handlung begonnen werden kann. Während dieser Periode werden

---

[29]Vgl. Gollwitzer 1990 sowie Heckhausen und Gollwitzer 1987.

[30]Vgl. Lewin 1926.

[31]Vgl. Heckhausen und Gollwitzer 1987; Chmielewicz 1995.

[32]Bedeutung aus der Psychologie: durch den Willen bestimmt – vgl. Duden, 2015.

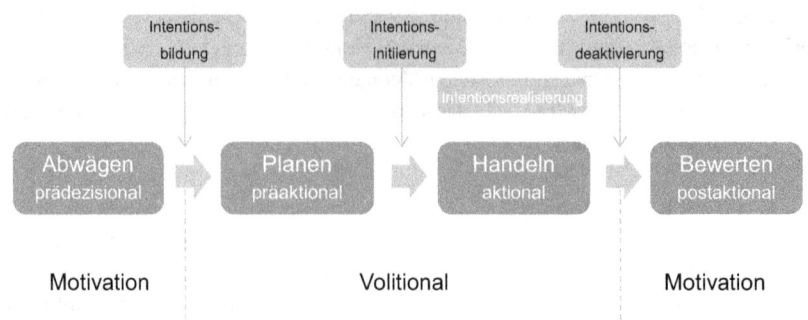

Abbildung 2 Das Rubikon-Modell der Handlungsphasen. (Quelle: vgl. Gollwitzer und Heckhausen (1987))

Strategien – beispielsweise in Form von Vorsätzen – entwickelt, um das gesetzte Ziel zu erreichen. Wenn eine günstige Gelegenheit eintritt, folgt die nächste Handlungsphase des Rubikon-Modells: Die handelnde oder auch aktionale Phase tritt mit der Handlungsinitiierung des zielgerichteten Verhaltens ein. Die vorher entwickelten Strategien werden in die Tat umgesetzt. Beim Auftreten von Schwierigkeiten wird die Anstrengung erhöht, um das gesetzte Ziel zu erreichen. Erreicht der Handelnde das gefasste Ziel, wird die letzte Phase des Modells erreicht: In der postaktionalen Phase tritt die Bewertung des erreichten Ziels ein. Dafür wird das Ergebnis mit dem gewollten Zustand verglichen. Bei einer wahrgenommenen ausreichenden Übereinstimmung des Gewollten und Erreichten, folgt die Deaktivierung des Ziels. Falls der erreichte Zustand nicht dem anvisierten entspricht, kann dies zu einer Senkung des Anspruchsniveaus oder – bei besonders großen Abweichungen – zu einer erneuten zielgerichteten Handlungsinitiierung führen.

Die Theorie der Mind-Sets betrachtet hauptsächlich zwei Phasen der Zielerreichung. So gibt es zunächst die Entscheidung zwischen verschiedenen konkurrierenden Zielen und im Anschluss an die Entscheidung für ein Ziel die Bemühungen, dies zu erreichen.[33] Demnach entstehen zwei verschiedene Geisteszustände oder Haltungen: eine abwägende, planende Haltung (deliberative Mind-Set) und eine ziel- bzw. umsetzungsorientierte Haltung (implemental Mind-Set)[34]. Die abwägende, planende Haltung beinhaltet meist ein vorsichtiges Abwägen der Vor- und Nachteile einer Entscheidung sowie eine Einschätzung

---

[33]Vgl. Gollwitzer 1990, S. 403f.

[34]Vgl. Gollwitzer 1990, S. 53ff.; Im Folgenden wird stets vom umsetzungsorientierten Mind-Set (implemental) und abwägenden Mind-Set (deliberative) gesprochen

der Umsetzbarkeit der verschiedenen Optionen. Dementsprechend wird erwartet, dass aus einer solchen Haltung eine relativ akkurate und gerechte Einschätzung der Entscheidungssituation hervorgeht.[35] Die besondere Herausforderung hierbei ist, eine nicht durch Wünsche und Hoffnungen verfälschte Entscheidung zu treffen.[36] Eine umsetzungsorientierte Haltung zeichnet sich dadurch aus, dass die Überlegungen dazu, wie, wann und wo ein Ziel erreicht werden kann, im Mittelpunkt stehen. Demnach fokussieren Personen mit dieser Haltung auf Informationen, die sie als relevant für die Zielerreichung erachten.[37] Dies geht soweit, dass zuvor berücksichtigte Informationen zur Machbarkeit oder dazu, wie wünschenswert ein Ziel ist, ausgeblendet werden. Sollte dies nicht möglich sein, werden die Argumente zu optimistisch eingeschätzt, um eine innere Dissonanz oder möglicherweise auftretende Unzufriedenheit mit der Wahl des Ziels gar nicht erst entstehen zu lassen. Während die umsetzungsorientierte Haltung sich demnach durch eine enge und fokussierte Sicht auf Informationen, die der Umsetzung des gewählten Ziels nützlich sind, auszeichnet, gilt die abwägende Haltung vor der Entscheidung als offen für jegliche Informationen über die möglichen, konkurrierenden Ziele.

Wie in verschiedenen laborexperimentellen Studien bestätigt wurde, hat die eingenommene Haltung einer Person zudem Auswirkungen auf ihr Verhalten sowie ihre Beurteilung anderer und der Umwelt.[38] So wurde nachgewiesen, dass Personen mit einem umsetzungsorientierten Mind-Set in Situationen, die sich durch einen schwierigen Handlungseinstieg auszeichnen, beispielsweise weil die Person nicht weiß, ob sie jetzt oder später handeln soll oder zwischen alternativen Handlungsmöglichkeiten schwankt, leichter in eine Aufgabe hineinfinden. Letzteres liegt daran, dass in einer umsetzungsorientierten Haltung eine eingeschränkte Offenheit gegenüber neuen Informationen vorliegt.[39] Somit berücksichtigt eine solche Person lediglich die für sie relevanten Informationen und kommt so schneller zum Entschluss.[40] Gleichermaßen zeigte sich, dass die zielorientierte Handlung im Fall von komplizierten Aufgaben dazu führt, dass die betroffenen Personen länger versuchen, das Problem zu lösen und dementsprechend länger durchhalten.[41] Entscheidend für die vorliegende Arbeit ist zudem, dass mit

---

[35]Vgl. Armor und Taylor 2003, S. 86f.

[36]Vgl. Gollwitzer und Bayer 1999, S. 405.

[37]Vgl. Heckhausen und Gollwitzer 1987 und Armor und Taylor 2003.

[38]Vgl. Gollwitzer und Bayer 1999.

[39]Vgl. Gollwitzer 1990.

[40]Vgl. Pösl (1994)

[41]Vgl. Martijn et al. 2008.

der Einnahme einer der beiden Haltungen, diese zunächst andauert, und zwar von der Suche nach Informationen über deren Verarbeitung und Einordnung bis schließlich hin zum tatsächlichen Verhalten.[42] Allerdings ist dies kein dauerhafter oder stabiler Zustand. Es gibt situationsabhängige Aspekte, die dazu führen, dass der Betroffene sein Mind-Set wechselt, obwohl er die nächste Phase des Rubikon-Modells noch nicht erreicht hat.

Während sich die Theorie der Mind-Sets als auch die Theorie des Momentums lediglich auf eine zeitlich begrenzte Periode beziehen, also beispielsweise auf ein Basketballspiel oder auf einen Kaufprozess, können Momenti und darin gemachte Erfahrungen auch periodenübergreifende Effekte haben – wie beim Sport im Fall mehrerer Spiele innerhalb einer Saison. So liefert die Selbstwahrnehmungstheorie nach BEM (1972) eine theoretische Basis für die Annahme, dass Momenti auch periodenübergreifend wirken können. Diese wird im folgenden Kapitel erläutert.

2.1.3 Selbstwahrnehmungstheorie

Die Selbstwahrnehmungstheorie nach BEM (1972) besagt, dass ein Mensch seine Einstellung auf Basis seines eigenen, beobachtbaren Verhaltens attribuiert, da die Einstellung per se nicht beobachtbar ist. Dazu hat BEM (1972) postuliert, dass *„Individuals come to ‚know‘ their own attitudes, emotions, and other internal states partially by inferring them from observations of their own overt behavior and/or the circumstances in which this behavior occurs.“*[43] Demnach ziehen Individuen Umstände und Situationen für die Bildung der Einstellung heran, wenn eine Handlung mehrdeutig ist. Somit spricht man bei einer Einstellung von einem Set von Selbstattributionen, die ein Individuum in unterschiedlichen Situationen durchführt.[44]

Die Selbstwahrnehmungstheorie beruht zudem auf der Idee von BEM (1972), dass das handelnde Individuum sich genauso verhält wie ein externer Beobachter. *„To the extent that internal cues are weak, ambiguous, or uninterpretable, the individual is functionally in the same position as an outside observer, an observer who must necessarily rely upon those same external cues to infer the individual's inner states.“*[45] Darüber hinaus liegt die Idee zugrunde, dass Konsistenz zwischen den Handlungen vorliegt. Demnach müssen die Handlungen, die der Einstellungsbildung zugrunde liegen, konsistent sein: sie dürfen nicht widersprüchlich sein.[46]

---

[42]Vgl. Gollwitzer 1990 sowie Dhar et al. 2007, S. 371.

[43]Vgl. Bem 1972b, S. 225.

[44]Vgl. Probala und Weber 2013, S. 14f.

[45]Bem 1972b, S. 225.

[46]Vgl. Dhar et al. 2007, S. 376.

Ob die Selbstwahrnehmungstheorie tatsächlich herangezogen werden kann, hängt vom Vorliegen der Wahlfreiheit sowie einer Belohnung oder Bestrafung für eine Handlung ab. Diese Einflussfaktoren können nämlich als Indikatoren für das Vorliegen anderer, externer Gründe für eine Handlung gesehen werden und ziehen somit keine Einstellungsbildung nach sich (vgl. Abbildung 3).[47]

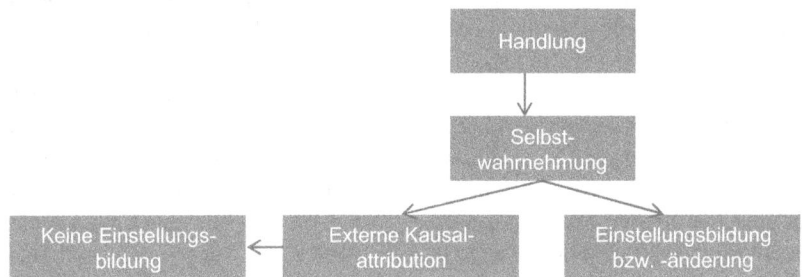

Abbildung 3 Zusammenhang von Handlung und Einstellung nach Bem (1972). (Quelle: eigene Darstellung in Anlehnung an Bem (1972))

Durch eine Wiederholung der, der Einstellung zugrunde liegenden Handlung, stellt sich darüber hinaus ein sogenannter intrapersoneller Selbstverstärkungsmechanismus ein.[48] Dieser Effekt wird auch als Foot-in-the-door Phänomen bezeichnet. Eine erste realisierte Aktion verändert die Realisierungswahrscheinlichkeit nachfolgender Aktionen. Wenn eine Person eine erste einfache Aufforderung akzeptiert und umsetzt, ist es wahrscheinlicher, dass sie auch eine folgende Aufforderung umsetzt. Der erste kleine Akt der Einwilligung führt von einer Veränderung in dem Selbstbild einer Person hin zu „der Art von Person, die solche Aktionen ausübt".[49] Der Effekt fällt stärker aus, wenn größeres Involvement oder Einfluss auf das Selbstbild beispielsweise durch den ersten Anstoß erzeugt wird.

2.1.4 Die Anwendung der ausgewählten Theorien auf das Phänomen des Online-Shopping-Momentum

Während die Theorie des Momentums nach ADLER (1981) zunächst die grundlegenden Charakteristika eines Momentums beschreibt, erklärt die Theorie der Mind-Sets die psychologischen Mechanismen, die hinter der Entstehung eines

---

[47]Vgl. Probala und Weber 2013, S. 17.

[48]Vgl. hier und im Folgenden Freedman und Fraser 1966; Cialdini und Guadagno 2004.

[49]Hansen und Robinson 1980.

Momentums liegen. Während letztere Theorie ein solches Momentum innerhalb eines zielgerichteten Prozesses betrachtet, liefert die Theorie der Selbstwahrnehmung Hinweise für eine mögliche periodenübergreifende Betrachtung eines Momentums.

Übertragen auf die Entstehung eines Momentums im Einkaufskontext wird der initiale Kauf bzw. die initiale Entscheidung, ein Produkt zu kaufen, als Initiator des Momentums gesehen. Ein erstes Stöbern auf einer Seite oder die Sammlung von Informationen über ein bestimmtes Produkt kann also als Anbahnungs- oder Vorbereitungsphase, wie ADLER (1981) sie nennt, betrachtet werden. Das weitere Verweilen auf der Seite und die Entscheidung für weitere Produkte stellt dementsprechend die Durchhaltephase nach ADLER (1981) dar, die durch das positive Gefühl – verbunden mit der Entscheidung für jedes weitere Produkt –verstärkt wird. Betrachtet man zunächst ein periodeninternes Momentum, bei dem es also nur um einen Kaufprozess geht, zeigt sich folgendes: Mit der ersten Entscheidung für ein Produkt wechselt der Kunde in Anlehnung an die Theorie der Mind-Sets, von der abwägenden Haltung in eine umsetzungsorientierte, die sich auf die Aktivitäten und Informationen fokussiert, die zur Erfüllung des Ziels führen – nämlich dem Kauf eines bestimmten Produkts. Verschiedene Studien haben gezeigt, dass bereits der pure Akt, sich für ein Ziel zu entscheiden, also von einer Haltung in die andere zu wechseln, zu einem Anstieg an intrinsischer Motivation führt.[50] DHAR, HUBER und KAHN (2007) unterstützen diese Sichtweise, indem sie bestätigen, dass ein Shopping-Momentumdann entsteht, wenn ein Kunde sich für einen Kauf entscheidet, denn in diesem Moment wechselt er von einer abwägenden in die umsetzungsorientierte Haltung. Die erreichte umsetzungsorientierte Haltung erzeugt bei der betroffenen Person ein Commitment zum Kaufen, in dem psychologische Barrieren abgebaut werden.[51] Aufgrund der geringeren Verbindlichkeit im Online-Handel besteht die Möglichkeit, dass ein erstes Produkt in den Warenkorb gelegt werden muss, um die tatsächliche Entscheidung für einen Kauf zu manifestieren.

Im Hinblick auf ein langfristiges Online-Shopping-Momentum liefert die Theorie des Momentums einige Erklärungsbeiträge. So erläutert sie, dass Momenti sich steigern. Dies wird sowohl kurzfristig – innerhalb eines Besuchs durch immer neues Hinzufügen von Produkten zum Warenkorb während eines Kaufes – als auch besonders gut durch wiederholte Shopbesuche abgebildet. Überträgt man zusätzlich die Erkenntnisse der Selbstwahrnehmungstheorie auf

---

[50]Vgl.Martijn et al. 2008.
[51]Vgl. Chandran und Morwitz 2005.

den vorliegenden Kontext, kann man davon ausgehen, dass ein Kunde durch wiederholte Besuche eines Online-Händlers zu einer Person wird, die diesen Händler positiv sieht und bei diesem gerne kauft. Je positiver das Einkaufserlebnis war, desto größer ist dann demnach die Wahrscheinlichkeit eines erneuten Kaufs. Je häufiger jemand den Shop bereits besucht hat, desto höher ist die Wahrscheinlichkeit, diesen wieder zu besuchen. Durch die bereits erlernten Aspekte der Seite und die entstandene Gewohnheit entsteht eine Art Lock-in Effekt. Auf diese Weise bildet sich also ein periodenübergreifendes Momentum. Umgangssprachlich ausgedrückt: sieht sich der Online-Shopper nach mehreren Besuchen und Käufen bei einem Retailer als „eine Person, die so etwas macht – die bei diesem bestimmten Händler kauft".

Die in der Theorie des Momentums aufgeführte Auflösungsphase kann in verschiedenen Ausprägungen stattfinden. Laut der Theorie der Mind-Sets würde das Momentum nach Abschluss des Kaufs und damit einhergehender Zielerreichung enden, während die Selbstwahrnehmungstheorie jedoch die Grundlage dafür bietet, dass auch ein kaufprozessübergreifendes Momentum möglich ist. Durch längere Abwesenheit vom Shop ohne Reaktivierungsversuchen ausgesetzt zu sein, kann ein langfristiges Momentum demnach einfach „einschlafen". Laut der Theorie des Momentums kann ein Momentum zudem durch externe Störeffekte spontan und plötzlich – d. h. während des Kaufprozesses – unterbrochen werden. Vor diesem Hintergrund zeigt sich erneut die Relevanz der genaueren Betrachtung der Unterbrechungen eines Momentums.

2.2 Theoretische Fundierung der Wirkung von Retargeting im Online-Shopping-Momentum

2.2.1 Theoretische Fundierung des Umgangs mit Unterbrechungen des Momentums

Obwohl die drei bisher aufgeführten Theorien zur Fundierung des Online-Shopping-Momentums sehr unterschiedliche Aspekte des Momentums beleuchten, stimmen sie in dem Aspekt überein, dass ein Momentum ein fragiler Zustand ist, der unterbrochen werden kann.[52] Die theoretischen Ansätze variieren lediglich im Ausmaß der unterstellten Fragilität des Momentums. Obwohl gezeigt wurde, dass Personen mit einer umsetzungsorientierten Haltung effizienter in der Zielerreichung sind, führt die umsetzungsorientierte Haltung nicht zwingend zu einer „blinden" Verfolgung des Ziels. Besonders in Situationen, in denen eine

---

[52]Vgl. u. a. Gollwitzer 1999; Adler 1981; Allen et al. 1980.

gewisse Unsicherheit über die Erreichbarkeit des Ziels bzw. über die Dauer bis zur Erreichung des Ziels herrscht, sind Menschen anfällig für einen Wechsel ihrer Haltungen oder ein Infragestellen ihrer Ziele.[53]

Die Frage, die damit einhergeht, ist, ob eine solche Unterbrechung tatsächlich schädlich ist oder keinerlei negative Auswirkung hat. Theoretisch lässt sich relativ eindeutig herleiten, dass die Unterbrechung eines zielgerichteten Prozesses zunächst einmal negativ für die angestrebte Zielerreichung ist: Unterbrechungen führen dazu, dass der ursprüngliche Prozess – vom Beginn einer Handlung bis zur Erreichung des Ziels – in die Länge gezogen wird. Je länger die Fokussierung auf ein Ziel her ist – also je länger die Unterbrechung andauert, – desto mehr Fehler werden gemacht und desto langsamer wird der Ausführende.[54] Unterbrechungen in einer frühen Stufe eines Prozesses verringern die Erinnerung an das Handlungsziel und verhindern eine erfolgreiche Vervollständigung der Aufgabe.[55] Zudem beeinflussen Unterbrechungen des Prozesses das finale Ergebnis, da sie das aufgebaute Wissen reduzieren. Wie zuvor im Rahmen der Theorie der Mind-Sets von GOLLWITZER erläutert, entsteht ein Momentum durch den Wechsel zum umsetzungsfokussierten Mind-Set.[56] Bei einer Unterbrechung fallen demnach für die Rückkehr oder Aufrechterhaltung dieses umsetzungsorientierten Mind-Sets zusätzliche kognitive Kosten an.

Die Adaptive Control of Thought-Rational (ACT-R) Architektur bildet eine Struktur, die das Verhalten von Menschen bei ihrer Zielverfolgung und Verarbeitung von Informationen erklärt.[57] ACT-R wird als *simple theory of learning and cognition*[58] bezeichnet. Laut ACT-R besteht eine komplexe gedankliche Verarbeitung aus einfachen Wissenseinheiten, die nach relativ simplen Prinzipien ausgewählt werden. Menschliche Wahrnehmung ist komplex, doch diese Komplexität beruht lediglich auf der Kombination einfacher Elemente und Strukturen. Die kognitive Architektur dient dazu, menschliche kognitive Prozesse wie das Gedächtnis, die Sprache, die Wahrnehmung oder aber Problemlösungen zu modellieren.Dabei spielt die sogenannte Chunking-Hypothese eine große Rolle. Diese besagt, dass *A human acquires and organizes knowledge of the environment by forming and storing expressions, called chunks, which are structured collections*

---

[53]Vgl. Brandstätter und Frank 2002, S. 1374f.

[54]Vgl. Hodgetts und Jones 2006.

[55]Vgl. u. a. Bjork und Bjork 1992, Speier und Morris 2003, Speier et al. 1999.

[56]Vgl. Dhar et al. 2007.

[57]Vgl. Anderson 1996.

[58]Anderson und Schunn 2000, S. 2.

of the chunks existing at the time of learning."[59] Wissen, Ziele oder Ähnliches werden in kleinen Päckchen gespeichert, – in sogenannten Chunks, – die aktiviert werden müssen, damit sie aktiv verfolgt oder genutzt werden können. Es wird eine "Produktionsregel" in Bezug auf Wissen generiert, nach der bestimmtes deklaratives Wissen aufgefunden (abgefragt) wird, um ein konkretes Problem zu lösen.[60] Die Schnelligkeit bzw. der Erfolg dieses Prozesses hängt davon ab, wie hoch die Aktivierung der entsprechenden Chunks ist und wie stark die Aktivierung der "Produktionsregel" gegeben ist. Die Aktivierung besteht aus der sogenannten Grundaktivierung und einem möglichen kontextbezogenen Priming. Letzteres sind situationsspezifische Aspekte, die die Aktivierung beschleunigen oder abschwächen können. Das Ausmaß an Aktivierung steht demnach stellvertretend für die beigemessene Relevanz des Ziels.[61]

Im Fall einer Unterbrechung einer Zielverfolgung wird die Reaktivierung des Ziels bedeutsam. Je länger jedoch die Zeit von der Unterbrechung bis zur Wiederaufnahme ist, desto schwerfälliger erfolgt die Reaktivierung.[62] An dieser Stelle kann das kontextspezifische Priming die Reaktivierung u. a. durch wiederholtes Voraugenführen des Ziels beschleunigen. Überträgt man dies erneut auf den vorliegenden Kontext eines unterbrochenenShopping-Momentums, wird deutlich, dass die Unterbrechung eines Besuchs beim Online-Händler, nicht automatisch bedeutet, dass der Kunde seine umsetzungsorientierte Haltung sofort beendet. In diesem Fall ist von einem noch aktiven Online-Shopping-Momentum die Rede. Sowohl das umsetzungsorientierte, als auch das abwägende Mind-Set dauern nach.[63] Hier zeigt sich, dass Retargeting die Rolle des situationsspezifischen Primings einnehmen kann. Das ursprüngliche Ziel des Kaufens ist in den Hintergrund gerückt und bedarf einer Reaktivierung, die durch die Erinnerung mit Hilfe der personalisierten Werbung erleichtert werden kann. Hierbei wird u. a. deutlich, dass die Zeit zwischen dem Besuch beimHändler und der Aussendung des Werbebanners eine entscheidende Rolle bei der Reaktivierung des Kaufziels spielt. Da Retargeting oftmals individualisiert die ursprünglich offengelegten Bedürfnisse des Kunden aufgreift, ist diese Form der Werbung vermutlich effektiver zur Reaktivierung des Ziels geeignet als standardisierte Werbung. Denn in Anlehnung an die dargestellten unterschiedlichen Herausforderungen im Rahmen der Entscheidungs-, Planungs- und Umsetzungsphase sollten die im Rahmen von

---

[59]Miller (1956)

[60]Vgl. u. a. Anderson und Schunn 2000; Gobet et al. 2001.

[61]Vgl. hier und im folgenden Trafton et al. 2003, S. 585ff.

[62]Vgl. Hodgetts und Jones 2006.

[63]Vgl. Gollwitzer 1999, S. 406.

Kommunikationsmaßnahmen genutzten Informationen unterschiedlich sein. Zeitlich kurz nach dem Abbruch sind demnach sehr zielspezifische Informationen adäquat, während nach längerer Zeit mit hoher Wahrscheinlichkeit ein Wechsel des Mind-Sets stattgefunden hat und demnach breitere Informationen zur erneuten Entscheidung für das ursprüngliche Ziel – den Besuch des Online-Händlers – gegeben werden sollten.

2.2.2 Theoretische Fundierung der Wirkung von Retargeting innerhalb des Momentums

Die grundsätzliche Annahme, dass personalisierte Werbung effektiver ist als standardisierte Massenwerbung, basiert auf theoretischen Überlegungen aus dem Bereich der Konsumentenpsychologie. Die theoretische Fundierung der Überlegenheit personalisierter Werbung, wie beispielsweise Retargeting, basiert vornehmlich auf zwei Theorien: der Involvementtheorie nach KRUGMANN (1965) sowie dem Elaboration-Likelihood-Modell (ELM) nach PETTY und CACIOPPO (1980). Darüber hinaus können weitere Auswirkungen von Retargeting basierend auf der Lerntheorie erklärt werden. Im Folgenden werden diese theoretischen Ansätze vorgestellt, um sie anschließend auf den vorliegenden Kontext anzuwenden.

2.2.2.1 Involvement-Theorie

Der englische Begriff Involvement stammt aus dem Lateinischen vom Wort „involvere", welches so viel bedeutet wie einwickeln, einhüllen. Im Deutschen spricht man bei Involvement von der Einbindung oder dem Beteiligtsein.[64] In der Literatur gibt es eine Vielzahl verschiedener Definitionen, die sich auf unterschiedliche Beteiligte beziehen.[65] Ursprünglich definierte KRUGMANN (1966) Involvement als *"the number of connections bridging experiences or personal references per minute, that the subject makes between the content of the persuasive message and the content of his own life"*[66]. Im weiteren Verlauf der Forschung zu Involvement wurden verschiedenste Formen des Involvements unterschieden und verschiedene "involvierte Seiten" berücksichtigt. So unterscheiden HOUSTON und ROTHSCHILD (1978) das gefühlte Involvement in langandauerndes, situationsbezogenes, kognitives oder affektives Involvement.[67]

---

[64]Da sowohl in der deutschen als auch der englischen Literatur stets von Involvement gesprochen wird, wird auch in der vorliegenden Arbeit der englische Begriff genutzt.

[65]Für eine Übersicht der verschiedenen Definitionen siehe Matzler 1997.

[66]Krugman 1966, S. 584.

[67]Vgl. hier und im Folgenden Houston und Rothschild 1978, S. 184f.; Hoegg et al. 2010.

Unter ersterem versteht man ein dauerhaftes Interesse an einer Aktivität oder einem Angebot. Enthusiasten, die für eine bestimmte Sache schwärmen (beispielsweise Autoliebhaber), empfinden dauerhaftes Involvement mit Autos. Dies zeigt sich auch darin, dass sie Aktivitäten unternehmen, die mit ihrem Interesse zu tun haben. Diese Art des Involvements ist eher selten. Am häufigsten vertreten ist situationsbezogenes Involvement. Beispielsweise erleben Menschen, die nicht enthusiastisch für ein bestimmtes Produkt schwärmen, dennoch situatives Involvement, wenn sie sich im Kaufprozess für dieses Produkt befinden. Demnach empfinden auch Nicht-Auto-Begeisterte Involvement mit Autos, während sie sich mit dem Kauf eines neuen PKWs beschäftigen[68].

Zudem unterscheidet die Forschung zwischen kognitivem und affektivem Involvement:[69] Kognitives Involvement bezeichnet das Involvement von Personen, die Informationen über ihr Thema gerne aufnehmen und verarbeiten, die sich dementsprechend gerne kognitiv mit dem involvierten Produkt oder Zustand auseinandersetzen. Affektives Involvement ist eher mit der emotionalen Verarbeitung oder Reaktion auf ein Produkt, Angebot oder Thema verbunden. Demnach erlebt ein Konsument, der Musik hört, um intensive Emotionen zu erleben, affektives Involvement.

Involvement kann dabei verschiedene Bezugspunkte haben. So kann ein Individuum mit einer Person, einem Produkt, aber auch einem Erlebnis oder einer Erfahrung involviert sein. Konsumenten können ebenfalls kognitiv oder affektiv mit einer Marke involviert sein. Ebenso können Personen mit Werbung involviert sein, die besonders relevant oder interessant für den Konsumenten ist.[70] Je involvierter sie mit der dargebotenen Werbung sind, desto aufmerksamer nehmen Konsumenten diese wahr und desto intensiver verarbeiten sie die angebotenen Informationen. Hierbei ist zwischen Involvement mit der beworbenen Marke oder dem beworbenen Produkt und dem sogenannten responsive Involvement zu unterscheiden, welches sich auf die Werbung selbst bezieht, da diese besonders emotional, lustig oder interessant gestaltet ist.[71] PETTY und CACIOPPO (1981) greifen in ihrer Definitiondie bisherige Idee von Involvement auf, beziehen sie allerdings wie ursprünglich KRUGMANN auf die Beziehung zwischen Personen und Nachrichten. Auf dieser Basis entstand das Elaboration-Likelihood-Modell (vgl. 2.2.2.2). Obwohl es in der Literatur verschiedenste Definitionen von Involvement gibt, sind sich doch die Forschungsströme größtenteils einig, dass eine

---

[68]Vgl. Hoyer und Macinnis 2012.
[69]Vgl. u. a. Sindhav 2011.
[70]Vgl. Bilgram et al. 2011.
[71]Vgl. Chakravarti und Xie 2006.

Nachricht, für die ein Individuum hohes Involvement empfindet, für diese Person mehr persönliche Relevanz und Konsequenzen aufweist, als eine Nachricht, mit der die Person nur wenig involviert ist.[72]

2.2.2.2 Elaboration-Likelihood-Modell

Das Elaboration-Likelihood Modell (ELM) wurde von RICHARD E. PETTY und JOHN CACIOPPO 1980 entwickelt und stellt eine der meist genutzten theoretischen Modelle in der Werbe- und Marketingforschung der letzten 30 Jahre dar.[73] Es baut in großen Teilen auf der Involvementtheorie auf und macht sich diese zunutze.[74] Es handelt sich um eine dual wirkende Theorie darüber, wie Einstellungen von Individuen gebildet und verändert werden. Es beschreibt ein Verarbeitungskontinuum, welches sich von starker detaillierter Verarbeitung bis hin zu niedriger Verarbeitung von dargebotenen Informationen spannt. Von intensiver Verarbeitung wird dann gesprochen, wenn Individuen dargebrachte Informationen abwägen und bewerten, während Individuen bei geringer Verarbeitung auf periphere Reize wie die Attraktivität oder die Expertise des Informanten zurückgreifen, um die Informationen einzuordnen.[75] Sowohl PETTY und CACIOPPO als auch verwandte Forscher haben zwei Extreme identifiziert, wie Individuen auf beeinflussende Kommunikation reagieren können: zum einen der sogenannte „zentrale Weg" und zum anderen der „periphere Weg".[76] Im Fall des zentralen Weges werden Einstellungsveränderungen als Konsequenz von gewissenhaftem und sorgfältigem Abwägen der Informationen verstanden, die das Individuum als zentral für eine bestimmte Einstellung und Meinung ansieht. Einstellungsveränderungen, die über den zentralen Weg entstanden sind, gelten als relativ dauerhaft und als verlässliche Basis für folgendes Verhalten.[77] Mit Hilfe der Idee des zentralen Verarbeitungsweges werden verschiedene Aspekte erklärt wie zum Beispiel die kognitive Rechtfertigung von Einstellungs-Verhaltens-Gaps[78], das Verständnis, Lernen und die Speicherung von ergebnis- oder produktbezogenen Informationen[79], die Natur der kognitiven eigenen Reaktion eines jeden Individuums auf

---

[72]Vgl. Petty und Cacioppo 1979; Krugman 1965; Spielmann und Richard 2012.

[73]Vgl. Kim et al. 2003, S. 305.

[74]Vgl. Petty et al. 1983.

[75]Vgl. Petty et al. 1983.

[76]Vgl. hierzu u. a. Petty et al. 1983; Petty und Cacioppo 1981.

[77]Vgl. Petty und Cacioppo 1981; Petty und Cacioppo 1980.

[78]Vgl. u. a. Festinger 1957, Cummings und Venkatesan 1976.

[79]Vgl. u. a. Bettman et al. 1998.

externe Kommunikation[80] und schließlich die Art und Weise, wie ein Individuum themen- oder produktbezogene Informationen kombiniert und in eine Gesamtbeurteilung integriert.[81]

Demgegenüber steht die auf peripherem Weg erreichte Einstellungsänderung. In diesem Fall ist die Einstellungsänderung nicht darauf zurückzuführen, dass die Person die Vor- und Nachteile eines Aspekts abgewogen hat, sondern sie ist vielmehr darauf zurückzuführen, dass der Sachverhalt oder ein Objekt mit positiven oder negativen Signalen und Anreizen verbunden war. Andernfalls basiert die Einstellungsänderung über den peripheren Weg auf einfachen Heuristiken oder Rückschlüssen über den Wert der angebrachten oder vorgestellten Position.[82] Entscheidungen die auf dem peripheren Weg erzielt wurden, gelten als eher temporär und dienen nicht als Vorhersage für zukünftiges Verhalten. Basierend auf der Idee des peripheren Weges wurden in der Forschung folgende Aspekte besonders herausgestellt: ob ein einfacher einstellungsbedingter Rückschluss auf Basis von beobachtetem Verhalten getroffen werden kann[83], ob die Verteidigung in den Bereich eigenen Ermessens von Akzeptanz oder Ablehnung fällt[84], ob eine flüchtige situationsbezogene Nützlichkeit mit der Annahme einer bestimmten Meinung oder Einstellung assoziiert wird[85] und schließlich, ob eine verteidigte Position oder ein Produkt klassisch mit basis-, aber sachverhaltsirrelevanten Reizen wie Schmerz oder Essen[86] konditioniert ist oder ob es mit sekundären Reizen wie hübschen Bilder oder attraktiven Personen assoziiert wird.[87]

Die Entscheidung, ob eine überredende oder beeinflussende Nachricht über den zentralen oder den peripheren Weg verarbeitet wird, hängt davon ab, wie motiviert und fähig das Individuum ist, sich mit der Informationsverarbeitung zu beschäftigen. Die Wahrnehmung der zentralen oder der periphären Anreize, die in einer Nachricht oder Werbung vorhanden sind, wird durch das Involvement mit dem gezeigten Produkt bestimmt. Bei sogenannten „high-Involvement"-Produkten werden Informationen und kognitiv verarbeitbare Elemente wesentlich mehr beachtet, und sie beeinflussen die Einstellungsänderung signifikant, während im

---

[80]Vgl. u. a. Cacioppo und Petty.
[81]Vgl. u. a. Ajzen und Fishbein 1980.
[82]Vgl. Petty et al. 1983; Bem 1972a.
[83]Vgl. u. a. Bem 1972a.
[84]Vgl. u. a. Sherif et al. 1965; Chang Lee und Kwon 2008; Lee und Lou 2011.
[85]Vgl. u. a. Schlenker 1980.
[86]Vgl. u. a. Sternthal und Craig 1974.
[87]Vgl. u. a Kelman 1961; Fox et al. 2013.

Fall von „low involvement"-Produkten periphere Anreize einen höheren Einfluss auf die Reaktion des Konsumenten haben.[88]

2.2.2.3 Lerntheorie

Lerntheorien versuchen allgemein, die Kenntnisse über das Lernen zu systematisieren sowie zusammenzufassen und beschreiben Bedingungen, unter welchen sich Lernprozesse vollziehen können.[89] Die Lerntheorien lassen sich in drei Gruppen einteilen, wobei insbesondere die Unterscheidung von behavioristischen und kognitivistischen Lerntheorien häufig vorzufinden ist:[90]

- Behavioristische Lerntheorien
- Kognitivistische Lerntheorien
- Sozial-kognitive Lerntheorien

Im klassischen Behaviorismus können zwei Arten von Lernprozessen unterschieden werden: zum einen die klassische Konditionierung, zum anderen die operande Konditionierung.[91] Der Hauptkritikpunkt behavioristischer Lerntheorien ist die Tatsache, dass intervenierende Variablen wie Einstellungen oder Motive nicht berücksichtigt werden.[92] Das menschliche Verhalten erscheint zudem ziellos, Wunsch und Wille von Individuen als Ursache von Handlungen kommen nicht in Betracht.[93] Darüber hinaus sind viele Lernphänomene nicht behavioristisch begründbar wie beispielsweise die Entstehung neuer Verhaltensweisen oder Verhaltensänderungen, die unabhängig von einem identifizierbaren Reiz stattfinden.[94]

Aufgrund der Kritik an den klassischen behavioristischen Ansätzen kam es zur Entwicklung der neobehavioristischen Lerntheorien. Hier werden nicht

---

[88]Vgl. Petty et al. 1983, S. 143f.

[89]Vgl. Lefrançois 1994, S. 8.

[90]Vgl. Schüppel 1996, 64 ff.; Baumgart 1998; Lefrançois 1994. Teilwelse werden noch konstruktivistische Lerntheorien unterschieden. Diese können jedoch auch den kognitivistischen Theorien zugeordnet werden (vgl. Seel 2003).

[91]Im Falle der klassischen Konditionierung folgt Verhalten B auf einen neuen Reiz A. Das Auftreten der Reaktion wird an den neuen Reiz gekoppelt. In der operanden Konditionierung erfolgt Verhalten A im Hinblick auf den nachfolgenden Reiz B: Die Reaktion erfolgt als Anpassung auf den der Reaktion folgenden Reiz (vgl. Mielke 2001, S. 39).

[92]Vgl. Lück et al. 1986, S. 37.

[93]Vgl. Lefrançois 1994, S. 91.

[94]Vgl. Blaich 2004, S. 57; Henschel 2001, S. 97.

mehr lediglich Reiz und Reaktion, sondern Einstellungen und Motive als Reiz und Reaktion verbindende Elemente in die Betrachtung einbezogen.[95] Reiz und Reaktion stehen weiterhin im Vordergrund des Interesses, da die sogenannten „intervenierenden Variablen" sich einer direkten Messbarkeit entziehen. Das reduktionistische Menschenbild des (Neo-)Behaviorismus ist auch ursächlich für die Entstehung kognitivistischer Lerntheorien.[96] Im Gegensatz zum behavioristischen Menschenbild gehen Vertreter kognitivistischer Lerntheorien von aktiven und selbstbestimmten Menschen aus, die aus aktuellen und vergangenen Wahrnehmungen eine kognitive Ordnung aufbauen.[97] In der kognitiven Psychologie wird davon ausgegangen, dass die Lernfähigkeit eines Individuums von verschiedenen Komponenten der Informationsverarbeitung abhängt. Dies sind im Einzelnen die Aufnahme, Verarbeitung, Nutzung und Anwendung sowie die Speicherung von Informationen im Gedächtnis.[98] Demnach stellt ein bestimmtes Verhalten das Ergebnis von Informationsverarbeitungsprozessen dar. Dem Vorwissen wird für die Informationsverarbeitung und Produktion neuen Wissens eine besondere Bedeutung zugeschrieben.[99] Die Fokussierung der kognitionspsychologischen Lerntheorien auf interne Prozesse führt dazu, dass relevante Einflüsse aus der Umwelt vernachlässigt werden. Es bleibt somit festzuhalten, dass sowohl kognitive als auch die oben bereits kritisch diskutierten (neo-)behavioristischen Ansätze allein zu wenig Erklärungskraft für das Lernen besitzen. Ein Modell zum Verständnis der Lernprozesse im Zuge von wiederholten Besuchen eines Online-Händlers z. T. in Folge angeklickter oder aber zumindest gesehener Werbebanner sollte insofern sowohl kognitive als auch (neo-) behavioristische Aspekte enthalten.

Die sozial-kognitive Lerntheorie integriert Elemente aus allen Ansätzen unter Annahme eines – am kognitivistischen Menschenbild orientierten – aktiven, selbstbestimmt handelnden Menschen. Die sozial-kognitive Lerntheorie identifiziert drei Quellen für Lernverhalten beim Menschen.[100] Demnach gibt es zunächst äußere Verhaltensregularien, die sich auf das Lernen aufgrund selbst

---

[95]Vgl. hier und im Folgenden Blaich 2004, S. 57.

[96]Vgl. Henschel 2001, S. 97.

[97]Vgl. Seel 2003, S. 22f.

[98]Vgl. Blaich 2004, S. 58. In diesem Zusammenhang spielen sogenannte Urteilsheuristiken eine wichtige Rolle. Menschen greifen aus Gründen der Informationsökonomie auf vorhandenes Wissen zurück und fällen Entscheidungen und Urteile auf Grundlage weniger (verfügbarer) Informationen.

[99]Vgl. Henschel 2001, S. 97.

[100]Vgl. u. a. Bandura et al. 1979.

gemachter Erfahrungen beziehen. Das Handeln ist bestimmt durch die Projektion vergangener Erfahrungen in die Zukunft. Darüber hinaus sind stellvertretende Verhaltensregulationen die zweite Quelle des Lernens. Hierbei lernen Menschen durch die Analyse von Handlungs-Reaktions-Mustern beobachteter Modelle und übertragen diese Erfahrungen auf ihre eigene Situation.[101] Schließlich gibt es selbsterzeugte Verhaltensregulationen, die besagen, dass das Verhalten nicht durch äußere Einflüsse bestimmt wird und Menschen eigenständig und mitunter sogar entgegen äußerer Bekräftigung agieren.

Für die Erklärung der Wirkung von wiederholten Besuchen bei einem Online-Händler erscheint primär das Lernen durch äußere Verhaltensregularien und die selbsterzeugte Verhaltensregulation relevant. Der wiederholte Besuch eines Online-Händlers geht somit durch die größer werdende Vertrautheit mit dem Shop, dessen Aufbau und Funktionalität mit äußerer Verhaltensregulation einher. Diese Art des Lernens wird durch erhöhte Präsenz des Shops durch Retargeting zudem noch verstärkt. Studien zum Lernen haben besonders im Online-Kontext festgestellt, dass das Lernverhalten eine sogenannte „Power Law Funktion" darstellt, die durch die kognitiven Kosten, die bei der Nutzung einer Seite entstehen, beeinflusst wird.[102] D. h., dass Menschen in der Erfüllung ihrer Aufgaben mit zunehmenden Wiederholungen schneller werden. Untersuchungen im Rahmen der kognitiven Psychologie haben gezeigt, dass diese kognitiven Kosten durch Lernen mit der Zeit abnehmen – das „Power Law of Practice".[103] Dementsprechend haben NEWELL und ROSENBLOOM (1981) herausgefunden, dass die Verbesserung einer Fähigkeit nicht exponentiell mit der Wiederholung der Aufgabe steigt, sondern sich auch in dem sogenannten „Power Law of Practice" ausdrückt. Dies besagt, dass – mathematisch gesprochen – der Logarithmus der Reaktionszeit, die ein Mensch für eine bestimmte Aufgabe benötigt, linear mit der Zeit bzw. den Wiederholungen dieser Aufgabe sinkt.

$$T = B * N^{(-\alpha)} \qquad ((1))$$

T bezeichnet die Zeit, die benötigt wird, die Aufgabe zu erfüllen, N die Anzahl der Versuche und B die Baseline – ein Terminus, der beschreibt, wie die Erfüllung der Aufgabe beim ersten Versuch wäre. α ist schließlich die Verbesserungsrate, also die Steigung der Lernkurve. Die Online-Lernkurve ist

---

[101] So zu sehen beispielsweise bei der Ausstattung von Stars oder Sportlern mit bestimmten Markenkleidern oder PKWs (vgl. Homburg et al. 2003, S. 51).

[102] Vgl. hier und im Folgenden Johnson et al. 2003, S. 63.

[103] Vgl. Newell und Rosenbloom 1981.

damit lediglich eine Ausprägung des Lernkurveneffekts bei jeglichem Verhalten. Diese Lernkurve wurde zunächst als psychologisches Gesetz von NEWELL und ROSENBLOM postuliert.[104] JOHNSON, BELLMAN und LOHSE (2003) sprechen in diesem Fall von einem „kognitiven Loyalitätsprogramm". Im vorliegenden Kontext konkretisiert sich der kognitive Lock-in dadurch, dass durch die erlernten Fähigkeiten die kognitiven Wechselkosten steigen, da der Aufwand für das Sich-vertraut-Machen mit einem neuen Shop deutlich größer ist als die Nachteile, wenn der Konsument beim gewohnten Shop bleibt.[105] Zudem wird ein Lock-in damit gefördert, dass Konsumenten dazu tendieren, ihre unmittelbaren Kosten zu minimieren, und dabei den Einfluss auf zukünftige Wechselkosten unterschätzen.[106] Verschiedene Studien bestätigen, dass Shops mit den schnellsten Lernkurven die höchsten Kaufraten haben.[107] Zudem steigert das Verständnis für die Funktionalitäten des Shops die Convenience und damit mittelbar die Loyalität.

2.2.3 Die Anwendung der ausgewählten Theorien auf den Einsatz von Retargeting für das Online-Shopping-Momentum

Zur theoretischen Herleitung der Sinnhaftigkeit personalisierter Werbung im Fall von Unterbrechungen des Momentums sowie der verschiedenen Auswirkungen der personalisierten Werbung wurden die bisher erläuterten Theorien herangezogen. Im Folgenden sollen das ACT-R sowie die Involvement-Theorie und das daraus hervorgehende ELM und die Lerntheorie auf den vorliegenden Kontext angewendet werden:

Das ACT-R dient zunächst als theoretische Begründung für die generelle Nutzung von Retargeting im Fall eines unterbrochenen Shopping-Momentums. Wie bereits in Abschnitt 2.1.1 erläutert, müssen nicht mehr aktive Ziele reaktiviert werden, um im kognitiven Verarbeitungsprozess wieder an Priorität zu gewinnen. Betrachtet man den Kauf eines Produktes als das Ziel beim Besuch eines Online-Händlers, so kann der Kaufabbruch und das Verlassen der Seite dazu führen, dass dieses Ziel zwar noch besteht, aus mannigfaltigen Gründen aber in diesem Moment weniger Priorität erhält als andere Ziele.[108] Die Reaktivierung

---

[104]Vgl. Newell und Rosenbloom 1981.

[105]Vgl. Klemperer 1995.

[106]Vgl. Zauberman 2003, S. 412ff.

[107]Vgl. Johnson et al. 2004 sowie Johnson et al. 2003, S. 69f.

[108]Als plakatives Beispiel dient die Situation, dass eine junge Mutter auf einem Online-Shop bestimmte Produkte anschaut und auch in den Warenkorb legt. Bevor sie jedoch den Kauf abschließen kann, kommt die kleine Tochter, aufgewacht aus dem Mittagsschlaf, ins Zimmer und sorgt dafür, dass das Ziel des Schuhkaufs dem der Zuwendung zur kleinen Tochter weicht.

des ursprünglichen Ziels kann durch äußere Anreize unterstützt und beschleunigt werden.[109] Retargeting stellt eine Möglichkeit dar, die Aktivierung des ursprünglichen Ziels, nämlich des Kaufs bei einem bestimmten Online-Händler, zu fördern. Zudem besagt die Theorie, dass die Reaktivierung des ursprünglichen Ziels mit der Dauer der Inaktivität immer schwieriger wird und mehr kognitiven Aufwand bedeutet.[110] Übertragen auf den vorliegenden Kontext zeigt sich somit die Wichtigkeit der frühzeitigen Unterstützung der Reaktivierung des Kaufziels durch Retargeting, damit es nicht in Vergessenheit gerät. Durch die von Retargeting aufgewiesenen Attribute und Eigenschaften eignet sich Retargeting theoretisch also durchaus als unterstützender Reiz für die Schließung eines unterbrochenenOnline-Shopping-Momentums.

Die darauf aufbauende Frage, ob Retargeting an dieser Stelle tatsächlich effektiver ist als andere standardisierte Werbeformen, lässt sich theoretisch mit dem ELM sowie der Involvement-Theorie beantworten. Die theoretische Begründung basierend auf dem ELM wurde bereits in mehreren empirischen Studien angewandt, um die Überlegenheit von personalisierter Werbung darzulegen.[111] Zunächst wird die im ELM erläuterte Wahrscheinlichkeit der Informationsverarbeitung durch die Tatsache gesteigert, dass Retargeting Produkte enthält, die für den Konsumenten interessant sind. Diese gesteigerte persönliche Relevanz der beworbenen Inhalte erhöht die individuelle Motivation, Inhalte der Werbung kognitiv zu verarbeiten.[112] Das Ziel stellt die Verarbeitung der gezeigten Werbung über den zentralen Weg dar, da auf diese Weise eine kontinuierliche Einstellungsänderung erzielt werden kann.[113] Im vorliegenden Fall wäre dies eine dauerhafte Entscheidung für den Kauf beim entsprechenden Online-Händler. Zudem wird die Werbung durch die bekannten Elemente, die der Konsument von seinem Besuch auf der Shop-Seite bereits kennt, leichter kognitiv verarbeitbar. Dies führt außerdem zu einer größeren Verständlichkeit für den Betrachter, womit sichergestellt wird, dass die Voraussetzung zur Verarbeitung der dargebotenen Informationen über den zentralen Weg gewährleistet ist. Darüber hinaus bietet Retargeting-Werbung aber auch bei Verarbeitung über den peripheren Weg Vorteile, denn durch das Aufgreifen von Elementen zur Gestaltung der Werbung, die dem Konsumenten vom Besuch des Shops bekannt sind, werden auch periphere Anreize geschaffen. Diese sind besonders effektiv im Fall einer Verarbeitung

---

[109]Vgl. Anderson 1990.

[110]Vgl. u. a. Anderson 1990; Anderson 1996; Anderson und Schunn 2000.

[111]Vgl. u. a. Groene et al. 2012; Tam und Ho 2005.

[112]Vgl.Petty et al. 1983, S. 143.

[113]Vgl. Petty und Cacioppo 1981.

über den peripheren Weg. Auf diese Weise kann zumindest eine kurzfristige Einstellungsänderung zugunsten des beworbenen Shops oder Produktes erzielt werden.[114]

Die Lerntheorie dient ebenfalls als Basis für die Vermutungen zur langfristigen, mehrere Kaufprozesse überdauernden Auswirkung auf die Loyalität des Konsumenten. So wird durch das Kennenlernen der Seite und die personalisierte Ansprache die relative Attraktivität der Seite gesteigert und damit eine Art „kognitives Loyalitätsprogramm" geschaffen.[115] Zudem besagt die Lerntheorie, dass eine Quelle des Lernens äußere Verhaltensregulationen darstellen. Diese sind in der Vergangenheit gemachte Erfahrungen, wie beispielsweise der wiederholte Besuch eines Online-Shops oder die wiederholte Erfahrung, dass das Klicken auf ein Banner zu einem den eigenen Bedürfnissen entsprechenden Produkt führt. Im ersten Fall fördert das Retargeting den wiederholten Besuch und damit das Entstehen der Erfahrungen, während im zweiten Fall die personalisierte Werbung direkt in die Entstehung der äußeren Verhaltensregulationen involviert ist. Dementsprechend steigert Retargeting indirekt die Loyalität zum werbenden Online-Händler, vorausgesetzt,dass das Retargeting tatsächlich zu höheren Klickraten und vermehrter Rückkehr zum Shop führt als andere Werbung.

Zusammenfassend lässt sich festhalten, dass – basierend auf den theoretischen Schlüssen des ACT-R – Retargeting ein sinnvolles Mittel zur Schließung des Momentums darstellt. Zudem erlaubt das ELM und die Involvement-Theorie die begründete Vermutung, dass Retargeting als Form personalisierter Werbung effektiver ist als standardisierte Werbung. Es kann angenommen werden, dass Retargeting sowohl zu kurzfristigen jedoch besonders zu langfristigen Einstellungsänderungen führt. Letztere Vermutung wird theoretisch zudem durch die Lerntheorie und die darauf aufbauende Idee der Online-Lernkurve fundiert. Zudem unterstützt die Lerntheorie die übrigen hergeleiteten Zusammenhänge im Rahmen des Momentums, denn ohne den Prozess des Lernens durch Erleben und Wiedererkennenkann weder ein Momentum entstehen noch ein Konsument lernen, dass angeklickte Banner ihm den Einkauf erleichtern.

3   Synthese der genutzten Theorien

In Anbetracht der erläuterten Theorien, kann festgehalten werden, dass die konzeptionellen Teilmodelle, die den folgenden empirischen Untersuchungen

---

[114]Groene 2012.
[115]Vgl. Johnson et al. 2003, S. 62.

zugrunde liegen, auf einem Gerüst ineinandergreifender Theorien aufbauen. Damit leisten die herangezogenen Theorien gemäß dem wissenschaftlichen Realismus eigenständige, komplementäre Beiträge zum Verständnis der Wirkung von Retargeting im Online-Shopping-Momentum (vgl. Tabelle 2).

Die Theorie der Mind-Sets erklärt das Zustandekommen eines periodeninternen Momentums. Erweitert durch die Ideen der Selbstwahrnehmungstheorie wurde die Idee eines periodenübergreifenden Momentums, das wiederholte periodeninterne Momenti beinhaltet, theoretisch hergeleitet. Beide Momenti weisen das Risiko möglicher Unterbrechungen auf. Sowohl die Tatsache der Unterbrechung als auch die mögliche Abhilfe durch Kommunikationsmaßnahmen basieren auf den theoretischen Überlegungen des ACT-R. Während das ACT-R die generelle Nützlichkeit eines Einsatzes spezieller Kommunikationsmaßnahmen im Fall einer Unterbrechung des Momentums begründet, dienen die Involvement-Theorie sowie das ELM der theoretischen Begründung, warum Retargeting effektiver ist als andere standardisierte Kommunikationsmaßnahmen. Das auf der Involvement-Theorie basierende ELM wird bereits in vielen Bereichen des Online-Marketing zur Fundierung der Wirksamkeit verschiedener Maßnahmen herangezogen. Es stellt eine adäquate Möglichkeit dar, die Wirkung von Werbemaßnahmen theoretisch zu begründen. Aufgrund der vielschichtigen Auswirkung von Retargeting, die in dieser Arbeit untersucht werden sollen, ergänzt die sozial-kognitive Lerntheorie das konzeptionelle Modell der Auswirkungen von personalisierter Werbung.

Die folgende Tabelle soll abschließend einen Überblick über die verwendeten Theorien sowie ihr Zusammenspiel bei der Herleitung der konzeptionellen Modelle zur Beantwortung der Fragestellungen dieser Arbeit geben.

Tabelle 2 Konzeptionelle Einordnung der verwendeten Theorien für die Beantwortung der einzelnen Fragestellungen dieser Arbeit

Research-Prepostions	Theorien						
	Theorie des Momentums	Theorie der Mind-Sets	Selbstwahrnehmungs Theorie	ACT-R	Involvement-theorie	ELM	Lern-theorie
Existenz des perioden-internen Momentums	x	x					
Existenz eines periodenübergreifenden Momentums	x	x	x				
Unterbrechungen des Momentums	x	x	x	x			
Retargeting als Mittel gegen Unterbrechung				x	x		x
Retargeting als Treiber des within-Period-Momentums (kurzfristige Auswirkungen)				x	x	x	x
Across-Period-Momentum vs. Online-Lernkurve (langfristige Auswirkungen)					x	x	x

Quelle: eigene Darstellung

Empirische Untersuchungen

5

1 Aufbau und Struktur der empirischen Untersuchung

Der empirische Teil dieser Arbeit besteht aus drei Studien. Zunächst soll die genutzte Theorie des Shopping-Momentums validiert und die Existenz eines Online-Shopping-Momentums mit Hilfe einer Serie von vier Laborexperimenten überprüft werden. Dabei wird zunächst das Phänomen des Momentums im Online-Shopping-Kontext nachgewiesen, um daraufhin zu zeigen, dass das Momentum ähnlich zum Offline-Shopping-Momentum funktioniert, aber auch unterbrochen werden kann. Zudem fokussiert die **erste Studie** auf denMind-Set-Wechsel als Grundlage entstehender Momenti (Studie 1). Auf diese Weise wird eine neue theoretische Konzeptualisierung des Kaufverhaltens erarbeitet, die als Grundlage für die darauffolgenden Studien zur Wirkung von Retargeting dient. Aufbauend auf dem Nachweis des Phänomens, wird in der zweiten und dritten Studie Retargeting als Mittel gegen Unterbrechungen des periodeninternen Momentums (Studie 2) sowie des periodenübergreifenden Momentums (Studie 3) genauer beleuchtet. **Studie 2** konzentriert sich dabei auf die kurzfristigen Effekte, die der Einsatz von personalisierter Werbung mit sich bringt. Im Rahmen eines Feldexperiments werden die Auswirkungen von verschieden starker Personalisierung sowohl auf mittel und unmittelbare Erfolgsgrößen (Klick, Rückkehr und Kauf) sowie deren Zusammenspiel als auch auf die Schnelligkeit der Reaktivierung von Konsumenten untersucht. Dabei liegt ein besonderer Fokus auf der

Elektronisches Zusatzmaterial Die elektronische Version dieses Kapitels enthält Zusatzmaterial, das berechtigten Benutzern zur Verfügung steht
https://doi.org/10.1007/978-3-658-31988-5_5

I. Kes, *Retargeting und die Rolle des Online-Shopping-Momentums*,
Applied Marketing Science / Angewandte Marketingforschung,
https://doi.org/10.1007/978-3-658-31988-5_5

Rolle des periodeninternen Momentums, welches bei Verlassen einer Webseite unterbrochen wird. Im Anschluss zielt die **dritte Studie** auf langfristige Effekte personalisierter Werbung ab. Dabei werden vor allem zeitlich-variierende Einflüsse von Retargeting als langfristige Werbestrategie auf das Kundenverhalten untersucht. Kundenverhalten wird hierbei differenziert betrachtet und untergliedert sich in Webseitenaufrufe (Visits), das Suchverhalten auf der Webseite und abschließend den Kauf. Eine Besonderheit ist die differenzierte Betrachtung der moderierenden Effekte verschiedener Steuerungsgrößen einer Retargetingkampagne wie die Qualität der Werbeumfelder und der zeitliche Abstand zwischen ausgesandten Bannern.

Im Folgenden werden für jede Studie das Ziel sowie die konzeptionelle Herangehensweise vorgestellt, um dann jeweils auf das empirische Vorgehen und die Ergebnisse einzugehen. Jede Studie schließt mit einer Diskussion der Ergebnisse.

2   Nachweis des Shopping-Momentums im Online-Shopping Kontext

„Ein Körper verharrt im Zustand der Ruhe oder der gleichförmigen Translation, sofern er nicht durch einwirkende *Kräfte zur Änderung seines Zustands gezwungen wird.“ (1. Newton'sches Gesetz)*

2.1   Ziel der ersten Studie

Es gibt verschiedene Konzeptualisierungen von Kaufprozessen sowohl für Online- als auch Offline-Käufe. Diese stellen jedoch meist nur eine schematisierte Darstellung des Verhaltens dar. Allerdings liefern sie keinen Erklärungsbeitrag zu den psychologischen Begründungen für das beobachtete Verhalten. Zudem gestehen zwar die meisten Konzeptualisierungen die Möglichkeiten von Unterbrechungen im Prozess ein, bieten aber keine Information darüber, welche Auswirkungen solche Unterbrechungen haben können oder wie damit umgegangen werden kann. Vor diesem Hintergrund bietet das Verhaltensmomentum – aufbauend auf der Theorie der Mind-Sets nach GOLLWITZER sowie der Momentumstheorie von ADLER (1981) – eine neue Möglichkeit, das Kaufverhalten von Konsumenten besser zu verstehen und neue Ansatzpunkte für die Kundenansprache offenzulegen. Zudem stellt das Online-Shopping-Momentum eine Erklärungsgrundlage für den Umgang mit Unterbrechungen dar. Ziel dieser Untersuchung soll es daher sein, nachzuweisen, dass das Shopping-Momentum in Anlehnung an DHAR, HUBER und KAHN (2007) in ähnlicher Form auch im Online-Handel anzutreffen ist. Dies bezieht sich zunächst auf das periodeninterne Momentum, welches einen Kaufprozess umfasst. Absicht ist hierbei, zum einen nachzuweisen, dass in ähnlicher Form wie im Offline-Kontext, durch einen Initialkauf ein zielfokussiertes Mind-Set erzeugt wird und die Kaufwahrscheinlichkeit für Folgeprodukte damit steigt. Zum anderen soll – wiederum in Analogie zum Shopping-Momentum nach DHAR, HUBER und KAHN (2007) – gezeigt werden, dass ein solches Momentum auch unterbrochen werden kann. Dies geschieht im betrachteten Kontext durch Verlassen der Seite des Online-Händlers. Hierbei kann der Grund für eine solche Störung des Momentums sowohl fremd- als auch selbstinduziert sein. Beispiele für eine fremdinduzierte Unterbrechung wärenein Fehler der Seite oder ein Telefonanruf während des Surfens auf der Seite. Zudem wird überprüft, ob die Rückführung zum Online-Shop eine Wiederaufnahme des Momentums ermöglicht. Eine Möglichkeit der Rückführung zum Online-Shop stellt personalisierte Werbung dar. Der Nachweis, dass Personen nach einer Unterbrechung in ein Momentum zurückgeführt werden können, indem ihr ursprüngliches Ziel reaktiviert wird, liefert einen ersten Hinweis für die Sinnhaftigkeit von Retargeting als Mittel zur Reaktivierung und Schließung eines Momentums.

Vor diesem Hintergrund ist diese Studie in vier Bereicheuntergliedert: Zunächst soll mit Hilfe des ersten Experiments die Existenz eines Momentums im Online-Shopping nachgewiesen werden. In Anlehnung an DHAR, HUBER und KAHN (2008) wird im ersten Experiment untersucht, ob ein zielorientiertes Mind-Set tatsächlich die Kaufwahrscheinlichkeit erhöht (Experiment 1). Daraufhin wird überprüft, ob die Entscheidung für ein erstes Produkt und das Hinzufügen zum Warenkorb tatsächlich zu einem Wechsel des Mind-Sets führt (Experiment 2). Im Anschluss daran wird betrachtet, wie sich Unterbrechungen dieses Momentums auswirken (Experiment 3) und wie die Erinnerung an Produkte im Warenkorb und deren Speicherung – als ein Beispiel für Formen der personalisierten Empfehlungen – als Mittel zur Schließung dieser Unterbrechung funktionieren (Experiment 4). Die Herleitung greift auf die Erkenntnisse aus den Kapiteln 2, 3 sowie 4 zurück.

2.2   Konzeptionelles Modell der Untersuchung

Laut der Theorie der Mind-Sets leitet das bei einem Menschen vorherrschende Mind-Set die Gedankenentwicklung, die Sammlung und Verarbeitung von Informationen in einer Situation und damit mittelbar das Verhalten.[1] Die Theorie der

---

[1]Vgl. Gollwitzer 1990.

Mind-Sets nach GOLLWITZERbetrachtet hauptsächlich zwei Phasen der Zieler-reichung. So gibt es zunächst die Entscheidung zwischen verschiedenen kon-kurrierenden Zielen und im Anschluss an die Entscheidung für ein Ziel die Bemühungen, es zu erreichen.[2] Demnach entstehen zwei verschiedene Geis-teszustände oder Haltungen: eine abwägende, planende Haltung (deliberative Mind-Set) und eine umsetzungsorientierte Haltung (implemental Mind-Set).[3] Eine umsetzungsorientierte Haltung zeichnet sich dadurch aus, dass die Überlegun-gen dazu, wie, wann und wo ein Ziel erreicht werden kann, im Mittelpunkt stehen (vgl. Abschnitt 2.1.2 im Kapitel 4). Demnach fokussieren Personen mit dieser Haltung auf Informationen, die sie als relevant für die Zielerreichung erachten.[4] Aufbauend auf diesen Erkenntnissenargumentieren DHAR, HUBER und KAHN (2007), dass durch das Vorliegen eines umsetzungsorientierten (implemen-tal) Mind-Sets beim Besuch eines Einkaufszentrums die Kaufwahrscheinlichkeit steigt. Demnach führt das Vorliegen eines umsetzungsorientierten Mind-Sets eher zu Gefühlen wie Commitment und Verbundenheit mit dem Shop. Diese steigern erwiesenermaßen die Wahrscheinlichkeit eines weiteren Kaufs[5]. Dement-sprechend soll in dieser ersten Studie zunächst folgende Hypothese überprüft werden:

Hypothese 1: Ein implementalMind-Set erhöht die Kaufwahrscheinlichkeit im Online-Handel.
Aufbauend auf der Hypothese, dass ein zielorientiertes Mind-Set die Kaufwahr-scheinlichkeit auch im Online-Shopping Kontext erhöht, stellt sich im zweiten Experiment die Frage, wie ein solches Mind-Set ausgelöst wird. Laut dem Rubikon-Modell der Handlungsphasen wird ein Wechsel der Mind-Sets durch eine Entscheidung für ein Ziel ausgelöst.[6]DHAR, HUBER und KAHN (2007) haben in ihrer Studie nachgewiesen, dass im Offline-Kaufprozess ein Initialkauf einen solchen Wechsel der Mind-Sets herbeiführen kann[7]. MARTIJN ET AL. (2008) haben zudem herausgefunden, dass eine bewusst ausgesprochene Entscheidung für eine Handlung, die Wahrscheinlichkeit einer späteren Realisierung steigert. Dement-sprechend verstärkt die bewusste Handlung, ein Produkt in den Warenkorb zu

---

[2]Vgl. Gollwitzer 1999, S. 403f.
[3]Vgl. Gollwitzer 1990, S. 53ff.; Im Folgenden wird stets vom umsetzungsorientierten Mind-Set (implemental) und abwägenden Mind-Set (deliberative) gesprochen.
[4]Vgl. Heckhausen und Gollwitzer 1987 und Armor und Taylor 2003.
[5]Vgl. u. a. Gupta und Kim 2007.
[6]Vgl. Heckhausen und Gollwitzer 1987.
[7]Vgl. Dhar et al. 2007, S. 374f.

legen, die Wahrscheinlichkeit eines späteren Kaufs durch die veränderte kognitive Einstellung. Das Besondere bei dieser Betrachtung im Online-Kontext ist die Frage, ob das Hinzufügen eines Produkts zum Online-Warenkorb ebenfalls genügt, um eine solche Orientierung auszulösen,[8] da eine wesentlich geringere Verbindlichkeit vorliegt als im stationären Handel. Betrachtet man das Hinzufügen zum Warenkorb als Anzeichen für ein Fortschreiten im Kaufprozess, so kann folgende Hypothese formuliert werden:

Hypothese 2: Das Hinzufügen eines ersten Produktes zum Warenkorb führt zu einer stärkeren Zielorientierung und damit zu einer Verstärkung eines umsetzungsorientiertenMind-Sets.

DHAR, HUBER und KAHN haben bereits 2007 gezeigt, dass das von ihnen nachgewieseneShopping-Momentum unterbrochen werden kann. Im Rahmen ihres Experiments haben sie gezeigt, dass durch unterschiedliche finanzielle Quellen oder zu deutliche Preisvergleichsmöglichkeiten zwischen dem Initial-Kauf-Produkt und den Folgekäufen ein Shopping-Momentum unterbrochen werden kann. Dies geschieht durch einen erneuten Wechsel der Mind-Sets – weg vom umsetzungsorientierten Mind-Set und damit weg von der Handlungsorientierung. Im Online-Kontext entstehen Unterbrechungen deutlich häufiger als im Offline-Kontext. Daher soll nachgewiesen werden, dass im Fall eines Verlassens der Seite des Online-Händlers dieselben Veränderungen im Mind-Set stattfinden, wie es bereitsfür den stationären Handel nachgewiesen wurde. Wie in Abschnitt 1.2.2 im Kapitel 2 bereits erläutert, gibt es zwei Arten von Unterbrechungen: selbst- und fremdinduzierte. Im Rahmen der vorliegenden Arbeit werden im Experiment lediglich fremdinduzierte Unterbrechungen betrachtet, wobei davon ausgegangen werden kann, dass im Fall selbstinduzierter Unterbrechungen ein noch stärkeres Abweichen vom zielorientierten Mind-Set zu beobachten wäre. Demnach kann hier trotz dieser Einschränkung eine relevante Tendenzaussage für den adäquaten Umgang mit Unterbrechungen und die mögliche Reaktivierung der Konsumenten getroffen werden.

Hypothese 3: Nach einer Unterbrechung des Shopping-Momentums sind mehr Befragte im abwägendenMind-Set als nach einem konventionell beendeten Kaufprozess ohne Unterbrechung.
Im darauffolgenden dritten Experiment wird detaillierter betrachtet, wie mit der Unterbrechung eines Kaufprozesses und damit eines Online-Shopping-Momentums umgegangen werden könnte. Unterbrechungen einer Aufgabe führen

---

[8]Vgl. hierzu auch Chandran und Morwitz 2005.

zu negativen Folgen wie zunehmender Bearbeitungsdauer und geringerer Genauigkeit[9], aber auch vermehrtem Stress[10] und wahrgenommener höherer Arbeitsbelastung.[11] Da es bisher recht wenig empirische Forschung zu „Unterbrechungen von Aufgaben" gibt, fokussierten HODGETTS und JONES besonders auf die kognitive Reaktion auf Unterbrechungen.[12] Die Aktivierung eines Ziels, die nötig ist, um auf selbiges hinzuarbeiten, lässt mit der Zeit und vor allem bei neu hinzukommenden aktuelleren Zielen nach.[13] Im Fall einer Unterbrechung der Zielverfolgung besagt die ACT-R Architekturbereits, dass es besonders hohen Aktivierungsaufwands bedarf, um das Ziel zu reaktivieren, da es durch aktuellere Ziele überlagert wird.[14] Zunächst soll demnach nachgewiesen werden, ob die Unterbrechung eines Shopping-Momentums tatsächlich auch im Online-Umfeld schädlich ist. Schädlichkeit wirkt sich in diesem Fall zunächst unmittelbar in der Zahl der gekauften Produkte aus. In Anlehnung an die theoretischen Erkenntnisse und die Ergebnisse aus dem Offline-Kontext[15] wird folgende Hypothese formuliert:

Hypothese 4: Käufer, deren Kaufprozess unterbrochen wurde, kaufen nach Wiederaufnahme des Prozesses weniger, als Käufer, die den Kaufprozessungehindert beenden konnten.

Bereits im Rahmen von Hypothese 1 wurde erläutert, warum das Vorliegen eines umsetzungsorientierten Mind-Sets zur Aufnahme eines Momentums führen kann. Unklar ist bislang allerdings, wie sich dies nach der Unterbrechung eines einmal entstandenen Momentums verhält. Es stellt sich demnach die Frage, ob das Mind-Set nach der Unterbrechung einen Einfluss auf die Weiterverfolgung des ursprünglichen Ziels hat. MARTIJN ET AL haben bereits (2008) gezeigt, dass die Formulierung von umsetzungsorientierten Intentionen im Vergleich zu reiner Zielfokussierung dazu führt, dass Probanden trotz einerUnterbrechungihrer Zielerreichung stärker gewillt sind, das ursprüngliche Ziel dennoch zu erreichen[16]. Diese Umsetzungsorientierung äußert sich durch den ausgesprochenen Vorsatz, die als Ziel formulierte Aufgabe auch wirklich zu erledigen. Im vorliegenden

---

[9]Vgl. u. a. Flynn et al. 1999.

[10]Vgl. u. a. Zijlstra et al. 1999.

[11]Vgl. Kirmeyer 1988.

[12]Vgl. Hodgetts und Jones 2006, S. 104.

[13]Vgl. Anderson und Douglass 2001.

[14]Vgl. Hodgetts und Jones 2006.

[15]Dhar et al. 2007.

[16]Martijn et al. 2008; Flynn et al. 1999.

Kontext würde das aktive Hinzufügen eines Produkts zum Warenkorb die Rolle dieser Proklamation des Ziels einnehmen. Wie bereits im Rahmen der Herleitung von Hypothese 2 erörtert, wirddurch diese Entscheidung für ein erstes Produkt und dessen Hinzufügen zum Warenkorb ein Wechsel zum umsetzungsorientierten Mind-Set erreicht. Dementsprechend kann davon ausgegangen werden, dass die Käufer, die sich nach der Unterbrechung wiederum im umsetzungsfokussierten Mind-Set befinden, sich eher darum bemühen, ihr ursprüngliches Einkaufsziel zu erreichen.

Hypothese 5: Käufer, deren Kaufprozess unterbrochen wurde und die nach der Unterbrechung ein umsetzungsorientiertes Mind-Set aufweisen, verfolgen ihr unterbrochenes Ziel bei Wiederaufnahme intensiver als solche mit abwägendem Mind-Set.
Die ACT-R Architektur besagt, dass Ziele, deren Verfolgung unterbrochen wurde, reaktiviert werden müssen. Die Aktivierung von Zielen besteht aus einer Grund-aktivierung und einem kontextbezogenen Priming. Letzteres unterstützt den Reak-tivierungsprozess. Personalisierte Werbung kann vermutlich ein solches Priming darstellen. Ein Attribut personalisierter Werbung ist die Erinnerung an angese-hene Produkte. Auch wenn dies selbstverständlich nur ein Aspekt personalisierter Werbung ist, soll dieser im Rahmen des vierten Experiments stellvertretend für die Eigenschaften von Retargeting betrachtet werden. Vor dem Hintergrund, dass Retargeting durchaus höhere Klick-Raten nach sich zieht als unindividualisierte Werbung, lässt sich folgende Hypothese formulieren:

Hypothese 6: Die Erinnerung an im Warenkorb befindliche Produkte führt zu einer stärkeren Wiederaufnahme des Online-Shopping-Momentums (mehr Rückkehrer sowie mehr gekaufte Produkte) als eine generelle Erinnerung an die zu erfüllende Aufgabe.
Vor dem Hintergrund, dass ein vorliegendes umsetzungsorientiertes Mind-Set zu höherer Kaufwahrscheinlichkeit führt und dieser Effekt ebenfalls im Anschluss an eine vorliegende Unterbrechung postuliert wird (vgl. Hypothese 5), wird vermutet, dass das Vorliegen einerUmsetzungsorientierung als positiver Treiber eines Momentums den positiven Effekt der Warenkorberinnerung noch verstärkt. Dementsprechend wird folgende Hypothese postuliert:

Hypothese 7: Ein vorliegendes umsetzungsorientiertes Mind-Set verstärkt den Zusammenhang zwischen der Erinnerung an die Produkte im Warenkorb und deren Speicherung und der Anzahl gekaufter Produkte.

2.3   Empirische Untersuchung

2.3.1 Datenerhebung

Die Datenerhebung erfolgte in vierStudien im Zeitraum von August bis Dezember 2014, da für die Überprüfung der einzelnen Hypothesen jeweils andere Untersuchungsdesigns nötig waren (siehe dazu Tabelle 1).

Tabelle 1 Übersicht der durchgeführten Experimente und der damit zu beantwortenden Fragestellungen. (Quelle: eigene Darstellung)

	Forschungsfragen	Design	Sample
Experiment 1	*Erhöht ein umsetzungsorientiertes Mind-Set auch online die Kaufwahrscheinlichkeit?*	2 × 1	Priming abwägend vs. umsetzungsorientiert
Experiment 2	*Führt das Hinzufügen eines ersten Produktes zum Warenkorb zu einem Mind-Set-Wechsel – also zur Aufnahme des Momentums?*	2 × 1	Ungehinderter Einkauf vs. abgebrochener Einkauf
Experiment 3	*Sind Unterbrechungen tatsächlich schädlich – Bewirken sie einen erneuten Mind-Set-Wechsel und verringern die gesamte Kaufmenge? Welche Auswirkung hat ein beibehaltenes umsetzungsorientiertes Mind-Set nach der Unterbrechung?*	2 × 1	Ungehinderter Einkauf vs. unterbrochener Einkauf mit Rückkehr
Experiment 4	*Hilft die Erinnerung an bereits gewählte Produkte – als ein Attribut von Retargeting – bei der Wiederaufnahme des Momentums?*	2 × 1	Erinnerung an zu erfüllende Aufgabe vs. an noch gefüllten Wk

In sämtlichen Fällen wurde die Online-Befragungssoftware Unipark in Verbindung mit einer extern programmierten fiktiven Online-Apotheke genutzt. Aufgrund der spezifischen Produktauswahl, dem begrenzten Sortiment sowie der ausgeprägten Ähnlichkeit zum stationären Ladengeschäft eignete sich die Online-Apotheke als Setting für die Erhebungen sehr gut. Die Befragten wurden sowohl vereinzelt über einen externen Panelanbieter als auch mehrheitlich über Social-Media-Kanäle akquiriert. Die Befragung begann in allen vier Experimenten mit einer kurzen Einführungsseite und dem Abfragen des persönlichen Internetnutzungsverhaltens. Zudem wurde vor Besuch der Online-Apotheke das Mind-Set der Probanden mit Hilfe des „Behavior Identification Form (BIF)" überprüft.[17] Nach der Durchführung des BIF wurden die Probanden in allen vier Experimenten in ein Szenario eingeführt: Für einen baldigen Reiseurlaub nach Brasilien sollten zwei bis acht passende Reisemedikamente aus einem Online-Shop ausgesucht und in einen Warenkorb gelegt werden. Dafür wurden die Probanden in einen fiktiven Apotheken-Shop weitergeleitet, der insgesamt 16 Medikamente auf der Hauptseite präsentierte, die sich mehr oder weniger als Reisemedikament eigneten (siehe Abbildung 1). Zusätzlich informierte ein deutlich sichtbarer Warenkorb über die derzeitige Anzahl der beinhalteten Produkte. Durch Klicken des „Zur Kasse"-Buttons wurden die Probanden nach dem finalisierten Einkauf zurück zur Befragung geleitet.

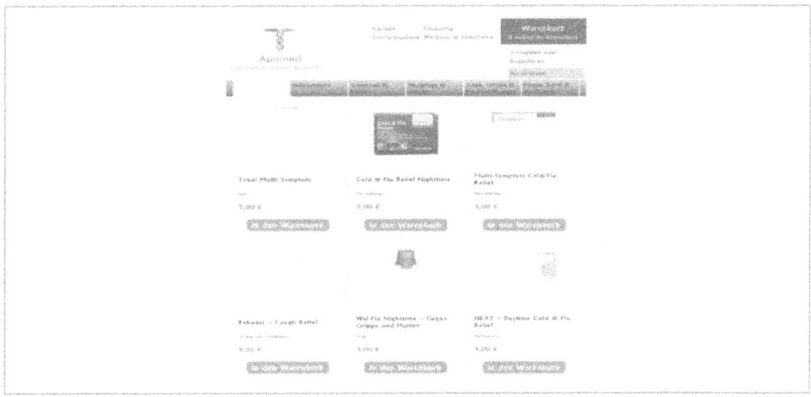

Abbildung 1 Screenshot des in den Experimenten genutzten Online-Shops. (Quelle: eigene Darstellung)

Dort wurde ein zweites Mal – nun mit Hilfe des Konstrukts Action Tendency[18] – der gegenwärtige Zustand des Mind-Sets gemessen. In diesem Fall wurde absichtlich eine andere Skala zur Messung des Mind-Sets gewählt als vor dem Szenario, um zu vermeiden, dass Probanden sich an ihre Antworten erinnern und deshalb ein verfälschtes Antwortverhalten zeigen. Abschließend wurde ein Manipulations-Check durchgeführt, und es wurden verschiedene Kontrollgrößen

---

[17]Genauere Angaben zur Überprüfung des Primings mit Hilfe des BIF sind im Kapitel Operationalisierung 2.3.3 zu finden. (Vgl. auch Vallacher und Wegner 1989, S. 663f.)

[18]Vgl. Gollwitzer 1989 für die genauere Erklärung des Konstrukts siehe Abschnitt 2.3.3

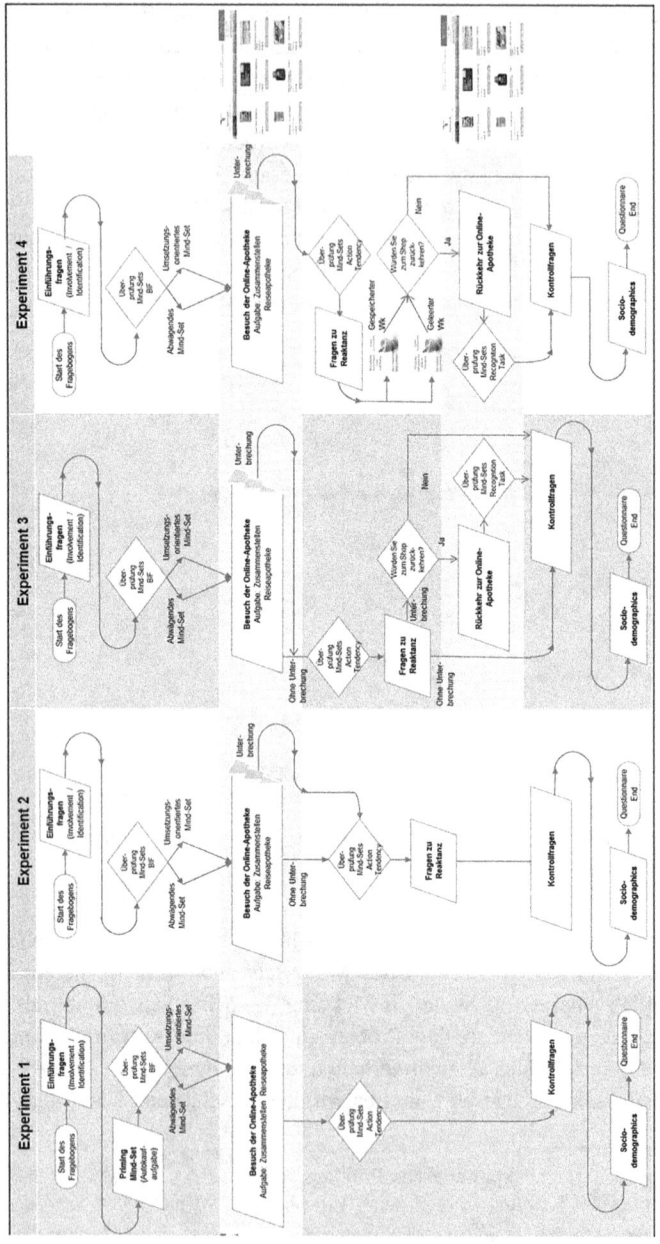

Abbildung 2 Ablaufdiagramme der vier Experimente im Vergleich. (Quelle: eigene Darstellung)

abgefragt Abbildung 2 zeigt differenziert die Abläufe der vier Experimente im Vergleich.

Im Fall des **ersten Experiments** wurde zu Beginn der Befragung eine Aufgabe präsentiert, die mittels „natürlichem Priming" die unterschiedlichen Bewusstseinslagen induzieren sollen.[19] Priming ist eine „häufig unbewusst erfolgende Aktivierung spezieller Assoziationen im Gedächtnis aufgrund von Vorerfahrungen mit den betreffenden Informationen. Damit wird die Wahrnehmung, das Gedächtnis oder die Reaktion in bestimmter Weise empfänglich gemacht".[20] In der Motivationsforschung gibt es mehrere Möglichkeiten, bei einem Probanden ein Mind-Set zu induzieren: In Tabelle 2 werden häufig genutzte Prozeduren dargestellt.

Tabelle 2 Priming Möglichkeiten. (Quelle: eigene Darstellung)

Literaturnachweise	Induzierung des abwägenden Mind-Sets	Induzierung des umsetzungsorientierten Mind-Sets
Gollwitzer 1989; Dhar 2007 (Studie 4); Fujita 2007 (Studie 2 und 3); Gollwitzer 1990;	Befragte werden gebeten, negative und positive lang- und kurzfristige Konsequenzen eines Problems aufzulisten. Folgend soll der Proband einschätzen, wie hoch die Wahrscheinlichkeit ist, dass einzelne Konsequenzen eintreten.	Probanden werden gebeten, ein Ziel zu nennen, das sie in nächster Zeit verwirklichen möchten. Anschließend sollen fünf nötige Handlungsschritte für das Ziel aufgelistet werden, jeweils mit Antworten auf die Fragen wann, wo und wie jeder Schritt durchgeführt wird.
Fujita 2007(Studie 1); Armor 2003	Dem Befragten wird ein Test präsentiert, der auf (angeblich) zwei unterschiedliche Arten durchgeführt werden kann. Die Probanden werden in dem Glauben gelassen, sie würden beide Arten antesten dürfen, um sich folgend final zu entscheiden. Jedoch wird nur die erste Testart ausgeführt und keine endgültige Entscheidung provoziert.	Der Person werden zwei (angeblich) unterschiedliche Testarten vorgestellt, zwischen denen sich entscheiden muss. So wird eine endgültige Entscheidung und damit das planende Mind-Sethervorgerufen.

(Fortsetzung)

---

[19]Vgl. u. a. Fujita et al. 2007; Armor und Taylor 2003; Myers 2008, S. 89f.

[20]Myers 2008, S. 961.

Tabelle 2 (Fortsetzung)

Literatur-nachweise	Induzierung des abwägenden Mind-Sets	Induzierung des umsetzungsorientierten Mind-Sets
Freitas 2004; Rabinovich 2009; Hamilton 2011; Bayuk 2010;	Dem Befragten werden mehrere aufeinanderfolgende „Warum?" Fragen in Bezug auf ein Problem gestellt.	Dem Befragten werden mehrere aufeinanderfolgende „Wie?"-Fragen in Bezug auf ein Problem gestellt.
Navons „Letter Identification Task" (1977) Wiebenga 2014 (Studie 1A und 2)	In 112 Versuchen müssen Probanden einen einzigen großen Buchstabennennen, der aus mehreren kleinen Buchstaben gebildet wird: z. B. ein großes T wird aus vielen kleinen e's gebildet	In 112 Versuchen müssen Probanden die mehreren kleinen Buchstaben, aus denen ein einziger großer Buchstabe gebildet wird schnellstmöglich nennen.
Bayuk 2010 (Studie 4);	Personen sollen ihre Hoffnungen und Sehnsüchte bezüglich etwas (z. B. Geld) betrachten und angeben wie diese sich mit zunehmendem Alter geändert haben.	Personen werden mit ihren Aufgaben und Pflichten bezüglich etwas (z. B. Geld) konfrontiert und sollen darüber nachdenken, wie sich diese mit zunehmendem Alter geändert haben.
Trope 2003; Bayuk 2010 (Studie 3)	Eine Problemstellung wird in zeitlich ferner Reichweite präsentiert.	Eine Problemstellung wird in zeitlich naher Reichweite präsentiert.
Dhar 2007 (Studie 4); Gollwitzer 1990	Probanden wurden gebeten 8 Pro- und Contra-Aspekte für eine persönliche Entscheidung (z. B. Autokauf etc.) aufzulisten	Probanden wurden gebeten 8 Schritte auf dem Weg zur Umsetzung einer persönlichen Entscheidung aufzulisten

Um im vorliegenden Fall die bestimmten Mind-Sets zu induzieren, wurde – wie in der Studie von DHAR, HUBER und KAHN (2007) – ein Priming nach Gollwitzer 1990 gewählt (grau hervorgehoben inTabelle 2). Es wurde den Probandenvorgegeben, sie sollen sich in die Situation hineinversetzten, dass sie über den Kauf eines neuen Autos nachdenken würden.[21] Die Gruppe, die ein umsetzungsorientiertesMind-Set erreichen sollte, wurde gebeten, 8 Aufgaben aufzuschreiben, die erledigt werden müssten, wenn sie sich einen PKW kaufen wollten. Die Aufgabe, die zu einem abwägenden Mind-Set führen sollte, bat die Probanden, 8 Vor- und Nachteile (jeweils 4) eines PKW-Kaufs aufzulisten. Im

---

[21]Vgl. Dhar et al. 2007, S. 374 (Studie 4).

Anschluss wurde die Wirkung des Primings durch das Behavior Identification Form (BIF) überprüft.[22]

Im Rahmen des **zweiten Experiments**, wurde kein Priming durchgeführt, sondern die Probanden lediglich mit Hilfe des BIF einem bestimmten Mind-Set zugeordnet. Im Verlauf des Besuchs der Online-Apotheke wurde eine Art Warenkorbabbruch durch Fremdeinwirkung simuliert. Dabei wurden die Probanden von einer Fehlermeldung nach 35 Sekunden unterbrochen und konnten keine weiteren Artikel in den Warenkorb legen. Damit eine deutliche Unterbrechung im Kaufprozess entstehen konnte, wurde die Fehlermeldung fünf Sekunden eingeblendet und konnte nicht weggedrückt werden. Erst nach Ablauf der Wartezeit wurden die Probanden automatisch in die Befragung zurückgeführt. Abschließend wurde auch in diesem Fall ein Manipulationscheck durchgeführt, und Aspekte wie Involvement oder Einstellung zur gezeigten Online-Apotheke sowie deren Realitätsnähe wurden abgefragt.

Im Rahmen des **dritten Experiments** wurden die Probanden in zwei Gruppen unterteilt. Die erste Gruppe konnte ungehindert ihren Einkauf beenden und wurde im Anschluss zurück zur Befragung geleitet. Die zweite Gruppe wurde nach 35 Sekunden durch eine Fehlermeldung unterbrochen. Damit eine deutliche Unterbrechung im Kaufprozess entstehen konnte, wurde die Fehlermeldung auch hierfünf Sekunden eingeblendet und konnte nicht weggedrückt werden. Erst nach Ablauf der Wartezeit wurde die unterbrochene Einkaufsgruppe automatisch in die Befragung zurückgeführt. Beide Gruppen wurden daraufhin bezüglich ihrer Mind-Sets[23] sowie zu etwaiger Reaktanz nach dem Shop-Besuchbefragt. Im Anschluss daran wurden die Shop-Unterbrecher an ihre Aufgabe in der Online-Apotheke erinnert und daraufhin gefragt, ob sie bereit wären, ihre Aufgabe zu Ende zu bringen. Die Probanden, die einwilligten, wurden zum Shop zurückgeleitet und konnten ihren Einkauf ungehindert beenden. Im Anschluss daran wurden sämtliche Probanden erneut auf ihr gegenwärtiges Mind-Set hin überprüft. In diesem Fall wurde hierfür eine Erinnerungsaufgabe genutzt, die DHAR, HUBER und KAHN 2007 in ähnlicher Form verwendet haben:[24] Den Probanden wurde eine Liste von Überlegungen vorgelegt, die Menschen in Verbindung mit einer Reise nach Brasilien anstellen würden. Hierbei handelte es sich um 8 Pro- und Contra-Aspekte sowie 8 Planungsschritte. Diese Liste an Aspekten wurde durch einen Pretest unter 20 Personen ermittelt, indem die am häufigsten genannten Aspekte für die beiden Kategorien gewählt wurden. Nach einigen Füllaufgaben wurden die

---

[22]Vgl.Vallacher und Wegner 1989, S. 663f; Nenkov 2012, S. 622.

[23]Vgl. Gollwitzer und Kinney 1989.

[24]Vgl. Dhar et al. 2007, S. 374 (Studie 3).

Probanden gebeten anzugeben, woran sie sich erinnerten. Eine deutliche Mehrheit erinnerterPro- und Contra-Aspekte zeigt ein abwägendes Mind-Set an, während mehrheitlich erinnerte Planungsschritte für ein umsetzungsorientiertesMind-Set stehen. Abschließend wurde auch in diesem Fall ein Manipulations-Check durchgeführt, und es wurden Aspekte wie Involvement oder Einstellung zur gezeigten Online-Apotheke sowie deren Realitätsnähe abgefragt.

Im **vierten Experiment** wurden sämtliche Probanden in ihrem Kaufprozess unterbrochen. Nach der Unterbrechung wurden sämtliche Probanden an ihre noch zu erfüllende Aufgabe erinnert. Einer Gruppe wurde jedoch gesagt, dass noch Produkte in Ihrem Warenkorb liegen, während die andere Gruppe lediglich an ihre Aufgabe, eine Reiseapotheke zusammenzustellen, erinnert wurde. Beide Gruppen wurden daraufhin gefragt, ob sie bereit wären ihre Aufgabe zu Ende zu bringen. Der Rest des Experiments verlief identisch zum dritten Experiment für unterbrochene Kaufprozesse.

2.3.2 Methodisches Vorgehen

Die Überprüfung der Hypothesen im Rahmen aller Experimente der Studie 1 erfolgt mithilfe einer An(co)va. Da die Verfahren der komparativ-statischen Analysen in der Literatur ausreichend dokumentiert sind, soll darauf hier nur in gebotener Kürze eingegangen werden.

Die Varianzanalyse ist ein Verfahren, das die Wirkung einer (oder mehrerer) unabhängigen Variable(n) auf eine (oder mehrere) abhängige Variable(n) untersucht. Dabei muss die unabhängige (n) Variable(n) lediglich nominal skaliert und die abhängige(n) Variable(n) muss bzw. müssen metrisch Skaliert sein.[25] Die Typen der Varianzanalyse lassen sich nach der Zahl der Faktoren unterscheiden. Ein- bis n-faktorielle Varianzanalysen (Anova) für eine bis n unabhängige Variable(n) sowie die mehrdimensionale Varianzanalyse (Manova) für mindestens zwei abhängige Variablen bei gleichzeitig einer oder mehreren unabhängigen Variable(n).[26] Besteht die Gruppe der unabhängigen Variablen neben den nominalen Faktoren zusätzlich aus metrisch skalierten Variablen, wird das Verfahren Kovarianzanalyse (Mancova) genannt. Die Funktionsweise der Varianzanalyse ist in der Literatur ausreichend dokumentiert und wird daher im Folgenden nicht weiter vertieft.[27] Die Anwendung ist mit einer Reihe von Anforderungen und Bedingungen im Hinblick auf den vorliegenden Datensatz verbunden. Der Vorteil der

---

[25]Vgl. Backhaus et al. 2015, S. 121.

[26]Vgl. Backhaus et al. 2015, S. 121; vgl. Daher et al. 2012, S. 331f.

[27]Für einen tieferen Einblick in den Ablauf und die Durchführung von Varianzanalysen vgl. u. a. Eschweiler et al. 2007; Backhaus et al. 2015.

Varianzanalyse gegenüber dem t-Test besteht darin, dass dieser nur eine binäre unabhängige Variable miteinbezieht, sodass lediglich zwei Gruppen verglichen werden können, wohingegen mit der Varianzanalyse ein gleichzeitiger Vergleich mehrerer Gruppen ermöglicht wird.

Die Ergebnisse der Überprüfung der Verfahrensprämissen sind in Tabelle 3 für alle vier Experimente aufgeführt, die Berechnungen sind im Anhang 2: zu finden.[28]

2.3.3 Operationalisierung der Konstrukte

Eine Vielzahl der bei der Auswertung herangezogenen Größen sind Beobachtungsgrößen – also Verhaltenskennzahlen, die durch das Tracking des Verhaltes auf der Seite der Online-Apotheke gesammelt wurden. Dazu zählt die Anzahl gekaufter Produkte, die Anzahl getätigter Produktviews oder aber die Entscheidung, den Shop nach einer Unterbrechung erneut zu besuchen.

Zur Überprüfung des Primings im ersten Experiment wurde das „Behavior Identification Form (BIF)" herangezogen. das BIF präsentiert 25 Aktionen, die jeweils durch zwei unterschiedliche Beschreibungen charakterisiert werden können. Die Antwortmöglichkeiten entsprechen dabei entweder einer planenden oder abwägenden Denkweise.[29] Beispielsweise kann die Aktion „eine Liste erstellen" durch die umsetzungsorientierte Antwort „Sachen niederschreiben" oder die abwägende Antwort „sich organisieren" beschrieben werden. Erstere erhält bei der Auswertung die Wertigkeit 1 und die abwägende eine Wertigkeit von 0. Je höher der Summenwert des einzelnen Probanden ist, desto umsetzungsorientierter (implemental) ist diese Person zu dem Zeitpunkt.

Zusätzlich wurden latente Konstrukte abgefragt. Hierunter fallen die Fragen zum Konstrukt „Action Tendency", welches ein Indikator für ein bestimmtes vorrangiges Mind-Set ist. Bei einer erneuten Überprüfung des Mind-Sets ist zur Vermeidung von Response Bias eine andere Methode als das BIF genutzt worden. „Action Tendency" besteht aus drei Items in Anlehnung an GOLLWITZERund KINNEY (1989): (1) „Wie entschlossen fühlen Sie sich momentan in Bezug auf die Reiseapotheken-Aufgabe?" (gar nicht entschlossen – sehr entschlossen), (2) „Wie verpflichtet fühlen Sie sich, einen bestimmten Handlungsablauf durchzuführen?" (gar nicht verpflichtet – sehr verpflichtet) und (3) „Wie gut fühlen Sie sich vorbereitet, bei günstigen Gelegenheiten oder Möglichkeiten zu handeln?" (gar

---

[28]Vgl. zur Vorgehensweise der Prämissenprüfung u. a. Eschweiler et al. 2007 und Eschweiler 2006.

[29]Vgl. Freitas et al. 2001, S. 412.

Tabelle 3 Ergebnisse der Prämissenprüfungen für alle vier Experimente. (Quelle: eigene Darstellung in Anlehnung an Eschweiler et al. 2007 und Woisetschläger 2006, S.150)

Prämisse	Prüfungs-methode	Erfüllt in Experiment 1	Erfüllt in Experiment 2	Erfüllt in Experiment 3	Erfüllt in Experiment 4	Verletzungsheilbar durch
Theoretische Herleitung der Hypothesen		Ja	Ja	Ja	Ja	
Keine Ausreißer	Plausibilitätsprüfung	Ja	Ja	Ja	Ja	
Randomisierte Zuordnung zu Gruppen	Auswahl der Probandenzuordnung erfolgte zufällig	Ja	Nein, da Trennung der Gruppen im Nachhinein	Ja	Ja	
Gruppengröße >20		Ja	Ja	Ja	Ja	
Multivariate Normalverteilung	Kolmogorov-smirnov-Test	Ja				Durch Gleichbesetzung der Zellen
Varianz-Homogenität	Levene-Test	Ja	Ja	H3: Ja, nach Gleichbesetzung der Zellen H4 und H5: ja	Ja	Durch Gleichbesetzung der Zellen

nicht vorbereitet – sehr gut vorbereitet).[30] Dabei zeigen umsetzungsorientiertere Probanden auf den siebenstufigen Likert-Skalen einen insgesamt höheren Wert als abwägende. Das Konstrukt erfüllte in allen Experimenten die geforderten Gütekriterien. So wies es in allen Experimenten ein Cronbachs Alpha von über 0,6[31] auf (Cronbachs alpha: E 1: 0,685; E 2:0,618; E 3: 0,775; E 4: 0,807). Zur Überprüfung der Hypothesen 4, 5 und 6 wurde ein Mediansplit durchgeführt, sodass das Vorliegen eines Mind-Sets als Zufallsfaktor in den univariaten Varianzanalysen genutzt werden konnte. Eine Auflistung der genutzten Fragen befindet sich imAnhang 1:.

2.3.4 Beschreibung der Stichproben

Es wurden vier separate Experimente durchgeführt. Um verlässliche Hypothesentests zu erreichen, wird empfohlen, möglichst homogene Stichproben zu verwenden.[32] Die randomisiert zugeordneten Gruppen innerhalb der vorliegenden Experimente sind recht homogen. Auf diese Weise wird eine zuverlässige Analyse ohne den Einbezug vieler Kontrollgrößen ermöglicht. In allen vier Experimenten handelte es sich daher um mehrheitlich aus Studenten, die diese Anforderungen erfüllen können, zusammengesetzte Stichproben.[33] Zwar können Studierendenstichproben nicht als repräsentativ angesehen werden, die Personen sind jedoch leichter zu akquirieren. Dementsprechend sind „convenient samples" besonders vor dem Hintergrund, dass in den Studien 2 und 3 dieser Arbeit mit Hilfe von Felddaten große Teile der Ergebnisse dieser Studie validiert werden, ein probates Mittel. Tabelle 4 gibt einen Überblick über die Datensätze der vier Experimente:

---

[30]Vgl. Gollwitzer und Kinney 1989.

[31]Bei Konstrukten mit 4 oder mehr Indikatoren gilt ein Grenzwert von 0,7. Anderenfalls erweist sich nach gängiger Meinung in der Literatur ein Messmodell mit **zwei Indikatoren** schon bei einem Wert von **0,5** und ein Messmodell mit **drei Indikatoren** bei **0,6** als zuverlässig (vgl., S. 101).

[32]Vgl. hierzu u. a. {Calder 1981 #562}.

[33]Vgl. u. a. Blair et al. 2013; Blair und Zinkhan 2006.

Tabelle 4 Beschreibung der Stichproben aller vier Experimente aus Studie 1. (Quelle: Eigene Zusammenstellung)

	Experiment 1	Experiment 2	Experiment 3	Experiment 4
N vor Bereinigung	90	101	108	80
N nach Bereinigung[a]	88	97	101	72
Szenarien (N je Gruppe)	Umsetzungs-fokussiert geprimed (40); abwägend geprimed (48)	Nachträgliche Unterteilung in 2 Gruppen: mehr als 1 Produkt im WK (53) und kein Produkt im Wk (34)	Unterbrochener Einkauf (65); ungehinderter Einkauf (36)	Erinnerung an zu erfüllende Aufgabe (36); Erinnerung an noch gefüllten Wk (36)
Alters-verteilung	83 % unter 25 Jahre	74,3 % unter 25 Jahren	56,5 % unter 25 Jahre	55,6 % unter 25 Jahre
Geschlechterverteilung	76,8 % weiblich 23,2 % männlich	68,9 % weiblich 31,1 % männlich	40,7 % weiblich 48,3 % männlich	38,9 % weiblich 61,1 % männlich

[a]**Ausreißer wurden aufgrund von zu kurzer Bearbeitungsdauer oder einheitlichem Durchklicken eliminiert**

2.3.5 Ergebnisse des Laborexperiments 1

Im Rahmen des ersten Experiments wurden die Probanden randomisiert in zwei Gruppen aufgeteilt. Diese wurden jeweils geprimed mit dem Ziel, entweder ein umsetzungsorientiertes oder aber ein abwägendes Mind-Set zu erreichen. Das Gelingen des Primings wurde mit Hilfe des Behavior Identification Form (BIF) überprüft.[34] Es zeigte sich, dass sich die Probanden der Primings in ihrem Mind-Set signifikant voneinander unterschieden, wenn auch nur auf einem 10 %-Niveau. So wiesen die Probanden, die umsetzungsorientiert geprimed wurden, einen deutlich höheren BIF-Index auf als die abwägenden Probanden (zielfokussiertes Priming: MW: 15,70, Std.-Abw.: 2,696; abwägendes Priming 14,08, Std.-Abw.: 3,585; Signifikanz: 0,026; partielle $\eta^2 = 6,6$ %) (siehe Anhang 3). Die Probanden wurden bei ihrem Einkaufserlebnis nicht unterbrochen. Die Prämissen für eine varianzanalytische Untersuchung wurden überprüft und sind alle gegeben (siehe Anhang 2). Es zeigte sich, dass das Verhalten im Online-Shop sowie die Einkaufsmenge bei einer Unterscheidung zwischen den Probanden, die in ein umsetzungsorientiertesMind-Set versetzt worden waren, und jenen, die auf ein abwägendesMind-Set geprimed worden waren, variiert. Im Detail zeigten erstere weniger „Stöber"-Verhalten auf der Seite, also eine geringere Zahl an Productviews als die abwägenden Probanden. Zudem kauften die umsetzungsorientierten Probanden signifikant mehr Produkte für ihre Reiseapotheke als die abwägenden (abwägend: MW: 5,84; Std.-Abw.: 1,623; umsetzungsorientiert: MW: 6,918; Std.-Abw.: 3,148; p $= 0,049$; partielle $\eta^2 = 4,9$ %; $R^2 = 4,7$ %) (vgl. Abbildung 3).

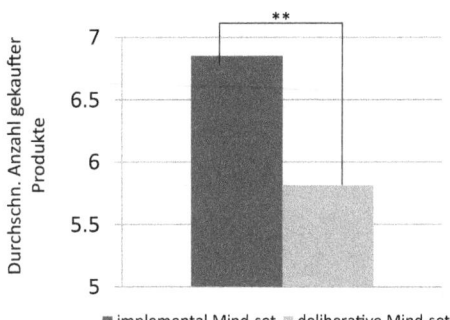

Abbildung 3 Überprüfung der Hypothese 1. (Quelle: eigene Darstellung)

---

[34]Vgl. Vallacher und Wegner 1989, S. 664f.

Das Mind-Set weist hierbei einen signifikanten, wenn auch kleinen Einfluss auf die Anzahl der Käufe auf. Die erste zu überprüfende Hypothese besagt, dass ein umsetzungsorientiertes Mind-Set die Kaufwahrscheinlichkeit im Online-Handel erhöht. Diese Hypothese konnte durch die vorliegenden Ergebnisse angenommen und bestätigt werden.

2.3.6 Ergebnisse des Laborexperiments 2

Die zweite zu überprüfende Hypothese besagte, dass das Hinzufügen eines ersten Produktes zum Warenkorb zu einer stärkerenHandlungsorientierung und damit zu einer Verstärkung eines umsetzungsorientierten Mind-Sets führen würde. Um diese Hypothese zu überprüfen, wurden die Probanden im Shopping-Vorgang unterbrochen. Die Prämissen für eine varianzanalytische Untersuchung wurden überprüft, und alle sind gegeben (siehe Tabelle 3).

Es zeigte sich, dass die Probanden, die mehr als ein Produkt im Warenkorb hatten, signifikant umsetzungsorientierter in ihrem Mind-Set waren. Der Action TendencyWert lag mit durchschnittlich 4,822 (Std.-Abw. 1,122) in der Gruppe derer, die bereits ein oder mehr Produkte in ihrem Warenkorb hatten, signifikant über dem der Gruppe derer, die sich noch nicht für ein Produkt entschieden hatten, mit durchschnittlich 4,298 Produkten (Std.-Abw.: 1,229) (Signifikanz: 0,033; partielle $\eta^2 = 4,7$ %) (vgl. j) (Abbildung 4).

Abbildung

4 Überprüfung der Hypothese 2. (Quelle: eigene Darstellung)

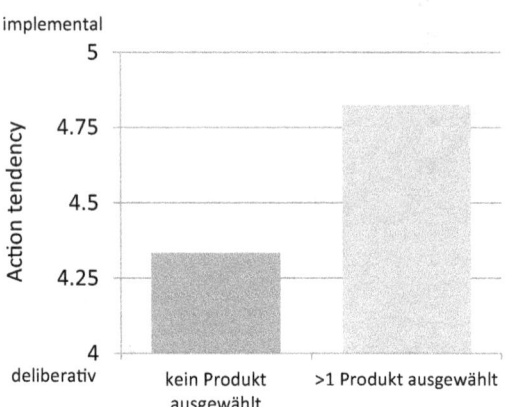

Um einen noch eindeutigeren Nachweis zu erbringen, dass tatsächlich ein Wechsel des Mind-Sets und nicht nur eine Verstärkung des bereits zuvor vorliegenden umsetzungsorientierten Mind-Set vorliegt, wurden in einem zweiten

Schritt lediglich die Probanden betrachtet, die vor dem Shopbesuch ein abwägendes Mind-Set aufgewiesen hatten. Dieses war mit dem Behavior Identification Form (BIF)[35] überprüft worden. In diesem Fall reduzierte sich die Stichprobe auf 54 Probanden. Es zeigte sich, dass bei ausschließlicher Betrachtung der Probanden mit einem abwägenden Mind-Set vor Kaufbeginn die Entscheidung für ein erstes Produkt zu einem deutlich signifikanten Wechsel des Mind-Sets führte (kein Produkt im Wk: MW: 4,333, Std.-Abw.: 1,325; mehr als ein Produkt im Wk: MW: 5,021, Std.-Abw.: 1,036; Signifikanz: 0,037; partielles $\eta^2 = 8,1$ %). Dementsprechend ist der Effekt für die abwägenden Probanden sogar noch stärker als für die gesamte Stichprobe. Damit kann ebenso die 2. Hypothese bestätigt werden. Trotz der unverbindlicheren Natur des Warenkorbs im Online-Handel, erfolgt derselbe Wechsel des Mind-Sets, der bereits im Offline-Handel beobachtet werden konnte.[36]

2.3.7 Ergebnisse des Laborexperiments 3

Um das Verhalten nach der Unterbrechung genauer zu analysieren, wurde in einem dritten Experiment, den Probanden, deren Einkauf unterbrochen wurde, die Möglichkeit gegeben, zum Shop zurückzukehren und die ursprüngliche Aufgabe, eine Reiseapotheke zusammenzustellen, zu vollenden. 65 der Probanden wurden während ihres Einkaufs unterbrochen, während 36 ungehindert einkaufen konnten. Die Prämissen für eine varianzanalytische Untersuchung wurden überprüft, und sie sind alle gegeben (siehe Tabelle 3). Um allerdings die Prämisse der Varianzhomogenität zu erfüllen, welche mit Hilfe des Levenetests überprüft wurde, musste eine Gleichbesetzung der Zellen vorgenommen werden. Dafür wurde per Zufallsauswahl eine Zahl an unterbrochenen Käufern gezogen, die der Zahl der uneingeschränkten Käufer im Datensatz entsprach, sodass für die Überprüfung der Hypothesen drei und vier im relevanten Datensatz noch 36 unterbrochene Käufer sowie 36 uneingeschränkte Käufer enthalten waren.

Zunächst wurde die Hypothese 3 überprüft, die postuliert, dass Probanden, die in ihrem Kaufprozess unterbrochen wurden, noch umsetzungsorientierter sind als die, die ihren Kauf problemlos abgeschlossen haben. Es zeigte sich zwar, dass die Probanden, deren Kauf unterbrochen wurde, im Durchschnitt ein weniger umsetzungsorientiertes Mind-Set aufwiesen als die Probanden, deren Kauf normal abgeschlossen wurde. Es konnte jedoch kein signifikanter Unterschied nachgewiesen werden (unterbrochene Käufer: MW: 4,68, Std.-Abw.: 1,527; ungestörte

---

[35]Vgl. Vallacher und Wegner 1989.

[36]Vgl. Dhar et al. 2007.

Käufer: MW: 4,77, Std.-Abw.: 1,117; Signifikanz: 0,770; partielle $\eta^2 = 0,1$ %). Daher kann Hypothese 3 nicht bestätigt werden.

Die Hypothese 4 stellte die Vermutung auf, dass Probanden, deren Einkauf unterbrochen wurde, in Summe weniger kaufen als solche, deren Einkauf problemlos verlief. Dementsprechend würde die Unterbrechung die Erreichung des ursprünglichen Ziels negativ beeinflussen. Das Experiment zeigt hier keinen signifikanten Zusammenhang. Zwar kaufen die Probanden, deren Einkauf unterbrochen wurde, im Mittel weniger Produkte als die Einkäufer, die keine Probleme hatten, allerdings ist der Unterschied nicht signifikant (unterbrochene Käufer: MW: 5,972, Std.-Abw.: 2,772; ungestörte Käufer: MW: 6,055, Std.-Abw.: 2,639; Signifikanz: 0,896; partielle $\eta^2 = 0,2$ %). Demnach kann Hypothese 4 ebenfalls nicht bestätigt werden.

Anhand dieses Experiments lässt sich zudem die Hypothese 5 überprüfen, die besagt, dass ein vorliegendes umsetzungsorientiertes Mind-Set zu einer stärkeren Zielverfolgung nach der Unterbrechung führt als ein abwägendes Mind-Set. Hierzu wurde die gesamte Anzahl der im Datensatz enthaltenden unterbrochenen Käufer (n = 65) herangezogen. Es zeigt sich, dass im Fall der Probanden, deren Einkauf unterbrochen wurde, das Mind-Set nach Unterbrechung und vor dem erneuten Besuch der Online-Apotheke einen entscheidenden Einfluss hat. Bei ausschließlicher Betrachtung der Entscheidung über den erneuten Shopbesuch gaben lediglich 12 % der Probanden an, nicht zum Shop zurückkehren zu wollen. Davon wiesen 62 % ein abwägendes Mind-Set auf, während nur 38 % ein umsetzungsorientiertesMind-Set aufwiesen. Darüber hinaus kauften Probanden, die sich nach Unterbrechung im umsetzungsorientierten Mind-Set befanden, signifikant mehr Produkte als die im abwägenden Mind-Set (unterbrochene Käufer im umsetzungsorientiertes Mind-Set: MW: 6,939, Std.-Abw.: 2,524; unterbrochene Käufer im abwägendes Mind-Set: MW: 4,625, Std.-Abw.: 2,549; Signifikanz 0,000; partielles$\eta^2 = 17,7$ %). Demnach kann Hypothese 5 bestätigt werden.

2.3.8 Ergebnisse des Laborexperiments 4

Schließlich wurden die Probanden im Rahmen des vierten Experiments bei der Erinnerung an die zu vervollständigende Aufgabe nach der Unterbrechung in zwei Gruppen unterteilt. Demnach wurde eine Gruppe lediglich an die noch zu erfüllende Aufgabe, eine Reiseapotheke zusammenzustellen, erinnert, während die zweite Gruppe zusätzlich den Hinweis erhielt, dass sich noch Produkte im Warenkorb befinden. Zudem wurden bei der Gruppe mit der spezifischen Erinnerung die zuvor ausgewählten Produkte im Warenkorb beibehalten, während die Probanden der zweiten Gruppe ihren Einkauf neu beginnen mussten. Die Prämissen für eine varianzanalytische Untersuchung wurden überprüft, und sie sind gegeben (siehe Tabelle 3).

Generell zeigte sich, dass sich die Anzahl der Rückkehrer in beiden Gruppen nicht signifikant unterscheidet. In beiden Gruppen kehrten 97 % der Probanden zum Shop zurück. Dies kann allerdings auf die Laborsituation zurückzuführen sein. Die Probanden fühlten sich möglicherweise verpflichtet, die Befragung zu beenden. Dementsprechend muss an dieser Stelle eingeräumt werden, dass dieses Ergebnis womöglich nicht vollumfänglich auf die Realität übertragbar ist.

Es stellte sich zudem heraus, dass die Art der Erinnerung sowie das Beibehalten der ausgewählten Produkte im Warenkorb lediglich einen schwach signifikanten Effekt auf die Anzahl der gekauften Produkte aufweist (generelle Erinnerung: MW: 6,194, Std.-Abw.: 3,161; Erinnerung an Wk: MW: 4,861, Std.-Abw.: 2,620; Signifikanz: 0,055; partielles $\eta^2 = 5,1$ %). Die generelle Idee, dass das Beibehalten der in den Warenkorb gelegten Produkte die Anzahl gekaufter Produkte steigern würde (Hypothese 6), konnte allerdings nicht bestätigt werden. Ganz im Gegenteil zeigte die durchschnittliche Anzahl gekaufter Produkte sogar, dass die Probanden im Fall des geleerten Warenkorbs im Schnitt mehr kauften. In einem zweiten Schritt wurde der Interaktionseffekt zwischen der Art der Erinnerung und dem nach der Unterbrechung vorliegenden Mind-Set überprüft (Hypothese 7). Es zeigte sich im Fall der Probanden, die nach der Unterbrechung ein abwägendesMind-Set aufwiesen, kein signifikanter Unterschied in der Anzahl der gekauften Produkte – egal, ob der Warenkorb noch voll oder bereits geleert war (abwägendes Mind-Set: generelle Erinnerung: MW: 4,39, Std.-Abw.: 3,161; Erinnerung an Wk: MW: 4,28, Std.-Abw.: 2,620; umsetzungsorientiertes Mind-Set: generelle Erinnerung: MW:8,000, Std.-Abw.: 2,543; Erinnerung an Wk: MW: 5,444, Std.-Abw.: 2,502; Signifikanz 0,050; partielle $\eta^2 = 5,5$ %). Die Probanden mit einem umsetzungsorientiertenMind-Setkauften jedoch im Fall des leeren Warenkorbs deutlich mehr als im Fall des gespeicherten Warenkorbs. Die Interaktion aus nach der Unterbrechung vorliegendem Mind-Set und Art der Erinnerung hat dementsprechend einen signifikanten Effekt auf die Anzahl der gekauften Produkte (vgl. Abbildung 5) -allerdings entgegen der erwarteten Richtung. So kann zwar festgehalten werden, dass die Konsumenten, die ein umsetzungsorientiertes Mind-Set aufweisen, auch nach einer Unterbrechung signifikant mehr kaufen als solche mit einem abwägenden Mind-Set. Entgegen der Vermutung von Hypothese 7 kaufen diese jedoch im Fall des geleerten Warenkorbs noch mehr als im Fall des noch gefüllten Warenkorbs.

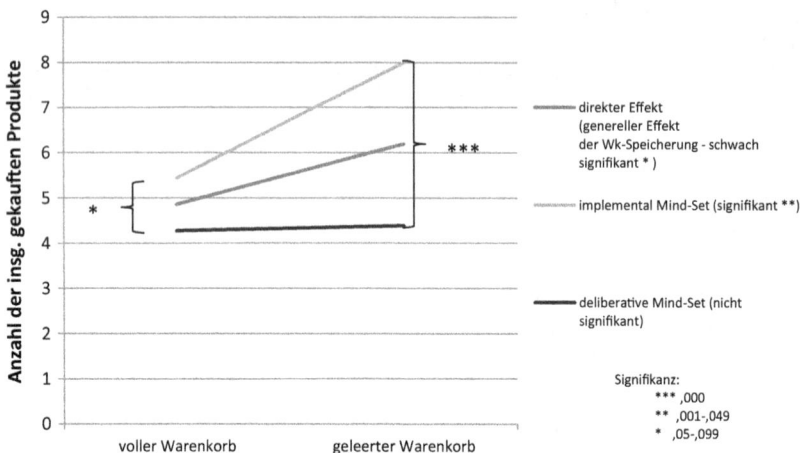

Abbildung 5 Grafische Darstellung des Interaktionseffekts von Experiment 4. (Quelle: eigene Darstellung)

2.4   Diskussion der Ergebnisse

Im Rahmen der ersten Studie wurden mit Hilfe von vier Laborexperimenten sieben Hypothesen überprüft. Tabelle 5 zeigt die Ergebnisse für die Hypothesen im Überblick.

Mit Hilfe der ersten beiden Experimente konnte zunächst bestätigt werden, dass es ein Online-Shopping-Momentum vergleichbar mit dem von DHAR, HUBER und KAHN (2007) im Offline-Kontext nachgewiesenen Phänomen gibt, welches bezogen auf den Wechsel von zugrundeliegenden Mind-Sets dieselbe Eigenschaft aufweist. Im Rahmen des dritten Experiments fokussierte die Studie auf die Rolle einer Unterbrechung dieses Momentums. Es konnte nachgewiesen werden, dass ein umsetzungsorientiertes Mind-Set im Unterbrechungsfall insofern hilfreich ist, als es zu signifikant mehr Käufen bei der Wiederaufnahme des Kaufprozesses führte. Dies kann als eine intensivere Zielerfüllung angesehen werden. Dementsprechend ist es wichtig, den Konsumenten zum Online-Shop zurückzuholen, so lange er sich noch im umsetzungsorientierten Mind-Set befindet. Es konnten keine Erkenntnisse darüber gewonnen werden, ob jemand nach einer Unterbrechung tendenziell eher ein umsetzungsorientiertes Mind-Set aufweist als nach einem erfolgreich abgeschlossenen nicht unterbrochenen Kauf. Dies könnte neben der Tatsache, dass die Stichprobe recht klein war, an der Tatsache liegen,

Tabelle 5 Zusammenfassung der Ergebnisse aus Studie 1. (Quelle: eigene Darstellung)

Bezeichnung		Hypothese	Beurteilung
H1	E1	*Ein umsetzungsorientiertes Mind-Set erhöht die Kaufwahrscheinlichkeit im Online-Handel.*	✔
H2	E2	*Das Hinzufügen eines ersten Produktes zum Warenkorb führt zu einer stärkeren Zielorientierung und damit zu einer Verstärkung eines umsetzungsorientierten Mind-Sets*	✔
H3	E3	*Nach einer Unterbrechung des Shopping-Momentums sind mehr Befragte im abwägendenMind-Set als nach einem konventionell beendeten Kaufprozess ohne Unterbrechung*	n. s.
H4		*Käufer, deren Kaufprozess unterbrochen wurde, kaufen nach Wiederaufnahme des Prozesses weniger als Käufer, die den Kaufprozessungehindertbeenden konnten.*	n. s.
H5		*Käufer, deren Kaufprozess unterbrochen wurde und die nach der Unterbrechung ein implemental Mind-Set aufweisen, verfolgen ihr unterbrochenes Ziel bei Wiederaufnahme intensiver als solche mit abwägendemMind-Set.*	✔
H6	E4	*Die Erinnerung an im Warenkorb befindliche Produkte führt zu einer stärkeren Wiederaufnahme des Online-Shopping-Momentums (mehr Rückkehrer sowie mehr gekaufte Produkte), als eine generelle Erinnerung an die zu erfüllende Aufgabe.*	✗
H7		*Das Vorliegen eines umsetzungsorientierten Mind-Sets verstärkt den in H6 postulierten Zusammenhang*	✗

✔ Hypothese wie postuliert angenommen; ✗ Effektrichtung entgegengesetzt zur postulierten Wirkrichtung; n. s. Effekte sind nicht signifikant

dass das Mind-Set unmittelbar nach Unterbrechung des Kaufprozesses gemessen wurde. Interessant wäre für zukünftige Untersuchungen, ob und wie lange sich ein anwendungsfokussiertes Mind-Set nach einer Unterbrechung hält.

Die Tatsache, dass eine Unterbrechung des Momentums nicht zu signifikant weniger Käufen bei Rückkehr führt, deutet darauf hin, dass Unterbrechungen an sich nicht schädlich für den Online-Händler sind, solange der Konsument reaktiviert werden kann. Vor dem Hintergrund, dass Retargeting in der Praxis eingesetzt wird, um Konsumenten, die die Seite eines Online-Händlers ohne erfolgreich abgeschlossenen Kauf verlassen haben, zu reaktivieren und auf die Seite zurückzuholen, stellt sich in Experiment 4 die Frage, ob eine solche Reaktivierung dazu dienen kann, das Online-Shopping-Momentum wieder aufzunehmen. Hier zeigte sich, dass das in diesem Experiment genutzte Attribut von Retargeting, nämlich die Erinnerung an noch im Warenkorb befindlichen Produkte, nicht direkt dazu führt, dass Konsumenten bei ihrer Rückkehr mehr kaufen, also das Momentum stärker wieder aufnehmen. Erst in Kombination mit dem nach der Unterbrechung vorliegenden Mind-Set konnte hier ein signifikanter Effekt erkannt werden. Dies bestätigt das Ergebnis des dritten Experiments, dass das Vorliegen eines umsetzungsorientiertenMind-Sets zu einer intensiveren Wiederaufnahme des ursprünglichen Ziels führt. Selbiges zeigt sich nun auch im vierten Experiment. Solange die Besucher des Online-Händlers noch ein umsetzungsorientiertes Mind-Set aufweisen, zeigte sich eine deutlich höhere Zahl gekaufter Produkte. Allerdings wird hier deutlich, dass die Speicherung des Warenkorbs nicht unbedingt immer effektiv ist, da im Fall der Personen, deren umsetzungsorientiertes Mind-Set auch nach dem Abbruch noch vorherrscht, deren Ansporn mehr Produkte zu kaufen offensichtlich bei einem Start bei Null größer ist. Dennoch weisen, diese Probanden auch in der Situation des gespeicherten Warenkorbs eine höhere Anzahl an gekauften Produkten auf, als Probanden mit einem abwägenden Mind-Set in allen Szenarien. In diesem Fall muss natürlich beachtet werden, dass die Erinnerung an im Warenkorb befindliche Produkte lediglich stellvertretend für verschiedene Attribute personalisierter Werbung ist.

Vor diesem Hintergrund wird die Wichtigkeit der Reaktivierung von Kunden, die unverrichteter Dinge einen Online-Shop wieder verlassen, deutlich. Retargeting stellt eine Möglichkeit zur Reaktivierung dar, die, betrachtet man die Erkenntnisse der vorliegenden Laborexperimente, zumindest im Fall eines noch nicht völlig abgeklungenen umsetzungsfokussierten Mind-Sets eine große Wirksamkeit verspricht. Basierend auf diesen Erkenntnissen widmen sich die folgenden Studien mit Hilfe von Felddaten den kurz- sowie langfristigen Auswirkungen des Einsatzes von Retargeting als eine Form der personalisierten Werbung, unter dem Einfluss eines noch aktiven Online-Shopping-Momentum, mit dem Ziel Konsumenten, die einen Online-Shop verlassen haben, zu reaktivieren.

3 Retargeting als Treiber des Within-Period Momentums

„Die Änderung der Bewegung ist der Einwirkung der bewegenden Kraft proportional und geschieht nach der Richtung derjenigen geraden Linie, nach welcher jene Kraft wirkt." (2. Newton'sches Gesetz)

3.1 Ziel der zweiten Teilstudie

Die erste Studie dieser Arbeit hat nachgewiesen, dass ein Online-Shopping-Momentum existiert und durch ein vorherrschendes umsetzungsorientiertes Mind-Set ausgelöst wird. Dementsprechend entsteht ein Online-Shopping-Momentum durch die erste bewusste Entscheidung für ein Produkt, welches sich im Hinzufügen zum Warenkorb manifestiert. Allerdings hat sie auch gezeigt, wie leicht ein Momentum unterbrochen werden kann und welche entscheidende Bedeutung eine schnelle Rückführung zum Shop hat. Dies gilt vor allem deshalb, weil ein beibehaltenes umsetzungsorientiertes Mind-Set – also ein noch aktives Online-Shopping-Momentum – auch nach einer Unterbrechung des Kaufprozesses zu einer gesteigerten Kaufwahrscheinlichkeit führt im Vergleich zu den Kunden, die nach der Unterbrechung wieder in ein abwägendes Mind-Set verfallen (vgl. Abschnitt 2.4). Vor diesem Hintergrund bekommt die schnelle und erfolgreiche Reaktivierung eines Kunden, der im Kaufprozess die Seite des Online-Händlers verlässt, einen sehr hohen Stellenwert für Werbetreibende und Agenturen. Diese Studie geht der Frage nach inwiefern Retargeting sich zur schnellen und erfolgreichen Reaktivierung eignet.

Generell zielt ein Online-Shop darauf ab, Nutzer, die den Shop ohne einen abgeschlossenen Kauf verlassen haben, zurückzugewinnen und zum Kauf zu bewegen. Retargeting, als personalisierte Display-Werbung, stellt ein mögliches Mittel für diese Reaktivierung dar. In Rückgriff auf die Theorie des Momentums sowie die Erläuterungen der Adaptive Control of Thought-Rational (ACT-R) Architektur[37] ist bekannt, dass die Schnelligkeit bzw. der Erfolg der Reaktivierung von gespeichertem Wissen davon abhängen, wie hoch dessen Aktivierung ist. Dementsprechend kann Retargeting ein aktivierungsverstärkendes Priming darstellen und somit zu einer schnelleren Reaktivierung führen[38]. Mittels Retargeting wird der Konsument im Anschluss an einen abgebrochenen Besuch eines Shops

---

[37]Vgl. Anderson 1996; Anderson 1990; Anderson und Schunn 2000.
[38]Vgl. Hodgetts und Jones 2006.

an das ursprüngliche Ziel des Besuchs oder aber an Produkte, die er sich angesehen hat und die für ihn von Interesse waren, erinnert. Allerdings haben bereits mehrere wissenschaftliche Studien gezeigt, dass nicht jede Ausgestaltung des Retargeting gleich wirksam ist[39]. Zudem kennt wohl jeder die Situation, dass man ein Produkt zwar im anfänglichen Kaufprozess in Erwägung gezogen hat, sich dann im Verlauf des Prozesses aber dagegen entschieden hat und nun dennoch kontinuierlich Werbung dafür erhält. Dieses Beispiel aus dem Alltag eines Online-Nutzers zeigt, dass nicht nur die Ausgestaltung, sondern auch die Entscheidung, welcher Nutzer, wann, welche Werbung erhält, erfolgskritisch sein kann.

Dementsprechend stellt sich für Werbetreibende und Mediaagenturen die Frage, wie die Retargeting-Kampagne ausgestaltet sein muss und für welche Nutzer die Kampagne erfolgsversprechend ist, um möglichst wenig Streuverluste zu erzielen:

Grundlegend muss für die Erfolgsbewertung von Retargeting erst einmal geklärt werden, was Erfolg genau bedeutet. Dabei gibt es unterschiedliche KPIs und Zielgrößen, die von Kampagne zu Kampagne aber natürlich auch von Unternehmen zu Unternehmen und je Geschäftsmodell variieren. So gibt es Kampagnen, die einen starken „Performance"-Fokus haben und vornehmlich auf verschiedene Conversions abzielen (Kauf, Terminvereinbarung, o. ä.), andere zielen lediglich auf vermehrten Traffic und damit als Erfolgsgröße den Klick auf ein Banner ab. Schließlich gibt es noch Branding-Fokussierte Kampagnen, welche Views und Aufmerksamkeit als Ziel verfolgen. Verschiedene Studien haben bereits die Auswirkungen verschiedener Retargeting-Formen auf Klick und Viewthrough – den Aufruf der beworbenen Seite im Nachgang an ein gezeigtes Banner ohne, dass das Banner angeklickt wurde – untersucht[40]. Jedoch gibt es keine ganzheitlichen Erkenntnisse über die Wirkung auf mögliche Beschleunigung einer Reaktion sowie über das Zusammenspiel der Reaktionen Klick, Rückkehr (view-through) und Kauf. Die Erkenntnis, welche Art der Ausgestaltung zur Verbesserung welcher Zielgrößen führt, wäre zum einen für die Werbetreibenden von entscheidender Bedeutung. Zum anderen stellt diese aber auch eine elementare Argumentationsgrundlage für die Verhandlungen über Vergütungsmodelle der Mediaagenturen dar. Vor diesem Hintergrund betrachtet diese Studie alle drei Zielgrößen sowie ihr Zusammenspiel.

Betrachtet man die Ausgestaltung von Retargeting kann zunächst zwischen standardisiertem und dynamischem Retargeting unterschieden werden (siehe

---

[39]Vgl. Lambrecht und Tucker 2013; Bleier und Eisenbeiss 2015b, Johnson et al. 2017.

[40]Vgl. u. a. Lambrecht und Tucker 2013; Bleier und Eisenbeiss 2015a.

Abschnitt 1.2 im Kapitel 3)[41]. Standardisiertes Retargeting umfasst Displaywerbung, die lediglich an Seitenbesucher im Nachgang an ihren Besuch ausgespielt wird. Deren Inhalt und angezeigten Produkte sind jedoch nicht personalisiert, sondern zufällig generierter oder aber vom Shop ausgewählter Content. Dynamisches Retrageting geht deutlich weiter, in dem die Inhalte der Banner personalisiert sind und somit versuchen die Präferenzen des Nutzers widerzuspiegeln. Studien zur effektiven Ausgestaltung von Empfehlungssystemen haben herausgefunden, dass einerseits ein entscheidendes Erfolgskriterium die Genauigkeit der vorhergesagten Präferenzen also die exakte Passung des empfohlenen Produkts zu den Präferenzen des Konsumenten ist. Zum anderen wirken Neuheit der Empfehlung sowie Überraschung ebenfalls erfolgsverstärkend[42]. Vor diesem Hintergrund stellt sich die Frage inwiefern der Inhalt der gezeigten Retargeting-Banner von entscheidender Bedeutung ist. BLEIER und EISENBEISS (2015) haben ebenfalls bereits nachgewiesen, dass nahezu exakt personalisierte Banner nicht am effektivsten sind.

Neben dem Inhalt eines Retargeting-Banners stellt muss im Rahmen der Konzeption einer Retargeting Kampagne entschieden werden, wann welche Nutzer Banner zu sehen bekommen. Im Rahmen von Studie 1 wurde nachgewiesen, dass ein Online-Shopping-Momentum durch die bewusste Entscheidung für ein Produkt entsteht, diese manifestiert sich im Hinzufügen eines Produktes zum Warenkorb. Die Ergebnisse der Studie 1 bestätigen die Erkenntnisse von DHAR, HUBER und KAHN (2007) zum Shopping-Momentum im stationären Handel. Vor dem Hintergrund, dass der Online-Handel eine wesentlich geringere Verbindlichkeit aufweist als der stationäre Handel und bisherige Erkenntnisse aus Studie 1 lediglich auf laborexperimentellen Untersuchungen fußen, stellt sich die Frage, welche Rolle die Tatsache der Warenkorbbefüllung für die Reaktivierung des Konsumenten im Onlinehandel spielt. Wie in Studie 1 bereits nachgewiesen weisen jedoch Konsumenten, die den Besuch abbrechen nachdem sie Produkte in den Warenkorb gelegt haben, mit hoher Wahrscheinlichkeit ein umsetzungsorientiertes Mind-set auf und können kurzfristig leichter reaktiviert werden. Es wurde jedoch ebenfalls nachgewiesen, dass im Fall von Konsumenten, die keine Produkte im Warenkorb aufweisen, womöglich noch gar kein Wechsel des Mind-sets vorliegt und somit auch noch kein begonnenes Momentum. Vor dem Hintergrund der zeitlichen Instabilität von Präferenzen und Mind-sets stellt besonders die Interaktion der Unterbrechungsarten mit dem Timing der Werbestrategie einen interessanten Fokus dieser Studie dar. Vor diesem Hintergrund stellen

---

[41]Vgl. u. a. Lambrecht und Tucker 2013.
[42]Vgl. Herlocker et al. 2004; Fong 2016, 11.

sich folgende Forschungsfragen, die mit Hilfe eines Feldexperiments beantwortet werden:

- Führt dynamisches Retargeting bei noch aktivem Momentum tatsächlich schneller zum Shop zurück als standardisiertes Retargeting?
- Welche Auswirkungen haben verschiedene Ausgestaltungsformen auf die Reaktionen der Nutzer sowie die Zeit bis zur gewünschten Reaktion?
- Wie beeinflussen sich die Reaktionsformen gegenseitig?
- Beeinflusst die Art der Unterbrechung des Momentums die Wirksamkeit der Reaktivierung des Konsumenten durch Retargeting in seinen verschiedenen Ausgestaltungen?

Die vorliegende Studie leistet somit vier Hauptbeiträge zum Verständnis und Management von Retargeting als potentielles Mittel zur Wiederaufnahme eines unterbrochenen periodeninternen Online-Shopping-Momentums. Während bestehende Literatur die generelle Frage nach der Effektivität von personalisierter Werbung widersprüchlich beantwortet,[43] versucht diese Studie eine differenziertere Antwort auf die Frage nach genereller Überlegenheit von dynamischem Retargeting gegenüber standardisiertem Retargeting zu liefern. Mit Hilfe eines Feldexperiments in Kooperation mit der Xplosion Interactive GmbH und einem großen deutschen Sportwarenhändler, leistet diese Studie einen entscheidenden Beitrag zur Schließung der noch offenen Forschungslücken rund um das Thema Retargeting.

3.2 Konzeptionelles Modell der Untersuchung

Die Herleitung des konzeptionellen Modells gliedert sich in zunächst die Effekte von Retargeting – seien sie direkt oder mediiert – und im zweiten Teil die moderierende Wirkung des Online-Shopping-Momentums:

---

[43]Vgl. u. a. Lambrecht und Tucker 2013; Chellappa und Shivendu 2010; Joshi und Hanssens 2010.

Mittelbare und unmittelbare Auswirkungen von Retargeting:
Es gibt bereits verschiedene Studien, die sich der Frage nach Effektivität von Retargeting im engeren Sinne aber auch personalisierter Kommunikation im weiteren Sinne annehmen[44]. In Anlehnung an LAMBRECHT und TUCKER (2013) sowie BLEIER und EISENBEISS (2015a, b) lässt sich Effektivität von Retargeting nach der Wirkung auf Klick-undKonversionsraten differenzieren. Hierbei konnten gegenläufige Ergebnisse nachgewiesen werden. Generell wurde eine durchaus positive Wirkung von Retargeting auf Klick- und Kaufzahlen nachgewiesen.[45] Jedoch zeigte sich in unterschiedlichen Studien, dass das Ausmaß der positiven Wirkung von der Situation des Nutzers, dem Grad der Personalisierung sowie der Produktgruppe abhängig ist[46]. Der vermutete und in einigen Studien nachgewiesene generelle positive Effekt von Retargeting auf Klick- und Kaufraten bestätigt die theoretischen Annahmen des Elaboration-Likelihood-Modells (ELM) sowie der Involvement-Theorie (siehe hierzu Abschnitt 2.2.3. im Kapitel 4). Diese besagen, dass die Natur des Retargeting – Informationen über vergangenes Verhalten zu nutzen, um individuelle Angebote auszusenden – zu einer besseren Verarbeitung des Dargestellten beiträgt und sich das höhere Involvement mit Produkten, mit denen der Nutzer sich bereits beschäftigt hat, zu Nutze macht. Lediglich BLEIER und EISENBEISS (2015) betrachteten neben Klick ebenfalls „View-through" – die Rückkehr nach einem gesehenen, aber nicht geklickten Werbemittel – als Ergebnisgröße. Berücksichtigt man zusätzlich zu ELM und Involvement-Theorie auch die Annahmen des ACT-R Architektur und versteht Retargeting als Reaktivierungsverstärkendes Priming für unvollendete Kaufvorhaben, so würde die reine Impression genügen und der Klick hätte kaum zusätzliche Bedeutung für das Ziel des Retargetings – nämlich die Nutzer zurück zur ursprünglich besuchten Webseite zu holen. Besonders vor dem Hintergrund der im Markt gängigen Praxis der Vergütung von Mediaagenturen nach Cost-per-Klick, stellt sich demnach vermehrt die Frage, ob Retargeting nicht auch einen mittelbaren Einfluss auf die eigenständige, werbemittelunabhängige Rückkehr zur Webseite hat. Deshalb wird neben Klick als abhängige Größe in der vorliegenden Studie auch „Rückkehr ohne Klick" betrachtet. Da das letztendliche Ziel vor allem eines werbetreibenden Online-Shops im Abverkauf liegt, schließt sich vor allem

---

[44]Vgl. u. a. Lambrecht und Tucker 2013; Bleier und Eisenbeiss 2015b; Johnson, Lewis, Nubbemeyer 2017; Moriguchi, Xiong, and Luo 2016; Anand und Shachar 2009; Ansari und Mela 2003; Bruce et al. 2017; Tucker (2014).

[45]Vgl. u. a.Lambrecht und Tucker 2013; Bleier und Eisenbeiss 2015b; Kes und Woisetschläger 2012a.

[46]Vgl. U. a. Lambrecht und Tucker 2013; Bleier und Eisenbeiss 2015b; Moriguchi et al. 2016.

die Frage an, welche Reaktion auf ein Retargeting-Banner die Wahrscheinlichkeit eines Kaufs danach steigert. Vor diesem Hintergrund ist die erste zu überprüfende Hypothese folgende:

Hypothese 1: Dynamisches Retargeting weist höhere Erfolgsraten in Bezug auf die Erfolgsgrößen Rückkehr (ohne Klick), Klick und Kauf auf als standardisiertes Retargeting.

Was bisherige Studien nur in vereinzelten Fällen berücksichtigen, ist die zeitliche Komponente der Displaywerbung. So stellt sich die Frage nach der Dauer bis zu einer positiven Reaktion auf ein Retargeting-Banner, und zwar besonders vor dem Hintergrund zum einen zeitinkonsistenter Präferenzstrukturen der Nutzer[47] und zum anderen einem Überangebot an Werbemitteln und Online-Marketing-Kanälen, die den Nutzer zum betreffenden Online-Shop führen könnten. Demnachist ein relevanter Aspekt des vorliegenden Modells, die Wirkung der verschiedenen Formen des Retargetings auf die Zeitspanne von der Impression bis zur Reaktion. Gemäß Arbeiten zur Involvement Theorie kann bestätigt werden, dass Informationen mit denen ein Mensch stärker involviert ist, schneller verarbeitet werden können.[48] Bringt man diese Erkenntnis mit der ACT-R Architekur zusammen, so funktioniert das reaktivierende Priming, welches bei der Wiederaufnahme unterbrochener Aufgaben hilft, mit high-involvment-Content besser als mit low-involvment Content.[49] Dementsprechend kann Retargeting, welches Informationen beinhaltet, mit denen der Konsument involviert ist, schneller reaktivierend unterstützen als ein Werbemittel mit wenig involvierten Inhalten. Darauf aufbauend wird zudem betrachtet, welche Reaktion auf das Banner – als Klick oder Kauf – schneller zu einer Conversion führt.

Dementsprechend wird Folgendes postuliert:

Hypothese 2: Dynamisches Retargeting führt zu schnellerem Erfolg in Bezug auf die Größen Rückkehr (ohne Klick), Klick und Kauf als standardisiertes Retargeting.

Esist bekannt, dass dynamisches Retargeting als Form personalisierter Werbung kurzfristigzu besseren Reaktionen führt als standardisiertes, also nicht inhaltlich personalisiertes Retargeting.[50] Ebenso ist hinlänglich nachgewiesen worden, dass personalisierte Werbung zu gesteigerten Klick- und Konversionsraten führt.

---

[47]Vgl. Yoon und Simonson 2008.

[48]Vgl. Johnson und Ratcliff 2013.

[49]Vgl. Anderson und Schunn 2000.

[50]Vgl. u. a. Lambrecht und Tucker 2013; Kes und Woisetschläger 2012a.

Schaut man sich in der Praxis ausgespielte Retargeting-Kampagnen an, so zeigt sich, dass diese in ihrer Ausgestaltung sehr stark variieren. Um sich der Fragestellung nach dem mittelbaren sowie unmittelbaren Effekt des Grads der Personalisierung in Abhängigkeit von der vergangenen Zeit zu nähern, werden verschiedene Ausmaße an Personalisierung betrachtet. Studien zur effektiven Ausgestaltung von Empfehlungssystemen haben herausgefunden, dass die Genauigkeit der vorhergesagten Präferenzen – also die exakte Passung des empfohlenen Produkts zu den Präferenzen des Konsumenten – nicht das einzige Kriterium bei der Beurteilung der Empfehlung ist.[51] Sowohl die Neuheit der Empfehlung für den Konsumenten als auch die mit der Auswahl erzielte Überraschung wurden als weitere entscheidende Erfolgsfaktoren identifiziert.[52] Vor diesem Hintergrund stellt sich die Frage, welche Bedeutung der Inhalt der gezeigten Retargeting-Banner hat. Explizit wird daher im vorliegenden Feldexperiment nicht das exakt zuvor betrachtete Produkt in den Bannern gezeigt – obwohl dies die höchste Genauigkeit bei der Präferenzvorhersage abbilden würde – sondern lediglich solche Banner die Produkte derselben Kategorie enthalten wie die zuvor betrachteten Produkte. Denn je deutlicher eine Personalisierung vonstattengeht, desto höher ist die Empfindung von Aufdringlichkeit und Nachverfolgung.[53] Es scheint also nicht so zu sein, dass mehr Personalisierung tatsächlich immer effektiver ist. Vor diesem Hintergrund wird folgendes vermutet:

Hypothese 3: Die Überlegenheit von dynamischem Retargeting gegenüber standardisiertem Retargeting nimmt mit zunehmender Personalisierung ab.
SIMONSON und WINER (1992) haben herausgefunden, dass die Präferenzstabilität für Produktattribute anders gestaltet ist als für Markenattribute. So zeigen sie, dass die Präferenz für Markenattribute deutlich stabiler ist und sich mit der Zeit weniger verändert als Präferenzen für Produktkategorien oder -attribute wie Farben o. Ä. Entsprechendes bestätigen BLEIER und EISENBEISS (2015). Vor diesem Hintergrund werden im vorliegenden Fall Markenbanner als besondere Form des dynamischen Retargetings betrachtet. Da diese sich lediglich auf die Marke, der vom Nutzer zuvor betrachteten Produkte beschränken aber explizit nicht die betrachteten Produkte selbst sondern andere Produkte derselben Marke zeigen, wird hier der Effekt von Markenattributen auf die Reaktivierung eines Shopping-Momentums untersucht. Vor dem Hintergrund, dass Retargeting-Banner gemäß ACT-R Architektur eine Möglichkeit zur Unterstützung der Reaktivierung von

---

[51]Vgl. Herlocker et al. 2004.
[52]Vgl. Herlocker et al. 2004; Fong 2016, S. 11.
[53]Vgl. Goldfarb und Tucker 2011a.

gespeichertem Wissen darstellt, ist die Stabilität der Präferenz für die dargestellten Inhalte von entscheidender Bedeutung.[54] Dementsprechend wird postuliert:

Hypothese 4: Retargeting-Banner, die Markenattribute für die Personalisierung nutzen, wirken positiver auf die Erfolgsgrößen Rückkehr, Klick und Kauf als Retargeting-Banner die Produktattribute nutzen.

Moderierender Effekt des Momentums
Abbildung 6 zeigt schematisch auf wie Retargeting und das Online-Shopping-Momentum interagieren. Wie in Studie 1 belegt, entsteht ein Momentum, durch einen Wechsel des Mind-Sets – von abwägend zu umsetzungsorientiert – welcher ausgelöst wird durch das Hinzufügen von Produkten zum Warenkorb. Wenn der Nutzer nun den Shop verlässt, besteht das Momentum weiter, bis das Mind-Set erneut wechselt. Es besteht die Vermutung, dass in diesem Zeitraum der Effekt von Retargeting auf die Konsumentenreaktion durch ein Momentum moderiert wird.

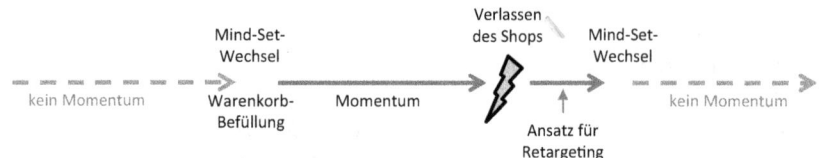

Abbildung 6 Schematische Darstellung des Zusammenspiels von Retargeting und Momentum. (Quelle: eigene Darstellung)

Die moderierende Rolle des Momentums lässt sich theoretisch kontrovers diskutieren: Zum einen kann festgehalten werden, dass Präferenzen von Individuen sich im Zeitverlauf weiterentwickeln.[55] Zudem ist die Frage, wo der Konsument in diesem Prozess der sich verändernden Präferenzen steht, entscheidend für den Erfolg von personalisierter Ansprache jeglicher Form.[56] Wie in Studie 1 gezeigt, scheint sich das Online-Shopping-Momentum durch Hinzufügen eines Produktes in den Warenkorb zu manifestieren. Dies kommt einem fortgeschrittenen Status im Kaufprozess gleich. BLEIER und EISENBEISS (2015) haben bereits herausgefunden, dass Nutzer, die im Kaufprozess weit fortgeschritten sind, weniger stark

---

[54]Vgl. Anderson und Schunn 2000.
[55]Vgl. Bettman et al. 1998.
[56]Vgl. Simonson 2005; Hoeffler und Ariely 1999.

auf hochpersonalisierte Banner reagieren, da sie bereits recht weit in ihrer Meinungsbildung sind und keine Empfehlung des Unternehmens mehr benötigen[57]. Dies würde auch den Argumentationen der Momentumstheorie folgen, die besagt, dass die Konsumenten in einem umsetzungsorientierten Mind-Set und unter der Voraussetzung das der Ursprung ihres Ziels – also der Shopbesuch – noch nicht zu lange zurückliegt, lediglich eine Erinnerung an den Shop brauchen.

Zum anderen kann man basierend auf der Involvement-Theorie jedoch auch davon ausgehen, dass Nutzer, die ein aktives Online-Shopping-Momentum aufweisen, Informationen zum Shop sowie den fokussierten Produkten anders aufnehmen und verarbeiten als Konsumenten, bei denen kein Mind-Set-Wechsel hin zu einem hochinvolvierten Mind-Set stattgefunden hat. Es ist nachgewiesen worden, dass, entgegen der Erkenntnisse von BLEIER und EISENBEISS (2015), hoch involvierte Konsumenten eine persönlichere Kunden-Unternehmensbeziehung als mehrwertstiftender empfinden als wenig involvierte Kunden.[58] Bezieht man dies auf Retargeting und den Inhalt der personalisierten Banner, so kann angenommen werden, dass high-Involvement-Produkte in diesen Bannern effektiver sind. Dies sollte dann der Fall sein, wenn die Konsumenten im Kaufprozess weit fortgeschritten sind und dementsprechend bereits Alternativen verglichen und Informationen gesammelt haben. Berücksichtigt man die mögliche Rolle des Online-Shopping-Momentums, so kann davon ausgegangen werden, dass im Fall eines aktiven Momentums beim Verlassen des Shops ein höheres Involvement mit zur Aktivität auf dem Shop passenden Produkten vorliegt. Während sich high-Involvement Situationen besonders durch ein hohes Maß an kognitiver Aktivität im Lernprozess auszeichnen, da viele Informationen tiefgehend verarbeitet werden, sind low-involvement Situationen eher durch nicht intendiertes Lernen mit wenig Aufmerksamkeit gekennzeichnet[59]. Dementsprechend kann vermutet werden, dass stark personalisierte Banner bei einem aktiven Online-Shopping-Momentum besser funktionieren, da die Nutzer bereit sind sich mit dem Inhalt auseinander zu setzen (vgl. Abbildung 6).

Da es demnach gegenläufige theoretische Argumentationen gibt, wird postuliert:

Hypothese 5: Ein aktives Online-Shopping-Momentum bei Verlassen des Online-Shops verstärkt die Effektivität des dynamischen Retargetings, wobei dieser positive Effekt je nach Bannertyp variiert.

---

[57]Vgl. Hoeffler und Ariely 1999; Hoeffler et al. 2013.

[58]Vgl. Kinard und Capella 2006.

[59]Vgl. u. a. Kroeber-Riel et al. 2013.

Vor dem Hintergrund der bereits erläuterten besonderen Rolle des Markenbanners kann für das Zusammenspiel eines Markenbanners mit einem aktiven
Online-Shopping-Momentum eine differenziertere Hypothese aufgestellt werden.
Aufgrund der stärkeren Präferenzstabilität von Markenattributen[60], sind Markenbanner in ihrer Wirkung weniger abhängig von situativen Faktoren.[61] Dementsprechend ist die positive Wirkung eines aktiven Online-Shopping-Momentums
weniger ausgeprägt als bei produktattributbasierten Bannern. Dementsprechend
kann folgendes postuliert werden:

*Hypothese 6: Der verstärkende positive Effekt des aktiven Online-Shopping-
Momentums ist für Markenbanner weniger stark ausgeprägt als für die übrigen
produktattributbasierten Bannertypen.*
Abbildung 7 zeigt das konzeptionelle Modell sowie die Beziehungen zwischen
Endogenen und Exogenen Größen grafisch auf.

3.3   Empirische Untersuchung

3.3.1 Untersuchungsdesign und Datengrundlage

Um die vorliegenden Forschungsfragen zu beantworten, wurde in Koopera-
tion mit der Xplosion Interactive GmbH, einer Tochter der Telekom AG, ein
Feldexperiment aufgesetzt. Die Agentur ist für die Steuerung von Retargeting-
Kampagnen eines großen deutschen Sportartikelherstellers verantwortlich. Der
Händler hat rund 30.000 Produkte im Sortiment, welches sich über mehr als 180
Kategorien und rund 600 Marken erstreckt. Im Zeitraum des Feldexperiments
war die Xplosion Interactive GmbH alleiniger Anbieter von Bannerwerbung
für diesen Online-Händler. Dementsprechend kann das Problem konkurrierender
Werbemittel, wie es NOTTORF (2013) aufzeigt, ausgeschlossen werden.

   Das Feldexperiment lief über drei Wochen, von Mitte August bis Ende September und beinhaltete verschiedene Ausgestaltungsformen der Werbung:[62] Um den
Grad an Personalisierung zu variieren, gab es zum einen standardisiertes Retargeting, welches zufällig ausgewählte Produkte enthielt, die nicht auf das Verhalten

---

[60]Vgl. Hoeffler et al. 2013.

[61]Vgl. Hoeffler und Ariely 1999.

[62]Die Performance Media Agentur nutzte zur Zeit des Experiments kein real time bidding.
Das Pricing orientierte sich an vorvereinbarten Raten. Auf diese Art konnte Verzerrung
vermieden werden, die entstehen würde, wenn die Allokation der Impression auf einem
Auktionsnetzwerk basieren würde.

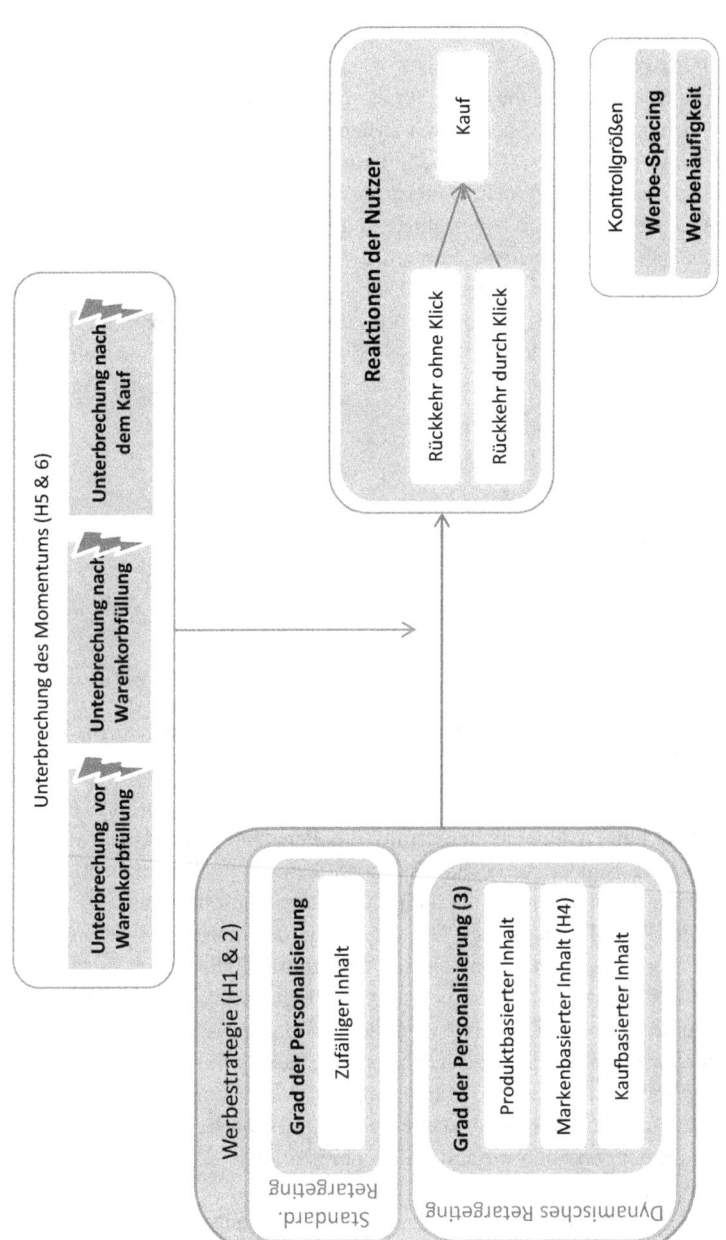

Abbildung 7 Konzeptionelles Modell. (Quelle: eigene Darstellung)

des Nutzers abgestimmt waren. Die Benennung dieser Bannerart erfolgt in Anlehnung an gängige Praxis sowie LAMBRECHT, TUCKER (2013). In diesem Fall ist von standardisiertem Retargeting die Rede, da die generelle Ausspielung des Werbemittels im Nachgang an den Shopbesuch basierend auf einem platzierten Cookie erfolgt und damit bereits die definitorische Grundlage von Retargeting erfüllt. Da der Inhalt des Banners jedoch nicht weiter personalisiert ist, wird die Bezeichnung standardisiertes Retargeting im Unterschied zu dynamischem Retargeting gewählt. Des Weiteren gab es verschiedene Formen dynamischerRetargeting-Banner, die einen unterschiedlichen Grad an Personalisierung abbildeten. Hierbei wurde zwischen Produktenunterschieden, die sich auf die Kategorie zuvor angesehener (1) oder zuvor gekaufter Produkte (2) oder die Marke der zuvor betrachteten Artikel (3) bezog. Abbildung 8 zeigt die Operationalisierung des Grads an Personalisierung anhand der Bannertypen.

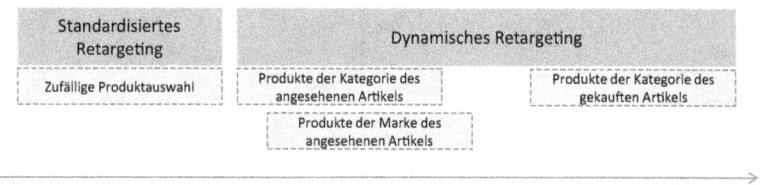

Abbildung 8 Operationalisierung des Grads der Personalisierung anhand der Bannermanipulationen. (Quelle: eigene Darstellung)

Entscheidend bei der Operationalisierung des Personalisierungsgrads war die Tatsache, dass die Banner nie exakt das zuvor betrachtete Produkt enthielten. Innerhalb der Kategorien wurden daraufhin entweder Topseller oder aber zufällig ausgewählte Produkte angezeigt. Die Grundlage des hinterlegten Retargeting Algorithmus war jeweils das vom Nutzer zuletzt im Online-Shop betrachtete Produkt. Die Zuordnung zu den Werbegruppen erfolgte zufällig (Abbildung 9).

Zudem wurden gemessen, ob ein Nutzer beim Verlassen des Onlineshops Artikel im Warenkorb zurückgelassen hat. Dies diente der Identifikation der Nutzer, die den Shop mit einem aktiven Online-Shopping-Momentum verlassen haben. Hierbei wurde unterschieden, ob jemand einen gefüllten oder einen leeren Warenkorb aufwies als der den Shop verlassen hat, oder aber ob er den Shop nach einem Kauf verlassen hatte.

Als Kontrollgrößen wurden die Zeit zwischen zwei ausgestrahlten Bannern, sowie die kumulierte Anzahl erhaltener Banner erfasst. Die Anzahl der Banner,

Abbildung 9 Experimentelles Design des Feldexperiments. (Quelle: Eigene Darstellung)

die ein Nutzer gesehen hat, war endogen bestimmt und es lag kein frequency capping[63] vor. Darüber hinaus sind die Banner nicht auf speziell ausgewählten Seiten oder Umfeldern ausgespielt worden. Es wurde kein Real-time-Bidding betrieben und die Werbung wurde nicht programmatisch ausgespielt. Während des Feldexperiments führte der Online-Shop auch keine anderen Promotion- oder Werbeaktivitäten durch. Einschränkend muss darauf hingewiesen werden, dass ein Nutzer einem Cookie entspricht. Dementsprechend ist es möglich, dass durch Cookie-Löschung sowie Cross-Device-Nutzung mehrere Individuen zu einer tatsächlichen Person gehören. Der Datensatz beinhaltet 2.323.949 Adimpressions, die an 48.117 Nutzern ausgespielt wurden. In Summe wurden 3.013 Banner angeklickt und 776 Käufe abgeschlossen. In Anlehnung an bisherige Forschung wird die höchst mögliche Granularität der Daten genutzt.[64] Demnach basiert das Modell auf der Einheit jeder Impression, die ein einzelner Nutzer gesehen hat. Die Zeit wurde an dieser Stelle nicht aggregiert, sondern mit jeder Nutzeraktion das granularste Level beibehalten, um keinerlei Informationsverlust zu erleiden.

---

[63]Im Fall von Display Werbung gibt **frequency** die durchschnittliche Häufigkeit an mit der ein Banner einem einzelnen Nutzer innerhalb einer gegebenen Zeitspanne angezeigt wird. **Frequency capping**, ist dementsprechend die maximale Häufigkeit für die Auspielung eines Banners für einen einzelnen Nuzter in einem vorgegebenen Zeitrahmen. Frequency Caps werden eingesetzt, um Verschwendung von Media Budget im Sinne von zu viel Werbedruck auf einer kleinen Zahl von Nutzern zu vermeiden. Zudem zielt es darauf an den Nutzer durch zu viel Werbung abzuschrecken.

[64]Vgl. Tellis und Franses 2006.

3.3.2 Methodisches Vorgehen

Gegenstand dieser Analyse ist die Zeit von Aussendung eines Banners bis zu Klick, Rückkehr ohne Klick oder Kauf als Reaktion auf das Retargeting-Banner in Abhängigkeit von Ausgestaltung der Banner (dynamisch oder statisch sowie vers. berücksichtigte Präferenzen) sowie der Ausprägung eines Online-Shopping-Momentums. Der Fokus liegt hierbei auf dem generellen Effekt von Retargeting auf das Eintreten einer Reaktion sowie der Zeit bis zu einer solchen Reaktion. Um diesen Fokus zu ermöglichen, wird eine Zeitreihenanalyse in Form einer Survival Analyse gewählt. Bei dieser Methode[65] wird ein bestimmtes Ereignis (Event) über eine gewisse Zeit hinweg untersucht[66]. Die Methode hat ihren Ursprung in den Forschungsgebieten der Medizin und der Biologie. In diesem Bereich wird die Survival Analyse zum Beispiel als Messgrundlage verwendet, wobei das Event nicht immer der Tod des Patienten sein muss. Es können auch Ereignisse wie Einlieferung im Krankenhaus nach einer bereits überstanden Krankheit oder Geburt des ersten Kindes betrachtet werden. Der Terminus „Survival" deutet auf den Zeitpunkt des Eintritts des Events im Laufe der Zeit hin[67]. Die Survival Analysis kann zwei Zielen dienen: Zum einen kann der Zeitpunkt ermittelt werden, zu dem ein Event eintritt und zum anderen kann zusätzlich die Ursache für den Abbruch oder die Veränderung eines Events untersucht werden[68]. Aus diesem Grund adaptierten nach und nach weitere Forschungsgebiete diese Methode als Grundlage für ihre Untersuchungen.[69] Auch in der Wirtschaft kann die Verwendung von Survival Analysis von großem Nutzen sein. Die Methode ermöglicht zum Beispiel:

- das Planen von zukünftigen Ressourceneinsätzen in Abhängigkeit von eintretenden Ereignissen,
- die Angabe, welche Informationen oder Daten ein Kunde in gewissen Zeitabständen benötigt,
- das Planen und Verwalten von Customer Lifecycle Management[70],
- ein breiteres Verständnis über die Faktoren, die den Verbleib des Kunden in gewissen Zuständen verlängern oder verkürzen.

---

[65]In der Literatur werden auch oft Begriffe wie „time to failure", „survival time" oder „duration data" verwendet.

[66]Vgl. Elandt-Johnson und Johnson 1980.

[67]Vgl. Perrigot et al. 2004.

[68]Vgl. Melnyk et al. 1995; Helsen und Schmittlein 1993.

[69]Vgl. Jung et al. 2012; Fader und Hardie 2009.

[70]Das Customer Lifecycle Management (CLM) überwacht mehrere kundenbezogenen Faktoren im Hinblick auf deren Veränderung von Unternehmensperformance.

Das Risiko h des Eintretens eines Ereignisses i zum Zeitpunkt t lässt sich als Produkt zweier Komponenten beschreiben. Zum einen das Basisrisiko $h_0(t)$, welches das Risiko pro Zeiteinheit für den Fall definiert, dass alle Kovariate 0 wären. Zum anderen den responsiven Effekt der Kovariaten auf das Risiko: $\exp\left[\sum_{j=1}^{J} \beta_j x_{ij}\right]$.

Dementsprechend ist die formale Darstellung des Risikos für einen Klick, Rückkehr oder Kauf, wie folgt:

$$h_i(t) = h_0(t) \exp\left[\sum_{j=1}^{J} \beta_j x_{ij}\right] \tag{1}$$

Die Größe x_{ij}, $i = 1...J$ bilden den Wert der n-ten Kovariate ab, β stellt den zu schätzenden Regressionskoeffizienten der Einflussvariablen dar. Verändert sich somit der Wert der Einflussvariablen, bestimmt ß die zu erwartende Risikoveränderung bezogen auf die Einflussvariablen einer Einheit. Ein solches parametrisches Zeitreihenmodell erfordert, dass eine Grundannahme über die funktionale Form des Risikos vorliegen muss. Hierbei bieten sich im vorliegenden Fall verschiedene Verteilungen an, wie beispielsweise eine Weibull-, Loglogistische oder Lognormal-Verteilung. In Anlehnung an LAMBRECHT UND TUCKER (2011) wurde eine Weibull Verteilung als funktionale Form für h_0 gewählt[71]. Diese ermöglicht eine über die Zeit variierende Entwicklung des Risikos. Dementsprechend kann das Basisrisiko wie folgt dargestellt werden:

$$h_0(t) = pt^{p-1} exp(\beta_0) \tag{2}$$

P ist ein Hilfsparameter, der die Form der Verteilung in Abhängigkeit der Daten bestimmt, während der sogenannte „Scale Parameter" als $\exp(\beta_0)$ parametrisiert wird. Es wurden weitere Verteilungen getestet und gegenübergestellt, wobei die Weibull-Verteilung stets den besten Fit aufgewiesen hat (vgl. Abschnitt 3.3.3).

Das vorliegende Modell gestaltet sich dementsprechend wie folgt:

$$h(t \mid Produktbasis, Auswahlbasis, Momentum) =$$

$$h_0(t) exp \{\beta_1 Produktbasis + \beta_2 Auswahlbasis + \beta_3 Momentum$$

$$+ \beta_4 Momentum * Produktbasis + \beta_5 Momentum * Auswahlbasis$$

---

[71] Im folgenden Kapitel werden verschiedene Verteilungen getestet und die Gütekrterien weisen für alle Modelle die Weibull Verteilung als die passendste aus.

$$+ \beta_6 kum. Adimpressions + \beta_7 Interbannertime\}$$ (3)

Die Produktbasis zeigt hierbei die Ausprägung des dynamischen oder statischen Retargetings an, während die Auswahlbasis angibt, ob die im Banner gezeigten Produkte zufällig aus ihrer Kategorie ausgewählt wurden oder die Topseller der Kategorie sind. Das Momentum wurde hier, in Anlehnung an die Ergebnisse aus Studie 1, mittels des Vorliegens eines gefüllten Warenkorbs bei Verlassen der Website operationalisiert. Darüber hinaus wurden die Interaktionen des Momentums sowohl mit der Produktbasis der Banner als auch der Auswahlbasis berücksichtigt. Neben den Kovariaten wird im Modell zudem die kumulierte Anzahl bereits erhaltener Banner eines Nutzers (*kum. Adimpressions*) berücksichtigt. Auf diese Weise wird für den Wear-out-Effekt von Bannern kontrolliert.[72] Darüberhinaus wird für die Zeitabstände zwischen den ausgesendeten Impressionen kontrolliert (*Interbannertime*). Zudem werden nutzerspezifische Charakteristika sowie Verhalten berücksichtigt, indem die nutzerspezifischen Fehlerterme angepasst werden. Da die Failure-Zeiten eines Nutzers untereinander korrelieren, werden die Fehlerterme innerhalb eines Nutzers korrigiert, um die erhöhte Variabilität der Schätzer innerhalb eines Nutzers zu berücksichtigen.[73] Bei der Berechnung des Modells wird zusätzlich berücksichtigt, dass ein User mehrere „Failure" (Klick, Rückkehrs oder auch Checkouts) haben kann. Zudem wird berücksichtigt, dass diese Eintrittswahrscheinlichkeiten der Ereignisse Klick, Rückkehr oder Check-Out nicht völlig unabhängig voneinander sind. Die Tatsache, ob ein Nutzer bereits einmal oder sogar mehrfach auf ein Banner geklickt hat, beeinflusst die Wahrscheinlichkeit eines weiteren Klicks.

Im nächsten Kapitel werden die Untersuchungsergebnisse zunächst deskriptiv und darauffolgend auf Basis der vorliegenden Daten und des parametrischen Modells erläutert.

3.3.3 Ergebnisse der Untersuchung
Erste deskriptive Erkenntnisse

Eine rein deskriptive Betrachtung der Häufigkeiten zeigt bereits erste interessante Erkenntnisse (vgl. Abbildung 10): So wird schnell deutlich, dass sich die unmittelbare Reaktion auf ein Banner und die mittelbare Reaktion (Rückkehr zu Webseite ohne vorherigen Klick) deutlich voneinander unterscheiden. Generell ist

---

[72] Vgl. Braun und Moe 2013; Chatterjee et al. 2003; Manchanda et al. 2006; Yaveroglu und Donthu 2008.

[73] Da die Analysen mit Stata/SE 14.1 durchgeführt wurden, konnte die Funktion vce (cluster x) angewandt werden, um die Abhängigkeiten der Reaktionszeiten eines Nutzers von seinen übrigen Reaktionszeiten zu berücksichtigen.

das Verhältnis ausgesandter Banner (Impressionen) zu Klicks deutlich niedriger als zur indirekten (also nicht durch Klick auf das Banner erfolgten) Rückkehr zur Seite. Im Fall der direkten Reaktion in Form eines Klicks weisen die Banner mit angesehenen Artikeln eine signifikant höhere Klickrate auf als die übrigen Bannerformen (Angesehene-Artikel-Banner: 0,29 %** vs. Kaufartikelbanner 0,19 %; Markenartikelbanner 0,15 %; standardisiertes Retargeting: 0,13 %). Gleichzeitig folgt signifikant häufiger auf Kaufartikelbanner eine Rückkehr zur Webseite ohne Klick als auf andere Bannerarten (Kaufartikelbanner: 1.99 %*** vs. Angesehene-Artikel-Banner: 1.65 %; Markenbanner 0,71 %; standardisiertes Retargeting: 1.31 %).

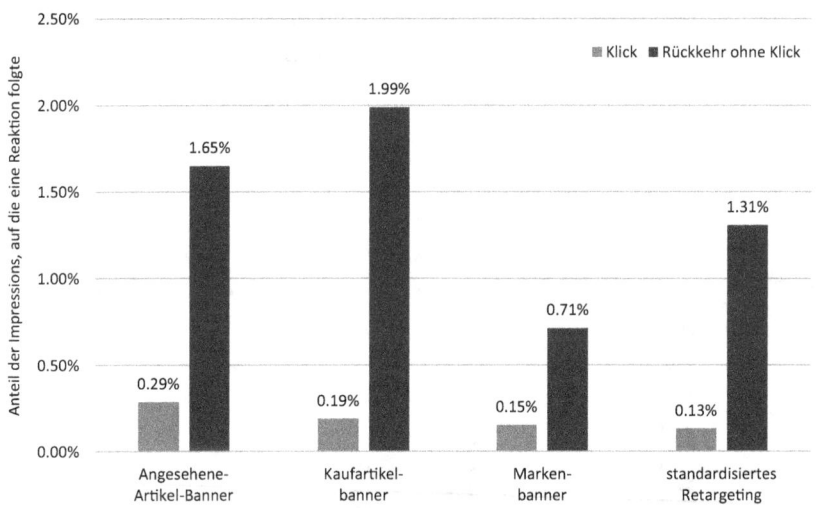

Abbildung 10 Deskriptive Gegenüberstellung der Reaktionen auf Bannertypen. (Quelle: eigene Darstellung)

Auch die Gegenüberstellung der Ausgestaltungsformen – also die zufällige Wahl von Artikeln oder die Wahl von Topsellern innerhalb der durch die Bannerart bestimmten Kategorie – zeigt deutliche Unterschiede in Klick- und Rückkehrraten. Während sich Topseller und zufällig ausgewählte Produkte in ihrer Wirkung nicht sonderlich unterscheiden, zeigt sich auch hier, dass der Anteil an ausgesandten Impressionen, auf die ein Nutzer mit einer Rückkehr ohne Klick reagiert hat deutlich höher ist als der Anteil von Bannern, die geklickt wurden

(Rückkehr: Topseller 1,37 %und Random 1,38 % Klick: Topseller 0,24 %und Random 0,19 %).

Ebenfalls interessant ist derVergleich der Reaktionen von Nutzern, die den Shop mit einem aktiven Online-Shopping-Momentum verlassen haben, mit Reaktionen solcher Nutzer, die kein aktives Online-Shopping-Momentum beim Verlassen des Shops aufgewiesen haben (vgl. Abbildung 11). So zeigt sich, dass bei vorliegendem Momentum die Rate der Impressionen, auf die eine Rückkehr ohne Klick folgt, deutlich höher ist, als ohne Momentum (kein Momentum 1,67 % vs. Momentum 2,65 % vs. Nachkauf 0,19 %). Bei Klick hingegen zeigt sich kein signifikanter Unterschied zwischen Banner, die ausgesendet wurden, wenn der Nutzer den Shop mit einem Shopping-Momentum verlassen hat oder ohne Momentum. Bei Betrachtung des Kaufswird jedoch deutlich, dass Banner, die bei aktivem Momentum ausgesandt werden, mehr als 5-mal so häufig zum Kauf führen (kein Momentum 0,09 % vs. Momentum 0,52 % vs. Nachkauf 0,37 %).

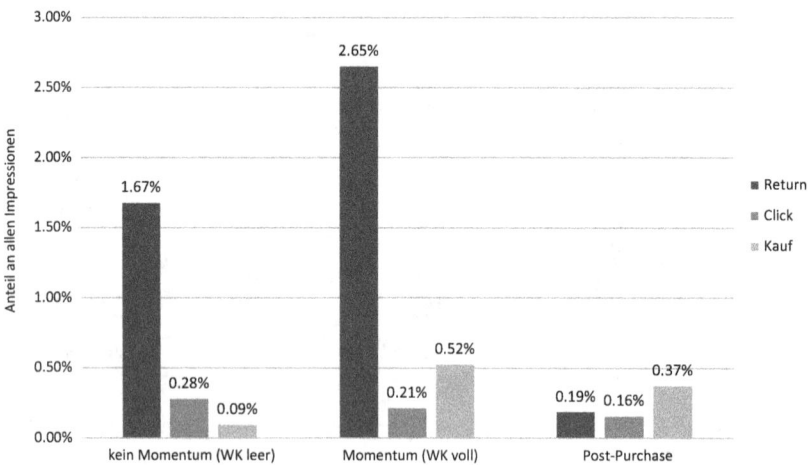

Abbildung 11 Deskriptive Gegenüberstellung der Reaktionen bei vorliegendem Momentum und ohne Momentum. (Quelle: eigene Darstellung)

Ergebnisse der parametrischen Zeitreihenmodelle

Um die ersten Auffälligkeiten der deskriptiven Ergebnisse genauer zu analysieren, werden im Folgenden die Ergebnisse der parametrischen Zeitreihen-Modelle vorgestellt. Die final gewählten parametrischen Modelle unter Berücksichtigung von mehrfachen Ereignissen bei ein und demselben Nutzer und der Abhängigkeit jeder Aktivität von der Vorherigen wurde für drei abhängige Größen: Klick, Rückkehr und Kauf berechnet. Im Weiteren werden zwei Perspektiven fokussiert: So wird zunächst ein **Hazard Modell** berechnet mit dem Ziel die Risikoraten des Eintretens der drei Ereignisse zu bestimmen (siehe Tabelle 6 und Tabelle 7). Im Anschluss daran wird ein **Accelerated Failure Time Modell** berechnet, welches den Fokus auf die Dauer bis zum Eintreten der Ereignisse legt (siehe Tabelle 8).

Tabelle 6 Vergleich der Risiko-Verteilungen (bester Wert jeweils fett hervorgehoben). (Quelle: eigene Darstellung)

	LogLiklihood	AIC	BIC
Rückkehr			
Weibull	**−43930,29**	**47040,02**	**47.255,57**
Loglogistic	konvergiert nicht		
Lognormal	−45.062,47	65.692,39	65.907,94
Exponentiell	−46.337,65	49.020,54	49.224,11
Klick			
Weibull	**−7774,17**	**15584,34**	**15799,89**
Loglogistic	−8232,29	16500,60	16716,15
Lognormal	−9127,63	18291,27	18506,82
Exponentiell	−7827,74	15689,49	15893,06
Check-Out			
Weibull	**−3247,96**	**6533,93**	**6748,26**
Loglogistic	−3315,61	6669,21	6883,54
Lognormal	−3247,96	7119,83	7334,16
Exponentiell	−3322,07	6680,15	6883,20

Basis eines jeden parametrischen Zeitreihen-Modells ist die zugrundeliegende Annahme über die Verteilung des Risikos. Während eine Weibull-Verteilung sowohl aufgrund der Erfahrung aus der Praxis als auch im direkten Vergleich zu den anderen Verteilungen mittels AIC und BIC die adäquateste Verteilung darstellt (vgl. Tabelle 6), sind eine Logistische sowie lognormal-Verteilung ebenfalls theoretisch denkbar. Tabelle 6 zeigt vier Verteilungen im Vergleich für alle drei Modelle (Wirkung auf Rückkehr, Klick und Kauf). Weibull zeichnet sich hier durchgehend durch die besten Ausprägungen der Gütekriterien aus (je kleiner AIC und BIC – desto besser). Um die Validität der Ergebnisse zusätzlich zu

Tabelle 7 Ergebnisse der Parametrischen Modelle für Rückkehr, KlickundKauf – Hazard. (Quelle: eigene Darstellung)

Charakteristika	Rückkehr		Klick		Kauf	
	Hazard-Ratio	p-Wert	Hazard-Ratio	p-Wert	Hazard-Ratio	p-Wert
Konstante	**0,007**	0,000	**0,0003**	0,000	**0,0004**	0,000
Bannerart						
Angeseh. Artikel	**1,162**	0,000	**1,948**	0,000	**0,798**	0,082
Kaufartikel	**2,329**	0,000	**1,793**	0,001	**2,736**	0,000
Markenartikel	**0,393**	0,000	**0,675**	0,006	**0,161**	0,000
Inhalt						
Topseller (TS)	**0,578**	0,000	**0,563**	0,000	1.020	0,851
Momentum						
Momentum liegt nach gefülltem WK vor	**1,740**	0,000	**0,589**	0,040	**5,645**	0,000
Evtl. Momentum nach Kauf	**1,198**	0,015	0,792	0,277	**2,471**	0,000
Momentum * Bannerart						
WK * Angesehen	**0,798**	0,011	1,379	0,265	0,994	0,978
WK * Kaufartikel	0,931	0,676	1,486	0,503	**0,345**	0,008
WK * Markenartikel	0,581	0,105	0,358	0,327	**$3{,}60e^{-06}$**	0,000
Nach Kauf * Angesehen	**0,827**	0,060	0,698	0,211	1,143	0,700

(Fortsetzung)

Tabelle 7 (Fortsetzung)

Charakteristika	Rückkehr		Klick		Kauf	
	Hazard-Ratio	p-Wert	Hazard-Ratio	p-Wert	Hazard-Ratio	p-Wert
Nach Kauf * Kaufartikel	**0,397**	0,000	0,851	0,594	**0,381**	0,006
Nach Kauf * Markenartikel	**1,21e^{-07}**	0,000	**1,85e^{-06}**	0,000	**4,86e^{-06}**	0,000
Momentum * Inhalt						
WK * Topseller	**−0,161**	0,031	**1,478**	0,026	1,044	0,825
Nach Kauf * Topseller	**0,445**	0,009	**1,539**	0,030	1,013	0,958
Besuchsgrundlage						
Klick	–	–	–	–	**0.227**	0,000
Interbannertime	**0,999**	0,000	**0,998**	0,000	**0,999**	0,000
Kum. Impressionen	**0,998**	0,000	1,001	0,052	**0,992**	0,000
N	1.173.016		1.173.016		585.702	
Nutzer	48.117		48.117		17.042	
Overall Time at risk (Min.)	422.280.999,7		422.280.999,7		190.753.949,3	
Log-Likelihood	−23502,01		−7774,17		−3247,9641	
Wald Chi	6815,85		3706,98		3189,69	

Tabelle 8 Ergebnisse der Parametrischen Modelle für Rückkehr, KlickundKauf – Accelerated-Failure-Time-Modelle

Charakteristika	Rückkehr		Klick		Kauf	
	Koeffizient	p-Wert	Koeffizient	p-Wert	Koeffizient	p-Wert
Konstante	6,935	0,000	9,810	0,000	10,554	0,000
Bannerart						
Angeseh. Artikel	−0,212	0,000	−0,815	0,000	0,309	0,082
Kaufartikel	−1,197	0,000	−0,715	0,001	−1,384	0,000
Brand	1,323	0,000	0,481	0,006	2,513	0,000
Inhalt						
Topseller (TS)	0,776	0,000	0,702	0,000	−0,279	0,851
Momentum						
Moment liegt vor nach gefülltem WK	−0,784	0,000	0,648	0,040	−2,380	0,000
Evtl. Momentum nach Kauf	−0,256	0,015	0,286	0,277	−1,244	0,000
Momentum * Bannerart						
WK * Angeseh. Artikel	0,318	0,011	−0,393	0,265	0,009	0,978
WK * Kaufartikel	0,099	0,676	−0,485	0,503	1,464	0,008
WK * Brand	0,767	0,105	1,255	0,327	17,239	0,000
Nach Kauf * Angeseh. Artikel	0,269	0,060	0,439	0,211	−0,185	0,700
Nach Kauf * Kaufartikel	1,308	0,000	0,197	0,594	1,323	0,006
Nach Kauf * Brand	22,552	0,000	16,153	0,000	16,827	0,000
Momentum * Inhalt						

(Fortsetzung)

Tabelle 8 (Fortsetzung)

Charakteristika	Rückkehr		Klick		Kauf	
	Koeffizient	p-Wert	Koeffizient	p-Wert	Koeffizient	p-Wert
WK * Topseller	**−0,530**	0,031	**−0,478**	0,026	−0,059	0,825
Nach Kauf * Topseller	**−0,815**	0,009	**−0,528**	0,030	−0,018	0,958
Besuchsgrundlage						
Klick	—	—	—	—	2,039	0,000
Interbannertime	0,002	0,000	0,002	0,000	0,002	0,000
Kum. Impressionen	0,003	0,000	−0,001	0,052	0,010	0,000
N	1.173.016		1.173.016		585.702	
Nutzer	48.117		48.117		17.042	
Overall Time at risk (Min.)	422.280.999,7		422.280.999,7		190.753.949,3	
Log-Likelihood	**−23502,01**		**−7774,17**		**−3247,9641**	
Wald Chi	**3743,40**		**1269,97**		**729,04**	

untermauern, wurden die Modell ebenfalls mit anderen zugrunde gelegten Verteilungen des Risikos berechnet (siehe Anhang 10:). Die Ergebnisse weichen zwar in der Stärke der Koeffizienten von denen der Weibull-Verteilung ab, jedoch zeigen sie dieselben Tendenzen. Dies bestätigt die Passung des gewählten Modells sowie der angenommenen Verteilung des Risikos.

Im Folgenden wird nun zunächst das Hazard-Modell mit dem Fokus auf die Eintrittswahrscheinlichkeit der Ereignisse Klick, Rückkehr ohne Klick und Kauf dargelegt. Darauffolgend wird die beschleunigende oder verlangsamende Wirkung von Retargeting auf die Erfolgsgrößen mittels Accelarated-Failure-Time-Modell fokussiert.

Hazard Modell: Zunächst wird deutlich, dass sowohl für Klick als auch für Rückkehr die Ausgestaltung des dynamischen Retargetings entscheiden ist. Es kann hier nicht von einer generellen Überlegenheit des dynamischen Retargetings gesprochen werden. So steigern zwar angesehene sowie gekaufte Artikel die Wahrscheinlichkeit zurückzukehren (HR: angesehene Artikelkategorie 1,162***; gekaufte Artikelkategorie 2,329***) und/oder zu klicken (HR: angesehene Artikelkategorie 1,948***; gekaufte Artikelkategorie 1,793***), reine Markenbanner reduzieren jedoch die Rückkehr und Klickwahrscheinlichkeit im Vergleich zu standardisiertem Retargeting sogar (HR: Rückkehr 0,393***; Klick 0,675***). Im Fall von Klick als abhängige Größe wirken die Banner mit Produkten der Kategorie der zuvor vom Nutzer angesehenen Artikel am besten, während besonders Kaufartikelbanner zu einer Rückkehr ohne Klick führen.

Nutzer, die ein aktives Online-Shopping-Momentumbeim Verlassen des Shops aufweisen, zeigen eine überraschenderweise geringere Klickwahrscheinlichkeit (HR: 0,589**) als Nutzer, die ohne gefüllten Warenkorb den Shop verlassen. Jedoch kehren solche Nutzer mit aktivem Momentum wahrscheinlicher von selbst zurück (HR: 1,740***). Bereits der Vergleich des Risikos für Klick und Rückkehr ohne Klick in Abhängigkeit von der Zeit zeigt (siehe Abbildung 12), dass Nutzer, die den Online-Shop mit einem aktiven Online-Shopping-Momentum verlassen keine höhere Bereitschaft aufweisen, zu klicken. Umso überraschender ist jedoch die Erkenntnis, dass Nutzer mit einem aktiven Online-Shopping-Momentum eine höhere Wahrscheinlichkeit aufweisen auf einem anderen Weg zum Shop zurückzukehren.

Es zeigt sich darüber hinaus, dass die Wahl Topseller im Banner anzuzeigen sich nicht direkt positiv auswirkt (HR: Rückkehr 0,578***; Klick 0,563***). Lediglich in Interaktion mit einem vorliegenden aktiven Online-Shopping-Momentum führt es zu einer gesteigerten Klickwahrscheinlichkeit (HR: Klick 1,478**). Auf die Rückkehr ohne Klick wirkt sich dieselbe Interaktion jedoch sogar negativ aus (HR: Rückkehr. −0,161**)

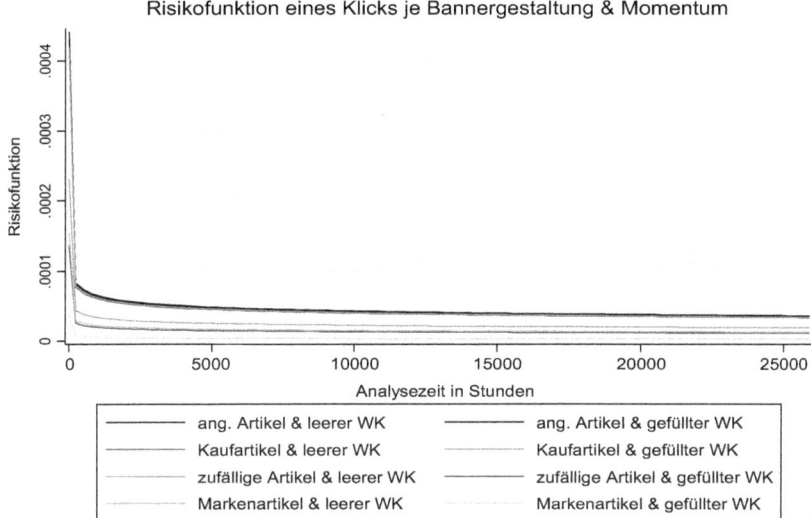

Abbildung 12 Risikofunktion für den Klick auf ein Banner je Bannerausgestaltung und Momentum. (Quelle: eigene Darstellung)

Accelerated-Failure-Time-Modell: In einem zweiten Schritt wurden für alle drei Gleichungen Accelerated-Failure-Time-Modelle berechnet, um genauere Aussagen über die Auswirkung der Bannerarten sowie des Momentums auf die Zeit bis zum Klick, Rückkehr oder Kauf treffen zu können. Hierbei zeigt sich sehr deutlich, welche Auswirkungen die unterschiedlichen Bannerarten sowie die Tatsache, ob jemand im Online-Shopping-Momentum den Shop verlässt, auf die Zeit bis zum Klick oder Rückkehr oder auch sogar Kauf haben:

Im Fall der Bannerarten wirken sowohl die Angesehene-Artikel-Banner (Angesehene-Artikel-Banner: Rückkehr: Koeffizient $-0,212$*** ➜ Verringerung der Dauer um 20 %[74]; Klick: Koeffizient $-0,815$*** ➜ Verringerung der Dauer um 54 %; Kauf: Koeffizient $0,309$* ➜ Steigerung der Dauer um 36 %) als auch die Kaufartikelbanner Banner (Kaufartikelbanner: Rückkehr: Koeffizient $-1,197$*** ➜ Verringerung der Dauer um 70 %; Klick: Koeffizient $-0,715$*** ➜ Verringerung der Dauer um 52 %; Kauf: Koeffizient $-1,384$*** ➜ Verringerung der Dauer um 75 %) mehrheitlich beschleunigend im Vergleich zu standardisiertem Retargeting (standardisiertes Retargeting war die

---

[74]Die Verzögerung oder Beschleunigung errechnet sich durch $e^{Koeffizient} - 1$

Referenzkategorie). Fokussiert man jedoch auf die Zeit bis zum Kauf, zeigt sich, dass entgegen allen Erwartungen, angesehene-Artikel-Banner die Zeit bis zum nächsten Kauf erhöhen, während Kaufartikelbanner, also solche mit Produkten der Kategorie bereits gekaufter Artikel, den erneuten Kaufprozess beschleunigen. Die Tatsache, dass Kaufartikelbanner zudem die Wahrscheinlichkeit eines Klicks erhöhen und dieser Klick zudem signifikant schneller passiert als bei anderen Bannertypen, deutet auf den Abbau von Nachkaufdissonanzen hin[75].

Lediglich die Markenbanner, als Form des dynamischen Retargetings führen zu einer Verzögerung von Rückkehr und Klick. Hierbei ist allerdings zu berücksichtigen, dass der verzögernde Effekt bei Rückkehr ohne Klick deutlich stärker ausgeprägt ist als bei Rückkehr durch Klick (Rückkehr: Koeffizient 1,323*** → Steigerung der Dauer um 275,5 %; Klick: Koeffizient 0,481*** → Steigerung der Dauer um 61,8 %). Generell muss dementsprechend festgehalten werden, dass Markenbanner zu einer Verlangsamung des Kaufprozesses, wohingegen Banner mit Produkten der Kategorie angesehener Artikel den Prozess beschleunigen.

Einen weiteren deutlichen Effekt auf die Wirkungszeit zeigt das Online-Shopping Momentum: Verlässt ein Nutzer den Shop mit einem aktivierten Online-Shopping-Momentum, so reduziert sich die Zeit bis zur Rückkehr ohne Klick um fast die Hälfte im Vergleich zum nicht aktivierten Momentum. Gleichzeitig erhöht sich die Zeit bis zum Klick sogar. (Rückkehr: Koeffizient $-0,784$*** → Verringerung der Dauer um 55 %; Klick: Koeffizient 0,648*** → Steigerung der Dauer um 91 %).

Des Weiteren kann festgehalten werden, dass Nutzer, die ohne Klick direkt zur Seite zurückkehren, signifikant schneller kaufen. Zudem beschleunigt die Anzeige von Topsellern im Vergleich zu zufällig ausgewählten Artikeln einer Kategorie den Kaufprozess ebenfalls.

Da der Klick oder die Rückkehr auf die Seite die Grundvoraussetzung für einen Kauf auf der Seite sind, soll zusätzlich noch getestet werden, ob das Nutzerverhalten in Bezug auf Klick und Rückkehr sowie Kauf je nach Bannertyp gleichbleibt. Um diesen Vergleich der Koeffizienten über die verschiedenen Gleichungen hinweg zu ermöglichen, wird ein „seemingly unrelated regression"-Modell für die drei Gleichungen berechnet[76]. Auf diese Weise können die Fehlerterme der Gleichungen mit einander korrelieren. Der Joint Test im Rahmen des „seemingly unrelated regression"-Frameworks zeigt, dass die Null-Hypothese, dass das Nutzerverhalten sich bezüglich Klick und Rückkehr nicht ändert, nicht für alle Bannertypen wiederlegt werden kann: Für Banner mit Produkten der

---

[75]Vgl. Bui et al. 2011; Liao 2017.
[76]Sahni und Nair 2018; Zellner 1962.

Kategorie angesehener Artikel sowie für die Markenbanner, kann die Hypothese widerlegt werden (angesehene Artikel: p = 0,000; Markenbanner: p = 0,000). Für Kaufartikelbanner kann sie hingegen nicht widerlegt werden (p = 0,118). Dementsprechend wirken Kaufartikelbanner gleichermaßen auf Klick und Rückkehr, wohingegen angesehene Artikel- und Markenbanner unterschiedliche Reaktionen hervorrufen.

Schließlich wird noch für verschiedene Formen der Endogenität und der Sample Selection kontrolliert, um zu überprüfen, ob besonders die Effekte des Modells für Kauf robust sind. Die Herausforderung liegt darin, dass sich im Modell für Kauf die Nutzer selbst durch einen Klick oder aber die Rückkehr auf die Seitein die Grundgesamtheit der zu berechnenden Gleichung selektieren. Daher liegt an dieser Stelle ein sogenannter „Self-selection Bias" vor. Darüber hinaus wählt der Nutzer die Besuchsgrundlage, via Klick oder direkt auf die Seite zu kommen, selbst. Damit wird die Voraussetzung eines exogenen Treibers für Klick und Rückkehr in der Gleichung für Kauf nicht mehr erfüllt. Um die Validität der bislang dargestellten Ergebnisse dennoch zu untermauern, wird die Problematik eines endogenen Regressors mit Hilfe einer Instrumentvariable adressiert. Hierzu wird ein „two-stage least square (2SLS) random effects"-Modell berechnet, welches Besuchsgrundlage als endogene Variable betrachtet und die exogenen Einflussgrößen der Zeitreihenmodelle für Klick bzw. Rückkehr ohne Klick als Instrumentvariablen nutzt. Das Ergebnis zeigt, dass die Koeffizienten dieselben Vorzeichen aufweisen wie das bisherige Modell. Abweichungen in der Effektstärke lassen sich vor allem durch den im 2SLS-Modell nicht berücksichtigten Einfluss der Zeit begründen. Dennoch unterstreichen die Ergebnisse deutlich die Validität der bisherigen Resultate und bestätigen, dass die explizite Berücksichtigung der Endogenitätsproblematik die Ergebnisse nicht grundlegend ändert.

3.4   Diskussion der Ergebnisse

Im Rahmen der zweiten Studie wurden mit Hilfe eines Feldexperiments sechs Hypothesen überprüft. Tabelle 9 zeigt die Ergebnisse für die Hypothesen im Überblick.

Die erste Hypothese kann vollständig angenommen werden. Sämtliche Formen des dynamischen Retargetings im Feldexperiment wiesen signifikant bessere Erfolgswahrscheinlichkeiten für alle Erfolgsgrößen – Rückkehr ohne Klick, Klick und Kauf – auf. Im Gegensatz dazu konnte die zweite Hypothese nur teilweise angenommen werden: Entgegen der aufgestellten Vermutung wirkten nicht alle

Tabelle 9 Zusammenfassende Ergebnisse der Hypothesenprüfung. (Quelle: eigene Darstellung)

Bezeichnung	Hypothese	Klick	Rückkehr	Kauf
H1	*Dynamisches Retargeting weist höhere Erfolgsraten in Bezug auf die Erfolgsgrößen Rückkehr (ohne Klick), Klick und Kauf auf als standardisiertes Retargeting*	✔	✔	✔
H2	*Dynamisches Retargeting führt zu schnellerem Erfolg in Bezug auf die Größen Rückkehr (ohne Klick), Klick und Kauf als standardisiertes Retargeting.*	✔	✔	(✔)
H3	*Die Überlegenheit von dynamischem Retargeting gegenüber standardisiertem Retargeting nimmt mit zunehmender Personalisierung ab.*	✗	✗	✗
H4	*Retargeting-Banner, die Markenattribute für die Personalisierung nutzen, wirken positiver auf die Erfolgsgrößen Rückkehr, Klick und Kauf als Retargeting-Banner die Produktattribute nutzen.*	✗	✗	✗
H5	*Ein aktives Online-Shopping-Momentum bei Verlassen des Online-Shops verstärkt die Effektivität des dynamischen Retargetings, wobei dieser positive Effekt je nach Bannertyp variiert.*	(✔)	n. s.	(✔)
H6	*Der verstärkende positive Effekt des aktiven Online-Shopping-Momentums ist für Markenbanner weniger stark ausgeprägt als für die übrigen produktattributbasierten Bannertypen.*	n. s.	n. s.	n. s.

✔ Hypothese wie postuliert angenommen; ✗ Effektrichtung entgegengesetzt zur postulierten Wirkrichtung; n. s. Effekte sind nicht signifikant

dynamischen Retargeting-Banner beschleunigend. Lediglich die Kaufartikelbanner beschleunigten den gesamten Prozess von Klick oder Rückkehr bis Kauf. Die Angesehene-Artikel-Banner beschleunigen lediglich die Rückkehr mit oder ohne Klick, nicht aber den Kauf. Entgegen der Erwartung von Hypothese 3 steigerte das Ausspielen von Artikeln der Kategorie gekaufter Artikel trotz der stärksten Personalisierung die Rückkehr- und Kaufwahrscheinlichkeit am meisten im Vergleich zu allen anderen Bannertypen. Die Angesehene-Artikel-Banner, welche die niedrigste Personalisierung der dynamischen Retargeting-Banner darstellte, wies die zweithöchste Rückkehr- sowie die höchste Klickwahrscheinlichkeit auf. Markenbanner wiesen sogar eine niedrigere Klick- und Rückkehrwahrscheinlichkeit als standardisiertes Retargeting auf. Dementsprechend wurde Hypothese 3 nicht bestätigt. An dieser Stelle muss jedoch darauf hingewiesen werden, dass die genutzten Bannertypen keinen stringent zunehmenden Grad der Personalisierung widerspiegeln. Markenbanner wurden ohnehin separat betrachtet. Die hierzu formulierte Hypothese 4, dass Markenbanner erfolgreicher wären als produktattributbasierte Banner, muss abgelehnt werden. Markenbanner waren deutlich weniger effektiv als Banner mit angesehenen Produkten oder Kaufartikelbanner. Zudem wirkten Markenbanner deutlich stärker verlangsamend auf die Rückkehr ohne Klick als auf den Klick selbst, während dieser Effekt bei den anderen Retargeting-Formen nicht nachgewiesen werden konnte. Schließlich ließ sich Hypothese 5, die besagt, dass sich ein aktives Online-Shopping-Momentum beim Verlassen des Online-Shops positiv auf die Wirkung von Retargeting auf die Erfolgsgrößen auswirkt, vollständig bestätigen. Zunächst zeigte sich, dass ein aktives Online-Shopping-Momentum die Rückkehr-Wahrscheinlichkeit deutlich steigert, während es die Wahrscheinlichkeit zu klicken sogar verringert. Im Fall von Rückkehr variiert dieser Effekt nicht deutlich je nach Bannertyp. Im Gegensatz dazu zeigt sich jedoch bei der Interaktion von einem aktiven Momentum und Kaufartikel- sowie Angesehene-Artikel-Bannern, dass diese eine signifikant höhere Klickwahrscheinlichkeit aufweisen als dieselben Banner bei fehlendem Momentum. Hypothese 6, die sich auf die geringere Relevanz des Momentums für Markenbanner bezog, kann nicht bestätigt werden, da hier keine signifikanten Ergebnisse vorliegen.

Die Studie 2 bestätigt eindeutig, dass dynamisches Retargeting nicht per se effektiver ist als standardisiertes Retargeting. Es zeigt sich deutlich, dass die Wirkung der Personalisierung von der Situation des Nutzers sowie der Ausgestaltung der Personalisierung abhängt. Soweit können bisherige Studien zunächst bestätigt werden. Allerdings zeigt sich darüber hinaus ein deutlicher Erkenntnisgewinn – basierend auf den folgenden detaillierten Ergebnissen:

Grundsätzlich zeigt diese Untersuchung, dass nicht generell gesagt werden kann, mehr oder weniger Personalisierung wäre effektiver ist. Die Wahl des richtigen Grads an Personalisierung kann nur in Abhängigkeit von der angestrebten Reaktion des Nutzers sowie seiner Situation bei Verlassen des Shops getroffen werden. Die aus Sicht der Praxis spannendste Erkenntnis ist der Unterschied zwischen den Modellen für Treiber vonKlick und Rückkehr ohne Klick und damit die Erkenntnis, dass Display-Werbung sowohl mittelbare als auch unmittelbare Effekte hat, die jeweils in Abhängigkeit von der Situation des

Nutzers und von der Ausgestaltung des Banners gefördert werden. Die z. T. gegenläufigen Auswirkungen auf Rückkehr und Klick zeigen, wie relevant die genaue Definition von KPIs und Zielen für jede Kampagne im Vorfeld ist. Es muss genau definiert sein, was mit einer Retargeting-Kampagne erreicht werden soll, welche Zielgruppe angesprochen werden soll und wie die Erfolge vergütet werden. Die Ergebnisse dieser Studie stellen eine entscheidende Basis für ein Überdenken der aktuellen Idee der Vergütung von Display-Werbung dar. Aktuelle Praxis ist immer noch in vielen Fällen die Vergütung mittels CPC – Cost per Klick. Hier zeigt sich jedoch eindeutig die mittelbare Wirkung von Retargeting-Bannern, die bei einer solchen Vergütung nicht berücksichtigt werden. Besonders vor dem Hintergrund, dass die Chance auf einen abgeschlossenen Kauf bei einer Rückkehr ohne Klick um eine Vielfaches höher ist als bei einer Banner-induzierten Rückkehr, muss die Rolle von Display-Werbung neu überdacht werden. Eine Vergütung mittels CPM – Cost-per-Mille, auch bekannt als Tausender-Kontakt-Preis – stellt in diesem Fall eine deutlich fairere Vergütung dar, da sämtliche Impressionen Berücksichtigung finden. Zudem liefern die Ergebnisse eine erneute Fundierung für die Begründung einer differenzierten Diskussion und Festlegung der Zielgrößen einer Retargeting-Kampagne vor der Konzeption. Offensichtlich bietet Retargeting je nach Ausgestaltung und Targeting sowohl Potential für Branding- als auch für Performance-Ziele.

Darüber hinaus wird deutlich, dass die Situation des Webseitenbesuchers bei Verlassen der Seite größere Berücksichtigung finden muss. Die höhere Wahrscheinlichkeit, bei aktivem Online-Shopping-Momentum zurückzukehren, ohne zu klicken, als mittels direktem Klick zurückzukehren, deutet auf die höhere Involviertheit der Nutzer mit dem Shop hin, die zu einer selbstinduzierten Rückkehr führt.[77] Offensichtlich hat die Tatsache, ob jemand ein Online-Shopping-Momentum aufgebaut hat, eine entscheidende Rolle bei der Wirkung der verschiedenen Ausgestaltungsarten der Retargeting-Banner. Dementsprechend unterstreichen die Ergebnisse der vorliegenden Studie, dass die Situation des Nutzers unter allen Umständen vermehrt Eingang in den Aussteuerungsalgorithmus der Retargeting-Kampagne finden muss. Die Erkenntnis, dass besonders im Fall eines aktiven Online-Shopping-Momentums die Wahrscheinlichkeit, ohne Klick auf die Seite zurückzukehren, besonders hoch ist, bestätigt die Ergebnisse von BLEIER und EISENBEISS 2015. Diese haben bereits untersucht, dass View-through eher einem zielgerichteten Suchverhalten entsprach, während der Klick auf ein

---

[77]Das Feldexperiment bietet an dieser Stelle leider nicht die Möglichkeit, Nutzer, die Banner gesehen haben, solchen gegenüberzustellen, die überhaupt keine Displaywerbung gesehen haben.

Banner dem experimentellen Suchverhalten entsprang. Entscheidend hierbei sind die neuen Erkenntnisse dieser Untersuchung zur Beschleunigung der Rückkehr zum Online-Shop. So konnte nachgewiesen werden, dass Retargeting-Banner zwar weniger geklickt werden, wenn Nutzer ein aktives Momentum[78] aufweisen, jedoch hatten sie nicht nur eine generell positive Wirkung auf die Wahrscheinlichkeit, ohne Klick zurückzukehren, sondern sie haben die Rückkehr auch noch beschleunigt. Im Fall der dynamischen Retargeting-Banner mit angesehenen Artikeln oder Kaufartikeln wurde die Zeit bis zum Klick deutlich verkürzt, wenn der Nutzer ein aktives Momentum aufwies. Die deutlich kürzere Zeit bis zur Rückkehr zum Shop bei einem vorliegenden Online-Shopping-Momentum deutet auf das sehr unterschiedliche Mind-Set und auf die Einstellung von Interessenten innerhalb eines Momentums hin. Diese scheinen sich schon sehr viel stärker mit dem Kauf auseinander gesetzt zu haben und kennen den Shop bereits so gut, dass sie lediglich einen kleinen Anstoß benötigen, um den Shop dann eigenständig aufzurufen. Dies bestätigt die in Rückgriff auf die Theorie des Momentums sowie die Erläuterungen der Adaptive Control of Thought-Rational (ACT-R) Architektur[79] entstandene Vermutung, dass Retargeting als aktivierungsverstärkendes beschleunigendes Priming wirken kann[80].

Eine weitere spannende Erkenntnis aus dieser Studie ist, dass Kaufartikelbanner, also solche mit Produkten der Kategorie bereits gekaufter Artikel, den erneuten Kaufprozess ganzheitlich beschleunigen, indem sie sowohl die Zeit bis zum Klick oder Rückkehr ohne Klick als auch die Zeit bis zum Kauf verkürzen. Bereits die beschleunigende Wirkung auf den Klick gemeinsam mit der generell hohen Wahrscheinlichkeit, diesen Bannertyp anzuklicken, könnte mit dem Abbau von Nachkaufdissonanzen erklärt werden[81]. Die nachgewiesene Beschleunigung des gesamten Kaufprozesses lässt jedoch sogar die in verschiedenen Studien aufgestellte Vermutung, dass Retargeting schädlich für die Förderung weiterer Käufe wie Cross-Category-Käufe sein könnte, in Frage stellen. Besonders in Kombination mit der Erkenntnis, dass Kaufartikelbanner nicht nur schneller, sondern auch mit höherer Wahrscheinlichkeit angeklickt werden, bietet dies eine interessante Grundlage für eine Teilfragestellung der nachfolgenden Studie 3 (siehe Abschnitt 4.1).

---

[78]Die Formulierung „aktives Momentum" bezieht sich auf die Phase nach Verlassen des Shops mit befülltem Warenkorb und umsetzungsorientiertem Mind-Set und somit aktivem Online-Shopping-Momentum, bevor das Mind-Set wieder in einen abwägenden Zustand wechselt.

[79]Vgl. Anderson 1996; Anderson 1990; Anderson und Schunn 2000.

[80]Vgl. Hodgetts und Jones 2006.

[81]Vgl.Bui et al. 2011; Liao 2017

Entgegen der theoretischen Vermutungen konnte nicht bestätigt werden, dass Markenbanner aufgrund der größeren Präferenzstabilität bei Markenattributen[82] effektiver sind als andere dynamische Retargeting-Formen. Überraschenderweise war die Klick- sowie die Rückkehr-Wahrscheinlichkeit durchgängig schlechter als bei allen anderen Bannerformen im Experiment.

Für zukünftige Studien wäre eine interessante Erweiterung die genauere Untersuchung, ob die Überlegenheit von Markenbannern durch eine strengere Auswahl der Nutzer, die diese erhalten, offengelegt werden könnte. So wäre eine Möglichkeit, Markenbanner nur dann auszuspielen, wenn der Nutzer tatsächlich überwiegend nach einer Marke gesucht hat. Dies konnte im vorliegenden Experiment nicht berücksichtigt werden. Darüber hinaus weist diese Studie weitere Limitationen auf: Der entscheidendste Punkt ist hierbei, dass das Experiment keine Nutzer berücksichtigt, die keine Displaywerbung gesehen haben. Somit kann kein grundsätzlicher Nachweis für die Wirkung von Display aufgezeigt werden. Darüber hinaus wurde die Ausrichtung an den Präferenzen anderer Nutzer nicht in allen Manipulationen berücksichtigt. So wurde dies im Fall der statischen Retargeting-Banner nicht variiert. An dieser Stelle ist anzumerken, dass die optimale Gestaltung des Experimentsausführlich diskutiert wurde, dass jedoch zugunsten der Wirtschaftlichkeit der Kampagne des Online-Shops auf die – aus wissenschaftlicher Sicht – perfekte Ausgestaltung verzichtet werden musste.

4 „Across-Period"-Momentum vs. Online-Lernkurve – die langfristige Wirkung von Retargeting

„Kräfte treten immer paarweise auf. Übt ein Körper A auf einen anderen Körper B eine Kraft aus (actio), so wirkt eine gleich große, aber entgegen gerichtete Kraft von Körper B auf Körper A (reactio)."(3. Newton'sches Gesetz)

4.1   Ziel der Studie

Studien 1 und 2 belegen, dass personalisierte Werbung in Form von Retargeting positive Auswirkungen auf Besuchszahlen eines Online-Händlers und die Zahl der Käufe haben kann. Allerdings ist diese Sichtweise nicht immer zutreffend. So wurde in Studie 2 gezeigt, dass dynamisches Retargeting nicht uneingeschränkt besser als standardisiertesRetargeting ist.[83] Zudem konnte Studie 2 deutlich

---

[82]Vgl. Hoeffler und Ariely 1999; Hoeffler et al. 2013.

[83]Dies bestätigt eine Studie von Kes und Woisetschläger 2012a.

machen, dass Retargeting nicht nur unmittelbar, sondern auch mittelbar wirkt und Nutzer ohne einen Klick auf ein Banner zur Seite zurückführt. Alles in allem konnte jedoch belegt werden, dass ein unterbrochenes aber noch aktives Online-Shopping-Momentum durch dynamisches Retargeting erfolgreicher geschlossen werden kann als durch statisches Retargeting.

Während sich Studie 1 und 2 sowie die bestehende Literatur zu personalisierter Werbung überwiegend mit den kurzfristigen Auswirkungen beschäftigt, ist über die langfristigen Effekte bislang wenig bekannt. Dabei zeigen KOHAVI ET AL. (2012) deutlich, dass die Optimierung von kurzfristigen Ergebnissen langfristig nachteilig sein kann. Vor diesem Hintergrund fokussiert diese Studie die Frage, inwiefern Retargeting langfristigen Einfluss auf das Konsumentenverhalten hat.

Zunächst ist von Interesse, ob die kurzfristig identifizierten Effekte[84] auch langfristig Bestand haben. Bereits 1979 hat WINER nachgewiesen, dass der Zusammenhang von Werbung und Verkäufen mit der Zeit variiert[85]. Seitdem haben diverse Studien gezeigt, dass der Effekt unterschiedlicher Werbeformen mit der Zeit variieren kann und nicht persistent sein muss[86]. Besonders für die langfristige Konzeption von Werbekampagnen und den gezielten Einsatz von Retargeting im Zeitverlauf einer Marketingkampagne, ist es interessant zu wissen, ob die positive Wirkung von Retargeting im Zeitverlauf nachlässt oder eventuell schwankt. Besonders für die Wahl der Umfelder, auf denen die Retargeting-Banner ausgespielt werden, sowie derIntervalle, in denen ein Nutzer die Banner zusehen bekommen soll, ist ein fundiertes Wissen über die Wirkung von Retargeting im Zeitverlauf essenziell.

Es wurde bereits nachgewiesen, dass Retargeting kurzfristig nicht auf sämtliche Zielgrößen in gleichem Maße positiv wirkt. So hat Studie 2 bereits gezeigt, dass Retargeting unterschiedlich auf unmittelbare Rückkehr via Klick auf ein Banner und mittelbare Rückkehr ohne Klick zum Beispiel durch Direkteingabe wirkt. Die vorliegende Studie erweitert nun diese gewonnenen Erkenntnisse um die langfristige Perspektive. So ist zum einen von Interesse wie Retargeting auf die mittelbare Rückkehr langfristig wirkt, und zum anderen, inwiefern sich dies für die werbetreibende Agentur auswirkt. Denn diese wird häufig nur für Verkäufe vergütet, die auf einen Klick folgen. So ist es von besonderem Interesse, zu verstehen, inwiefern Retargeting langfristig zu mehr Verkäufen führt, die den Retargeting-Bannern zuordenbar sind. Was aber ist mit Verkäufen von Produkten, die nicht beworben wurden, aber dennoch von Personen getätigt wurden,

---

[84]Vgl. Bleier und Eisenbeiss 2015b, Lambrecht und Tucker 2013, Bruce et al. 2017.

[85]Vgl. Winer 1979.

[86]Vgl. Ataman et al. 2010, Ataman et al. 2008, Kumar et al. 2017.

die Retargeting-Banner gesehen oder sogar angeklickt haben? Bislang besteht
noch ein deutliches Wissensdefizit, was die Auswirkung von Retargeting auf
Onsite-Verhalten der Nutzer betrifft. So gibt es nahezu keine Erkenntnisse zu den
Auswirkungen auf Suchverhalten oder Engagement mit der Seite. FONG (2016)
betont, dass im Bereich der langfristigen Auswirkungen – besonders auf das Suchverhalten sowie die Loyalität – keinerlei Erkenntnisse vorliegen (vgl. hierzu auch
Abschnitt 2.3 im Kapitel 3). Einerseits zeigen die bisherigen Untersuchungen,
dass Retargeting dazu führt, dass der Nutzer häufiger zur Seite eines Händlers
zurückkehrt, und dass somit die Online-Lernkurve[87] beschleunigt oder verstärkt
wird. Dies äußert sich in höheren

Verkaufszahlen und letztlich vermutlich in gesteigerter Loyalität.[88] Andererseits besteht die Gefahr, dass Retargeting die Verweilzeit im Online-
Shopvermindert. Dadurch, dass Konsumentendirekt zu Produktengeführt werden,
die ihren Präferenzen am nächsten liegen, besteht die Gefahr, dass „Stöbern" überflüssig und die Suche nach dem richtigen Produkt verkürzt wird. Einen ähnlichen
negativen Effekt konnten FONG ET AL. (2016) bereits für die Wirkung personalisierter Empfehlungen auf Cross-Buying nachweisen[89]. Zudem hat FONG (2016)
bereits herausgefunden, dass E-Mail-Angebote, welche sich auf Produkte aus vergangenen Käufen beziehen, zwar die Kaufrate erhöhen, die Suchaktivitäten auf
der Seite des Online-Händlers jedoch deutlich reduzieren.[90] Daher ergibt sich
der dringende Bedarf, besser zu verstehen, ob Retargeting die angestrebte höhere
Relevanz der Angebote nur zu Lasten eines verringerten Engagements auf der
Webseite erreichen kann.

Diese Studie trägt demnach dazu bei, drei Lücken in der Forschung zu
schließen, und verfolgt damit drei Hauptziele:

Erstens untersucht sie die bislang noch nicht ausreichend betrachteten **langfristigen Auswirkungen** von Retargeting und geht der Frage nach, ob die Wirkung
von Retargeting **im Zeitverlauf variiert**. Zweitens geht diese Studie der Frage
auf den Grund, ob Retargeting Auswirkungen auf das **Suchverhalten** von rück-
kehrenden Nutzern hat und ob es Cross-Buying beeinflusst. Drittens untersucht
diese Studie, inwiefern Retargeting langfristig noch **direkt** – also über den Klick
auf ein Banner – wirkt oder ob lediglich noch ein **Branding-Effekt** vorliegt, der
Nutzer zu einer nur mittelbar mit den Bannern verbundenen Rückkehr motiviert.

---

[87]Vgl. zur Online-Lernkurve Abschnitt 2.2.2.3 im Kapitel 4
[88]Vgl. Kull et al. 2007; Moe und Fader 2004; Moe und Fader 2001; Johnson et al. 2004.
[89]Fong et al. 2016
[90]Vgl. Fong 2016.

4.2 Langfristige Effekte der Werbung

Aus Managementperspektive wird Werbung noch heute zumeist als kurzfristige Marketingmaßnahme angesehen. Lange Zeit unterstützte die Literatur diese Annahme insofern, als dass es kaum nachgewiesene Evidenz für den Effekt von Werbung beispielsweise auf langfristige Verkaufszahlen gab.[91] Dies lag mehrheitlich an fehlenden verlässlichen Kennzahlen und adäquaten Daten.[92] Dementsprechend waren Erkenntnisse zu langfristigen Auswirkungen von Werbung bis datomehrheitlich anekdotischer Natur. Zumindest im Offline-Bereich hat sich dies in den letzten Jahren geändert, wie Tabelle 10 auszugsweise zeigt. Allerdings wird die unterschiedliche Betrachtung und die variierende Definition von Langfristigkeit je nach Kontext ebenfalls deutlich (vgl. Abschnitt 2.2 im Kapitel 3). Der Großteil der bekannten Studien beschäftigt sich mit den Werbeeffekten im Offline-Kontext (siehe Tabelle 10), während nur wenige Studien die langfristigen Auswirkungen im Bereich des Online-Marketings fokussieren. Vor diesem Hintergrund ist die langfristige Betrachtung der Wirkung von personalisierter Werbung von besonderem Interesse. Die Besonderheit der vorliegenden Untersuchung ist dabei die Berücksichtigung der im Zeitverlauf variierenden Einflussstärke, die im Zeitverlauf möglicherweise zwischen positivem und negativem Einfluss wechselt.

4.3 Konzeptionelles Modell der Untersuchung

Das konzeptionelle Modell, welches der Analyse der Auswirkung von personalisierter Werbung auf die kurzfristige und langfristige Nutzeraktivität zugrunde gelegt wird, gliedert sich in zwei Bereiche: Zunächst werden die mittelbar und unmittelbar mit den Werbeaktivitäten der Agentur bzw. des Herstellers in Verbindung stehenden Reaktionen betrachtet. Im zweiten Teil wird die moderierende Wirkung der Kampagnen-Strategie fokussiert, d. h. Aspekte, die von der aussteuernden Partei beeinflusst und geplant werden können.

Direkte Auswirkungen des Retargetings
Die grundlegende Fragestellung dieser Studie betrifft die langfristigen und kurzfristigen Auswirkungen von Retargeting-Werbung auf das Verhalten auf der Webseite eines Online-Händlers. Wie im Rahmen der zweiten Untersuchung

---

[91] Vgl. u. a. Bass und Clarke 1972; Bass 1969; Dekimpe und Hanssens 1995.
[92] Vgl. Zhou et al. 2003, S. 46.

Tabelle 10 Übersicht zu Studien zu langfristigen Auswirkungen von Marketingaktivität – im Besonderen Werbung. (Quelle: eigene Darstellung)

Autor (Jahr)	Exogene Größen	Endogene Größen	Zeitraum	Methode	Online /Offline
Dekimpe (1999)	Marketingausgaben	Absatzmarktreaktion		Multivariable Analysen	Offline
Nijs (2001)	Preispromotions	category demand	2,5 Monate	Vector-Autoregressives Modell mit exogenen Größen (VARX)	Offline
Dekimpe (1998)	Preispromotions	Absatzmarktreaktion in Entwicklungsländern	2 Jahre	One-root-Techniken (identifizieren einen langfristigen Trend (wenn vorhanden) und differenzieren zwischen konstanten und variierenden Größen)	Offline
Pauwels (2002)	Preispromotions	Markenwahlverhalten Kaufhäufigkeit	2 Monate	Vector-Autoregressive-Modell und Unit-root-Test	Offline
Mela (1998)	Promotions	Vorratsbildung von Konsumenten	8 Jahre	A joint model of purchase incidence and quantity	Offline
Alvarez Alvarez (2005)	Promotions	Markenwahlverhalten	12 Monate	Regressionsanalyse (abhängige Variable Marke und unabhängige Preis, Referenzpreis, Gewinn und Verlust, verschiedene Preispromotiontypen)	Offline

(Fortsetzung)

Tabelle 10 (Fortsetzung)

Autor (Jahr)	Exogene Größen	Endogene Größen	Zeitraum	Methode	Online /Offline
Mela (1998)	Promotions Werbung	Marktstrukturen	8 Jahre und 3 Monate	1 Nutzung der kurzfristigen wöchentlichen Marketingaktivitäten, um eigene und Kreuzpreiselastizitäten zu berechnen ➔ erste Erkenntnisse über Markenveränderungen im Zeitverlauf 2 Nutzung dieser zur Berechnung der markenspezifischen Effekte 3 Anwendung der multidimensionalen Skalierungstechniken zur Entwicklung einer dynamischen Wettbewerbskarte 4 Berechnung der Auswirkungen von langfristigen Veränderungen der Promotion- und Werbeaktivitäten auf markenspezifisches Verhalten und die Position der Marke in der dynamischen Wettbewerbskarte	Offline

(Fortsetzung)

Tabelle 10 (Fortsetzung)

Autor (Jahr)	Exogene Größen	Endogene Größen	Zeitraum	Methode	Online/Offline
Mela (1997)	Werbung, Preispromotion, Non-Preispromotion	Markenwahlverhalten	8 Jahre und 3 Monate	Multinomial-Logit-Modell (kurzfristige Effekte), Segment-level-Logit-Modell (langfristige Effekte)	Offline
Joshi (2010)	Werbung	Firmenwert	15 Jahre	Vector-Autoregressive-Modell (joint estimation)	Offline
Tellis (1988)	Werbung	Markenwahlverhalten und Anzahl der Wahlentscheidungen	1 Jahr	2-Stage-Logit-Modell	Offline
Braun-LaTour (2004)	Werbung	Erinnerungsvermögen	16 Jahre	One-page-Survey und Vorführung einer Seinfeld-Folge	Offline
Moschis (1982)	TV-Werbung	Lerneffekte	1 Jahr und 2 Monate	Zwei-stufige Befragung mit Schülern	Offline
Zhou (2003)	TV-Werbung	Verkäufe	3 Jahre	Zeitreihenanalyse (inkl. Trendvariable)	Offline
Bone (1995)	Word-of-Mouth	Kurz- und langfristige Produktbeurteilungen	Labexperiment mit 40 Treffen in einer Woche	Univariate Anova	Offline
Ailawadi (2003)	Produktverpackung	Brand Equity	5 Jahre	Multivariate Analysen	Offline

(Fortsetzung)

Tabelle 10 (Fortsetzung)

Autor (Jahr)	Exogene Größen	Endogene Größen	Zeitraum	Methode	Online /Offline
Ataman (2010)	Marketing-Mix-Maßnahmen: • Werbung • Preis • Promotion • Distribution	Brand Equity, Verkaufszahlen	5 Jahre	Dynamic Linear Modelling	Offline
Bruce, Murthi, Rao (2017)	Werbung (Formate und Content, Targeting)	Klicks	6 Monate	dynamic zero-inflated count model/Markov chain Monte Carlo scheme for estimation	Online
Breuer (2012)	Suchmaschinenmarketing, Bannerwerbung, Preisvergleichsseiten, Couponwerbung	Verkaufszahlen bei Neu- und Bestandskunden	1 Jahr	Zeitreihenanalyse (GLS-Regression; Direct Aggregation Approach)	Online

nachgewiesen und zum Teil in der Literatur bestätigt wurde, hat Retargeting positive Auswirkungen auf die Rückkehr zum Shop (Abbildung 13).

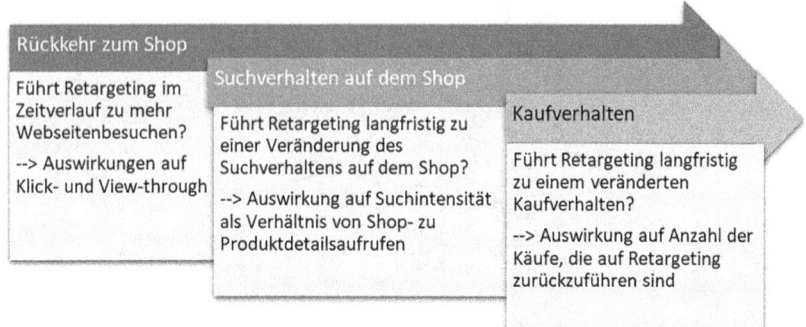

Abbildung 13 Systematische Darstellung der abhängigen Größen des konzeptionellen Modells. (Quelle: eigene Darstellung)

Hier lässt sich zwischen direkten Reaktionen in Form von Klicks[93] sowie eventuell darauffolgenden Käufen[94] zum einen und indirekten Reaktionen wie Recall oder die Rückkehr zum Shop ohne vorherigen Klick auf das Banner (View-through) zum anderen differenzieren.[95] Wie nachgewiesen wurde, führt Personalisierung der Werbung zu erhöhten Klick-through-Raten (siehe Abschnitt 3) und View-through-Raten[96].

In einem ersten Schritt soll demnach überprüft werden, inwiefern Retargeting die **Rückkehr zur Seite** eines Online-Händlers im Zeitverlauf beeinflusst. Die generelle kurzfristige Wirkung auf Klicks und mittelbare Rückkehr wurde bereits in Studie 2 nachgewiesen. Eine Vielzahl von Studien aus unterschiedlichen Kontexten haben gezeigt, dass Effekte von Werbung nicht zeitlich konstant sind, sondern über die Zeit ansteigen oder absinken.[97]. Hierbei wird zwischen den bekannten Wear-in und Wear-out-Effekten unterschieden: Wear-in bezieht sich auf positive Effekte der Werbung auf Konsumenten, die diese zu sehen bekommen,[98]

---

[93]Vgl. Lambrecht und Tucker 2013.
[94]Vgl. Bleier und Eisenbeiss 2015b.
[95]Vgl. Bleier und Eisenbeiss 2015b.
[96]Vgl. Bleier und Eisenbeiss 2015b; Bruce et al. 2012.
[97]Vgl. Bass et al. 2007; Naik et al. 1998; Bruce et al. 2012; Broadbent 1984.
[98]Vgl. Pechmann und Stewart 1988.

während Wear-out auf die im Zeitverlauf abnehmenden Qualität einer Werbung abstellt.[99] Man spricht demnach von einem Wear-out-Effekt, wenn die Werbung entweder keinen signifikanten oder einen negativen Effekt auf die Reaktion des Konsumenten aufweist. In Anlehnung an dieseErkenntnisse aus der Werbewirkungsforschung, kann besonders in Bezug auf die Wirkung von Retargeting auf Klicks und Käufe, davon ausgegangen werden, dass ein Wear-out-Effekt vorliegt. Dies würde bedeuten, dass die Wirkung der Werbung mit der Zeit nachlässt. Gleichzeitig ist jedoch aus den Arbeiten zur „Behavioral Decision"-Theory[100] bekannt, dass Präferenzen zeitlich instabil sind und je nach Bezug auf Produkte oder Marken mit der Zeit variieren[101]. Zudem haben SAHNI, NARAYANAN UND KALYANAM (2017) herausgefunden, dass Retargeting zu unterschiedlichen Zeitpunkten einer Kampagne unterschiedlich wirkt. Sie konnten bestätigen, dass Retargeting über die Zeit kumulierende Effekte aufweist, und diese Erkenntnisse nutzen, um Frequency-Caps zu optimieren[102]. Es konnte zudem nachgewiesen werden, dass Konsumenten lernen, wie Retargeting funktioniert und ihre Reaktion dementsprechend anpassen[103]. Diese Erkenntnisse legen nahe, dass der Effekt von Retargeting nicht nur durch situative Umstände moderiert wird, sondern womöglich auch in sich bereits zeitvariierend ist. Dementsprechend wird Folgendes postuliert:

Proposition 1: Der Effekt von Retargeting auf Klickist a) positiv und b) variiert im Zeitverlauf.
Neben *der* direkten Reaktion durch Klick auf ein Banner, reagieren Konsumenten wie in Studie 2 bereits nachgewiesen kurzfristig auf Retargeting in dem den beworbenen Shop auf anderem Wege aufrufen. Diesen Effekt haben auch BLEIER und EISENBEISS (2015) bereits nachgewiesen. Im Vergleich verschiedener Werbekanäle haben BREUER und BRETTEL (2012) sogar herausgefunden, dass es keinen direkten Effekt standardisierter Bannerwerbung auf Verkäufe gibt. Jedoch führt die Bannerwerbung indirekt über die Stärke des Markenimages sowie der Erinnerung an den Markennamen zu Verkäufen.[104] Kurzfristig ist die teilweise Wirkung von Retargeting-Bannern bereits nachgewiesen (siehe Studie 2) – besonders bei solchen Besuchern eines Online-Shops, die nicht mittels eines Klicks auf

---

[99]Vgl. Grass und Wallace 1969; Simon 1982; Calder 1980.
[100]Vgl. Slovic et al.
[101]Vgl. Hoeffler und Ariely 1999.
[102]Vgl. Sahni et al. 2017.
[103]Vgl. Sahni et al. 2018, Sahni 2015
[104]Vgl. Breuer und Brettel 2012, S. 163.

die Seite gekommen sind. Dies deutet darauf hin, dass sogenannte Post-View-Käufe positiv durch Retargeting beeinflusst werden, während Post-Klick-Käufe mit der Zeit weniger werden. Betrachtet man langfristige Effekte, kann erneut auf die Lerntheorie als Erklärungsgrundlage zurückgegriffen werden. Durch die wiederholte Einblendung der Werbung und den dadurch erzeugten Erinnerungseffekt ist zu vermuten, dass langfristig Konsumenten auch bei weniger Retargeting zum Shop zurückkehren. Allerdings konnte bislang in der Literatur kein signifikanter Unterschied zwischen der Wirkung auf Neukunden und Bestandskunden bestätigt werden.[105] Dies widerspräche der Hypothese, dass die Probanden durch den Lerneffekt vermehrt über Retargeting auf die Seite zurückkommen.

Proposition 2: Retargeting wirkt positiv auf die Anzahl der Websiteaufrufe, wobei dieser Effekt mit der Zeit schwächer wird
Die Erfahrung mit Retargeting und dem daraus resultierenden Lernen wirkt sich jedoch nicht nur auf die Rückkehr aus, sondern vermutlich auch auf das Verhalten im Online-Shop. Das Internet und die damit verbundenen Möglichkeiten, Suchkosten zu verringern, ist unbestritten:[106] Die Suche nach einem entsprechenden Exemplar eines Buchs inklusive Kurzbeschreibung und Kritiken nimmt online beispielsweise nur wenige Minuten in Anspruch, während der Besuch eines oder sogar mehrerer stationärer Buchhändler mit einem erheblich höheren zeitlichen Aufwand verbunden ist.
Basierend auf der Lerntheorie (siehe Abschnitt 2.2.2.3 im Kapitel 4) sowie Erkenntnissen zum Online-Suchverhalten stellt sich die Frage, ob personalisierte Werbung ebenfalls Auswirkungen auf das Suchverhalten auf der Seite des beworbenen Online-Händlers hat. JOHNSON ET AL. (2004) definierenSuche im Online-Kontext als: „a series of store visits over a span of days, which [potentially] builds up to a purchase."[107] Die Suche lässt sich in zielgerichtete und kontinuierliche Suche unterteilen.[108] Es gibt bereits Studien, die Suchverhalten kurzfristig bei einem Shopbesuch online[109] oder fokussiert auf einen Shop[110] betrachtet haben. Personalisierte Werbung kann das Suchverhalten auf zwei Arten beeinflussen:

---

[105]Vgl. Breuer und Brettel 2012.

[106]Vgl. Johnson et al. 2004, S. 299.

[107]Johnson et al. 2004, S. 300.

[108]Vgl. u. a. Moe und Fader 2004; Fong 2016.

[109]Vgl. Bucklin und Sismeiro 2003.

[110]Vgl. Moe und Fader 2001.

Geht man davon aus, dass personalisierte Werbung bereits Produkte zeigt, die den Präferenzen des Nutzers entsprechen, so kann dies zu einem verminderten Bedürfnis nach Informationssuche führen.[111] Die Entscheidung, eine Suche fortzusetzen, ist das Ergebnis einer Kosten-Nutzen-Abwägung. Dementsprechend wird die Suche nur dann weitergeführt, wenn davon auszugehen ist, dass das nächste Produkt (oder das nächste Suchobjekt) besser ist als das aktuelle.[112] Personalisierte Werbung in Form von Retargeting verstärkt den suchkostenreduzierenden Charakter des Internets zusätzlich, indem die Suchdauer und der damit verbundene Aufwand durch die gezielte Präsentation relevanter Produkte erneut verringert werden. Folglich führen gut beurteilte Produkte im Consideration-Set eines Konsumenten zu einer schlechteren Einschätzung der Chancen, mit einer fortgeführten Suche bessere Alternativen zu finden.[113] Daher wird ein Konsument nach dem Aufruf eines für ihn empfohlenen und passenden Produkts geringere Chancen sehen, durch weiteres Suchen ein noch besseres Produkt zu finden als im Fall eines willkürlich im Banner angezeigten Produkts.[114] Dies würde vor allem zu einer Einschränkung der kontinuierlichen, nicht unbedingt zielgerichteten Suche führen, was besonders aus Sicht des Shops von Nachteil wäre, da vor allem diese Art der Suche zu Cross-Buying auch von weniger beliebten Produkten führt.[115] FONG (2016) hat herausgefunden, dass E-Mail-Angebote, die zum vergangenen Kaufverhalten und den damit preisgegebenen Präferenzen der Konsumenten passen, zwar zu gesteigerten Kaufraten, aber verringertem Suchverhalten auf der Seite geführt haben. 2016 gehen FONG ET AL. sogar ein Stück weiter und weisen nach, dass personalisierte Empfehlungen Cross-Buying in anderen Kategorien verringern. Folgt man dieser Argumentationskette, lässt sich vermuten, dass Retargeting die Suchintensität von beworbenen Webseitennutzern eher verringert.

Es kann jedoch auch entgegengesetzt argumentiert werden: Es ist nachgewiesen, dass Retargeting wie Empfehlungen aufgrund der Passung zwischen Produkten und Konsumentenpräferenzen Interesse beim Konsumenten auslöst[116]. Dementsprechend kann davon ausgegangen werden, dass dieses gesteigerte Interesse an einem personalisierten Produkt zu einer Evaluierung des Produkts führt

---

[111]Vgl. Fong 2016.

[112]Vgl. Weitzman 1979.

[113]Vgl. Hauser und Wernerfelt 1990.

[114]Vgl. Fong 2016, S. 4.

[115]Vgl. Fong et al. 2016, Brynjolfsson et al. 2011.

[116]Vgl. u. a. Lambrecht und Tucker 2013; Fong 2016; Aksoy et al. 2006; Komiak und Benbasat 2006.

und dass damit eine zielgerichtete Suche angestoßen würde.[117] Hinzu kommt, dass im Rahmen eines festen Suchprozesses nach gewiesenermaßen sogenannte „search spillovers" – zufällige Suche von angrenzenden Themen, Produkten oder Bereichen – ausgelöst werden. Demzufolge würde auch eine kontinuierliche ungesteuerte Suche ausgelöst. Zudem kann in Rückgriff auf das „Foot-in-the-Door"-Phänomen[118] davon ausgegangen werden, dass ein passendes Produkt aus Kundensicht zu der Annahme führt, dass der Shop weitere passende Produkte im Sortiment führt. Dieser Effektwird ebenfalls in Untersuchungen zu finanziellen Promotionsbestätigt: Oftmals werden Produkte durch Promotionen unter ihrem eigentlichen Wert angeboten, obwohl dies nicht immer den Profit des Online-Retailers direkt steigert, aber dennoch signifikante Steigerungen des Suchverhaltens auf der Seite des Retailers zur Folge hat.[119] Darüber hinaus besagt das Online-Shopping-Momentum, wie in Studie 1 nachgewiesen, dass eine Entscheidung für einen ersten Kauf zum Mind-set-Wechsel und damit zum Start des Momentums führt. Dies entspricht den Erkenntnissen von DHAR, HUBER und KAHN (2007) zum Shopping-Momentum im stationären Handel.[120] Folglich würde eine passende Ansprache durch Retargeting und eine darauffolgende Entscheidung für das Produkt zum Start einesOnline-Shopping-Momentums führen und somit die Wahrscheinlichkeit einer anschließenden Suche in dem Shop steigern. Wie in Abschnitt 2.2.2.3 im Kapitel 4 erläutert, kann sich aufgrund der Erfahrungen mit der Werbung auch die Einstellung des Konsumenten zur Werbung verändern. Im Rahmen der Erkenntnisse zur Online-Lernkurve[121] ist bekannt, dass die Händlerseite dem Konsumenten durch wiederholte Besuche vertrauter wird und dass sich ein Lock-in-Effekt einstellt. Vor dem Hintergrund, dass Retargeting zu erhöhten Rückkehrraten führt,[122] ist – im Vergleich zu unpersonalisierter Werbung – von einem sich stärker einstellenden Lernprozessauszugehen. Daher können folgende zwei vermutete Wirkungseffekte angenommen werden: Ein Lock-in-Effekt und die damit verbundene Form der Loyalität steigert die Wahrscheinlichkeit, dass Konsumenten bei einem beliebig gearteten Bedürfnis die Webseite des Händlers aufsuchen, um dort nach einem passenden Produkt zu suchen. Dies wird ebenfalls durch das „Foot-in-the-Door"-Phänomen nach FREEDMAN und FRASER (1966) bestätigt, welches u. a. besagt, dass Personen,

---

[117]Vgl. Fong 2016.

[118]Vgl. u. a. Freedman und Fraser 1966; Cialdini und Guadagno 2004.

[119]Vgl. u. a. Gijsbrechts et al. 2003.

[120]Vgl. Dhar et al. 2007; Fong 2016.

[121]Vgl.Johnson et al. 2003.

[122]Vgl. Lambrecht und Tucker 2013.

die einmal die Erfahrung gemacht haben, bei dem betreffenden Online-Händler fündig geworden zu sein, dort immer wieder versuchen, ihre Bedürfnisse zu befriedigen. Der Online-Händler hätte sozusagen durch Retargeting einen „Fuß in der Tür". Dies wird zudem gestützt durch die Selbstwahrnehmungstheorie, welche ebenfalls als theoretische Grundlage für das langfristige Momentum dient. Diese Argumentation würde dafürsprechen, dass Retargeting langfristig zu mehr Aktivität auf der Webseite führt.

Da es für beide Wirkungsrichtungen eine theoretische Fundierung gibt, werden folgende kontroverse Propositionenformuliert:

Proposition 3a: Retargeting verändert langfristig das Suchverhalten auf der Seite des Online-Händlers positiv.
Proposition 3b: Retargeting verändert langfristig das Suchverhalten auf der Seite des Online-Händlers negativ.
Verfolgt man die Argumentationen der Propositionen 3a und b weiter, so stellt sich die Frage nicht nur nach dem Suchverhalten, sondern selbstverständlich auch nach dem dadurch im besten Fall beförderten Kaufverhalten. Hierbei ist zwischen zwei Arten von Käufen zu unterscheiden: Zum einen solchen Käufen, die in keiner direkten Verbindung zum Retargeting stehen und zum anderen solchen, die einem zuvor ausgesandten Banner direkt zugeordnet werden können. Folgt man der Argumentation von FONG (2015), die ebenfalls herleitet, warum Retargeting Suchverhalten einschränkt, kann davon ausgegangen werden, dass Retargeting zu weniger Käufen in anderen Produktkategorien führt und somit zu insgesamt weniger Käufen. Dies setzt voraus, dass das Suchverhalten in erster Linie durch die Einschränkung des Suchumfangs verändert wird.[123] Sollte es jedoch so sein, dass durch Retargeting lediglich die Sucheffizienz vergrößert wird, ist die Wahrscheinlichkeit von Cross-Buying unverändert[124] oder aufgrund der durch Retargeting vermehrten Rückkehr zum Shop sogar erhöht. In diesem Zusammenhang sind die Ergebnisse aus Studie 2 dieser Arbeit besonders interessant: Kaufartikelbanner, also solche mit Produkten der Kategorie bereits gekaufter Artikel, beschleunigen den erneuten Kaufprozess ganzheitlich, indem sie sowohl die Zeit bis Klick oder Rückkehr ohne Klick als auch die Zeit bis zum Kauf verkürzen. Dies bietet ersten Anlass, die strikte Annahme, dass Retargeting schädlich für die Förderung weiterer Käufe wie Cross-Category-Käufe sein könnte, in Frage zu stellen. Besonders in Kombination mit der Erkenntnis, dass Kaufartikelbanner nicht nur schneller, sondern auch mit höherer Wahrscheinlichkeit angeklickt werden, bietet

---

[123]Vgl. Fong 2016.
[124]Vgl. Fong 2016.

dies eine interessante Grundlage für die Frage, ob die Wirkung von Retargeting auf Käufeausschließlich direkt oder in Teilen auch indirekt ist.

Vor diesem Hintergrund lassen sich folgende rivalisierenden Proposition formulieren:

Proposition 4a: Retargeting wirkt sich langfristig positiv auf direkt zuordenbare Käufe aus, wohingegen es keine langfristigen positiven Auswirkungen auf Käufe anderer Kategorien hat.

Proposition 4b: Retargeting wirkt sich langfristig positiv sowohl auf zuordenbare Käufe als auch Käufe von Produkten anderer Kategorien aus.

Moderierende Wirkungen derWerbestrategie

Retargeting wirkt – wie jede andere Werbeform auch – nie isoliert. Es gibt verschiedene Einflussgrößen, die die Effektivität der Werbung stärken oder abschwächen. Im Rahmen dieser Studie werden insgesamt drei Stellhebel zur Gestaltung der Werbestrategie betrachtet: der Spacing-Effekt, der Ad-stock, welche beide unter dem Thema Timing der Kampagne subsummiert werden können, sowie die Qualität der Seite, auf der die Werbung ausgespielt wird.

Eine besondere Rolle bei der Gestaltung effektiver Werbestrategien spielt, wie in einigen Studien bereits nachgewiesen, häufig das Timing[125]. Zum einen spielt der Carry-over-Effekt der einzelnen Adimpressions und der dadurch entstehende **Ad-Stock** eine entscheidende Rolle für die Auswirkungen von Bannerwerbung.[126] Zum anderen ist die Zeit zwischen den ausgesandten Bannern – der sogenannte **Spacing-Effekt** – eine nicht zu vernachlässigende Größe[127]. FANG, SINGH und AHLUWALIA (2007) haben gezeigt, dass bei standardisierter Bannerwerbung wiederholte, zufällige Aussendung von Bannerwerbung zu einer positiveren Bewertung dieser führt.[128] Ebenso wurde auch für Retargeting bereits die Wirkung von Timing-Aspekten bei kurzfristigen Auswirkungen betrachtet.[129] Die vorhergehende Studie 2 hat in diesem Zusammenhang bereits gezeigt, dass Zeit zwischen den Bannern einen signifikanten Einfluss auf die Klickrate hat (siehe Abschnitt 3.3.3). Langfristig betrachtet kommt dem Timing eine noch wichtigere Bedeutung zu. Timing lässt sich in zwei Aspekte unterteilen:

---

[125]Vgl. u. a. Sahni et al. 2017.

[126]Vgl. u. a.Breuer und Brettel 2012.

[127]Vgl. u. a. Sahni 2015.

[128]Vgl. Fang et al. 2007.

[129]Vgl. Bleier und Eisenbeiss 2015b.

Dementsprechend stellen die Anzahl der ausgesandten Banner sowie die sich über die Zeit kumulierenden Effekte der Werbung kritische Erfolgsfaktoren der Werbestrategie dar.[130] Es ist bereits in verschiedensten Kontexten nachgewiesen worden, dass die Wiederholung von Werbung zu einer geringeren Aufmerksamkeit über die Zeit führt.[131] Die Idee von **Ad-Stock** ist, dass der Effekt einer Werbung nicht nur in der gegenwärtigen Periode wirkt, sondern auch in den Folgeperioden nachwirkt. Dementsprechend ist Ad-Stock die Summe sämtlicher Carry-over-Effekte einer ausgestrahlten Adimpression.[132] Dabei muss berücksichtigt werden, dass Retargeting Informationen liefert, deren Verarbeitung und Abwägung für eine verzögerte Reaktion sprechen[133]. In der Literatur gilt dieser Effekt als bestätigt und wurde besonders im Kontext von Fernsehwerbung häufig untersucht.[134] Es existieren zudem verschiedene Studien, die sich mit dem Effekt von Advertising-Stock beschäftigen.[135] Dabei zeigen sich gegenläufige Erkenntnisse zu den Fragen, ob mehr Werbung zu positiveren Reaktionen der Konsumenten führt[136] oder ob es eine Grenze gibt, die nicht überschritten werden darf. Zur reinen Wiederholung (dem sogenannten Repetition-Effekt) existieren sehr gegenläufige Untersuchungsergebnisse. Daher erweitert NAIK ET AL (1998) das bislang bekannte „Ad-Stock-Modell" um Wear-in- und Wear-out-Effekte. Es zeigt sich, dass es sowohl Situationen gibt, in denen eine zunehmende Menge an Adimpressions positiv wirkt[137], Wear-in-Effekt, als auch Situationen, in denen zusätzliche Adimpressions die Wirkung abschwächen und es somit zu einem Wear-out-Effekt kommt.[138] Demnach wird Folgendes postuliert:

Proposition 5: Die Höhe des Ad-Stocks verstärkt den Einfluss des Retargeting auf das Konsumentenverhalten in Form von Klick, Rückkehr und Kauf.
Neben dem Effekt des Ad-Stocks wird die Zeit zwischen den Bannern als durch Werbetreibende beeinflussbare Stellgröße einer Kampagne betrachtet. Die Auswirkung des zeitlichen Abstands zwischen zwei Bannern nennt sich **Spacing-Effekt**.

---

[130]Vgl. u. a. Broadbent und Haarstick 1999.

[131]Vgl. u. a. Braun und Moe 2013; Bass et al. 2007.

[132]Vgl. Fry et al. 1999.

[133]Vgl. Breuer und Brettel 2012, S. 159.

[134]Vgl. Zhou et al. 2003; Broadbent 1984.

[135]Vgl. u. a. Broadbent und Haarstick 1999, Danaher et al. 2008.

[136]Vgl. u. a. Nerlove und Arrow 1962.

[137]Vgl. Bornstein und D'Agostino 1992, S. 545.

[138]Für einen ausführlichen Überblick zu Studien zum Wear-in- und Wear-out-Effekt vgl. Pechmann und Stewart 1988.

Dieser ist bereits aus verschiedenen Kontexten bekannt: JANISZEWSKI ET AL. (2003) haben ihn beispielsweise aus dem Kontext des „verbal learning" auf Online-Banner-Werbung übertragen. Im Kontext der Werbung kann postuliert werden, dass ein größererAbstand zwischen dem ersten und dem zweiten Banner zwar die Wirkung des ersten Banners abschwächt, allerdings den Lerneffekt durch das zweite Banner verstärkt. Aufbauend auf der ACT-R-Architektur, welche eine theoretische Erklärungsgrundlage für die Reaktivierung von Zielen und unterbrochenen Aufgaben darstellt (siehe Abschnitt 2.2.1 im Kapitel 4), kann festgehaltenwerden, dass eine Verteilung von Werbung mit mehr Abständen über eine gewisse Zeit zu einem positiveren und stärkeren Effekt auf die Einstellung sowie die Klick-Intention eines Konsumenten führt.[139] Zudem werden ein besserer Recall und eine leichtere Erinnerung erzielt.[140] Eine ähnliche Argumentation lässt sich auch aus der Forschung zu Wear-out-Effekten ableiten. So ist neben dem klassischen Wear-out-effekt der Effekt des „Vergessens" bekannt, welcher durch längere Pausen zwischen den ausgesandten Bannern entsteht.[141] Dieser kann einerseits „Verjüngende Wirkung" auf die Werbung haben,[142] anderseits kann durch die Unterbrechung und das „Vergessen" jedoch auch negativ auf Brand Awareness wirken.[143] Vor diesem Hintergrund werden auch hier zwei rivalisierende Propositions formuliert:

Proposition 6a: Die Zeit zwischen den ausgesandten Bannern wirkt sich verstärkend auf die Beziehung von Ad impressions und der Konsumentenreaktion aus.
Proposition 6b: Die Zeit zwischen den ausgesandten Bannern wirkt sich abschwächend auf die Beziehung von Adimpressions und der Konsumentenreaktion aus.
Studien zum Effekt vonAd-Stocksowie Spacing zwischen Werbeausstrahlungen haben gezeigt, dass die **Qualität** sowohl der Werbung als auch seiner Umgebung in Form der Seite, auf der die Werbung ausgestrahlt wird, ein grundlegender Erfolgsfaktor ist. Die Seite, auf der Werbung gezeigt wird, also ihr Umfeld und damit auch die Frage, ob Konsumenten gerade in eine Tätigkeit hoch involviert sind und dementsprechend keine Störung wünschen, stellt einen Stellhebel bei

---

[139]Vgl. Sahni 2015.
[140]Vgl. Heflin und Haygood 1985.
[141]Vgl. Bass et al. 2007.
[142]Vgl. Mahajan et al. 1984.
[143]Vgl. Grass und Wallace 1969; Naik et al. 1998.

der Gestaltung von Werbekampagnen dar. Werbetreibende Agenturen entscheiden bewusst, auf welche Werbeplätze sie für einen Konsumenten im Rahmen von Realtime-Bidding[144] bieten. Daher steigt die Relevanz der Auswahl eines Werbeplatzes. So belegen bereits BLEIER und EISENBEISS (2015) die positive Bedeutung der Referer-Seite für den Erfolg. Allerdings haben sie darauf fokussiert, dass die Seite inhaltlich einen ähnlichen Kontext hatte wie die Bannerwerbung. Losgelöst vom Kontext kann davon ausgegangen werden, dass eine qualitativ hochwertigere Seite vom Kunden als seriöser wahrgenommen wird.[145] Diese positive Beurteilung der Seite überträgt sich auf sämtliche Bestandteile der Seite[146]. Demzufolge kann eine als qualitativ hochwertig empfundene Seite Abstrahleffekte auf die Werbung ausüben.

Je qualitativ hochwertiger die Seite, desto fokussierter ist der Nutzer auf den Inhalt der Seite und desto weniger nimmt er die Werbung wahr. Dementsprechend ist der Effekt der Werbung deutlich schwächer, und es sind mehr Wiederholungen nötig. Allerdings kann eine Werbung auf einer positiv beurteilten Referer-Seite als positiver wahrgenommen werden, da sich die wahrgenommene Qualität der Seite sowie das ihr attribuierte Vertrauen auf die Werbung überträgt.[147] Vor dem Hintergrund dieser kontroversen theoretischen Herleitungen werden folgende rivalisiertendenPropositionenformuliert:

Proposition 7a: Die Qualität des Webeumfeldes wirkt moderierend verstärkend auf den Effekt von Retargeting auf die abhängigen Größen.
Proposition 7b: Die Qualität des Webeumfeldes wirkt moderierend abschwächend auf den Effekt von Retargeting auf die abhängigen Größen (Abbildung 14).

Kontrollgrößen
Um zu berücksichtigen, ob Konsumenten bereits einen Lock-in-Effekt durch eine enge Verbundenheit zum Shop erfahren haben, wird die Beziehungsdauer der

---

[144]Real-Time-Bidding bezeichnet ein Auktionsverfahren im Online-Marketing, bei dem Werbungtreibende ein Gebot für eine Werbefläche abgeben. Dabei wird eine verfügbare Werbefläche in Echtzeit mit dem Werbemittel des Höchstbietenden bestückt. Die Werbungtreibenden können beim Real-Time-Bidding für jede einzelne Adimpression durch einen Nutzer bzw. potenziellen Betrachter der Webseite Gebote abgeben. Und je mehr Informationen über den potenziellen Betrachter des Werbemittels verfügbar sind, desto höhersind in der Regel die Gebote (vgl. o. V. 2015).
[145]Ellahi und Bokhari 2013.
[146]Huizingh und Hoekstra 2003.
[147]Vgl. u. a. Bleier und Eisenbeiss 2015b.

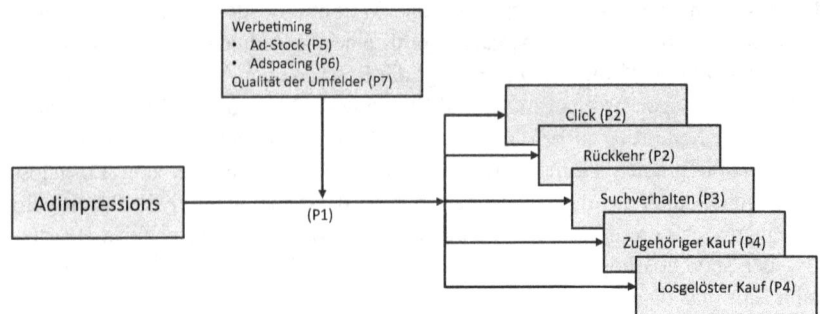

Abbildung 14 Modell zur Analyse der langfristigen Wirkung von Retargeting auf die Aktivität auf einem Shop. (Quelle: eigene Darstellung)

Konsumenten mit dem Shop in das Modell integriert. Schließlich findet die durchschnittliche Online-Aktivität eines Konsumenten Berücksichtigung im Modell. Dadurch wird das Endogenitätsproblem adressiert, welches durch die Tatsache entsteht, dass online-aktivere Konsumenten vermehrt durch Retargeting erreicht werden können.[148]

4.4   Empirische Untersuchung

4.4.1 Methodisches Vorgehen
4.4.1.1 Einordnung der genutzten Methode in Strömungen der Statistik

"A frequentist can calculate probabilities precisely, but often not the probabilities we want. A bayesian can calculate the probabilities we want, but often cannot do it precisely"[149]

Die statistische Herangehensweise an wissenschaftliche Fragestellungen lässt sich in drei Hauptströmungen unterteilen. So gibt es zunächst die „Frequentisten", zu deren Methoden, die bisher in dieser Arbeit genutzten zählen. Zudem gibt es die „Bayesianer" und schließlich die „Likelihoodisten". Letztere sind

---

[148]Detailliertere Informationen zur sogenannten Mundlak-Correction finden sich in Abschnitt 4.4.2.

[149]*Ambaum 2012, S. 2.*

den Bayesianern sehr ähnlich und werden daher im Folgenden nicht genauer betrachtet.

Ein plakatives Beispiel, welches die unterschiedliche Vorgehensweise bzw. Anschauung der Frequentisten und Bayesianer verdeutlicht, ist folgendes: Man stelle sich vor, man hat sein Telefon irgendwo im Haus verlegt. Nun kann man an der Basis des Telefons die Taste der „Suchfunktion" betätigen und das Handgerät klingelt kurz. Das Problem dabei ist die Frage, in welchem Teil des Hauses man daraufhin anfängt, zu suchen. Ein **Frequentist** würde argumentieren, dass er das Klingeln hört und auf Basis seiner inneren Vorstellung des Hauses, im Moment des Klingelnsschätzt, wo das Telefon liegen müsste. Der **Bayesianer** hingegen hört ebenfalls das Klingeln, zieht dann jedoch, neben dem ihm vorliegenden mentalen Modell des Hauses, die Information darüber heran, wo er das Telefon die letzten Male verlegt hatte. Durch das Zusammennehmen beider Informationen lokalisiert er leichter die Stelle, von der das Klingeln kommen sollte. Dementsprechend findet er mit jedem erneuten Verlegen des Apparates das Telefon leichter wieder.

Dies ist eine sehr vereinfachte Gegenüberstellung. Betrachtet man jedoch beide Anschauungen etwas detaillierter, zeigen sich diverse Unterschiede: **Frequentisten** basieren statistische Schlussfolgerungen für unbekannte Größen auf Hypothesentests oder Konfidenzintervallen, die von einer Verteilung bei wiederholtem statistischem Sampling abgeleitet werden.[150] Entscheidend istdie zugrunde liegende Annahme, dass Parameter auch bei wiederholter Betrachtung eines zufälligen Samplesfix und konstant sind. Es wird davon ausgegangen, dass Daten ein wiederholbar gezogenes zufälliges Sample darstellen. Auf diese Weise lässt sich Erwartungstreue abbilden sowie eine hinreichende Qualität erzielen. Methoden der Frequentisten sind vielfältig anwendbar und weitverbreitet. Es bedarf keiner vorherigen Informationen, und die Ergebnisse sind meist einfach zu interpretieren, da es konkrete und trennscharfe Ergebnisse gibt. Die Tatsache, dass keine a-priori-Informationen in ein Modell einbezogen werden, vereinfacht zudem die Anwendung. So ist es nicht notwendig, a-priori-Informationen vom Modell zu separieren, sondern es wird lediglich mit dem Modell und den vorliegenden aktuellen Daten gearbeitet.

Die Herangehensweise der Frequentistenweist allerdings auch Schwächen auf. Aufgrund der Annahme, dass ein Experiment wiederholbar sein muss und durch die Wiederholung zu Erkenntnissen führt, können nicht alle Situationen durch bestehende Analysemethoden abgedeckt werden. Erst durch vorliegende Daten wird eine Analyse möglich. Dementsprechend gibt es Fragestellungen, die nur

---

[150]Vgl. hier und im folgenden Ambaum 2012.

unzureichend mit Methoden der Frequentisten beantwortet werden können. Ein
Beispiel für eine solche Frage, wäre „Wie wahrscheinlich es ist, dass der Kli-
mawandel durch die Menschen verursacht wurde?" Die Tatsache, dass in der
vorliegenden Untersuchung keine a-priori-Informationen über die Verteilung der
Daten vorliegen, macht die Beantwortung nahezu unmöglich.

Die **Bayesianer** legen ihrem Ansatz ein Theorem der Wahrscheinlichkeitstheo-
rie zugrunde, dass von dem im 18. Jahrhundert lebenden Mathematiker Thomas
Bayes belegt werden konnte. Die Grundidee ist, dass wissenschaftlichen Theorien nicht, wie Popper proklamiert hat, eine Wahrscheinlichkeit von 0 zugewiesen
werden kann, sondern dass eine Wahrscheinlichkeit zwischen 0 und 1 liegt,
wobei 0 für ein unmögliches Ereignis steht und 1 für Gewissheit.[151] Dieses
Bayes'sche Theorem bestimmt, wie sich Wahrscheinlichkeiten im Lichte neuer
Gegebenheiten verändern.[152] Dieses Theorem lautet:

$$P(h|e) = P(h) \cdot \frac{P(e|h)}{P(e)} \tag{4}$$

wobei h eine Hypothese und e ein dazugehöriger Beleg ist. Somit stellt sich die
Wahrscheinlichkeit der Hypothese bei gegebenem Beleg e als Produkt aus der
Wahrscheinlichkeit der Hypothese h ohne Wissen über e und dem Faktor aus
der Wahrscheinlichkeit des Befunds e unter der Annahme, dass die Hypothese h
richtig ist und der Wahrscheinlichkeit des Befunds e ohne irgendwelche vorherigen Annahmen dar. Dabei wird $P(h)$ als a-priori-Wahrscheinlichkeit bezeichnet,
da sie besagt, wie wahrscheinlich es ist, dass eine Hypothese richtig ist, völlig
unabhängig von vorherigen Belegen. $P(h|e)$ stellt hingegen die a-posteriori-
Wahrscheinlichkeit dar, also die Wahrscheinlichkeit der Richtigkeit der Hypothese
h, nachdem es Informationen über Belege e gibt. Dementsprechend basieren die
Annahmen bei Bayes'schen Betrachtungen – im Gegensatz zu denen der Frequentisten – bei einem vorliegenden Modell der Daten und einer apriori vermuteten
Verteilung des unbekannten Parameters auf den Verteilungen der A-Posteriori-
Wahrscheinlichkeiten. Die Grundidee ist hierbei, dass Daten eine Beobachtung
der Realität darstellen und damit fix sind und der unbekannte gesuchte Parameter als Ergebnis lediglich wahrscheinlichkeitstheoretisch beschrieben werden
kann. Wissenschaftler nutzen die Bayes'sche Theorie somit, um auf Tatsachen beruhende Vermutungen über die Wahrscheinlichkeit, dass etwas geschieht,
einzubeziehen und diese dann durch die Berücksichtigung von Ergebnissen

---

[151]Vgl. Chalmers 2001, S. 141f.
[152]Vgl. Chalmers 2001, S. 142.

aus klassischen kontrollierten Experimenten zu verbessern.[153] Dementsprechend werden unbekannte Mengen wahrscheinlichkeitstheoretisch betrachtet und das Verständnis eines Problems oder seiner Lösung kann mit neu hinzukommenden Informationen ständig aktualisiert und somit auch verändert werden. Dieses Verständnis, dass Daten fix sind und Parameter sich verändern können, steht im direkten Gegensatz zur Idee der Frequentisten, dass die berechneten Parameter immer fix sind und mit jeder randomisierten Datenziehung bestätigt werden.

Allerdings weist auch die Herangehensweise der Bayesianer Vor- und Nachteile auf:

Ein in der Literatur besonders kritisch diskutierter Aspekt der Bayes'schen Methoden ist die Notwendigkeit des Priors. Die Wahl und Bestimmung der a-priori-Informationen stellen Anwender dieser Methoden vor eine enorme Herausforderung. Vor dem Hintergrund eines enormen zeitlichen und Informationsbeschaffungsaufwands bei der Anwendungmuss hier oftmals abgewogen werden zwischen a) dem mit der bayes'schen Methode zu erzielenden besseren Ergebnis und b) dem damit verbundenen Mehraufwand. Schließlich ist ein weitererKritikpunkt, die Schwierigkeit der Hypothesentestung mit Bayes'schen Methoden. Eine konkrete Überprüfung von Hypothesen mit Hilfe der a-posteriori-Wahrscheinlichkeiten würde einen genauen und definitiven Prior benötigen, was häufig nicht der Fall ist. Vor diesem Hintergrund wird aktuell viel an der Entwicklung neuer entscheidungstheoretischer Grundlagen durch Bayes'sche Methoden gearbeitet, wodurch sich ein großer Nachteil gegenüber den Frequentisten verringern würde.

Viele Wissenschaftler sind der Ansicht, dass es bei der Wahl der geeigneten statistischen Weltanschauung – Bayes oder Frequentist – kein „Richtig" oder „Falsch" gibt, sondern dass der beste Weg in der gekonnten Kombination der beiden statistischen Weltanschauungen liegt[154]. Dieser Ansicht wird auch in dieser Arbeit gefolgt, da beide Anschauungen ihre spezifischen Vorteile aufweisen, die sich je nach Fragestellung zu Nutze gemacht werden sollen. So bringt die Lösung bestimmter Probleme Herausforderungen mit sich, die mit einer der beiden Anschauungen und deren Methoden besser adressiert werden können.

Vor diesem Hintergrund erläutert das folgende Kapitel die Wahl der Methode zur Beantwortung der vorliegenden Forschungsfragen und unter Berücksichtigung der zur Verfügung stehenden Daten.

---

[153]Vgl. Allenby et al. 2005, S. 1f.
[154]Vgl. für eine solche Anwendung u. a. Ataman et al. 2008; Heerde et al. 2004a etc.

4.4.1.1.1 Dynamic Linear Modelingals Antwort auf die Herausforderungen der Daten

Die Beantwortung der zu betrachtenden Forschungsfragen geht mit einigen Herausforderungen einher. Da im Vorhinein keine Information über die Parameter zur Verfügung bestehen und neue Daten nur verzögert – bzw. zum Teil nach einigen Perioden – bekannt sind, werden bayes'sche Ansätze in Betracht gezogen. Diese bieten hier den Vorteil des ständigen Updates mit dem Verfügbarwerden von neuen Daten sowie die Möglichkeit der Vorhersagen auch mit wenig oder gar keinen Vergangenheitsdaten. Die vorliegenden Daten, die sowohl Werbeaussendungen als auch Verhaltensdaten von Nutzern über einen Zeitraum von 5 Monaten beinhalten, stellen eine sehr unregelmäßige und nicht stationäre Zeitreihe dar. Würde man eine solche Zeitreihe mit einem klassischen ARMA-Modell[155] bearbeiten wollen, bestünde zunächst die zwingende Voraussetzung einer Transformation der Daten, um sie in eine gleichbleibend stationäre Zeitreihe zu konvertieren. Es ist jedoch intuitiver, weniger zeitaufwändig sowie einer geringeren Gefahr des Informationsverlusts ausgesetzt, Daten im Original mit Unregelmäßigkeiten, Brüchen und variierender Varianz direkt nutzen zu können. *„In contexts of often highly non-stationary development over time, application of differencing transformations can confuse the interpretation of the model, confound the components, and highlight noise at the expense of meaningful interpretations."*[156] Hinzu kommt die Tatsache, dass univariate Zeitreihenanalysen zwar in der Lage sind, sich schnell an Brüche oder Schocks in hochfrequenten Daten (stündliche oder tägliche Datenpunkte) anzupassen, jedoch sind sie nicht in der Lage, solche Sprünge in den Daten vorherzusagen.

Vor diesem Hintergrund sind State Space-Modelle (zu Deutsch: Zustandsraummodelle) eine mögliche Gruppe von Methoden, die auf nicht-stationäre Daten ohne eine vorherige Transformation angewendet werden können. Genauer gesagt sind State-Space-Modelle eine fortgeschrittene probabilistische Modellierungstechnik, um Klassifikationen, Vorhersagen oder Filterung von Datenreihen durchzuführen.[157] Die Grundidee dabei ist, dass Beobachtungen durch einen im Hintergrund ablaufenden Prozess erzeugt werden, der aber nicht beobachtbar ist.

---

[155]Ein „Autoregressives Moving Average (ARMA)"-Modell stellt ein Zeitreihenmodell dar. Es beinhaltet eine sparsame Beschreibung eines stationären stochastischen Prozesses anhand zweier Polynome – einmal dem autoregressiven (AR) Polynom und zum zweiten dem Polynom für den gleitenden Durchschnitt (moving average (MA)). Vgl. hierzu Box et al. 2015.

[156]West und Harrison 1997, S. 299ff.

[157]Vgl. u. a. Jäger 2007.

Dementsprechend versuchen State Space-Modelle, sich schrittweise dem verborgenen Prozess anzunähern. Dieser Prozess kann zu verschiedenen verborgenen Stati – temporären Ergebnissen des Prozesses – führen, die sich im Zeitverlauf weiterentwickeln und jeweils Datenpunkte oder Ergebnisse erzeugen, die der Beobachter dann wahrnehmen kann.[158] Ein plakatives Beispiel stellt ein Raketenabwehrsystem dar, welches im Vorhinein nicht genau absehen kann, wo die gegnerische Rakete einschlagen wird. Durch Berechnungen nähert man sich aber mit jeder Information, die über die Flugbahn der Rakete bekannt wird, schrittweise dem korrekten Einschlagsort an. Die Bezeichnung "state space" (zu Deutsch: Zustandsraum) stammt aus den Ingenieurswissenschaften der 1960er Jahre.[159] Heute werden diese Modelle erfolgreich in den Ingenieurswissenschaften, der Statistik, der Informatik sowie der Ökonomie eingesetzt, um eine Vielzahl dynamischer Problemstellungen zu lösen. Das bekannteste State Space-Modell stellt die Methode des Kalman Filtering dar, die genutzt wird, um optimale Algorithmen zur Ableitung linearer Gauss-Systeme (wie im Raketenbeispiel) zu definieren.[160]

Die Wahl des richtigen State Space-Modells basiert auf den Anforderungen, die die zu beantwortende Fragestellung sowie die zur Verfügung stehenden Daten mit sich bringen. Im vorliegenden Fall müssen drei Herausforderungen beachtet werden. Zum einen ist es Ziel, **vergängliche (transient) sowie dauerhafte (persistent) Effekte** gleichermaßen abzubilden, um sowohl kurzfristige als auch langfristige Effekte des Retargeting darzustellen. Zum zweiten müssen dabei **Koeffizienten dynamisch** und **mit der Zeit variabel** (time-varying) sein, um die möglicherweise mit der Zeit variierenden Effekte des Retargetings erklären zu können. Hintergund hierzu ist die Tatsache, dass Werbeeffekte über die Zeit aufkummuliert werden und es dementsprechend nur erwartbar ist, dass die Reaktion auf Werbung sich im Zeitverlauf ebenfalls verändert.[161] Diese Idee zeitvariierender Effekte wurde bereits vielfach auf unterschiedliche Weise modelliert – indem Daten verschiedener Perioden genutzt und separate Koeffizienten für die einzelnen Perioden berechnet wurden.[162] Da bei diesem Vorgehen aber jeweils nur ein geringer Teil der verfügbaren Daten verwendet wird für jede Berechnung, sind die Schätzungen stark verfälscht. Ein anderer Wegist die Anwendung

---

[158]Vgl. u. a. Murphy 2002.
[159]Vgl. Kalman 1960.
[160]Vgl. Kalman 1960.
[161]Bass et al. 2007.
[162]Winer 1979; Mela et al. 1997.

des sogenannten "random coefficient approach",[163] bei dem angenommen wird, dass die Parameter einer bestimmten Verteilung folgen. Diese wird die Varianz der Verteilung geschätzt, was es den Forschern ermöglicht, die zeitvariierende Natur der Koeffizienten abzubilden, dennoch kann der Pfad und die Entwicklung der Koeffizienten nicht berücksichtigt werden. Im Gegensatz zu diesen Ansätzen bietet DLM die Möglichkeit zeitvariierende Effekte ganzheitlich abzubilden. Zum dritten stellt sich schließlich die Problematik dar, dass es neben **fehlenden a-priori-Informationen** über den zeitlichen Verlauf der Parameter oder Variablen eine Vielzahl fehlender Werte gibt, da Konsumenten nicht immer (für den Werbetreibenden sichtbar) online aktiv sind.

Vor diesem Hintergrund stellen Dynamic Linear Models (DLM), als eine Form der State Space-Modelle eine geeignete Methode zur Untersuchung der dargestellten Propositions dar.[164] DLM ist eine Modellierungstechnik, die von WEST, HARRISON, und MIGON (1985) entwickelt wurde, um Zeitreihenprobleme zu adressieren. Die Technik bedient sich dabei des Bayes'schen Ansatzes, um für jede Beobachtung der Zeitreihe Wahrscheinlichkeiten zu schätzen. Auf diese Weise können **dynamische Beziehungen zwischen den Variablen** abgebildet werden. DLM ermöglicht die Analyse kurz- und langfristiger Effekte gleichermaßen. Diese Vorgehensweise bringt weitere Vorteile mit sich: Zunächst kann die Entwicklung der Parameter so mit größerer statistischer Effizienz erklärt werden und deren Erklärung kann in einem Schritt bestimmt werden.[165] Darüberhinaus erübrigen sich Annahmen über die **Verteilung von Fehlertermen**, wie bespielsweise das Kalman Filtering[166] sie benötigt[167], oder Vorarbeiten wie **Tests auf Unit-roots oder Co-Integration**, wie sie aus herkömmlichen Zeitreihenanalysen bekannt sind. Entscheidend ist, dass DLMs zeitliche Entwicklung und "Nicht-Stationarität" berücksichtigen. In Anlehnung an WEST und HARISSON (1997)

---

[163]Mela et al. 1998.

[164]Vgl. Heerde et al. 2004b; Leeflang et al. 2009; Peers et al. 2017.

[165]Vgl. Ataman et al. 2008.

[166]Oftmals wird die scheinbar große Ähnlichkeit von DLM und Kalman filtering angemerkt (vgl. zu Kalman Filtering u. a. Hamilton 1994; Naik et al. 1998; Naik und Tsai 2000; Xie et al. 1997). West et al. 1985, S. 97 stellen DLM und Kalman filtering gegenüber: Kalman filter "was originally applied to a restricted problem—that of estimating a mean vector evolving in time according to a linear, dynamic model with the variance structure completely known.... The normal updating equations in a DLM coincide with the Kalman-filter forms. The general Bayesian learning procedure goes far beyond this limited case..., coping with unequally spaced observations, and unknown, even time varying, observational variances."

[167]Kalman Filter setzen voraus, dass die Fehlerterme normalverteilt sind.

arbeiten DLM-Ansätze direkt mit den originalen Zeitreihen, ohne diese beispiels-weise durch "Differencing" zu verändern. Das in anderen Zeitreihenansätzen gängige Problem, dass sehr unstationäre Datenreihen nicht durch Differencing oder andere Veränderungen „geglättet" werden können, stellt bei DLM somit kein Problem dar.[168] Darüber hinaus werden Parameter mit jeder hinzukommmenden neuen Information im Zeitverlauf upgedatet. Auf diese Weise sind Prognosen auch mit **initialwenigen bis gar keinen Vergangenheitsdaten** möglich.[169] Vorherige Erwartungen können im Fall neu zur Verfügung stehender Informationen aktua-lisiert und überschrieben werden. Somit stellen auch Annomalien in Daten keine größeren Probleme dar. Zudem berücksichtigen Dynamic Linear Modelle von Natur aus **fehlende Werte**, wie sie beispielsweise bei Modellen zu Produkteinfüh-rungen o. ä. auftreten.[170] Liegen für eine Periode also keine Daten vor, weil ein Nutzer beispielsweise keine Aktivität aufweist, wird für das Update der Wert der Vorperiode herangezogen. Sobald in einer Periode neue Werte vorliegen, werden die alten ersetzt.[171]

Dynamic Linear Models bringen bei allen vorgestellten Vorteilen allerdings auch Nachteile mit sich. Diese beziehen sich weniger auf statistische Schwä-chen als auf die eigentliche Implementierung des jeweiligen Modells. So können DLMs teilweise sehr bearbeitungsintensiv werden, sodass unter Umständen Tage oder sogar Wochen für die Berechnung benötigt werden. Ein weiterer, wenn auch geringfügiger, Nachteil ist die geringe Anzahl von Software, die DLM-Berechnungen anbieten, sowie die sehr komplexe Erstellung der Syntax.

Trotz dieser eher operativen Nachteile der DLMs führen ihre Fähigkeiten dazu, dass sein Studien aus dem Bereich des Marketings bereits des Öftereneinge-setzt wurden, um zu zeigen, (1) wie radikale Innovationen die Marktstrukturen beeinflussen,[172] (2) wie sich Präferenzstrukturen mit der Zeit verändern,[173] (3) wie Risiken eines Produktes dessen Marketingeffektivität beeinflussen,[174] (4) wie Marketing-Mix-Maßnahmen eingesetzt werden sollten, um Brand Equity zu beeinflussen[175], sowie die Untersuchung, (5) ob die Auflösung der Nachfrage

---

[168]Für eine detailliertere Betrachtung der Vorteile von DLM und einen Vergleich zu anderen Zeitreihen vgl. Heerde et al. 2004b und West und Harrison 1997.

[169]Vgl. Leeflang et al. 2009, S. 15.

[170]Vgl.Ataman et al. 2010.

[171]Vgl. Heerde et al. 2004b.

[172]Vgl. Heerde et al. 2004b.

[173]Vgl. Neelamegham und Chintagunta 2004.

[174]Vgl. Heerde et al. 2007.

[175]Vgl. Ataman et al. 2010.

nach radikalen Innovationen mit der Zeit variiert[176], und schließlich die Frage, (6) welche Strategien neue Marken aufbauen können[177], oder (7) wie sich die Effekte von Werbemaßnahmen und Word-of-Mouth für neue Produkte (bspw. Filme) über sequenzielle Distributionsstufen (zunächst Kino, dann DVD, TV) entwickeln.[178]

In Anbetracht der bestehenden Vorteile der Methodik und der Passung mit den zu beantwortenden Forschungsfragen stellt Dynamic Linear Modelling die Methode der Wahl für diese Studie dar.

4.4.2 Operationalisierung

Um die zugrundeliegende Fragestellung anhand der vorhandenenBeobachtungs-daten beantworten zu können, werden bestimmte Aspekte des Modells mit Hilfe verschiedener Indikatoren operationalisiert.

Da die Analyse schrittweise aufgebaut wird, gibt es verschiedene abhängige Variablen. In einem ersten Schritt wird überprüft, inwiefern Retargeting sich auf die generelle **Rückkehr zum Shop** auswirkt. Hierzu werden „Visits" des Online-Shops betrachtet. In einem nächsten Schritt wird das Suchverhalten als abhängige Größe betrachtet. Hier wird zur Operationalisierung auf die Suchtiefe zurückge-griffen. Schließlichwird neben der Anzahl der Produkt aufrufe auch die **Intensität der Suche** betrachtet. Hierzu wird ein Indikator aus Produktaufrufen und sämtli-chen Aktivitäten auf dem Shop gebildet. Auf diese Weise wird deutlich, ob der Nutzer sich eher oberflächlich auf der Seite bewegt oder größeres Interesse für einzelne Produkte zeigt. Dieses verstärkte Interesse manifestiert sich im Aufruf einer Produktdetailseite. Demnach gilt

$$Suchintensität(SI) = \frac{Produktdetailseitenaufrufe(PV)}{Aktivitätenwährenddes Shopvisits(SV)}, \quad (5)$$

wobei eine Suchintensität nahe 1 für eine sehr detaillierte Suche steht, während ein Wert nahe Null auf einen oberflächlichen Besuch der Seite hinweist.

Schließlich wird als dritte abhängige Größe die Anzahl der getätigten **Käufe** herangezogen. Hierbei wird differenziert zwischen solchen Käufen, die keinem Retargeting-Banner direkt zuzuordnen sind, und solchen, die der Agentur direkt zugeschrieben werden können. Dazu wird die Klassifizierung der werbetreiben-den Agentur herangezogen, welche ebenfalls Aufschluss darüber gibt, für welche

---

[176]Vgl. Heerde et al. 2010.
[177]Vgl. Ataman et al. 2008.
[178]Vgl. Bruce et al. 2012.

Käufe sie durch den Händler zusätzlich vergütet wurden. Es muss dabei deutlich gemacht werden, dass auf diese Weise Recall- oder Memory-Effekte nicht vergütet wurden und hier zunächst keine Berücksichtigung finden können. Bezogen auf den **Werbedruck** werden zwei Komponenten betrachtet: Zum einen soll der **Spacing-Effekt** berücksichtigt werden. Dazu wird die Zeit seit der letzten Adimpression in Tagen ins Modell mit aufgenommen. Zum anderen wird die Anzahl der vergangenen Adimpressions berücksichtigt. Hierzu wird in Anlehnung an BROADBENT (1999) und KOYK (1954) sowie DANAHER, BONFRER und DHAR (2008) eine **Ad-Stock-Variable** (auf Tagesbasis) berechnet. Dabei wird für jede ausgesandte Impression ihr Effekt für die aktuelle Periode und die Folge-Perioden berücksichtigt, sodass schließlich eine tägliche Ad-Stock-Variable auf Tagesbasis für jeden Konsumenten im Datensatz vorliegt, die den an diesem Tag noch vorherrschenden gesamten Effekt der vergangenen Adimpressions berücksichtigt. Dementsprechend ist der Advertising-Stock-Effekt einer ausgesandten Adimpression insgesamt:

$$Adstock_{ij} = 0{,}5 \times Ad + \sum_{t=1}^{T} Ad \times \alpha^t, \qquad (6)$$

wobei i die Adimpression und j der Konsument ist und t der Zeitpunkt der Ausstrahlung und α die Carry-over-Rate der Werbung. Um der Einschränkung der Daten auf Tagesbasis gerecht zu werden, wurde in Anlehnung an BROADBENT (1979) der Effekt der Werbung in ihrer Ausstrahlungsperiode mit dem Faktor 0,5 berücksichtigt.[179] Dadurch stellt es kein Problem dar, dass man den genauen Ausstrahlungszeitpunkt des Banners am Tag nicht kennt.[180] Die Carry-over-Rate α ist variiert worden. Es wurden drei verschiedene Ad-Stock-Variablen berechnet: $\alpha_1 = 0{,}25$, dann mit $\alpha_2 = 0{,}15$ und schließlich eine mit $\alpha_3 = 0{,}3$. Die letzten beiden Werte gehen auf die Berechnungen von BREUER und BRETTEL (2012) zurück, die für verschiedene Werbeformen Carry-over-Raten sowohl für Neu- ($\alpha_3 = 0{,}3$) als auch Bestandskunden ($\alpha_2 = 0{,}15$) ermittelt haben.[181] Die Wahl von α_1 berücksichtigt durch ihre Lage zwischen den beiden für Bannerwerbung ermittelten Werte die besonderen Eigenschaften von Retargeting. Es ist anzunehmen, dass

[179]In der Literatur gibt es zwei einschlägige Meinungen: Zum einen das hier beschriebene Vorgehen nach Broadbent 1984, zum anderen das ursprüngliche Vorgehen nach Koyck 1954, welches eine Berücksichtigung der vollen Werbeleistung bereits am Aussendedatum vorsieht.

[180]Vgl. Fry et al. 1999; Broadbent und Haarstick 1999.

[181]Vgl.Breuer und Brettel 2012, S. 161ff.

Werbung für bekannte und präferenzangepasste Produkte den Carry-over-Effekt verstärken kann. Zudem besteht die Möglichkeit, dass durch die Personalisierung eine größere Aufmerksamkeit auf die Banner gelenkt wird, wie durch das Elaboration-Likelihood Modell (ELM) theoretisch hergeleitet wurde. Somit kann von einem geringeren Gewöhnungseffekt als in der Studie von BREUER und BRETTEL bei Bestandskunden ausgegangen werden.

Des Weiteren wird die **Qualität der Referer-Seite,** auf der die Werbung ausgestrahlt wird, berücksichtigt. Da keine disaggregierten Informationen zu den einzelnen Adimpressions vorliegen, werden hierzu die durchschnittlichen Mediakosten pro Tag und Nutzerins Verhältnis zur Anzahl der an entsprechenden Tagen ausgesandten Bannergesetzt. Vor dem Hintergrund, dass der für jeden Konsumenten ausgegebene Betrag je Werbung von Vorgaben der Agentur bezüglich der Qualität des Konsumenten, aber vornehmlich von dem gewählten Werbeplatz und dessen Umfeld abhängt, stellen diese Mediakosten einen verlässlichen Indikator für die Qualität des Werbeplatzes, der genutzt wurde, dar.

Schließlich wird das **Relationship Age** der Nutzer berücksichtigt. Dies bezieht sich sowohl auf die gespeicherten Cookies des Nutzers als auch auf seine erste bekannte Registrierung auf dem Shop. Sollte ein Nutzer dementsprechend sämtliche Cookies löschen oder eine Voreinstellung in seinem Browser aktiviert haben, welche dafür sorgt, dass bei jedem Schließen des Browsers die Cookies gelöscht werden, würde die Zählung der Beziehungsdauer wieder bei Null beginnen. Dies entspricht allerdings aufgrund der rechtlichen Vorgaben zur Datenspeicherung und Nutzeridentifizierung gängiger Praxis bei Online-Händlern, sodass diese Einschränkung des Datensatzes im Rahmen dieser Arbeit akzeptiert wird.

Um die **Endogenität**zu berücksichtigen, die durch die Auswahl der beworbenen Kunden basierend auf ihrem eigenen Verhalten (nur in Teilen in den Daten sichtbar) entsteht, wird eine Mundlak Correction genutzt.[182] Diese Endogenität entsteht vor allem dadurch, dass die Kunden lediglich beworben werden können, wenn sie online sind – also im Netz aktiv. Daher liegt eine gewisse Selbstselektion vor. Die Mundlak Correction wird in Anlehnung an diverse Studien, die ähnliche Endogenitätsprobleme haben, genutzt.[183] Im Grundsatz bedeutet dies die Aufnahme einer weiteren unabhängigen Größe in das Modell, welche durchschnittliche Kommunikationsaktivität abbildet. Auf diese Weise wird die Verzerrung durch die Tatsache korrigiert, dass aktivereKunden automatisch auch

---

[182]Mundlak 1978.

[183]Vgl. u. a. Risselada et al. 2014; {Datta 2014 #342}, S. 35; Mavromaras und McGuinness 2012; Mavromaras et al. 2009; Wooldridge 1995.

mehr personalisierte Werbung erhalten. So bildet der Koeffizient für die Einflussstärke der Werbeimpressionen den bereinigten "wahren" Effekt der Werbung ab. Dafür wurde je Nutzer die Summe aller Aktivitäten im Beobachtungszeitraum gebildet und dann in Bezug auf die Anzahl der Tage im Beobachtungszeitraum normiert, in denen der Konsument uns bereits als Kunde bekannt war.

4.4.3 Datengrundlage der Studie

Die vorliegenden Daten stammen von einer Online-Marketing-Agentur, die personalisierte Bannerwerbung für einen großen deutschenOnline-Händler aussendet. Die Daten erstrecken sich über einen Zeitraum von September bis Dezember 2012. Der Datensatz beinhaltet Informationen zu 20.000 verschiedenen Nutzern, die über einen Zeitverlauf von 151 Tagen beobachtet wurden. Dementsprechend liegen tägliche Informationen zu den von diesen Nutzern erhaltenen Werbebannern sowie zu deren Aktivität auf dem entsprechenden Online-Shop vor: So wird die Häufigkeit des Seitenbesuchs, der Produktaufrufe, einer Suchaktivität, Hinzufügen eines Produktes in den Warenkorb oder zu einer sogenannten „Wishlist" sowie die Anzahl getätigter Käufe dokumentiert. Zudem liegt der Wert eines getätigten Kaufs – kumuliert über die Zeit – sowie die Anzahl verschiedener bestellter Produkte im Durchschnitt je Bestellung vor. Darüberhinaus ist bekannt, wie viele Adimpressions – also ausgesandte Banner – ein Nutzer erhalten hat.

In aggregierter Form sieht der Verlauf der Adimpressions im Zeitverlauf aus wie in Abbildung 15. Die Darstellung der Daten über die gesamten 151 Tage (je Tag aufsummiert) zeigen ein Peak in den Banneraussendungen, welches auf eine Aktion des Online-Shops zurückging. Zudem zeigen die Visits einen leichten Anstieg zur Weihnachtszeit (rund um Tag 143), jedoch ist dies nicht immens und die Visitzahl wurde auch zu anderen Zeiten ohne saisonale Begründung erreicht.

Der Vergleich der aggregierten Darstellungen (sieheAbbildung 15 undAbbildung 16) und der differenzierteren Betrachtung je Nutzergruppe (Abbildung 17) zeigt, dass die aggregierte Betrachtung einen Großteil der Information der einzelnen Nutzer schluckt. Um diesem entgegenzu wirken, wurde der Datensatz in 8 Kohorten unterteilt, welche sich durch homogene Beziehungsdauern auszeichnen. Hierzu wurde die Information der einzelnen Nutzer über ihre Beziehungsdauer mit dem Shop herangezogen. Diese basiert auf Informationen der je Nutzer gespeicherten Cookies. Es wurden anhand dieser Information 8 ungefähr gleichgroße Gruppen gebildet. Tabelle 11 gibt einen Überblick über die Nutzergruppen, ihr Relationship Age in Tagen bis zum Ende des Beobachtungszeitraums sowie deskriptive Informationen.

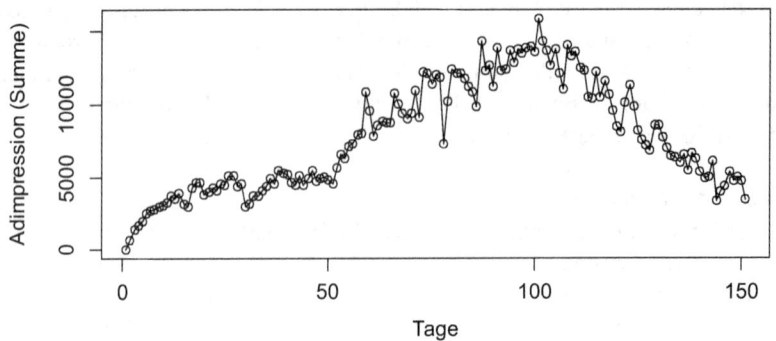

Abbildung 15 Aggregierte Daten für ausgesandet Adimpressions im Zeitverlauf. (Quelle: eigene Darstellung)

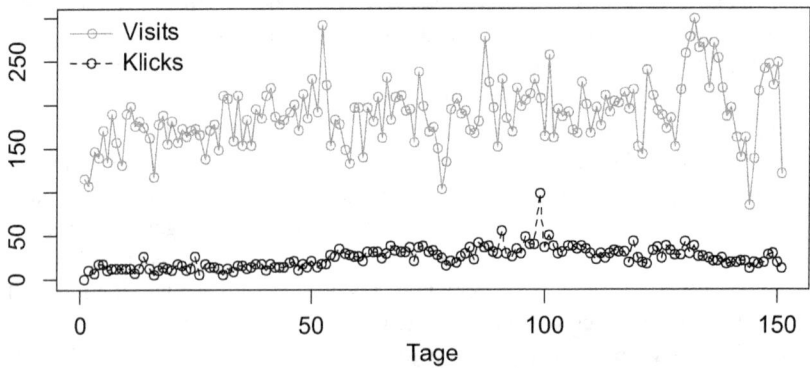

Abbildung 16 Aggregierte Daten für Webseitenaufrufe (visits) und Bannerklicks im Zeitverlauf (Summe). (Quelle: eigene Darstellung)

Abbildung 17 zeigt die ausgesandten Adimpressions (aufsummiert je Tag), sowie die Zahl der Webseitenaufrufe, der Klicks sowie der Käufe gesamt für alle 8 Gruppen im Vergleich.

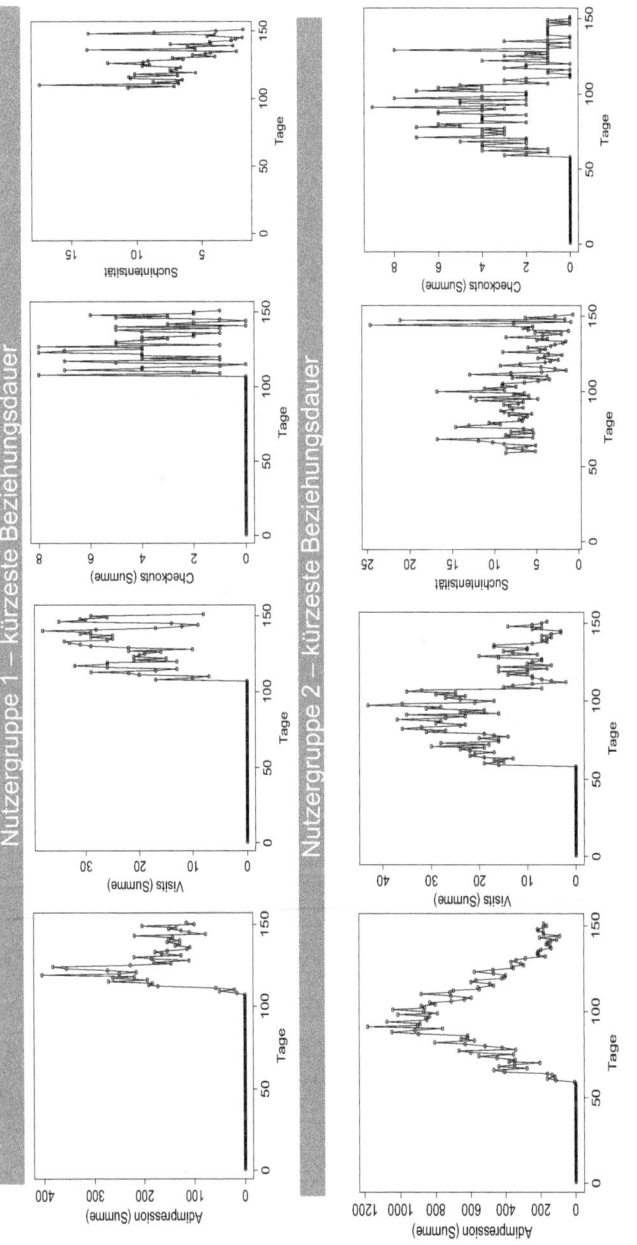

Abbildung 17 Deskriptive Darstellung der Größen Adimpressionen, Visits, Checkouts und Suchintensität im Zeitverlauf je Nutzergruppe. (Quelle: eigene Darstellung)

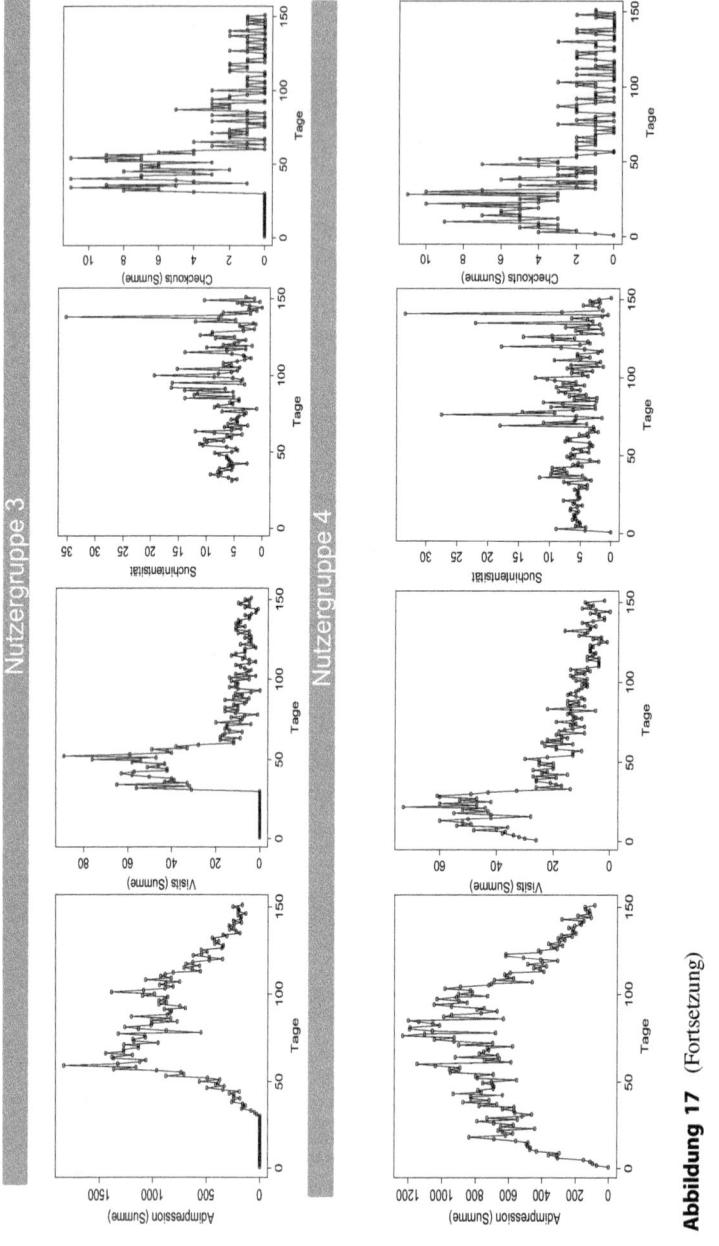

Abbildung 17 (Fortsetzung)

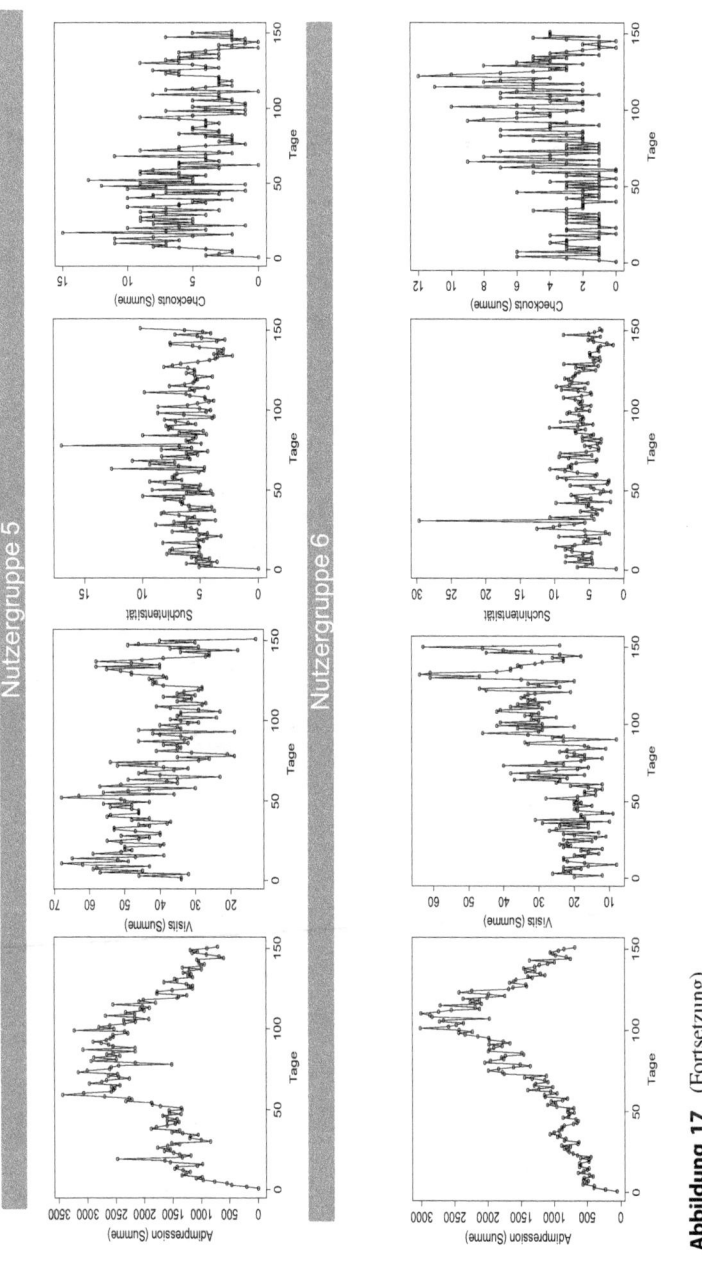

Abbildung 17 (Fortsetzung)

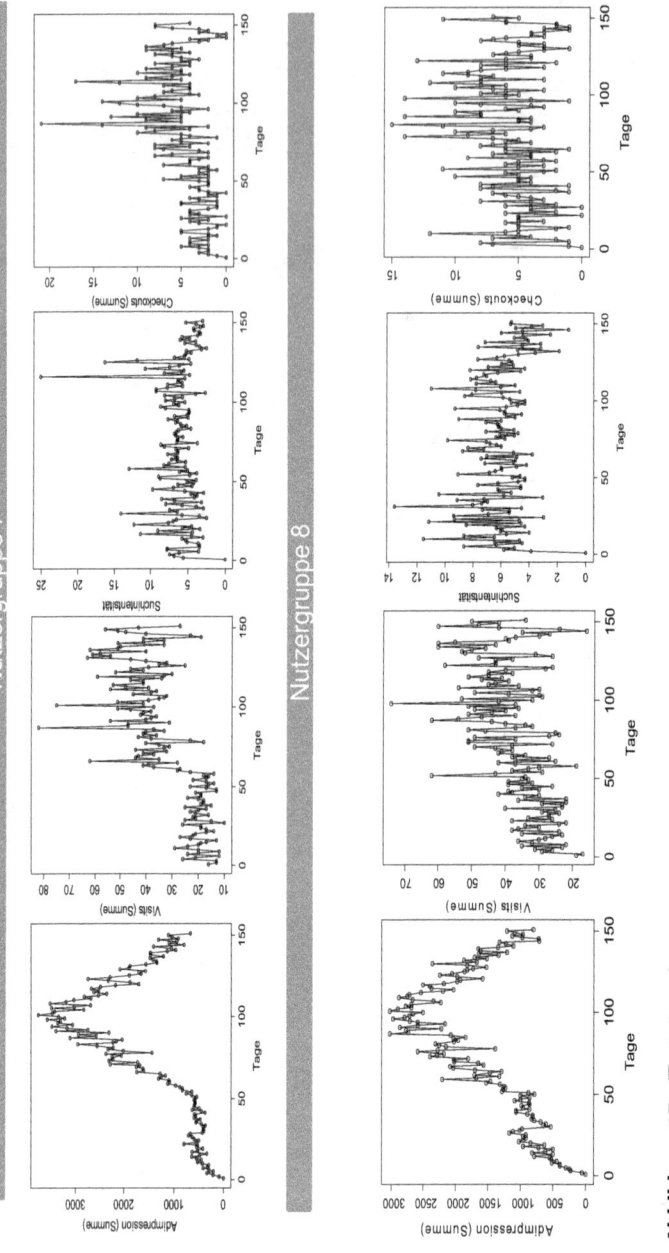

Abbildung 17 (Fortsetzung)

Tabelle 11 Überblick über 8 Nutzergruppen. (Quelle: eigene Darstellung)

Nutzergruppe	RelAge-Range	N	Anzahl Ad-impressions	Anzahl Klicks	Klick-through-Rate	Anzahl Käufe
1	1–43 Tage[a]	2507	7.534	14	0,19 %	151
2	44–92 Tage[a]	2523	45.444	161	0,35 %	243
3	93–120 Tage[a]	2463	81.881	204	0,25 %	271
4	121–155 Tage[a]	2492	92.142	263	0,29 %	306
5	156–394 Tage[a]	2500	270.260	1064	0,39 %	736
6	395–577 Tage[a]	2499	201.119	527	0,26 %	497
7	578–766 Tage[a]	2489	228.671	655	0,29 %	711
8	767–1274 Tage[a]	2495	234.456	673	0,29 %	833

[a]Tage vor Beobachtungsende

4.4.4 Schätzung des Modells

Das Dynamic Linear Model wird in einem Bayes-Model geschätzt. Dabei wird auf den Algorithmus von WEST und HARRISON (1997) verwiesen. Grundlegende sind hierbei die Beobachtungsgleichung (observation equation) (7), welche die kurzfristigen Effekte der Werbung auf die abhängigen Größen (Visits, Suchintensität und Kauf) abbildet sowie die Zustandsgleichung (state equation) (8), welche die langfristigen Effekte sowie die zeitliche Variation der Effektstärke der personalisierten Werbung zum Ausdruck bringt. Prinzipiell werden beiden Gleichungen (7) und (8) gleichzeitig geschätzt und dabei wird eine Korrelation der Fehlerterme zugelassen. Auf diese Weise können unbeobachtete Shocks in der Zeitreihe berücksichtigt werden:

$$Y_t = F_t'\theta_t + v_t \qquad (7)$$

$$\theta_t = G\theta_{t-1} + Z_t'\psi + \omega_t \qquad (8)$$

Y_t ist das Ergebnis der Beobachtungsgleichung (7) und stellt einen Vektor dar, der die Aktivität der Webseitenbesucher beinhaltet. F_t ist eine Matrix, die sowohl einen Intercept als auch die Anzahl ausgesandter Banner und das Aktivitätsniveaubeinhaltet, welches die Mundlak Correction[184] abbildet. `$_t$ stellt dabei den zeitvariierenden Koeffizienten für die Werbewirkung dar. Der Fehlerterm v_t, wird als normalverteilt ($v_t \sim N(0, V)$) angenommen, wobei V die Kovarianzmatrix des Fehlerterms ist. Die Entwicklung des Systems, wird in der Zustandsgleichung (8) darstellt. Hierbei misst G die zeitliche Wirkung der zeitvariierenden Einflussgrößen – vorstellbar als Wirkungszeitraum von Marketingstrategien oder der „decay rate des Ad-Stock", die in der Literatur hinreichend untersucht und oftmals vergleichbar modelliert wurden.[185] Z'_t bildet sämtliche Moderatoren ab. In diesem Fall beinhaltet die Matrix den Ad-Stock eines jeden Nutzers, sowie den zeitlichen Abstand zwischen den ausgesandten Werbebannern und die Qualität des Werbeplatzes. bildet die Moderatorkoeffizienten ab. Der Fehlerterm w_t ist normalverteilt ($w_t \sim N(0, W)$), wobei W erneut die Kovarianz des Fehlerterms ist.

Die Beobachtungsgleichung (7) bildet kurzfristige Auswirkungen auf die Aktivität von Nutzern ab. Ausdifferenziert beinhaltet die Gleichung zeitlich variierende Koeffizienten für den Intercept sowie die Werbeaussendungen. Die Gleichung wird mit dem Ziel, kurzfristige Auswirkung der personalisierten Werbung auf die Aktivität der Nutzer abzubilden, als Log-Log-Modell spezifiziert. Die Formulierung eines Log-Log-Modells ermöglicht eine leichtere Interpretation der Effekte in Form von Elastizitäten. Dementsprechend wird von jedem Wert der Logarithmus genommen und mit 1 addiert, um „log" von Null zu vermeiden.[186]

$$\mathbf{Y_t} = \mathbf{\theta}_{0t} + \mathbf{Ai_t\theta}_{1t} + \mathbf{Mundloc}\,''_{2t} + \mathbf{v_t} \qquad (9)$$

Mit Hilfe der Beobachtungsgleichung (9) können zudem langfristige Effekte von personalisierter Werbung auf das Verhalten von Nutzern identifiziert werden. θ_{0t} zeigt hierbei die Grundattraktivität des Shops.

$$\theta_t = \lambda\theta_{t-1} + \psi_1 Adstock_t + \psi_2 Space_t + \psi_3 Quality_t + \varpi_t \qquad (10)$$

Sowohl w_t als auch v_t sind Fehlerterme die einer Normalverteilung mit a priori bekannten Varianzmatrizen W_t und V_t folgen. Zusätzlich sind W_t und

---

[184]Um die Endogenitätsproblematik, die durch die Selbstselektion der Webseitenbesucher entsteht, zu adressieren, wird das generelle Aktivitätsniveau der Besucher in die Gleichung aufgenommen. Dieses Vorgehen nennt sich „Mundlak Correction" (siehe Abschnitt 4.4.2)

[185]Vgl. u. a. Ataman et al. 2010

[186]Dinner et al. 2014.

v_t unabhänging von einander. Wichtig zu wissen ist, dass das Verhältnis $\frac{W_t}{V_t}$ – Singal-to-Noise-Ratio zum Zeitpunkt t genannt – definiert ist als das Verhältnis von „Signal power" zu „Noise Power corrupting the signal". Es vergleicht das Niveau des Vorhersagefehlers mit dem Niveau des Beobachtungsfehlers: Je höher das Verhältnis, desto niedriger der Beobachtungsfehler.

4.4.5 Ergebnisse der Untersuchung

Um der Komplexität und Vielschichtigkeit der Analyse und der dahinterstehenden Fragestellungen gerecht zu werden, werden die Ergebnisse schrittweise aufgebaut. Zunächst wird ein einfaches DLM berechnet, welches lediglich den direkten Effekt von Retargeting auf die diversen abhängigen Erfolgsgrößen abbildet: Zunächst wird die Wirkung auf Klick und generelle Webseitenaufrufe untersucht (Proposition 1). Daraufhin wird der direkte Effekt auf das Onsite-Suchverhalten (Proposition 2) analysiert und in einem letzten Schritt wird der Effekt auf die verschiedenen Kauftypen beleuchtet (Proposition 4). Die Ergebnisse der zeitvariierenden Effekte werden in Anlehnung an die in der Literatur gängige Vorgehensweise[187] graphisch abgebildet und anhand der Graphiken erläutert. Signifikante Bereiche werden durch eine graue Hervorhebung verdeutlicht. Der Übersichtlichkeit halber werden die Ergebnisse ausführlich für Nutzergruppe 5 dargestellt, da sie den kompletten Beobachtungszeitraum erlebt haben. Dementsprechend haben sie sämtliche verfügbaren Daten, aber weisen noch keine Effekte durch eine langjährige Beziehung zum Online-Shop auf. Die graphischen Darstellungen der Ergebnisse der übrigen Nutzergruppen sind im Anhang zu finden (siehe Anhang 11–Anhang 16). Auf die Besonderheiten der jeweiligen Ergebnisse der übrigen Nutzergruppen wird im Folgenden im Text kurz eingegangen.

1. Ergebnisse des DLMs mit Fokus auf direkten Effekt der Adimpressions:
Im ersten Schritt wurde lediglich ein einfaches DLM ohne moderierende Effekte berechnet. Während die Beobachtungsgleichung (11) bereits wie im finalen Modell aussieht, enthält die Zustandsgleichung (12) lediglich die zeitliche Variation der direkten Effekte sowie einen Fehlerterm.

$$\mathbf{Y_{it}} = \theta_{0t} + \mathbf{Ai_t}\theta_{1t} + \mathbf{Mundloc}\, "_{2t} + \mathbf{v_t} \tag{11}$$

$$\theta_{it} = \lambda\theta_{it-1} + \omega_t \tag{12}$$

---

[187]Ataman et al. 2010.; Ataman et al. 2008; Heerde et al. 2007; Heerde et al. 2004b; Heerde et al. 2010

Bereits der Vergleich der Wirkung von Adimpressions im Zeitverlauf auf die Anzahl der Seitenaufrufe einerseits und die Anzahl der Klicks auf ein solches Banner andererseits, zeigen einen deutlichen Unterschied: Während der Effekt auf die Anzahl der Klicks durchgängig signifikant um 0,300 pendelt und sich erst ab dem 130. Tag nicht deutlich abschwächt (siehe Abbildung 18; graue Färbung zeigt Bereich signifikanter Ergebnisse), ist der Effekt auf die Webseitenaufrufe deutlich niedriger und nur bis zum 70sten Tag signifikant (siehe Abbildung 19). Beide Verläufe zeigen allerdings, dass Retargeting eine gewisse Gewöhnungsphase von ca. 8 Tagen benötigt, um seine volle Wirkung zu entfalten.

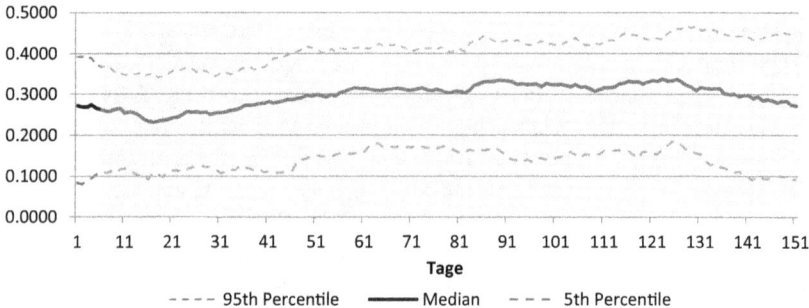

Abbildung 18 Effekt der Adimpressions auf Klicks im Zeitverlauf. (Quelle: eigene Darstellung)

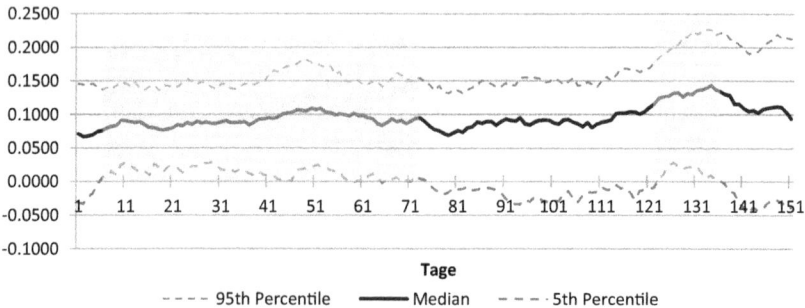

Abbildung 19 Effekt der Adimpressions auf Webseitenbesuche im Zeitverlauf. (Quelle: eigene Darstellung)

Betrachtet man den Effekt der Adimpressions im Zeitverlauf auf die Suchaktivität der Nutzer im Webshop, so sieht man einen durchweg positiven Effekt, der
jedoch im Zeitverlauf deutlich abnimmt. (siehe Abbildung 20 und Abbildung 21).

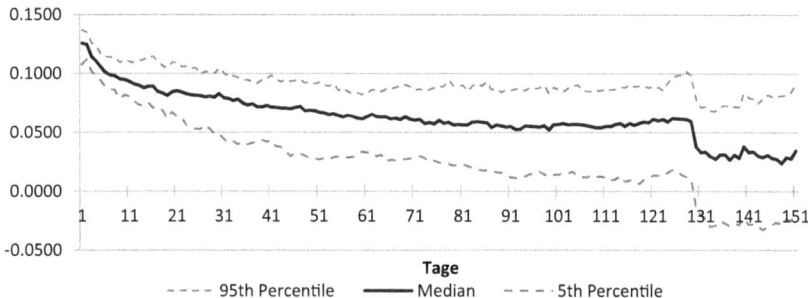

Abbildung 20 Effekt der Adimpressions auf Onsite-Suchverhalten im Zeitverlauf.
(Quelle: eigene Darstellung)

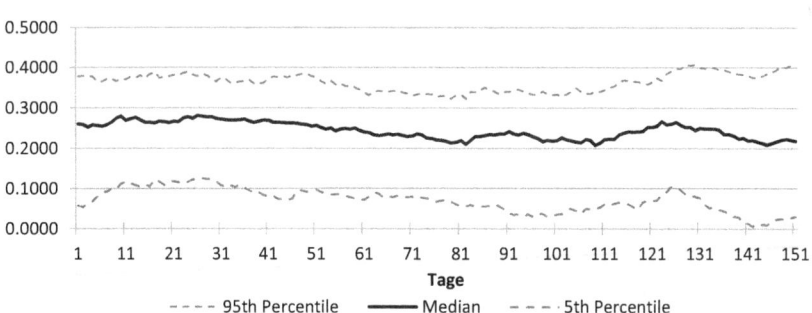

Abbildung 21 Effekt der Adimpressions auf Käufe (gesamt). (Quelle: eigene Darstellung)

Der Blick auf die Wirkung des Retargetings auf die Käufe zeigt, dass bei einer
Betrachtung aller Käufe im Beobachtungszeitraum ein im Zeitverlauf recht kon-
stanter positiver Effekt nachgewiesen werden kann. Die Wirkung des Retargeting
ist während der gesamten Beobachtungszeit signifikant. Bei einer differenzierteren
Betrachtung der Kaufarten, zeigt sich das keinerlei signifikanter Effekt auf Käufe,

die dem Retargeting zugeordnet werden können, zu erkennen ist (siehe Abbildung 22). Interessanterweise kann ein signifikant positiver Effekt auf Verkäufe, die nichts mit den Retargeting-Bannern zu tun hatten, nachgewiesen werden (siehe Abbildung 23). Der schwach positive Effekt nimmt ab dem 101sten Tag der Beobachtung etwas zu und pendelt sich wieder auf einem konstanten Niveau ein. Dies ist bereits ein erster Indikator, dass Retargeting nicht schädlich für den Verkauf nicht direkt beworbener Artikel sein muss.

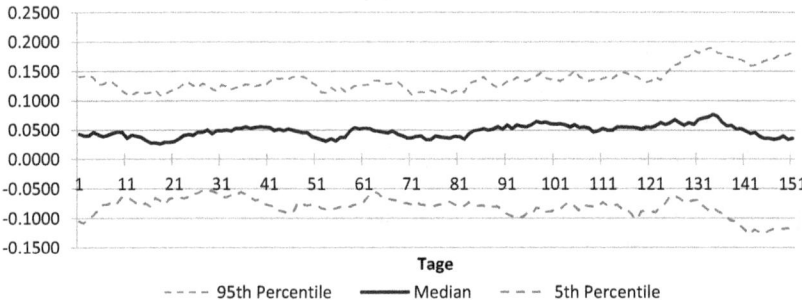

Abbildung 22 Effekt der Adimpressions auf Käufe, die beworbene Produkte enthalten. (Quelle: eigene Darstellung)

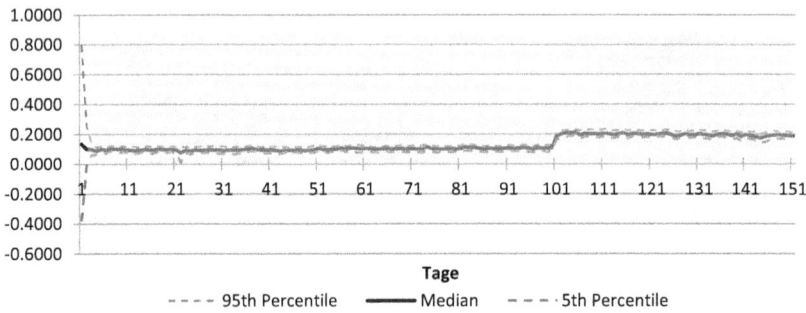

Abbildung 23 Effekt der Adimpressions auf Käufe, die nicht dem Retargeting zugeordnet werden. (Quelle: eigene Darstellung)

Betrachtet man die Erkenntnisse der anderen Nutzergruppen zeigen sich ähnliche Erkenntnisse (siehe Abbildung 8.2–Abbildung 8.43). Lediglich eine Besonderheit zeigt sich bei den vertrauteren Kunden: Sie weisen im Gegensatz zu den neueren Kunden einen langfristig stärker werdenden Effekt auf Webseitenaufrufe auf.

2. Ergebnisse des Transfer-Funktion-DLMs inklusive Moderationseffekte:
In einem zweiten Schritt wird das DLM um die moderierenden Effekte der Qualität des Umfelds (Proposition 6) sowie des Timings der Adimpressions (Proposition 4 und 5) erweitert. Dementsprechend beinhaltet die Zustandsgleichung (10) nun die genannten Moderatoren Ad-Stock, Werbe-Spacing und Qualität des Umfelds.

$$\mathbf{Y_{it}} = \mathbf{\theta}_{0t} + \mathbf{Ai}_t\mathbf{\theta}_{1t} + \mathbf{Mundloc}\;''_{2t} + \mathbf{\upsilon}_t \qquad (13)$$

$$\theta_t = \lambda\theta_{t-1} + \psi_1 Adstock_t + \psi_2 Space_t + \psi_3 Quality_t + \varpi_t \qquad (14)$$

Unter Einbeziehung der Moderatoren zeigt sich ein sehr viel engeres Konfidenzintervall für alle Beziehungen als bei den einfachen DLMs, was auf eine deutlich höhere Güte der Ergebnisse hinweist. Diese wird auch durch die bei nahezu allen Beziehungen sehr guten Gütekriterien bestätigt. Für DLMs üblich ist die Berechnung des Deviance Information Criteria, welches die Korrelation der vorgegebenen abhängigen Größe und der prognostizierten abhängigen Größe darstellt. Für jedes Modell sind diese in den Tabelle 12 und Tabelle 13 angegeben.

Zunächst werden die Effekte des Retargetings vorgestellt, bevor genauer auf die Wirkung der Moderatoren eingegangen wird. Aufgrund der Log-log-Spezifikation des Modells, kann der Koeffizient θ_t direkt als Elastizität interpretiert werden. Über alle Nutzergruppen hinweg kann eine über den gesamten Beobachtungszeitraum durchschnittliche Werbeelastizität von 0,14 bezogen auf Checkouts nachgewiesen werden. Diese ergibt sich als durchschnittliches θ_{1t} (Abbildung 28) für die Abhängige Käufe über alle Nutzergruppen und Tage hinweg. Im Vergleich der Nutzergruppen kann festgehalten werden, dass die unvertrauteren Nutzergruppen, die den Shop erst seit wenigen Tagen kennen (Nutzergruppen 1: 0,29; Nutzergruppe 2:0,21; Nutzergruppe 3: 0,20) eine deutlich höhere Werbeelastizität aufweisen als vertraute Kunden. Zudem zeigt sich eine durchschnittliche positive Werbeelastizität bezogen auf Webseitenaufrufe. Für die betrachtete Nutzergruppe, die in unserem Datensatz junge Bestandskunden aufweist, liegt diese im Durschnitt bei 0,05, während sie für Langzeit-Bestandskunden bei 0,34 und für ganz unvertraute Kunden bei 0,75 liegt.

Tabelle 12 Moderationseffekte auf Klick, Webseitenaufrufe und Suchintensität. (Quelle: eigene Darstellung)

Charakteristika	Klick			Webseitenaufrufe			Suchintensität		
	ψ	Posterior-Density-Intervall ($\alpha = 0{,}05$)		ψ	Posterior-Density-Intervall ($\alpha = 0{,}05$)		ψ	Posterior-Density-Intervall ($\alpha = 0{,}05$)	
Basis-Attraktivität[a] * Intercept	**−1,5780**	−2,2939	−1,1980	**−1,2973**	−1,9019	−0,9841	**−1,0678**	−1,6069	−0,8036
Basis-Attraktivität[a] * Interbanner	**0,3277**	0,2820	0,4002	**0,2184**	0,1780	0,2810	**0,2484**	0,2150	0,3053
Basis-Attraktivität[a] * Mediakosten	**−0,2181**	−0,2280	−0,2116	**−0,0902**	−0,0995	−0,0815	**−0,1915**	−0,1998	−0,1852
Basis-Attraktivität[a] *Ad-Stock	**0,0114**	0,0097	0,0122	**0,0113**	0,0097	0,0121	**0,0222**	0,0202	0,0236
Als * Intercept	0,0867	−0,0719	0,2523	0,1215	−0,0574	0,2987	−0,0812	−0,1476	0,0066
Als * Interbanner	**−0,0574**	−0,0819	−0,0399	0,0081	−0,0172	0,0218	−0,0011	−0,0141	0,0057
Als * Mediakosten	**0,0886**	0,0748	0,0981	**−0,0232**	−0,0333	−0,0113	**0,0163**	0,0107	0,0265
Als *Ad-Stock	**0,0124**	0,0114	0,0132	**0,0095**	0,0084	0,0103	**0,0063**	0,0051	0,0078
Korrelation der orig. Werte der abh. Variablen und ihrer prognostizierten Werte	0,6057			0,7561			0,9985		

Die **fette** Hervorhebung zeigt die Signifikanz auf min. dem 10 % Niveau basierend auf dem höchsten Posterior-Density-Intervall
[a] Die Basis-Attraktivität des Online-Shops wird durch den Intercept der direkten Effekte abgebildet

Tabelle 13 Moderationseffekte auf Käufe allg., Käufe, die beworbene Produkte beinhalten und solche, die keine beworbenen Käufe beinhalten. (Quelle: eigene Darstellung)

Charakteristika	Käufe			Käufe ohne beworbene Produkte			Käufe beworbener Produkte		
	ψ	Posterior-Density-Intervall (α = 0,05)		ψ	Posterior-Density-Intervall (α = 0,05)		ψ	Posterior-Density-intervall (α = 0,05)	
Basis-Attraktivität[a] * Intercept	**−1,5947**	−2,3427	−1,2071	**−1,1868**	−1,8503	−0,8923	**−0,4773**	−0,8642	−0,1827
Basis-Attraktivität[a] * Interbanner	**0,3332**	0,2868	0,4075	**−0,6305**	−0,9629	−0,2476	**0,2171**	0,1774	0,2569
Basis-Attraktivität[a] * Mediakosten	**−0,2256**	−0,2357	−0,2189	**0,2285**	0,1806	0,2620	**−0,2414**	−0,2560	−0,2324
Basis-Attraktivität[a] *Ad-Stock	**0,0113**	0,0097	0,0121	**−0,2299**	−0,2440	−0,2190	**0,0187**	0,0165	0,0211
AIs * Intercept	**0,3372**	0,1824	0,5014	**0,0091**	0,0072	0,0114	0,0867	−0,0798	0,2982
AIs * Interbanner	**−0,0396**	−0,0634	−0,0217	**0,1565**	0,0381	0,4053	**−0,0519**	−0,0646	−0,0370
AIs * Mediakosten	**0,0155**	0,0021	0,0252	**−0,0209**	−0,0380	−0,0001	**0,0530**	0,0354	0,0811
AIs *Ad-Stock	**0,0102**	0,0092	0,0111	0,0097	−0,0050	0,0361	**0,0147**	0,0122	0,0173
Korrelation der orig. Werte der abh. Variablen und ihrer prognostizierten Werte	0,9979			0,9366			0,9988		

Die fette Hervorhebung zeigt die Signifikanz auf min. dem 10 % Niveau basierend auf dem höchsten Posterior-Density-Intervall
[a]Die Basis-Attraktivität des Online-Shops wird durch den Intercept der direkten Effekte abgebildet

Schließlich zeigt sich eine Werbeelastizität bezogen auf die Suchintensität von positiven 0,06 für langfristige Bestandskunden und 0,14 für die sehr neuen Nutzer. Detaillierter zeigt sich die Entwicklung der Elastizitäten im Zeitverlauf für die verschiedenen Erfolgsgrößen in den Abbildung 24, Abbildung 25, Abbildung 26, Abbildung 27, Abbildung 28 und Abbildung 29.

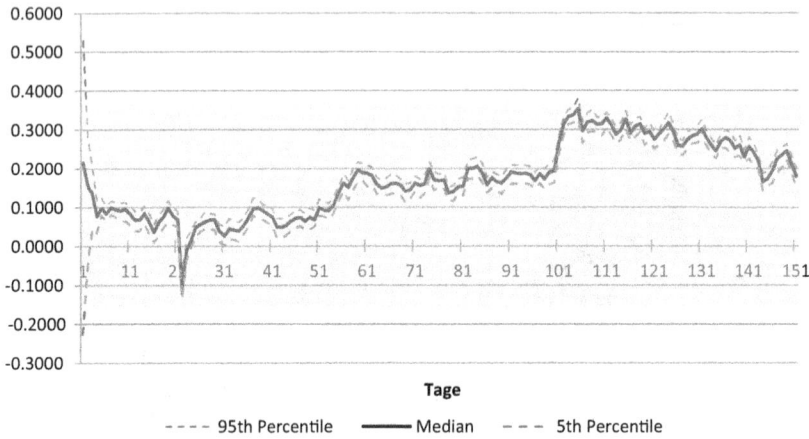

Abbildung 24 Effekt der Adimpressions auf Klicks unter Berücksichtigung der Moderationseffekte. (Quelle: eigene Darstellung)

Abbildung 24 zeigt, dass der Effekt von Retargeting durch die Berücksichtigung der Moderationseffekte deutlich volatiler und unstetiger wird. Dies bestätigt die Erkenntnisse der vorherigen Studien, die bereits nachgewiesen haben, dass Retargeting nicht im „luftleeren Raum" wirkt, sondern unter Berücksichtigung der Situation des Nutzers. Der direkte Effekt auf Klicks ist für die betrachtete Zielgruppe, deren Beziehung zum Online-Shop ungefähr mit Beginn des Beobachtungszeitraums startet, bis auf eine kurze Ausnahme signifikant positiv im Zeitverlauf und steigt sogar an. Je länger die Nutzer der Werbung ausgesetzt sind, desto positiver ist der Effekt. Für die übrigen Nutzergruppen kann festgehalten werden, dass je kürzer die Beziehung mit dem Online-Shop, desto geringer sind die signifikanten Effekte des Retargetings auf Klicks. Gleichzeitig weisen allerdings auch die langzeit-Kunden einen deutlich geringeren Effekt auf.

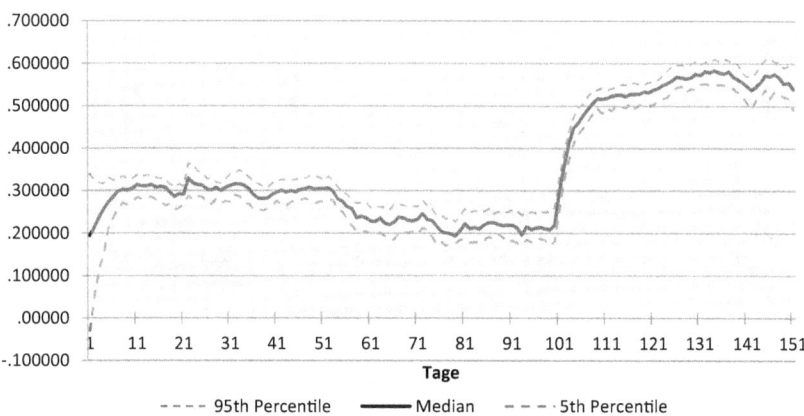

Abbildung 25 Effekt der Adimpressions auf Webseitenbesuche unter Berücksichtigung der Moderationseffekte. (Quelle: eigene Darstellung)

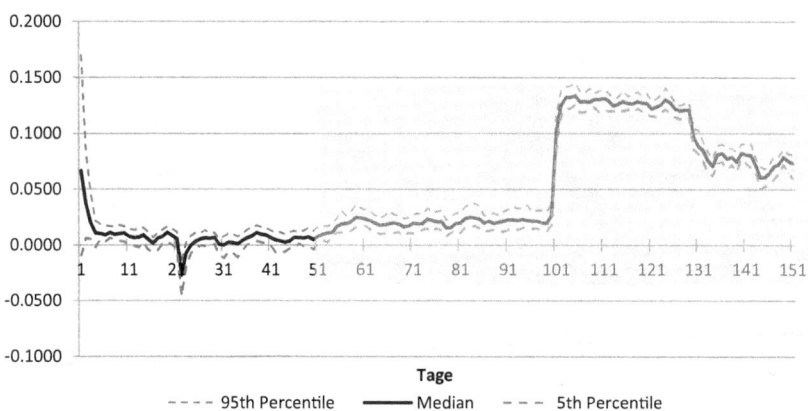

Abbildung 26 Effekt der Adimpressions auf die Suchintensität unter Berücksichtigung der Moderationseffekte. (Quelle: eigene Darstellung)

Im Vergleich zum einfachen DLM zeigt sich beim Transferfunction-DLM durch die Berücksichtigung der Moderationseffekte beim Effekt von Adimpressions auf Webseitenaufrufe ein deutlicher Peak rund um den 100sten Tag. Hier sind zweideutliche Anstiege in der positiven Wirkungerkennbar: Zunächst ein leichter

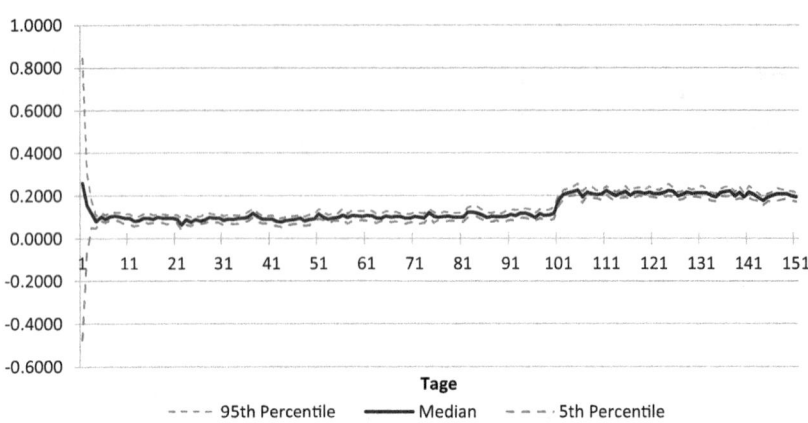

Abbildung 27 Effekt der Adimpressions auf die Käufe (gesamt). (Quelle: eigene Darstellung)

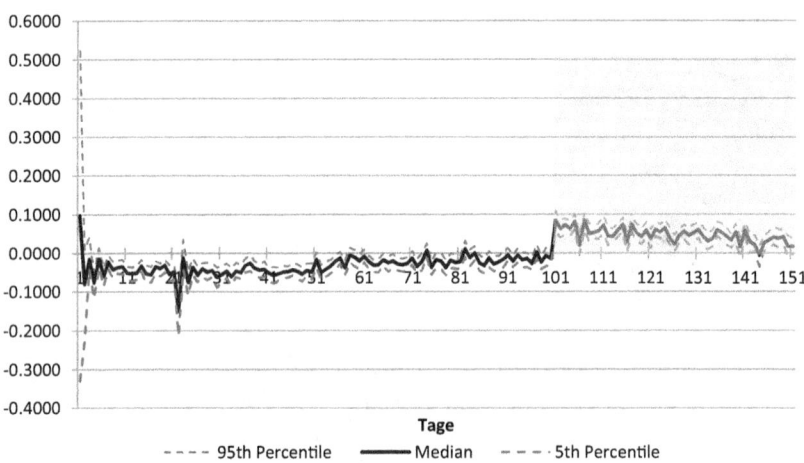

Abbildung 28 Effekt der Adimpressions auf die Käufe, die Retargeting zugeordnet werden. (Quelle: eigene Darstellung)

Anstieg zu Beginn des Beobachtungszeitraums, welche nach rund 40 Tagen unterbrochen wurde. Ein zweiter deutlich stärkererAnstieg wird durch die Kampagne

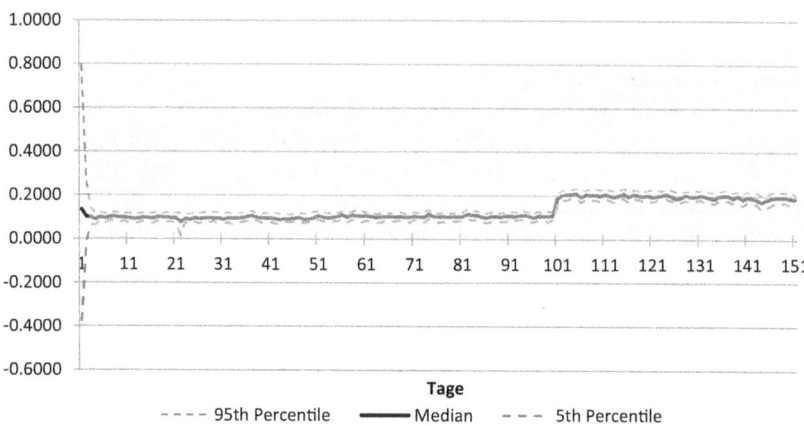

Abbildung 29 Effekt der Adimpressions auf Käufe, die keine beworbenen Produkte beinhalten. (Quelle: eigene Darstellung)

zum Jahrestag des Online-Shops am ca. 100 Tag des Beobachtungszeitraums ausgelöst. Denselben Peak, ausgelöst durch die Aktivitäten rund um den Jahrestag des Online-Shops, erkennt man auch im Effekt auf das Suchverhalten der Nutzer. Zu Beginn des Beobachtungszeitraums ist ein nicht kontinuierlich signifikanter und sehr schwacher Effekt zu beobachten. Ab Tag 51 steigt der Effekt dann kontinuierlich an, bis er durch die Kampagnenanpassung deutlich zunimmt. Dieser deutlich gesteigerte positive Effekt von Retargeting auf die Suchintensität pendelt sich zunächst auf dem hohen Niveau ein und schwächt sich nach ca. 30 Tagen wieder etwas ab. Dementsprechend kann für alle Nutzergruppen, die mindestens für den gesamten Beobachtungszeitraum Kunde des Shops waren (Nutzergruppen 5–8 – siehe Anhang 19:) zusammengefasst werden, dass zunächst das Suchverhalten durch Retargeting gesteigert wird, langfristig gesehen aber nicht auf dem hohen Niveau haltbar ist. Bei den Kunden mit einer kürzeren Beziehungsdauer, ist der Moment des sinkenden Effekts noch nicht erreicht.

Tabelle 12 zeigt die Moderationseffekte von der Zeit zwischen den Bannern, der Qualität der Umfelder anhand der Mediakosten und dem Ad-Stock auf dem Effekt von Adimpressions auf Klick, Webseitenaufrufe und Suchintensität. Hier zeigt sich ein abschwächender Effekt der Zeit zwischen den Adimpressions auf die Wirkung von Retargeting auf Klick (−0,0574*). Die Qualität der Umfelder wirkt sich verstärkend auf die Beziehung von Retargeting auf Klicks (0,0886*) und die Suchintensität (0,0163*) aber abschwächend auf den Effekt auf Webseitenaufrufe ($-0,0232*$) aus. Die bestärkende Wirkung auf die Beziehung von Retargeting und Bannerklicks wird in allen Nutzergruppen bestätigt, während der moderierende Effekt auf die Beziehung zu Webseitenaufrufen kein Einheitliches Bild über die verschiedenen Nutzergruppen zeigt. Auch die Höhe des Ad-Stocks wirkt sich verstärkend auf den Effekt von Retargeting auf Klick ($0,0124*$), Webseitenaufrufe ($0,0095*$) sowie Suchintensität ($0,0063*$) aus.

Der Effekt von Retargeting auf Käufe generell zeigt einen kontinuierlichen positiven Effekt über die ersten 100 Tage der Kampagne. Erst nach dem sich durch alle Beobachtungen durchziehenden Anstieg am 101 Tag pendelt sich der Effekt auf einem höheren positiven Niveau ein (siehe Abbildung 27). Betrachtet man die Käufe etwas differenzierter, zeigt sich ein deutlicher Unterschied zwischen den Käufen, die dem Retargeting zugeordnet werden können – also solche Käufe, die beworbene Produkte beinhalten – und solchen die keine beworbenen Produkte beinhalten: Zunächst zeigt sich unter Einbezug der Moderationseffekte ein negativer Effekt des Retargetings auf die Anzahl der Käufe mit beworbenen Produkte, der auf Dauer langsam ansteigt bis er dann am dem 101 Tag deutlich positiv wird. Darauffolgend nimmt die Effektstärke langsam wieder ab und nähert sich einer Effektstärke von null an (siehe Abbildung 28).

Im Gegensatz dazu zeigt sich ein grundsätzlich positiver Effekt von Retargeting auf Käufe, die keine beworbenen Produkte beinhalten. Der Effekt ist relativ konstant bei 0,1 und steigt ab dem Stichtag der Kampagnenveränderung deutlich an und pendelt sich um 0,2 rum ein (siehe Abbildung 28).

Tabelle 13 zeigt die Moderationseffekte der Zeit zwischen den Bannern, der Qualität der Umfelder anhand der Mediakosten und dem Ad-Stock auf den Effekt von Adimpressions auf Käufe. Hierbei wird erneut differenziert zwischen der Wirkung auf alle Käufe und solchen, die beworbene Produkte betreffen und solchen, die keine beworbenen Produkte beinhalten. Es zeigt sich, dassdie Höhe des Ad-Stocks den Effekt von Retargeting auf Käufe allg. ($0,0102*$) sowie auf Käufe beworbener Produkte ($0,0530*$) verstärkt. Die Qualität der Werbeumfelder wirkt positiv auf die Effektivität von Retargeting auf Käufe, sowohl für beworbene ($0,0530*$) als auch alle Käufe ($0,0155*$), während es eine sogar negative Wirkung auf die Beziehung zwischen Retargeting und dem Kauf nicht beworbener Produkte ($-0,0209*$) aufweist. Differenziert man hierbei nach Nutzergruppen, so zeigt sich, dass bei neueren Kunden die Qualität des Umfelds einen geringen abschwächenden Effekt auf die Beziehung von Retargeting auf Käufe aufweist, während die langjährigen Kunden die Qualität der Werbeplätze mehr zu schätzen wissen. Eine höhere Zeitspanne zwischen den Retargeting-Bannern wirkt verstärkend auf den Effekt des Retargetings auf Käufe nicht beworbener Produkte. Die sehr hohen Effektstärken der Interaktionsterme der Adimpressions mit dem Inter-cept der Moderatoren zeigt, dass besonders die Beziehung zwischen Werbung und Käufen von einigen unbeobachteten Aspekten stark beeinflusst werden (0,3372*). Anhang 23: zeigt die Moderationseffekte der übrigen Nutzergruppen (Tabelle 14).

Abgesehen von den zeitvariierenden langfristigen Effekten, sind im Rah-men dieser Studie besonders die Carry-over-Effekte von Interesse. Besonderer Fokus liegt dabei natürlich auf dem Carry-Over-Effekt der ausgesandten Adim-pressions. Tabelle 15 zeigt, dass Adimpressions auf Klick nur einen geringen Carry-Over-Effekt haben, was in der Natur der Sache liegt, da sie nur unmit-telbar bei Ausstrahlung angeklickt werden können, wohingegen der Aufruf des Online-Shops (Visits) einen sehr hohen Carry-Over-Effekt (0,6561) aufweist. Dieser Effekt zeigt sich tatsächlich über alle Zielgruppen hinweg (u. a.: Nut-zergruppe 1: 0,5931; Nutzergruppe 8: 0,7308). Dies deutet darauf hin, dass Retargeting die positive Branding-Wirkung, die Studie 2 bereits kurzfristig nach-weisen konnte, auch langfristig zeigt. Die Carry-over-Effekte auf sämtliche Käufe sind deutlich niedriger und auch nur in Teilen signifikant (siehe Tabelle 15). Im Vergleich der verschiedenen Nutzergruppen zeigt sich ein sehr unterschiedlicher Carry-Over Effekt der Adimpressions auf Käufe. Während Nutzergruppen mit einer sehr kurzen Historie mit dem Shop keinen signifikanten Carry-Over-Effekt haben, weisen die Nutzergruppen, die schon länger mit dem Shop vertraut sind, einen deutlich höheren signifikanten Carry-over-Effekt der Werbung auf (Nutzer-gruppe 8: 0,2837*). Generell bestätigt die Analyse aller Nutzergruppen, dass der Carry-over-Effekt für Käufe jeglicher Art sehr gering ausfällt.

Alles in allem lässt sich festhalten, dass 90 % der Wirkung der Adimpres-sions nach rund 3–4 Tagen verflogen ist: Lediglich im Fall des Effekts auf die Webseitenaufrufe sind 90 % des Effekts erst nach 5,7 Tagen verbraucht. Den stärksten Carry-over-Effekt auf Webseitenaufrufe weisen die sehr mit dem Shop vertrauten Nutzergruppen auf (Nutzergruppe 7: 90 %-Dauer-Intervall 6,1 Tage, Nutzergruppe 8: 90 %-Dauer-Intervall: 7,3 Tage), wohingegen die neuen Besucher einen geringeren wenn auch immer noch sehr deutlichen 90 %-Dauer-Intervall von 4,4 Tagen aufweisen. Auf alle anderen abhängigen Größen dauert der Effekt weniger lang an[188].

---

[188]Berechnung des 90 %-Duration Intervalls in Anlehnung an Leone 1995 und Dinner et al. 2014: ln (1–0,9)/ln (λ)

Tabelle 14 Carry-Over-Effekte der Adimpressions auf Klick, Webseitenaufruf, Suchintensität. (Quelle: eigene Darstellung (Nutzergruppe 5))

Charakteristika	Klick			Visits			Suchintention		
	λ	Posterior-Density-Intervall ($\alpha = 0{,}05$)		λ	Posterior-Density-Intervall ($\alpha = 0{,}05$)		λ	Posterior-Density-Intervall ($\alpha = 0{,}05$)	
Intercept	**0,3019***	0,2828	0,3546	**0,4084***	0,3910	0,4588	**0,3045***	0,2858	0,3530
Adimpressions	**0,4641***	0,4442	0,4893	**0,7595***	0,7297	0,7835	**0,5450***	0,4447	0,6285
Mundlak	**0,1184***	0,1030	0,1299	**0,6156***	0,6073	0,6244	**0,2161***	0,1752	0,2429
Korrelation der orig. Werte der abh. Variablen und ihrer prognostizierten Werte	0,6057			0,7561			0,9985		

Die fette Hervorhebung zeigt die Signifikanz auf min. dem 10 % Niveau basierend auf dem höchsten Posterior-Density-Intervall

Tabelle 15 Carry-Over-Effekte der Adimpressions auf die Käufe allg., den Retargeting zugeordneten Käufen und solchen, die nicht Retargeting zugeordnet werden können (Nutzergruppe 5). (Quelle: eigene Darstellung)

Charakteristika	Käufe			Valid Orders			Valid Sales		
	λ	Posterior-Density-Intervall (α = 0,05)		λ	Posterior-Density-Intervall (α = 0,05)		λ	Posterior-Density-Intervall (α = 0,05)	
Intercept	**0,3338**	0,4299	0,5029	**0,3392**	0,3201	0,3927	**0,1821**	0,1642	0,2517
Adimpressions	**0,2902**	0,7127	0,7469	**0,2771**	0,2531	0,3037	**−0,1741**	−0,3076	−0,0876
Mundlak	**0,1685**	0,5909	0,6066	**0,1500**	0,1303	0,1663	**−0,0611**	−0,1034	−0,0209
Korrelation der orig. Werte der abh. Variablen und ihrer prognostizierten Werte	0,3911			0,3889			0,2925		

4.5   Diskussion der Untersuchung

Als Grundlage dieser Studie wurden sieben z. T. rivalisierende Propositionen formuliert. Tabelle 16 zeigt eine Übersicht der Ergebnisse zu den formulierten Wirkungsvermutungen.

Zunächst kann festgehalten werden, dass wie in Proposition 1 vermutet Retargeting einen im Zeitverlauf variierenden Effekt aufweist. Es kann dabei festgehalten werden, dass der Effekt selten in seiner Wirkungsrichtung wechselt, jedoch intensiviert er sich bspw. in Bezug auf Click oder Suchintensität im Zeitverlauf. Vor diesem Hintergrund kann die Vermutung von Proposition 2 nicht völlig bestätigt werden, da zwar wie vermutet die Wirkung auf Webseitenaufrufe im Zeitverlauf positiv ist, jedoch der Effekt auf Klicks im Zeitverlauf nicht wie erwartet für alle Nutzergruppen abnimmt. Sämtliche Nutzergruppen, die den Shop bereits einige Zeitkannten, zeigen einen bogenförmigen Verlauf der Effektivität. Um eine wirkliche Aussage darüber treffen zu können, ob der Effekt auf Klicks langfristig abnimmt, müsste ein noch längerer Zeitraum betrachtet werden.

Die Propositionen 3a und 3b wurden rivalisierend formuliert. Hierbei bestätigt sich die Vermutung von Proposition 3a, da Retargeting sich über alle Nutzergruppen hinweg für eine gewissen Zeit positiv auf die Suchintensität auswirkt. Am Ende des Beobachtungszeitraums zeigt sich für die Kunden, die bereits länger eine Beziehung zum Shop aufweisen, dass der positive Effekt wieder abzunehmen beginnt. Dennoch wiederlegt dies die vielfach in der Theorie aufgestellte Idee, dass Retargeting das Suchverhalten auf dem Shop einschränken würde. Entgegen der Erkenntnisse von FONG 2016, können im vorliegenden Fall keinerlei für die Onsite-Aktivität schädlichen Effekte identifiziert werden. Die untersuchte Erfolgsgröße an dieser Stelle war die Suchintensität – also das Verhältnis von Produktdetailseiten zu allen Aktivitäten auf der Seite. Dementsprechend fördert Retargeting das Interesse der Konsumenten sich tiefergehend mit den Produkten zu beschäftigen. Diese Erkenntnis findet ebenfalls Bestätigung in der Untersuchung von Proposition 4, da Retargeting in der vorliegenden Studie einen positiven Effekt auf Käufe, die keine beworbenen Artikel beinhalten, aufweist. Während die neueren Kunden einen lediglich schwachen positiven Effekt auf Käufe, nicht beworbener Produkte, zeigen, ist die Werbeelastizität bezogen auf solche Käufe bei den langjährigen Kunden deutlich höher und mit der Zeit ansteigend. Dementsprechend unterstreicht dies die Argumentation, dass Retargeting Nutzer durchaus zum Shop zurückbringt und dort aufgrund ihrer sogar höheren Suchintensität als ohne Retargeting die Anzahl sämtlicher Käufe steigt und nicht nur die, von Käufen beworbener Produkte.

Tabelle 16 Übersicht der Ergebnisse anhand der formulierten Propositionen. (Quelle: eigene Darstellung)

Propositionen	Beurteilung									
	gesamt	NG1	NG2	NG3	NG4	NG5	NG6	NG7	NG8	NG1
P1 *Der Effekt von Retargeting auf Klick ist a) positiv und b) variiert im Zeitverlauf.*	✓	✓	✓	✓	✓	✓	✓	✓	✓	
P2 *Retargeting wirkt a) positiv auf die Anzahl der Websiteaufrufe, wobei b) dieser Effekt mit der Zeit schwächer wird*	✓ ✗	✓ ✗	✓ ✗	✓ ✗	✓ ✗	✓ ✗	✓ ✗	✓ ✗	✓ ✗	
P3a *Retargeting verändert langfristig das Suchverhalten auf der Seite des Online-Händlers positiv.*	✓	✓	✓	✓	✓	(✓)	(✓)	(✓)	(✓)	
P3b *Retargeting verändert langfristig das Suchverhalten auf der Seite des Online-Händlers negativ.*	✗	✗	✗	✗	✗	✗	✗	✗	✗	
P4a *Retargeting wirkt sich langfristig positiv sowohl auf zuordenbare Käufe als auch Käufe von Produkten anderer Kategorien aus.*	(✓)	(✓)	(✓)	(✓)	(✓)	(✓)	✓	✓	✓	

(Fortsetzung)

Tabelle 16 (Fortsetzung)

Propositionen	Beurteilung									
	gesamt	NG1	NG2	NG3	NG4	NG5	NG6	NG7	NG8	NG1
P4b *Retargeting wirkt sich langfristig positiv auf direkt zuordenbare Käufe aus, wohingegen es keine langfristigen positiven Auswirkungen auf Käufe anderer Kategorien hat.*	✗	✗	✗	✗	✗	✗	✗	✗	✗	
P5 *Die Höhe des Ad-Stocks verstärkt den Einfluss des Retargeting auf das Konsumentenverhalten in Form von Klick, Rückkehr und Kauf.*	(✓)	n. s.	✗	✗	✓	✓	✓	✓	✓	
P6a *Die Zeit zwischen den ausgesandten Bannern wirkt sich verstärkend auf die Beziehung von Adimpressions und der Konsumentenreaktion aus.*	✓/✗	✓/✗	✓/✗	✓/✗	✓/✗	✓/✗	✓/✗	✓/✗	✓/✗	

(Fortsetzung)

Tabelle 16 (Fortsetzung)

Propositionen	Beurteilung									
	gesamt	NG1	NG2	NG3	NG4	NG5	NG6	NG7	NG8	NG1
P6b *Die Zeit zwischen den ausgesandten Bannern wirkt sich abschwächend auf die Beziehung von Adimpressions und der Konsumentenreaktion aus.*	✓/✗	✓/✗	✓/✗	✓/✗	✓/✗	✓/✗	✓/✗	✓/✗	✓/✗	
P7a *Die Qualität des Webumfeldes wirkt moderierend verstärkend auf den Effekt von Retargeting auf die abhängigen Größen.*	✓/✗	✓/✗	✓/✗	✓/✗	✓/✗	✓/✗	✓/✗	✓/✗	✓/✗	
P7b *Die Qualität des Webumfeldes wirkt moderierend abschwächend auf den Effekt von Retargeting auf die abhängigen Größen.*	✓/✗	✓/✗	✓/✗	✓/✗	✓/✗	✓/✗	✓/✗	✓/✗	✓/✗	

✓ Hypothese wie postuliert angenommen; ✗ Effektrichtung entgegengesetzt zur postulierten Wirkrichtung; n. s. Effekte sind nicht signifikant

Neben den vermuteten langfristigen Wirkungen von Retargeting im Zeitverlauf, wurden im Rahmen der Untersuchung die moderierenden Effekte von Kampagnenstrategischen Aspekten, wie Qualität des Werbeumfelds sowie Ad-Stock und Zeitabstand zwischen Bannern getestet, um eine bessere Wissensgrundlage für die Effektive Ausgestaltung von Kampagnen zu erhalten:

Es zeigt sich, dass der sich mit jeder hinzukommenden Werbung aufbauenden Ad-Stock sich positiv auf die Beziehung von Retargeting zu allen Erfolgsgrößen auswirkt. Lediglich im Fall von Käufen nicht beworbener Produkte kann kein signifikanter Effekt nachgewiesen werden. Interessanterweise zeigt sich, dass die positive Wirkung erst bei Kundengruppen eintritt, die den Shop eine gewisse Zeit kennen und dementsprechend bereits einen gewissen Ad-Stock über eine längere Zeit aufbauen konnten. Im Fall der Neukunden, wirkt der Ad-Stock zunächst nicht signifikant und dann leicht negativ. Dementsprechend kann hier gemäß der theoretischen Vermutung davon ausgegangen werden, dass der Ad-Stock generell positiv wirkt. Allerdings muss die Schnelligkeit, mit der dieser aufgebaut wird beachtet werden. Ein hoher Ad-Stock bei relativ neuen Kunden, kann nur durch einen sehr hohen Werbedruck erreicht werden. Dementsprechend scheint dies zu Beginn der Kundenbeziehung eher nachteilig. Die Ergebnisse legen nahe, dass im Rahmen einer langfristigen Strategie ein langsamer Aufbau eines Ad-Stocks ermöglicht werden muss und dementsprechend Frequency Caps eine große Rolle für den Erfolg der Kampagne spielen. Diese Ergebnisse bestätigen Erkenntnisse von SAHNI ET AL. (2017), welche die Relevanz von Kundengruppenspezifischen Frequency Caps hervorgehoben haben.

Der zweite betrachtete Aspekt des Timings einer Kampagne, war die Zeit zwischen ausgesandten Bannern. Hier zeigen sich unterschiedliche Ergebnisse. Zum einen wirkt ein größerer zeitlicher Abstand der Banner abschwächend auf die Beziehung von Retargeting auf Klicks sowie Käufe der beworbenen Produkte für 3 der 8 Nutzergruppen. Diese Ergebnisse, welche die Proposition 6b bestätigen würden, stehen im Einklang mit Erkenntnissen von GRASS und WALLACE (1969) sowie NAIK ET AL. (1998). Gleichzeitig zeigen die übrigen Nutzergruppen jedoch einen positiv verstärkenden Effekt bei größerem zeitlichem Abstand zwischen den Bannern, was in Einklang mit der Theorie der ACT-R Architektur stehen würde. Hier zeigt sich eindeutig weiterer Forschungsbedarf.

Schließlich zeigen die Ergebnisse der Untersuchung, dass die Qualität der Umfelder, auf denen die Retargeting-Banner ausgespielt werden, eine entscheidende Bedeutung für den Erfolg haben. Wie zu erwarten war steigert die Qualität des Umfeldes die Beziehung von Retargeting zu Klick sowie der Käufe beworbener Artikel. Damit kann die Vermutung, dass die positive Evaluation des Umfeldes sich auf die Inhalte der Banner überträgt bestätigt werden. Interessanterweise zeigt sich im Vergleich der Nutzergruppen, dass für die Kunden mit längeren Beziehungen zum Shop die Qualität des Umfeldes auch den Effekt der Retargeting-Banner auf Webseitenaufrufe positiv verstärkt. Dies könnte für eine durch die Qualität des Umfelds verstärkte positive Erfahrung mit dem Shop hindeuten, die dann wiederum zu einem positiven Branding-Effekt führt. Vor dem Hintergrund, dass eine höhere Umfeldqualität mit höheren Mediakosten einhergeht, sollte demnach differenziert evaluiert werden, wer die Zielgruppe einer Kampagne ist und, ob die eingesetzten Mediakosten an der Stelle wirklich effizient sind.

Abgesehen von den Ergebnissen der zu überprüfenden Propositionen, zeigt die Betrachtung der Werbeelastizität in den verschiedenen Nutzergruppen, dass die Effektivität der Werbung stark davon abhängt, wie vertraut die Nutzer mit dem beworbenen Shop sind. Offensichtlich können frische Kunden noch leichter über Retargeting begeistert werden, während vertraute Kunden eher über andere Wege zum Shop kommen. So zeigt sich, dass eine 1 % Erhöhung der Anzahl an ausgesandten Adimpressions ceteris paribus zu einer 0,2 % Erhöhung der Käufe neuer Kunden führt, während es bei langfristigen Bestandskunden lediglich zu einer Erhöhung der Anzahl der Käufe um 0,13 % führt. Es zeigt sich an noch weiterer Stelle, wie unterschiedlich die Konsumentengruppen auf Retargeting reagieren.

Limitation der Studie ist die Aggregation der Daten je Nutzerkohorte. Eine mögliche zukünftige Erweiterung des Modells wäre die Berücksichtigung von langfristiger sowie **„cross-sectional" Heterogenität**, wie sie im vorliegenden Fall zwischen den Besuchern, deren täglicher Performance sowie den verschiedenen Aktivitäten gegeben ist. Zeitreihenanalysen weisen oftmals Probleme auf, wenn es darum geht hierarchische Modelle zu integrieren. Daher ist es üblich Daten über cross-sections zu aggregieren (z. B. über verschiedenen Stores), dies führt jedoch dazu, dass auch die Parameterschätzungen später Aggregationsfehler (aggregation bias) aufweisen (vgl. Christen et al. 1997). Deshalb ist die Beibehaltung der langfristigen und cross-sektionalen Natur der Daten zu bevorzugen. Eine weitere Limitation der Daten ist die **Aggregation der Daten** auf Tagesebene. Besonders im Hinblick auf die differenziertere Betrachtung der Kampagnengestaltung, würde es einen großen Mehrwert liefern, die Information disaggregiert je Banner und Nutzer sowie Aktivität auf dem Shop analysieren zu können. Im vorliegenden Fall kann beispielsweise nicht dafür kontrolliert werden, ob die Konsumenten beim Besuch des Händlers bereits ein Produkt in den Warenkorb gelegt hatten. Auf diese Weise fehlt die Überprüfung, ob tatsächlich ein Momentum erst dann entsteht, wenn jemand bewusst, eine Entscheidung für ein Produkt getroffen hat. Dies wäre eine sehr interessante Erweiterung in zukünftigen Studien, die überdies eine Validierung der Ergebnisse der laborexperimentellen ersten Studie ermöglichen würden.

5   Zusammenfassung der Ergebnisse aller Teiluntersuchungen

Ziel der vorliegenden Arbeit und ihrer 3 Studien war es, folgende sechs Forschungsfragen zu beantworten.

- Kann das Phänomen des Shopping-Momentums auf den Kontext des Online-Shoppings übertragen werden und welche Rolle spielen Unterbrechungen dieses Momentums?
- Eignet sich das Phänomen des Shopping Momentums als theoretischer Rahmen für die Wirkung von Retargeting?
- Welchen Einfluss hat ein unterbrochenes Online-Shopping-Momentum – so es denn nachgewiesen werden kann – auf die Effektivität und Wirkungsweise von Retargeting?
- Ist Retargeting ein reiner Performance-Marketing-Kanal, der auf Klick und Kauf abzielt, oder wirkt Retargeting vielmehr indirekt über Branding?
- Wie wirkt Retargeting langfristig, und variiert der Effekt im Zeitverlauf?
- Inwiefern beeinflusst Retargeting das Suchverhalten auf der Seite und damit mittelbar Cross-Buying?

Die ersten beiden Fragen wurden im Rahmen von Studie 1 adressiert: Mittels vier laborexperimenteller Untersuchungen konnte nachgewiesen werden, dass **es ein Online-Shopping-Momentum gibt,** welches vergleichbar mit dem von DHAR, HUBER und KAHN (2007) im Offline-Kontext nachgewiesenen Phänomen ist und bezogen auf den Wechsel von zugrundeliegenden Mind-Sets dieselbe Eigenschaft aufweist. Zudem konnte bestätigt werden, dass **ein umsetzungs-orientiertes Mind-Set im Unterbrechungsfall insofern hilfreich ist,** als es zu signifikant mehr Käufen bei der Wiederaufnahme des Kaufprozesses führte. Gleichzeitig konnte leider nicht nachgewiesen werden, ob jemand nach einer Unterbrechung tendenziell eher ein umsetzungsorientiertes Mind-Set aufweist als nach einem erfolgreich abgeschlossenen nicht unterbrochenen Kauf. Die Tatsache, dass **eine Unterbrechung des Momentums nicht zu signifikant weniger Käufen bei Rückkehr führt,** deutet darauf hin, dass Unterbrechungen an sich nicht schädlich für den Online-Händler sind, solange der Konsument reaktiviert werden kann. Um Frage 2 zu beantworten, wurde getestet, ob die **Erinnerung an noch im Warenkorb befindliche Produkte,** als ein Attribut von Retargeting, dazu führt, dass Konsumenten bei ihrer Rückkehr mehr kaufen, also **das Momentum stärker wieder aufnehmen** als solche Konsumenten, die nicht individuell erinnert wurden. Dies konnte bestätigt werden, für den Fall, dass nach der Unterbrechung ein umsetzungsorientiertes Mind-Set – also ein noch aktives Online-Shopping-Momentum – bestand.

Im Rahmen von Studie 2 wurden die dritte und vierte Frage adressiert. Mit Hilfe eines großzahligen Feldexperiments konnte nachgewiesen werden, das **Retargeting die Schließung eines unterbrochenen Online-Shopping-Momentums** – also die Rückkehr zum Online-Shop – beschleunigt. So konnte nachgewiesen werden, dass Retargeting-Banner nicht nur eine generell positive Wirkung auf die Wahrscheinlichkeit, ohne Klick zurückzukehren, sondern sie haben die Rückkehr auch noch beschleunigt. Im Fall der dynamischen Retargeting-Banner mit angesehenen Artikeln oder Kaufartikeln wurde die Zeit bis zum Klick deutlich verkürzt, wenn der Nutzer ein aktives Momentum aufwies. Die deutlich **kürzere Zeit bis zur Rückkehr zum Shop bei einem vorliegenden Online-Shopping-Momentum** deutet auf das sehr unterschiedliche Mind-Set und auf die Einstellung von Interessenten innerhalb eines Momentums hin. Diese scheinen sich schon sehr viel stärker mit dem Kauf auseinander gesetzt zu haben, als solche, die kein aktives Online-Shopping-Momentum aufweisen, so dass sie lediglich einen kleinen Anstoß benötigen, um den Shop dann eigenständig aufzurufen. Dies bestätigt die in Rückgriff auf die Theorie des Momentums sowie die Erläuterungen der Adaptive Control of Thought-Rational (ACT-R) Architektur[189] entstandene Vermutung, dass **Retargeting als aktivierungsverstärkendes beschleunigendes Priming** wirken kann[190]. Eine weitere spannende Erkenntnis aus dieser Studie ist, dass Kaufartikelbanner, also solche mit Produkten der Kategorie bereits gekaufter Artikel, den erneuten **Kaufprozess ganzheitlich beschleunigen**, indem sie sowohl die Zeit bis zum Klick oder Rückkehr ohne Klick als auch die Zeit bis zum Kauf verkürzen.

Hiermit konnte auch bereits die vierte Frage teilweise beantwortet werden: Offensichtlich bietet Retargeting je nach Ausgestaltung und Targeting sowohl **Potential für Branding- als auch für Performance-Ziele**. Die höhere Wahrscheinlichkeit, bei aktivem Online-Shopping-Momentum zurückzukehren, ohne zu klicken, als mittels direktem Klick zurückzukehren, deutet auf die höhere Involviertheit der Nutzer mit dem Shop hin, die zu einer selbstinduzierten Rückkehr führt.[191] Die Erkenntnis, dass besonders **im Fall eines aktiven Online-Shopping-Momentums die Wahrscheinlichkeit, ohne Klick auf die Seite**

---

[189]Vgl. Anderson 1996; Anderson 1990; Anderson und Schunn 2000.

[190]Vgl. Hodgetts und Jones 2006

[191]Das Feldexperiment bietet an dieser Stelle leider nicht die Möglichkeit, Nutzer, die Banner gesehen haben, solchen gegenüberzustellen, die überhaupt keine Displaywerbung gesehen haben.

zurückzukehren, besonders hoch ist, bestätigt die Ergebnisse von BLEIER und EISENBEISS 2015. Diese haben bereits untersucht, dass View-through eher einem zielgerichteten Suchverhalten entsprach, während der Klick auf ein Banner dem experimentellen Suchverhalten entsprang. Studie 3 bestätigt die Eignung von Retargeting für Branding-Zwecke. Auch langfristig konnte eine **hohe Werbeelastizität bezogen auf Webseitenaufrufe** ermittelt werden, diese liegt sogar in Teilen deutlich über der für Klick auf ein Banner. Zudem zeigt sich besonders bei vertrauten Bestandskunden ein mit der Zeit ansteigend positiver Effekt der Werbung auf die Webseitenaufrufe, während der Effekt auf Klicks zwar zunächst ansteigt, dann aber deutlich unter die Effektstärke für Webseitenaufrufe absinkt.

Neben der direkten Beantwortung der Forschungsfragen zeigen die Ergebnisse aus Studie 2, dass dynamisches Retargeting nicht per se effektiver ist als standardisiertes Retargeting. Es zeigt sich deutlich, dass die Wirkung der Personalisierung von der Situation des Nutzers sowie der Ausgestaltung der Personalisierung abhängt. Die Wahl des richtigen Grads an Personalisierung kann nur in Abhängigkeit von der angestrebten Reaktion des Nutzers sowie seiner Situation bei Verlassen des Shops getroffen werden. So zeigte sich deutlich, dass Display-Werbung sowohl mittelbare als auch unmittelbare Effekte hat, die jeweils in Abhängigkeit von der Situation des Nutzers und von der Ausgestaltung des Banners gefördert werden. Die z. T. gegenläufigen Auswirkungen auf Rückkehr und Klick zeigen, wie relevant die genaue Definition von KPIs und Zielen für jede Kampagne im Vorfeld ist. Besonders vor dem Hintergrund, dass die Chance auf einen abgeschlossenen Kauf bei einer Rückkehr ohne Klick um eine Vielfaches höher ist als bei einer Banner-induzierten Rückkehr, muss die Rolle von Display-Werbung neu überdacht werden.

Studie 3 fokussiert auf die vierte bis sechste Frage. Zunächst kann basierend auf den Ergebnissen klar bestätigt werden, dass **Retargeting im Zeitverlauf variierende Effekte** hat. Der Effekt intensiviert sich bspw. in Bezug auf Click bis zu einer maximalen Werbeelastizität von 0,35 und schwächt sich dann im zeitverlauf wieder ab. Es zeigen sich hierbei starke **Unterschiede zwischen Neukunden und langfristig bekannten Bestandskunden**: Im Fall des Einflusses auf die Suchintensität im Zeitverlauf zeigen sich beispielsweise sehr unterschiedliche Verläufe – während Neukunden zu Beginn einen sehr niedrigen positiven Einfluss auf die Suchintensität aufweisen, ist dieser für längerfristig bekannte Kunden bereits zu Beginn der Beobachtung deutlich höher. Dies zeigt, dass Konsumenten zunächst mit dem Shop vertraut werden müssen, bevor Retargeting in seiner Wirkung über die „einfache" Rückkehr hinausgehen kann.

Erste Antworten auf Frage 6, ob Retargeting schädlich oder **förderlich für die Suchaktivitäten der Webseitenbesucher und Cross-Category-Käufe** ist, konnten schon in Studie 2 ermittelt werden: Die Ergebnisse aus Studie 2, welche besagen, dass Kaufartikel-Banner als eine Form des dynamischen Retargetings den gesamten erneuten Kaufprozesses beschleunigen. Besonders in Kombination mit der Erkenntnis, dass Kaufartikelbanner nicht nur schneller, sondern auch mit höherer Wahrscheinlichkeit angeklickt werden, hat dies bereits darauf hingewiesen, dass Retargeting nicht unter allen Umständen schädlich für die Förderung weiterer Käufe wie Cross-Category-Käufe sein muss. Studie 3 hat dies insofern untermauert, als dass **Retargeting einen positiven Effekt auf die Suchintensität** auf dem Online-Shop zeigt. Zwar ist dieser Effekt nicht konstant gleich stark, bleibt aber im zeitverlauf immer positiv. Am Ende des Beobachtungszeitraums zeigt sich für die Kunden, die bereits länger eine Beziehung zum Shop aufweisen, dass der positive Effekt wieder abzunehmen beginnt. Dennoch wiederlegt dies die vielfach in der Theorie aufgestellte Idee, dass Retargeting das Suchverhalten auf dem Shop einschränken würde. Darüber hinaus wird gezeigt, dass es einen positiven langfristigen Effekt auf Käufe gibt, die keine beworbenen Produkte beinhalten. Entgegen der Erkenntnisse von FONG 2016, können im vorliegenden Fall demnach keinerlei für die Onsite-Aktivität schädlichen Effekte identifiziert werden.

Abseits der hier beantworteten Forschungsfragen liefert Studie 3 zudem Erkenntnisse zur Ausgestaltung von Retargeting-Kampagnen. So wurde gezeigt, dass sich der mit jeder hinzukommenden Werbung aufbauenden **Ad-Stock** positiv auf die Beziehung von Retargeting zu allen Erfolgsgrößen auswirkt. Interessanterweise tritt diese positive Wirkung erst bei Kundengruppen ein, die den Shop eine gewisse Zeit kennen und dementsprechend bereits den Ad-Stock über eine längere Zeit aufbauen konnten. Dementsprechend kann hier gemäß der theoretischen Vermutung davon ausgegangen werden, dass der Ad-Stock generell positiv wirkt. Allerdings muss die Schnelligkeit, mit der dieser aufgebaut wird beachtet werden. Ein hoher Ad-Stock bei relativ neuen Kunden, kann nur durch einen sehr hohen Werbedruck erreicht werden. Dementsprechend scheint dies zu Beginn der Kundenbeziehung eher nachteilig (Tabelle 17).

Tabelle 17 Übersicht der beantworteten Forschungsfragen

Forschungsfragen	Studien			Beurteilung
	1	2	3	
Kann das Phänomen des Shopping-Momentums auf den Kontext des Online-Shoppings übertragen werden und welche Rolle spielen Unterbrechungen dieses Momentums?	✔			• Es gibt ein Online-Shopping-Momentum • Es weist dieselben Eigenschaften wie das Shopping-Momentum nach Dhar, Huber, Kahn auf. • Der Mind-Set-Wechsel wird durch das Hinzufügen von Produkten zum Warenkorb manifestiert • Eine Unterbrechung des Momentums führt nicht zu signifikant weniger Käufen bei Rückkehr, ein im Unterbrechungsfall vorliegendes umsetzungsorientiertes Mind-Set führt allerdings zu signifikant mehr Käufen bei der Wiederaufnahme des Kaufprozesses als ein abwägendes Mind-Set.
Eignet sich das Phänomen des Shopping Momentums als theoretischer Rahmen für die Wirkung von Retargeting?	✔			• Ja, da Mind-Set-Wechsel theoretisches Fundament für Wirkung von Retargeting bietet • Indikator für ein „aktives" Online-Shopping-Momentum ist das Hinzufügen von Produkten zum Warenkorb • Ja, da erster laborexperimentelle Erkenntnisse darauf hindeuten
Schließt Retargeting ein unterbrochenes Online-Shopping-Momentum, so es denn nachgewiesen werden kann, schneller und unter welchen Voraussetzungen? (Studie 2)		✔		• Ja, dynamisches Retargeting schließt ein aktives unterbrochenes Momentum schneller als standardisiertes Retargeting. • Wenn nur ein abgeschlossener Kauf eine Schließung des Momentums darstellt, dann beschleunigen lediglich Kaufbanner den gesamten Prozess

(Fortsetzung)

Tabelle 17 (Fortsetzung)

Forschungsfragen	Studien			Beurteilung
	1	**2**	**3**	
Ist Retargeting ein reiner Performance-Marketing-Kanal, der auf Klick und Kauf abzielt, oder wirkt Retargeting vielmehr indirekt über Branding? (Studie 2 & 3)		✔	✔	• Dynamisches Retargeting wirkt sowohl auf Klick und Kauf als auch auf die Rückkehr ohne Klick • Sowohl kurz- als auch langfristig ist der Effekt auf die Rückkehr ohne Klick mindestens so groß wie der auf Klick
Wie wirkt Retargeting langfristig, und variiert der Effekt im Zeitverlauf? (Studie 3)			✔	• Der Effekt von Retargeting variiert im Zeitverlauf ist jedoch meist positiv • Retargeting weist einen überraschend großen Carry-over-Effekt auf: 90 % des Effekts auf Webseitenaufrufe überdauern sogar 8,3 Tage
Inwiefern beeinflusst Retargeting das Suchverhalten auf der Seite und damit mittelbar Cross-Buying? (Studie 3)		(✔)	✔	• Grundsätzlich zeigt sich ein positiver Effekt auf die Suchintensität • 90 % des Effekts von Retargeting auf die Suchintensität überdauern 3,7 Tage; • Der langfristige Effekt auf Käufe, die keine beworbenen Produkte beinhalten, ist teilweise sogar größer als auf Käufe beworbener Produkte

1 Wissenschaftliche Implikationen

Für die Forschung zu personalisierter Werbung am Beispiel von Retargeting ergeben sich aus der vorliegenden Studie mehrere wesentliche Implikationen, die im
Hinblick auf die Analyse der Wirkungsweise von personalisierter Werbung von
hoher Bedeutung sind. Diese Arbeit liefert sowohl aus konzeptioneller als auch
aus methodischer Perspektive Erkenntnisbeiträge für die Forschung und trägt zur
Schließung der zu Beginn aufgedeckten Forschungslücken bei:

Zunächst liefert diese Arbeit einen konzeptionellen entscheidenden Mehrwert
durch den **Nachweis des Shopping-Momentums im Online-Shopping-Kontext.**
Durch die Übertragung des durch DHAR, HUBER und KHAN (2005) nachgewiesenen Phänomens auf den Online-Kontext, liefert diese Arbeit einen enormen
Erkenntnisgewinn im Hinblick auf das Verhalten von Online-Shop-Besuchern.
Der in der Offline-Welt nachgewiesene, dem Momentum zugrundeliegende Wechsel des Mind-Sets konnte auch im Online-Kontext nachgewiesen werden. Dies
bringt einen Erkenntnisgewinn über den bisherigen Kaufprozess, der lediglich
schematisch die Phasen eines Kaufprozesses erläutert aber nicht die zugrundeliegenden psychologischen Phänomene betrachtet. Bringt man bestehende
Erkenntnisse rund um den Online-Kaufprozess und die neuen Ergebnisse zum
Online-Shopping-Momentum zusammen, so bietet dies die Grundlage für ein Framework zur zielgerichteteren und bedürfnisgerechteren Kommunikation mit den

Elektronisches Zusatzmaterial Die elektronische Version dieses Kapitels enthält
Zusatzmaterial, das berechtigten Benutzern zur Verfügung steht
https://doi.org/10.1007/978-3-658-31988-5_6.

Nutzern. Zudem konnte empirisch validiert werden, dass ein solches Momentum zur höheren Effektivität von Retargeting beiträgt. Darüber hinaus geht diese Arbeit deutlich weiter als lediglich das Phänomen aus dem stationären Handel zu übertragen, denn DHAR, HUBER und KHAN (2005) haben sich bewusst auf ein periodeninternes Momentum fokussiert, welches lediglich einen Kaufprozess betrachtet. Mit der vorliegenden Arbeit konnte nun ein erster Nachweis für die **mehrperiodige Natur eines Online-Shopping-Momentums erbracht werden.** So konnte im Rahmen von Studie 2 erwiesen werden, dass Retargeting sich eignet, um Folgekäufe zu initiieren und sogar zu beschleunigen. Dies liefert ein weiteres Indiz für die vollständige Übertragbarkeit aller Aspekte des von ADLER (1981) sowie NEVIN und GRACE (2000) identifizierten behavioral Momentum.

Die vorliegende Arbeit leistet zudem einen großen Beitrag zur Schließung der Forschungslücken zur Wirkung von Retargeting. So konnte nachgewiesen werden, dass Retargeting die Schließung eines unterbrochenen Kaufprozesses bei vorliegendem noch aktiven Online-Shopping-Momentum nicht unter allen Umständen beschleunigt. Zwar konnte gezeigt werden, dass dynamisches Retargeting in jeder Form die Konsumenten schneller zur verlassenen Webseite zurückführt, jedoch wirken sie nur im Fall von Cross- oder Upselling bis zum abgeschlossenen Kauf beschleunigend. Damit konnte diese Arbeit einen entscheidenden Schritt zu einem besseren Verständnis der **dynamischen Natur des Beworben-Werdens**machen. Entscheidender ist jedoch der Erkenntnisgewinn für die Frage nach einem **Trade-off** von Effekten des Retargetings auf Klick- und Kaufraten und Auswirkungen auf Onsite-Aktivitäten und Cross-Buying. Diese Arbeit zeigt unverkennbar, dass die negativen Effekte deutlich geringer ausgeprägt sind, als theoretisch sowie durch vorherige Studien vermutet.[1] Es kann sogar eine zeitweise positive Wirkung auf **Cross-Buying** sowie das langfristige **Suchverhalten** nachgewiesen werden. Diese Erkenntnisse liefern einen entscheidenden Mehrwert und helfen deutlich wissenschaftliche sowie praktische Vorbehalte gegen den Einsatz von Retargeting abzubauen. Dazu trägt ebenfalls die durch diese Arbeit erreichte größere Klarheit in den bislang sehr kontroversen Ergebnissen **zur Effektivität von Retargeting**bei. Es konnte nachgewiesen werden, dass sämtliche untersuchten Formen des dynamischen Retargetings im Feldexperiment signifikant bessere Erfolgswahrscheinlichkeiten für alle Erfolgsgrößen – Rückkehr ohne Klick, Klick und Kauf – aufweisen. Darüber hinaus ist diese Arbeit die erste, die auch **dynamische** und **Carry-Over-Effekte** von Retargeting betrachtet. Es konnte gezeigt werden, dass Retargeting entgegen bisheriger vornehmlich praktischer Vermutungen, einen mit mehreren Tagen relativ langen Wirkungszeitraum aufweist.

---

[1]Vgl. Fong 2016; Fong et al. 2016.

Dies liefert einen entschiedenen Hinweis für die Eignung von Retargeting für Branding-Aktivitäten und nicht keine ausschließlich Klick-fokussierten Kampagnen und unterstreicht die von FONG (2016) bereits postulierte Wichtigkeit der Betrachtung von Carry-over-Effekten.

Obwohl diese Arbeit mit den vorgestellten Ergebnissen einen Beitrag zur weiteren Schließung der identifizierten Forschungslücken leistet, weist auch sie Limitation auf, aus denen sich zugleich weiterer Forschungsbedarf für zukünftige empirische Untersuchungen ergeben. Diese werden in Abschnitt 3 ausführlich vorgestellt und erläutert.

2   Implikationen für die Unternehmenspraxis

Nachdem im vorherigen Kapitel die Untersuchungsergebnisse vor dem Hintergrund der wissenschaftlichen Verwertbarkeit beleuchtet wurden, stehen im folgenden Abschnitt die sich fürOnline-Marketing-Abteilungen werbetreibender Unternehmen sowie Online-Marketing-Agenturen aus den Studien ergebenden Implikationen im Fokus. Die Hauptkenntnis dieser Arbeit ist die Wichtigkeit eines überlegten Einsatzes von Retargeting. Die Ergebnisse der drei Studien zeigen, dass Retargeting bei einer optimalen Planung ein durchaus mächtiges Online-Marketing-Instrument ist und nicht umsonst als „die Goldmine des Online-Marketing"[2] bezeichnet wurde. Im Folgenden werden die Implikationen anhand eines Kampagnen-Entwicklungsprozessstrukturiert und vorgestellt. Dieser Prozess durchläuft, in Anlehnung an einen gängigen Entwicklungsprozesses für Maßnahmen der Kommunikationspolitik,[3] die Phasen (1) Festlegung der Ziele und Entscheidungstatbestände, (2) Analyse der Zielgruppen und Festlegung der Kampagnenstrategie, (3) Verteilung des Kommunikationsbudgets und Mediaplanung sowie die (5) Gestaltung der kommunikativen Botschaft und (6) Evaluation der Kampagne und Ableitung von Optimierungspotential (Abbildung 1).

Es ist dabei generell zu beachten, dass Retargeting lediglich ein Online-Marketing-Kanal von mehreren vom Unternehmen eingesetzten Marketing-Kanälen ist. Der gesamte Prozess zu Kampagnenentwicklung muss sich dementsprechend in die ganzheitliche Kommunikationspolitik des Unternehmens eingliedern.[4] In diesem Fall spricht man von integrierter Kommunikation, die darauf abzielt, stimmig und konsistent über alle Kanäle hinweg mit den Zielgruppen zu

---

[2]Vgl. Bauer und Bryant 2010.
[3]Vgl. Meffert et al. 2019.
[4]Vgl. Andersson 2018.

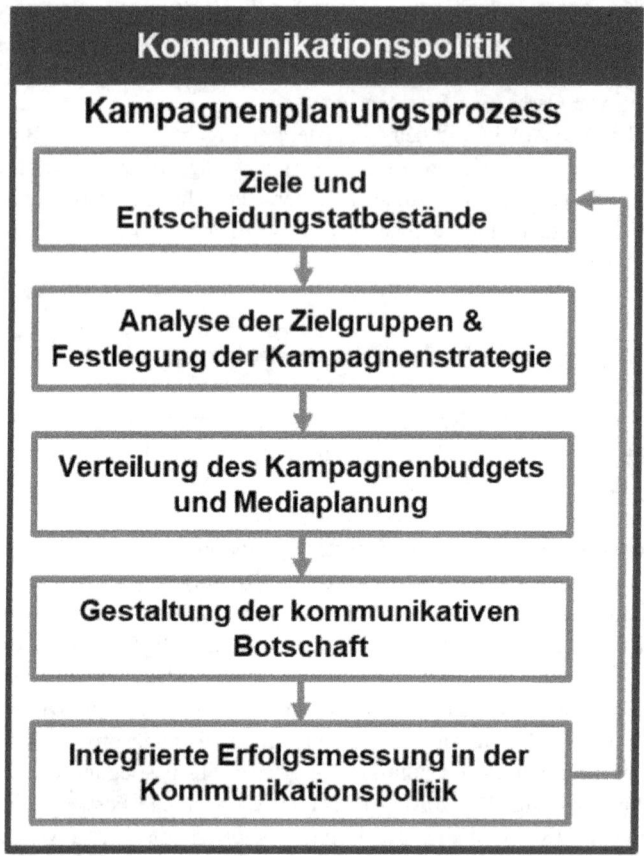

Abbildung 1 Kampagnenentwicklungsprozess. (Quelle: eigene Darstellung in Anlehnung an Meffert et al. (2019), S. 634)

kommunizieren. Diese Integration muss auf drei Ebenen von statten gehen: erstens formal, was sich hauptsächlich auf einheitliche Gestaltungsprinzipien bezieht, zweitens zeitlich, mit dem Ziel, dass Kanäle sich gegenseitig unterstützen und mittels einer kontinuierlichen Botschaft, Vertrauen aufbauen und drittens inhaltlich, womit hauptsächlich eine thematische Abstimmung gemeint ist.[5] Die Problematik und Nachteilhaftigkeit des sogenannten Silo Marketing, in dem jeder Kanal nur

---

[5]Vgl. Meffert et al. 2019.

für sich betrachtet, geplant und gesteuert sowie bewertet wird, wurde in wissenschaftlichen Studien bereits vor 10 Jahren diskutiert.[6] Dennoch sind separat und isoliert gesteuerte Kanäle in der Praxis bis heute keine Seltenheit. Die Ergebnisse der Studie 3 verdeutlichen jedoch, dass Retargeting – egal ob isoliert geplant und gesteuert – nicht isoliert auf den Beworbenen wirkt. Bereits die Tatsache, dass sich die Effektivität von Retargeting über alle Nutzergruppen hinweg aufgrund des Einsatzes zusätzlicher Marketing-Maßnahmen zu einem bestimmten Zeitpunkt signifikant erhöht, macht deutlich, dass eine isolierte Betrachtung nie zu einer optimalen Nutzung des Kanals führen kann.

Festlegung der Ziele und Entscheidungstatbestände
Im Rahmen des Kampagnenentwicklungsprozesses übernehmen Ziele die wichtigenFunktionen der Koordination, Steuerung, Motivation und Kontrolle. Kommunikationszielestehen in einer direkten Mittel-Zweck-Beziehung zu den übergeordnetenMarketing- und Unternehmenszielen. Das Erreichen der Kampagnenziele leistet demnach einen Beitrag zur Erfüllung der Kommunikationsziele, die wiederum ihrerseits auf die Unternehmensziele einzahlen.[7] Zentrales Anforderungskriterium für Ziele ist deren eindeutige Operationalisierung, da sie nur so später eine effektive Evaluation der Kampagne ermöglichen sowie Optimierungspotentiale ableiten lassen.

Vor diesem Hintergrund konstatiert diese Arbeit nachdrücklich, dass Retargeting sehr unterschiedlich eingesetzt werden kann. Studien 2 und 3 haben deutlich gemacht, dass Retargeting kurz- sowie langfristig sowohl auf Klick und Kauf als auch auf die Rückkehr ohne den Klick wirken kann. Zudem konnte verdeutlicht werden, dass Retargeting unter bestimmten Voraussetzungen die Möglichkeiten bietet, den Kaufprozess zu beschleunigen. Sowohl in der Praxis als auch vielfach in der Wissenschaft wurde diskutiert, ob Retargeting – ähnlich wie andere Formen der Onsite-Recommendations – das Suchverhalten der Beworbenen einschränkt und so zu einer Reduktion von „Stöberverhalten" und schließlich Cross-Buying führt.[8] Die vorliegenden Ergebnisse weisen klar nach, dass dies so nicht der Fall ist.

Zu Beginn der Konzeption einer Retargeting-Kampagne muss dementsprechend die **klare Entscheidung für eine Zielgröße** der Kampagne stehen. Diese Entscheidung ist nicht nur die Grundlage für die weiteren Schritte der Kampagnenentwicklung, sondern bildet darüber hinaus auch die Basis für die spätere

---

[6]Vgl. Aaker 2008.
[7]Vgl. Meffert et al. 2019.
[8]Vgl. u. a. Fong 2016; Fong et al. 2016.

Evaluation und Optimierung der Kampagne. Hierzu genügt es nicht, lediglich die Zielgröße (Klick, Kauf, gesteigertes Suchverhalten, mehr organische Seitenaufrufe etc.) festzulegen, sondern vielmehr bedarf es einer genauen Definition von KPIs (Key-Performance-Indicatoren), die eine zu einem bestimmten Zeitpunkt zu erreichende Höhe von Zielgrößen festlegt.[9] Zudem sollte die Zielgröße sowie die KPIs die Grundlage für die Vergütung einer aussteuernden Agentur darstellen. Im Fall einer reinen Performance-Orientierung auf Klick und Kauf ist die klassische Vergütung via CPC (Cost-per-Click) ein probates Vorgehen. Je nach Ausgestaltung der Kampagne wirkt diese jedoch auch sehr effektiv auf Branding-Ziele, wie Studie 2 verdeutlicht hat, die mit der klassischen CPC-Vergütung nicht berücksichtigt werden. In einem solchen Fall würde sich eine Vergütung mittels CPM (Tausender-Kontakt-Preis) anbieten.

Analyse der Zielgruppen und Kampagnenstrategie
Als Bestandteil einer operationalen Zielformulierung ist der Segmentbezug zu nennen. Daher hat die Definition der Zielgruppe, also der Beworbenen, für die Kampagnenplanung eine besondere Bedeutung. Auch diese Arbeit hat manifestiert, dass es unumgänglich ist, dass **zielgruppenspezifische Charakteristika,** wie die Beziehungsdauer des Konsumenten mit dem werbenden Unternehmen, Berücksichtigung finden. Es kann festgehalten werden, dass eine zielgruppenspezifische Aussteuerung der Kampagnen zu einer elementaren Steigerung der Werbeeffektivität führt: Kunden, die neu beim Shop sind und noch keine lange Beziehungsdauer aufzuweisen haben, sollten grundlegend anders angesprochen werden, als langjährige Kunden, die mit dem Shop sehr vertraut sind. Besonders im Hinblick auf den Werbedruck, das Timing sowie die Auswahl der Umfelder für die Kampagne spielt die bisherige Beziehungsdauer eine entscheidende Rolle.

Die Ausgestaltung der Kampagnenstrategie wird wesentlich von den zuvor definierten Kampagnenzielen bestimmt. Die Kampagnenziele betten sich in die Unternehmensstrategie und die dort verankerten Kommunikationsziele ein. In diesen wurde festgelegt, was (Kommunikationsbotschaft) über welches Kommunikationsobjekt – also welchen Marketing-Kanal – kommuniziertwerden soll. Diese Einbettung ist von größter Wichtigkeit, um Inkonsistenzen in der Kommunikation mit dem Konsumenten zu verhindern. Es muss immer wieder deutlich gemacht werden, dass Retargeting lediglich ein Touchpoint von vielen ist, auf denen der Konsument mit dem werbenden Unternehmen in Kontakt kommt oder interagiert. Darüberhinaus legt die Kampagnenstrategie auf den Ergebnissen der

---

[9]Vgl. Weber et al. 2012.

zuvor durchgeführten Analysen der Zielgruppen fest, welche Nutzergruppen tatsächlich fokussiert werden und wie diese im Hinblick auf Timing und Auswahl der Werbeplätze angegangen werden

Die Ergebnisse der vorliegenden Arbeit liefert hierzu interessante Implikationen: So deckt die vorliegende Arbeit auf, dass der positive Effekt von Retargeting auf Webseitenaufrufe bei starkvertrauten Kunden mehr als sieben Tagen überdauert. Diese Erkenntnis bietet den Ansatz für eine grundlegende Neugestaltung sowohl des Timings der Aussteuerung als auch der inhaltlichen Gestaltung der Banner. Überdies zeigt sich besonders in dieser Nutzergruppe eine positive Wirkung von Retargeting auf die Suchintensität auf dem Shop. Während bei den Neukunden, Retargeting demnach die klassischen Performance-Ziele verfolgen kann, bietet es für vertrautere Kunden ein effektives Mittel neue oder erweiterte Kaufprozesse in Gang zu setzen. Bei der Auswahl von Werbeplätzen sollte ebenfalls zwischen neuen und vertrauten Kunden unterschieden werden, denn interessanterweise verstärkt im Fall der länger bekannten Kunden die Qualität des Umfeldes auch den Effekt der Retargeting-Banner auf Webseitenaufrufe. Dementsprechend intensiviert die Qualität des Umfelds bereits gemachte positive Erfahrungen mit dem Shop, was zu einem positiven Branding-Effekt führt.[10] Dementsprechend sollte in diesem Fall der Einsatz höherer Media-Kosten nicht nur zur Steigerung der Klickraten sondern auch vor dem Hintergrund eines Branding-Ziels in Betracht gezogen werden. Ein Hauptanliegen dieser Arbeit ist es, zu verdeutlichen, wie entscheidend die zielgruppen- und nutzerindividuelle Ausgestaltung einer Retargeting-Kampagne ist und wieviel Potential bei einer „Gießkannen"-Taktik verloren geht. Auch wenn vor dem Hintergrund aktueller Entwicklungen rund um das Thema Datenschutz und der im Jahr 2019 erwarteten Erneuerung e-Privacy-Verordnung, die Sammlung von persönlichen Daten erschwert und die Ansprache einzeln identifizierbarer Konsumenten nur noch nach ausdrücklicher Einwilligung möglich sein wird,[11] so bietet bereits eine Ausrichtung der Kampagne an Gruppen von Nutzern einen enormen Effektivitätsgewinn.

Festlegung und Verteilung des Kommunikationsbudgets
Im Rahmen der Kommunikationsstrategie des gesamten Unternehmens werden Media Budgets für einzelne Kanäle festgelegt. Dementsprechend wird das Budget des Kanals lediglich noch auf verschiedene Kampagnen sowie das kontinuierliche Grundrauschen verteilt. Die Frage, welche Kampagne und damit welche

---

[10]Vgl. Bleier und Eisenbeiss 2015c; Huizingh und Hoekstra 2003; Ellahi und Bokhari 2013.
[11]Vgl. Borgesius et al. 2017.

Zielgruppe wieviele Adimpressions wieviel Budget zugeordnet bekommt ist eine der elementarsten Fragestellungen der Kampagnen Planung. Eine solche Budgetverteilung findet häufig in der Praxis noch auf Zahlen der Vorjahre oder im „schlimmsten" Fall intuitiv aufgrund von Erfahrung statt.

Nach der Verteilung des Budgets auf die verschiedenen Zielgruppen, kann nun im Rahmen der Mediaplanung in die operative Planung eingestiegen werden. Die Mediaplanung strukturiert die Ausspielung der Adimpressions, definiert Frequency Caps sowie Timings und enthält die Entscheidung für Umfelder. Die Ergebnisse der Arbeitzeigen, dass die Identifikation eines **vorliegenden Online-Shopping-Momentum** in vielerlei Hinsicht für die Mediaplanung essenziell ist. Der identifizierte Indikator für einen Mind-Set-Wechsel hin zu einem umsetzungsorientierten Mind-Set und einem damit entstehenden Online-Shopping-Momentum – das Hinzufügen von Produkten zum Warenkorb – ist eine sehr einfach im Rahmen von Webseiten-Tracking zu erhebende Größe, die als Grundlage für die Aussteuerung herangezogen werden kann. Gleichwohl muss hierbei die sich im Jahr 2019 mit der anstehenden ePrivacy Verordnung erschweret Erhebung solcher Daten berücksichtigt werden.

Um in einem ersten Schritt in der Mediaplanung entscheiden zu können, wann der **Werbedruck für die Zielgruppen** erhöht werden sollte, wurde das in Studie 3 entwickelte Dynamic Linear Model um den Aspekt des periodenübergreifenden Momentums erweitert. Dem zugrunde liegt die Idee, dass periodenübergreifende Momenti als Zyklen verstanden werden können, die die Entwicklung und das Zusammenspiel einzelner Kaufprozesse über die Zeit abbilden[12]. Für die Entscheidung, wann eine Zielgruppe einer Kampagne mit einem hohen Werbedruck bedacht werden soll, stellt sich die Frage, ob eine prozyklische oder antizyklische Strategie bezogen auf das periodenübergreifende Online-Shopping-Momentum effizienter ist. In Anlehnung an Studien zur Berücksichtigung von Konjunkturzyklen lässt sich sowohl eine prozyklische Investition begründen,[13] da Konsumenten im Fall eines vorliegenden Momentums empfänglicher für Werbung sind, wie Studie 2 dieser Arbeit gezeigt hat. Gleichermaßen lässt sich jedoch auch verargumentieren, dass es sinnvoller wäre, antizyklisch zu investieren, um ein Momentum überhaupt erst zu befeuern (vgl. Anhang 27). Wie Studie 1 und 2 nachgewiesen haben, wird der einem perioden-internen Online-Shopping-Momentum zugrundeliegende Wechsel des Mind-sets der Konsumenten durch das Hinzufügen von Produkten zum Warenkorb manifestiert. Vor diesem Hintergrund werden die Zahl

---

[12]Für eine detaillierte Diskussion des perioden-übergreifenden Momentums siehe Abschnitt 1.1.3 im Kapitel 1.

[13]Vgl. Peers et al. 2017.

der täglichen „Add-to-baskets" im Zeitverlauf als Indikator für ein Perioden-übergreifendes Momentum genutzt. Hierzu wird nach einer Logarithmierung mittels des Christiano-Fitzgerald (CF-) Filter[14] die zyklische Komponente aus der Zeitreihe der „Add-to-baskets" herausgerechnet und als Moderator und direkter Effekt in das Modell für den Einfluss von Adimpressions auf Käufe integriert.[15]

Tabelle 1 zeigt für alle 8 Nutzergruppen die Werbeelastizität, Elastizität der Check-outs bezogen auf die Phasen des Momentums sowie die Elastizität der Werbeeffektivität bezogen auf die Momentumsphasen und die Elastizität des Umsatz-bzw. Gewinnbeitrags zum Momentum. Hier stellt sich die neueste Nutzergruppe (NG 1), welche seit max. 43 Tagen mit dem Shop vertraut ist, als empfänglichste Zielgruppe für Retargeting heraus, während die vierte Nutzergruppe, welche eine Beziehungsdauer von zwischen 121 und 155 Tagen aufweist, am wenigsten empfänglich ist. Um im Rahmen der Mediaplanung nun entscheiden zu können, ob es für eine jeweilige Nutzergruppe sinnvoller wäre, ein vorhandenes Online-Shopping-Momentum auszunutzen – also zu investieren, wenn bereits ein deutlicher Anstieg im „Add-to-Basket-Zyklus" vorliegt – oder aber ein noch nicht starkes Online-Shopping-Momentum bewusst zu fördern und aufzubauen, muss zunächst betrachtet werden, wie sich die einzelnen Elastizitäten der Nutzergruppen verhalten. Eine positive Elastizität zeigt eine prozyklisches Verhalten an, während eine negative Elastizität auf antizyklisches Verhalten hindeutet. Für die vorliegenden Nutzergruppen lässt sich ein sehr interessanter, weil gegensätzlicher Effekt nachweisen. Die beiden neuesten Nutzergruppen weisen zwar eine positive Check-out-Elastizität im Bezug auf das Momentum auf – also einen prozyklische Entwicklung von Checkouts – gleichzeitig aber eine negative, dementsprechend antizyklische Werbeeffektivität in Bezug auf das Momentum.

Durch die Aufsummierung aller drei Elastizitäten, ergibt sich nun die Netto-elastizität, die besagt, welcher Investitionsrythmus für die jeweilige Nutzergruppe optimal wäre. Für alle Nutzergruppen zeigt sich eine positive Nettoelastizität. Dementsprechend empfiehlt sich eine prozyklische Investition, da das Budgetverteilungsgewicht gemäß der von FISCHER ET AL. (2011) entwickelten Heuristik im Verhältnis zum Momentum ansteigt.[16] Für die differenziertere Planung des Werbedrucks innerhalb der zu- bzw. abnehmenden Phasen des Momentums, liefern die vorliegenden Ergebnisse ebenfalls Hinweise: So ließ sich verdeutlichen, dass

---

[14]Christiano und Fitzgerald 2003.

[15]Dieses Vorgehen orientiert sich an Peers et al. 2017 welche analog zum hier betrachteten Momentum den Konjunkturzyklus verschiedener Länder in ihre Betrachtung integrieren.

[16]Für eine detaillierte Herleitung des Vorgehens sowie der mathematischen Herleitung sie Anhang 26 & 27.

Tabelle 1 Ergebnisse der erweiterten Modellberechnung zur Budgetallokation. (Quelle: eigene Darstellung)

Nutzer-gruppe	Werbeeffektivität (-elastizität)[a]	I Elastizität der Check-outs[b]	II Elastizität der Werbe-effektivität[c]	III Elastizität des Umsatz- bzw. Gewinn-beitrags[d, e]	Trade-off (I+II+III)
Nutzergruppe k = 1	0,7746	**0,0527**	−0,0237		0,0290
Nutzergruppe k = 2	0,2936	0,0615	−0,0216	-	0,0398
Nutzergruppe k = 3	0,3186	0,0058	0,0083		0,0147
Nutzergruppe k = 4	0,1689	0,0015	0,0047		0,0062
Nutzergruppe k = 5	0,2269	0,0018	0,0054		0,0073
Nutzergruppe k = 6	0,1918	0,0309	3,2201		3,2510
Nutzergruppe k = 7	0,2310	−0,0028	0,0555		0,0527
Nutzergruppe k = 8	0,2985	0,4435	−0,4555		−0,0119

Legende:

[a]Mittelwert von Parameter θ_{1kt} über die Zeit.

[b]Bezogen auf das Momentum: $\varepsilon_{demand} = \frac{\partial q_{kt}}{\partial MC_{kt}} \frac{MC_{kt}}{q_{kt}}$. Mittelwert von Parameter ε_{demand} über die Zeit.

[c]Bezogen auf das Momentum: $\varepsilon_{mark.eff.} = \frac{\partial \theta_{1kt}}{\partial MC_{kt}} \frac{MC_{kt}}{\theta_{1kt}}$. Mittelwert von Parameter $\varepsilon_{mark.eff.}$ über die Zeit.

[d]Bezogen auf das Momentum: $\varepsilon_{profit} = \frac{\partial p_{kt}}{\partial MC_{kt}} \frac{MC_{kt}}{p_{kt}}$. Mittelwert von Parameter ε_{profit} über die Zeit.

[e]Es liegen keine Umsatzdaten vor.

ein hoher **Werbedruck** im Fall von kürzlich erst gewonnenen Neukunden negativ auf die Effektivität des Retargetings wirkt. Die Tatsache, dass indes bei vertrauten Kunden ein hoher aufgebauter Ad-Stock positiv auf die Werbe-Effektivität wirkt, unterstreicht, dass nur ein zu Beginn der Kundenbeziehung langsam aufgebauter Ad-Stock zu einer nachhaltigen Grundlage für effektive Kommunikation führt. Die Empfehlung für einen gemäßigten Werbedruck im Umgang mit neuen Kunden, geht gleichzeitig mit der vielversprechenden Erkenntnis einher, dass die neuen Kunden, die das Angebot des Werbenden erst kennenlernen, eine deutlich höhere Werbeelastizität aufweisen als altbekannte Kunden.

Die sich aus dem Modell der dritten Studie ergebenden Werbeelastizitäten für die verschiedenen Zielgrößen einer Kampagne, bieten einen enormen Mehrwert für die programmatische **Aussteuerung von Retargeting**. Die Elastizitäten sind ein direkter Indikator für die Effektivität von eingesetztem Media Budget. Zudem bietet das Modell den Vorteil einer ständigen Aktualisierung der Ergebnisse auf täglich neuen Daten und der Abbildung zeitvariierender Elastizitäten. Auf diese Weise stellt das entwickelte Dynamic Linear Model dieser Arbeit sowie die damit einhergehende Möglichkeit eines „one-step-ahead-Forecasts" eine Grundlage für eine Nahe-Echtzeit stattfindende automatisierte Aussteuerung mittels Real-time-Bidding dar. Während beim klassischen Media-Einkauf feste Abnahmevolumen zu fixen TKPs im Vorhinein gebucht werden, bietet Real-time-Bidding die Möglichkeit, individuelle Werbeplätze für Adimpressions zu individuellen an dem Wert des jeweils Beworbenen ausgerichteten Preisen zu ersteigern. Dementsprechend liefert Real-time-Bidding deutlich mehr Möglichkeiten mittels Targeting auf die Situation des Konsumenten einzugehen.[17]

Während im vorliegenden Fall lediglich das „Add-to-Basket"-Verhalten herangezogen wurde, um das Online-Shopping-Momentum – sowohl perioden-intern als auch -übergreifend zu identifizieren, bieten sich durch die Nutzung weiterer Onsite-Verhaltensdaten – wie beispielsweise dem Suchverhalten auf dem Shop, weitere vielfache Möglichkeiten zur differenzierteren Planung der Aussteuerung. Aktuelle Anbieter von Retargeting haben dieses Potential bereits erkannt und ihre Leistung soweit ausgereift, dass die Möglichkeit, Onsite-Verhalten bei der Aussteuerung von Retargeting zu berücksichtigen, gegeben wäre – allerdings wird dies vielfach nicht von den beauftragenden Unternehmen genutzt.[18] Die vorliegende Arbeit verdeutlich jedoch, dass eine stärkere Berücksichtigung von Nutzerverhalten bezogen auf ein vorliegendes Online-Shopping-Momentum bei Verlassen des Shops sowie eine Berücksichtigung des Suchverhaltens auf

---

[17]Schoder 2015.
[18]Vgl. Anderl und Wiechert 2016.

der Webseite eine deutliche Reduktion von Streuverlusten und eine effizien-
tere Budgetnutzung ermöglichen würden. Zudem konnte nachgewiesen werden,
dass Banner, die sich auf zuvor gekaufte Artikelkategorien beziehen, einen
neuen Kaufprozess anstoßen und sogar beschleunigen können. Dies deutet darauf
hin, dass Retargeting nicht nur von einem noch andauernden umsetzungsorientierten Mind-Set profitieren kann, um den Beworbenen zurück zum Shop zu
leiten, sondern unter bestimmten Voraussetzungen sogar in der Lage ist, ein
perioden-übergreifendes Momentum anzustoßen.

Gestaltung der kommunikativen Botschaft
Die inhaltliche Gestaltung der Retargeting Banner basiert an dieser Stelle gänzlich
auf den Erkenntnissen und Entscheidungen der vorgelagerten Schritte des Kampagnenentwicklungsprozesses. Dies bestätigen auch die Ergebnisse der Studie 2
dieser Arbeit, die verdeutlichen, dass Bannerinhalte nicht nur für verschiedene
Kundengruppen unterschiedlich attraktiv sind, sondern umso mehr auch im Hinblick auf die Erfolgsgrößen unterschiedlich effektiv. Im Vergleich verschiedener
Inhalte für Retargeting-Banner, wurde deutlich, dass die Darstellung von Produkten aus der Kategorie zuvor vom Nutzer angesehener Produkte den größten Uplift

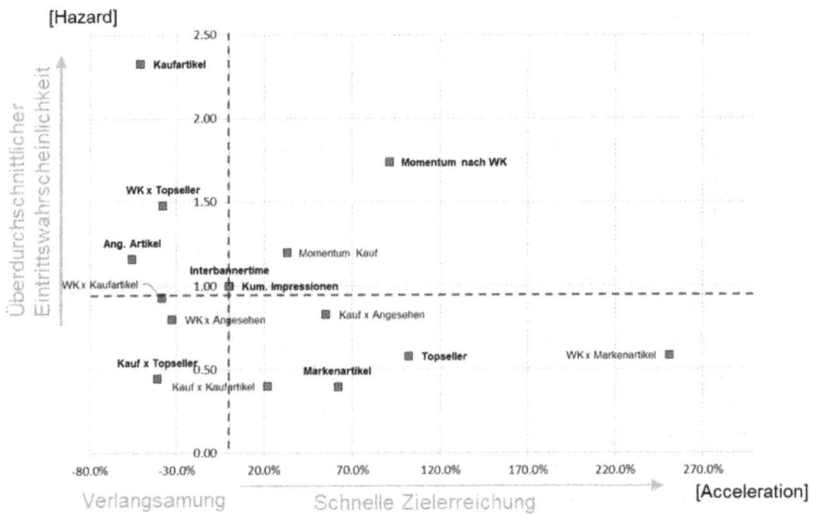

Abbildung 2 Kombinierte Darstellung der Erfolgsbeiträge für die Zielgröße Klick im
Hinblick auf Eintrittswahrscheinlichkeit & Zeit bis Zielerreichung

mit sich bringt. Entgegen der ursprünglichen Idee von Retargeting einen unterbrochenen Kaufprozess zu schließen, geben die Ergebnisse der zweiten Studie dieser Arbeit die Empfehlung, im Anschluss an einen getätigten Kaufprozess ebenfalls Retargeting einzusetzen.

Banner, deren Inhalt sich auf Kategorien der oder komplementäre Angebote zu den kürzlich gekauften Produkten eines Beworbenen bezieht, weisen nicht nur eine hohe Klick- und Kaufwahrscheinlichkeit auf, sondern konnten darüber hinaus als Beschleuniger des gesamten Prozesses bis zum Kauf identifiziert werden. Das Zusammenspiel von Steigerung der Erfolgswahrscheinlichkeit sowie Beschleunigung des Erfolgs wird in Abbildung 2 bis 4 dargestellt. Hier zeigt sich erneut die Wichtigkeit, einer zuvor klar formulierten Zielsetzung der Kampagne. Die Grafiken zeigen, wie unterschiedlich der Effekt der Ausgestaltung der Kampagne sein kann, je nach dem ob das Ziel Branding (also Rückkehr zu Seite) oder Performance im Sinne eines Kaufs ist. So ist die Auswahl angesehenen Produktkategorien als Bannerinhalt besonders für Konsumenten geeignet, die sich im Shopping Momentum befinden, um die Rückkehr zur Seite ohne Klick aufs Banner zu beschleunigen (vgl. Abbildung 3). Hingegen ist es bei einer klassischen Performancekampagne mit Zielsetzung Kauf so, dass Nutzer im Momentum

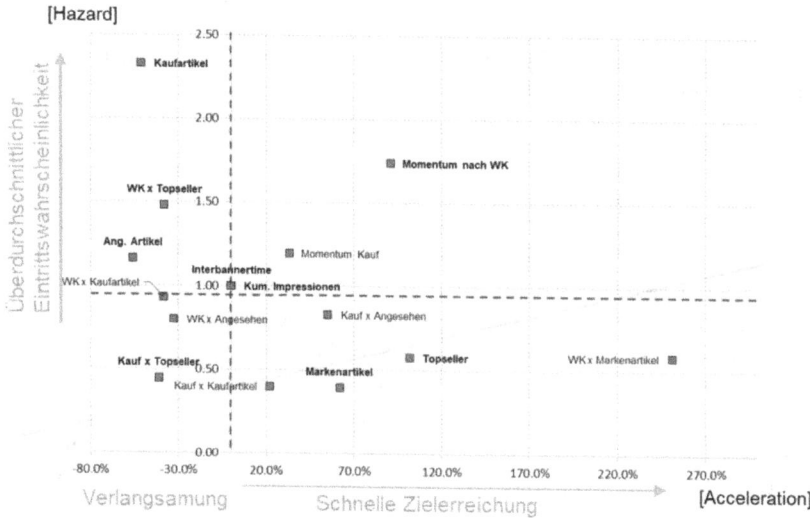

Abbildung 3 Kombinierte Darstellung der Erfolgsbeiträge für die Zielgröße Rückkehr ohne Klick im Hinblick auf Eintrittswahrscheinlichkeit & Zeit bis Zielerreichung

die erfolgversprechendere Zielgruppe sind und Produkte der Kategorie bereits gekaufter Produkte den erneuten Kauf zudem beschleunigen (vgl. Abbildung 4).

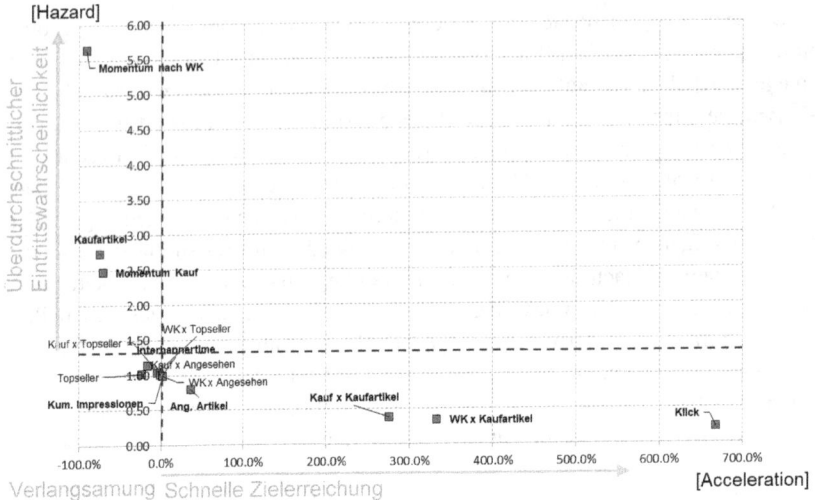

Abbildung 4 Kombinierte Darstellung der Erfolgsbeiträge für die Zielgröße Kauf im Hinblick auf Eintrittswahrscheinlichkeit & Zeit bis Zielerreichung

Evaluation der Kampagne und Ableitung von Optimierungspotential

Im Fokus des operativen Kommunikationscontrolling steht die Messung der Kampagnenwirkung, die letztlich einen Beitrag zur Erreichung der Kommunikationsziele leisten soll.[19] Hierbei wird auf die im ersten Schritt des Prozesses definierten Ziele der Kampagne zurückgegriffen. Zudem wurden zu Beginn der Kampagne nicht nur Ziele, sondern auch KPIs bestimmt, deren Erreichung nun überprüft werden kann. Das in dieser Arbeit vornehmlich in Studie 3 entwickelte Modell stellt eine differenzierte Möglichkeit zur Evaluation der eingesetzten Marketingmaßnahmen dar. Ein großer Vorteil des entwickelten Modells stellt der differenzierte Erkenntnisgewinn dar, mit dem nicht nur die zeitliche Entwicklung einer Kampagne beurteilt, sondern auch Informationen wie Carry-over-Effekte und Einflüsse der verschiedenen Stellhebel der Kampagne ermittelt werden können. Ein weiterer attraktiver Aspekt des entwickelten Modells ist die einfache

---

[19]Zerfaß. und Buchele 2008.

Erweiterungsmöglichkeit, um neue Stellhebel in der Kampagnensteuerung. Zwar ist die Entwicklung des Modells durchaus komplex und schwierig im Unternehmensalltag umsetzbar, jedoch ist die finale Anwendung des einmal entwickelten Modells durchaus anwenderfreundlich. Bezogen auf die Budgetallokation basierend auf den Ergebnissen des Modells, wird die unkomplizierte Anwendung durch die Nutzung einer Heuristik sichergestellt.[20]

Vor dem Hintergrund, dass auf Basis der Ergebnisse der Studien 2 und 3 konstatiert wird, dass Retargeting sowohl im Rahmen von Performance- als auch Branding-Kampagnen sinnvoll eingesetzt werden kann, befeuert die sowohl in der Praxis als auch der Wissenschaft geführte Diskussion zum Einsatz von Attributionsmodellen.[21] Diese ermöglichen eine faire Budgetallokation über sämtliche Online-Marketing Kanäle.[22] Nach der klassischen „Last-Click-Wins"-Logik werden Display allgemein und Retargeting im Speziellen häufig im Vergleich zu anderen Kanälen aufgrund ihrer Position innerhalb einer Customer-Journey relativ bewertet.[23] Die im Rahmen dieser Arbeit nachgewiesene Wichtigkeit von Retargeting auch für Branding und Awareness, die sich in hohen Wahrscheinlichkeiten einer Rückkehr zur beworbenen Seite aber eben nicht in Klicks auf das jeweilige ausgespielte Banner manifestiert, verdeutlicht, wie wichtig es ist, die gesamte Journey eines Nutzers mit allen seinen Touchpoints zu berücksichtigen. Nur auf diese Weise können die konzipierten Kampagnen auch fair evaluiert und optimiert werden.

3   Ausblick für zukünftige Forschungsprojekte

Die drei Studien dieser Arbeit haben einen großen Beitrag dazu geleistet, bestehende Forschungslücken zu schließen. Dennoch haben sie auch neue interessante Erkenntnisse aufgedeckt, die es wert sind, in zukünftigen Arbeiten tiefergehend untersucht zu werden. Besonders im Hinblick auf die **langfristigen, dynamischen Effekte des Retargetings**, die **Gestaltung der Retargeting-Kampagnen** sowie der Berücksichtigung der jeweiligen **Situation des Nutzers** und die Übertragung

---

[20] Vgl. für eine weiterführende Diskussion der Nutzung und Diffusion von wissenschaftlich entwickelten Modellen in der Praxis Albers 2012.

[21] Vgl. hierzu stellvertretend Danaher und van Heerde 2018; Anderl et al. 2016; Anderl und Wiechert 2016.

[22] Vgl. u. a. Anderl et al. 2016.

[23] Vgl. Sami Sakly 2016.

der Erkenntnisse auf **andere Werbemittel sowie andere Branchen** zeigen sich noch spannende Forschungsfragen, die einen großen Mehrwert für Praxis und Wissenschaft liefern können.

Langfristige, dynamische Effekte von Retargeting
Diese Arbeit zeigt deutlich, dass Retargeting sich auch langfristig positiv auf die Besuche eines Online-Shops auswirkt. Es zeigt sich jedoch auch sehr deutlich, dass dieser Effekt durch andere Medien deutlich beeinflusst wird. Die vorliegenden Daten beinhalteten keine Informationen über konkrete weitere Marketing-Maßnahmen und damit verbundenen Reaktionen. Vor diesem Hintergrund wäre ein notwendiger nächster Schritt zur Validierung der Ergebnisse, die Untersuchung von Retargeting im Zusammenspiel mit anderen Marketing-Maßnahmen.

Darüber hinaus analysiert die vorliegende Arbeit die langfristigen Effekte für acht Nutzergruppen, deren Daten aggregiert werden. Die Differenzierung nach Länge der Beziehung zum Shop bietet einen deutlich geringeren Informations-verlust als die Analyse der aggregierten Daten. Dennoch wäre ein Ansatz für eine nachfolgende Studie die Analyse der individuellen Nutzerdaten mit Hilfe eines Hierachical Dynamic Linear Model. Die Nutzerindividuellen Daten wür-den zudem die Möglichkeit liefern, genauere Informationen über Onsite-Verhalten und Kaufinhalte zu berücksichtigen. Auf diese Weise könnten Fragestellungen zum Zusammenspiel von durch Retargeting gefördertem Suchverhalten und getä-tigten Käufen sowie dem Inhalt der ausgesandten Banner zu beantworten. Vor dem Hintergrund der konträr zu bisheriger Forschung stehenden Ergebnissen zum Effekt von Retargeting auf das Onsite-Suchveralten, wäre eine tiefergehende Analyse des Phänomens zur Validierung der Ergebnisse eine interessanter und vielversprechender Ansatz für folgende Forschungsarbeiten.

Gestaltung der Retargeting-Kampagnen
Studie 2 dieser Arbeit hat entgegen der theoretischen Argumentation keine Über-legenheit von Bannern mit markenattribut-basierten Inhalten nachweisen können. Für zukünftige Studien wäre eine interessante Erweiterung die genauere Untersu-chung, ob die Überlegenheit von Markenbannern durch eine strengere Auswahl der Nutzer, die diese erhalten, offengelegt werden könnte. So ist eine Möglichkeit, Markenbanner nur dann auszuspielen, wenn der Nutzer tatsächlich überwiegend nach einer Marke gesucht hat. Zudem ist eine differenzierte feldexperimentelle Untersuchung wie Markenbanner optimal ausgestaltet werden sollten, ein sinn-voller und spannender nächster Schritt, um zu validieren, dass die theoretisch für bestimmte Situationen unterstellte Überlegenheit der Markenbanner tatsächlich

nicht gegeben ist. Darüber hinaus konnten im Rahmen von Studie 3 keine einheitlichen Ergebnisse bezüglich der Wirkung der Zeitabstände zwischen einzelnen Bannern erzielt werden. Vielmehr zeigten sich gegenläufige Ergebnisse für unterschiedliche Nutzergruppen. Auch in den zu diesem Thema bereits durchgeführten Studien von SAHNI (2015) sowie SAHNI ET AL. (2017) wurden zur aktuellen Forschung aus dem Bereich des Ad-Stocks[24] widersprüchliche Ergebnisse ermittelt. Dementsprechend ergibt sich hier ein neuer Forschungsbedarf mit dem Ziel das Timing einer Kampagne effektiver gestalten zu können.

Situation des Nutzers

Die Rolle des Online-Shopping-Momentums und der zugrundeliegenden Mind-Sets noch besser zu verstehen, bietet auch weiterhin einen großen Mehrwert für die Aussteuerung von Kommunikationsmaßnahmen. Die Ergebnisse sowohl der laborexperimentellen Untersuchungen in Studie 1 als auch der Analysen in Studie 2 haben gezeigt, dass es wichtig ist, den Konsumenten zum Online-Shop zurückzuholen, so lange er sich noch im umsetzungsorientierten Mind-Set befindet. Es konnten keine Erkenntnisse darüber gewonnen werden, ob jemand nach einer Unterbrechung tendenziell eher ein umsetzungsorientiertes Mind-Set aufweist als nach einem erfolgreich abgeschlossenen nicht unterbrochenen Kauf. Vor diesem Hintergrund wäre es für zukünftige Untersuchungen interessant zu analysieren, ob und wie lange sich ein anwendungsfokussiertes Mind-Set nach einer Unterbrechung hält, um dieses Wissen für das Timing der Ansprache nutzen zu können.

Bereits die Ergebnisse der Laborexperimente haben gezeigt, dass Retargeting im Fall eines nach dem Abbruch eines Shopbesuchs vorherrschenden Umsetzungsorientierten Mind-Sets – also einem noch aktiven Online-Shopping-Momentum – als Hilfe zur Reaktivierung des Kaufziels dienen kann. Um dies genauer zu evaluieren und differenzierter zu betrachten, wäre es ein sinnvoller nächster Schritt mit Hilfe von Felddaten zu überprüfen, ob Retargeting eventuell nur dann, wenn überhaupt ein Momentum entstanden ist, also nur dann, wenn die Person etwas in den WK gelegt hat, wirkungsvoll ist. Dieses Wissen ist für den Einsatz und das Timing von Retargeting-Kampagnen von grundlegender Wichtigkeit.

Eine Betrachtung der langfristigen Effekte auf Einzelnutzer-Ebene stellt sicherlich eine interessante Erweiterung der Studie 3 dar. Auf diese Weise könnten Tätigkeitsabfolgen im Nutzerverhalten genauer berücksichtigt werden und die in

---

[24]Vgl. u. a. Bass et al. 2007.

der Arbeit gefundenen Erkenntnisse zum Entstehen eines Momentums überprüft werden.

Übertragung auf andere Kontexte

Ebenso wäre die Erweiterung der Untersuchung in einem abweichenden Kontext von großem Interesse. Die vorliegenden Datensätze beschränken sich jeweils auf Händler aus einem Segment. Die Replikation der Studien mit einem Multi-Segment-Retailer könnten von großem Interesse sein. Da in diesem Fall die Marke des Händlers ggfs. einen intensiveren Einflusshaben kann. Zum anderen bietet ein Händler mit breiterem Segment eine größere Möglichkeit den Grad der Personalisierung zu variieren.

Die gesamte Arbeit betrachtet sämtliche Fragen immer mit dem Fokus auf das Werbemittel Retargeting, welches jedoch eigentlich stellvertretend für eine Gattung personalisierter Digitaler Werbemittel mit dem Fokus der Reaktivierung steht. Vor diesem Hintergrund eröffnen sich eine Vielzahl von Fragestellungen, die es in anderen Kontexten zu erörtern gibt. So wäre es von großem Interesse, zu untersuchen, ob die für Retargeting identifizierten Wirkmechanismen auf andere Werbemittel wie Native Ads oder Suchmaschinenmarketing übertragbar sind.

In den vorliegenden Studien wurden keine Wettbewerbsaktivitäten berücksichtigt. Auch wenn gemäß aktuellen Studien – DUBE und MANCHANDA (2005) fanden heraus, dass Werbemaßnahmen des Wettbewerbs nur minimalen Einfluss auf die eigene Werbeeffektivität haben – die Vernachlässigung von Wettbewerbsdaten bei der Untersuchung von Werbe- und Unternehmenserfolgszusammenhängen nicht zu gravierenden Verzerrungen führen soll[25], wäre es für zukünftige Studien sinnvoll, die Ergebnisse unter Berücksichtigung von Wettbewerbsdaten zu verifizieren.

---

[25]Bass et al. 2007.

Literaturverzeichnis

Aaker, D. A. (2008): Marketing in a silo world: The new CMO challenge, *CALIFORNIA MANAGEMENT REVIEW,* 51 (1), S. 144–156.

Adler, P. (1981)*: Momentum: A theory of social action,* London.

Adomavicius, G. / Tuzhilin, A. (2005): Personalization technologies: a process-oriented perspective, *Communications of the ACM,* 48 (10), S. 83–90.

Ajzen, I. / Fishbein, M. (1980)*: Understanding attitudes and predicting social behaviour,* Englewood Cliffs, N.J.

Aksoy, L. / Bloom, P. N. / Lurie, N. H. / Cooil, B. (2006): Should recommendation agents think like people?, *Journal of Service Research,* 8 (4), S. 297–315.

Albers, S. (2012): Optimizable and implementable aggregate response modeling for marketing decision support, *International Journal of Research in Marketing,* 29 (2), S. 111–122.

Alexander, P. (2017): The Economic Value of Behavioral Targeting in Digital Advertising, Hg. v. IHS Markit.

Allen, C. T. / Schewe, C. D. / Wijk, G. (1980): More on self-perception theory's foot technique in the pre-call/mail survey setting, *Journal of Marketing Research,* S. 498–502.

Allenby, G. M. / Rossi, P. E. / McCulloch, R. E. (2005): Hierarchical Bayes models: a practitioners guide, *Available at SSRN:* https://ssrn.com/abstract=655541.

Altmann, E. M. / Trafton, J. G. (2002): Memory for goals: An activation-based model, *Cognitive Science,* 26, S. 39–83.

Ambaum, M. H. P. (2012): Frequentist vs Bayesian statistics - a non-statisticians view, *University of Reading, UK.*

Anand, B. N. / Shachar, R. (2009): Targeted advertising as a signal, *Quantitative Marketing and Economics,* 7 (3), S. 237–266.

Anderl, E. / Becker, I. / Wangenheim, F. v. / Schumann, J. H. (2016): Mapping the customer journey: Lessons learned from graph-based online attribution modeling, *International Journal of Research in Marketing,* 33 (3), S. 457–474.

Anderl, E. / Wiechert, L. (2016): Attribution im Online-Marketing : datenbasierte Bewertung von Customer Journeys, *Marketing review St. Gallen : die neue Thexis-Marketingfachzeitschrift für Theorie und Praxis,* 33 (2).

Anderson, J. R. (1990): *The Adaptive Character of Thought*, Hillsdale, NJ.

Anderson, J. R. (1996): ACT: A simple theory of complex cognition, *American Psychologist*, 51 (4), S. 355–365.

Anderson, J. R. / Douglass, S. (2001): Tower of Hanoi: Evidence for the cost of goal retrieval, *Journal of Experimental Psychology: Learning, Memory, and Cognition*, 27 (6), S. 1331.

Anderson, J. R. / Schunn, C. (2000): Implications of the ACT-R learning theory: No magic bullets, *Advances in instructional psychology, Educational design and cognitive science*, S. 1–33.

Andersson, P. (2018): Marketing Organization Research and Ideas Revisited. In: P. Andersson / B. Axelsson / C. Rosenqvist (Hg.): *Organizing Marketing and Sales: Mastering Contemporary B2B Challenges*, S. 43–73.

Ansari, A. / Mela, C. F. (2003): E-customization, *Journal of Marketing Research*, 40 (2), S. 131–145.

Armor, D. A. / Taylor, S. E. (2003): The effects of Mindset on Behavior: Self-Regulation in Deliberative and Implemental Frames of Mind, *Personality and Social Psychology Bulletin*, 29 (86), S. 86–95.

Arora, N. / Dreze, X. / Ghose, A. / Hess, J. D. / Iyengar, R. / Jing, B. / Joshi, Y. / Kumar, V. / Lurie, N. / Neslin, S. (2008): Putting one-to-one marketing to work: Personalization, customization, and choice, *Marketing Letters*, 19 (3–4), S. 305–321.

Ashworth, L. / Free, C. (2006): Marketing dataveillance and digital privacy: using theories of justice to understand consumers' online privacy concerns, *Journal of Business Ethics*, 67 (2), S. 107–123.

Ataman, M. B. / Mela, C. F. / van Heerde, H. J. (2008): Building brands, *Marketing Science*, 27 (6), S. 1036–1054.

Ataman, M. B. / van Heerde, H. J. / Mela, C. F. (2010): The long-term effect of marketing strategy on brand sales, *Journal of Marketing Research*, 47 (5), S. 866–882.

Audia, P. G. / Locke, E. A. / Smith, K. G. (2000): The paradox of success: An archival and a laboratory study of strategic persistence following radical environmental change, *Academy of management journal*, 43 (5), S. 837–853.

Backhaus, K. / Erichson, B. / Plinke, W. / Weiber, R. (2015): *Multivariate Analysemethoden*, 13. Aufl., Berlin.

Bahorsky, R. (1998): *Official Internet Dictionary*, Houston.

Bailey, B. P. / Konstan, J. A. / Carlis, J. V. (2000): Measuring the effects of interruptions on task performance in the user interface, *Working Paper*, S. 1–6.

Bandura, A. / Verres, R. / Kober, H. (1979): *Sozial-kognitive Lerntheorie – Konzepte der Humanwissenschaften*, 1. Aufl., Stuttgart.

Bar-Eli, M. / Avugos, S. / Raab, M. (2006): Twenty years of "hot hand" research: Review and critique, *Psychology of Sport and Exercise*, 7 (6), S. 525–553.

Bass, F. M. (1969): A simultaneous equation regression study of advertising and sales of cigarettes, *Journal of Marketing Research*, 6 (3), S. 291–300.

Bass, F. M. / Bruce, N. / Majumdar, S. / Murthi, B. P.S. (2007): Wearout effects of different advertising themes: A dynamic Bayesian model of the advertising-sales relationship, *Marketing Science*, 26 (2), S. 179–195.

Bass, F. M. / Clarke, D. G. (1972): Testing distributed lag models of advertising effect, *Journal of Marketing Research*, S. 298–308.

Bauer, H. H. / Bryant, M. D. (2010): Neue Trends im Behavioral Targeting, *Absatzwirtschaft: Zeitschrift für Marketing*, S. 42–44.

Baumgart, F. (1998): *Lern- und Entwicklungstheorien*, Heilbrunn.

Baumgarth, C. (2003): *Wirkungen des Co-Brandings*. Univ., Habil–Siegen, 2003, 1. Aufl., Wiesbaden.

Beales, H. (2010): The value of behavioral targeting, *Network Advertising Initiative*.

Bearne, S. (2008): Education Is Essential For ISP-Based Targeting, *New Media Age* (10).

Bem, D. J. (1972a): Constructing cross-situational consistencies in behavior: Some thoughts on Alker's critique of Mischel, *Journal of Personality*, 40 (1), S. 17–26.

Bem, D. J. (1972b): Self-Perception Theory: Advances in experimental social psychology, *ed. I. Berkowitz*, 6.

Bettman, J. R. / Luce, M. F. / Payne, J. W. (1998): Constructive consumer choice processes, *Journal of Consumer Research*, 25 (3), S. 187–217.

Bilgram, V. / Bartl, M. / Biel, S. (2011): Getting Closer to the Consumer–How Nivea Co-Creates New Products, *Marketing Review St. Gallen*, 28 (1), S. 34–40.

Bjork, R. A. / Bjork, E. L. (1992): A new theory of disuse and an old theory of stimulus fluctuation, *From learning processes to cognitive processes: Essays in honor of William K. Estes*, 2, S. 35–67.

Blaich, G. (2004): *Wissenstransfer in Franchisenetzwerken*, 1. Aufl., Wiesbaden.

Blair, E. / Zinkhan, G. M. (2006): Nonresponse and generalizability in academic research, *Journal of the Academy of Marketing Science*, 34 (1), S. 4–7.

Blair, J. / Czaja, R. F. / Blair, E. A. (2013): *Designing surveys: A guide to decisions and procedures*.

Bleier, A. / Eisenbeiss, M. (2015a): Personalized Online Advertising Effectiveness: The Interplay of What, When, and Where, *Marketing Science*, 34 (5), S. 669–688.

Bleier, A. / Eisenbeiss, M. (2015c): The Importance of Trust for Personalized Online Advertising, *Journal of Retailing*, 91 (3), S. 390–409.

Bloch, P. H. / Sherrell, D. L. / Ridgway, N. M. (1986): Consumer Search: An Extended Framework, *Journal of Consumer Research*, 13 (1), S. 119–126.

Boerman, S. C. / Kruikemeier, S. / Zuiderveen Borgesius, F. J. (2017): Online Behavioral Advertising: A Literature Review and Research Agenda, *Journal of Advertising*, 46 (3), S. 363–376.

Borgesius, F. J. Z. / Kruikemeier, S. / Boerman, S. C. / Helberger, N. (2017): Tracking Walls, Take-It-Or-Leave-It Choices, the GDPR, and the ePrivacy Regulation, *European Data Protection Law Review*, 3 (3), S. 353–368.

Bornstein, R. F. / D'Agostino, P. R. (1992): Stimulus recognition and the mere exposure effect, *Journal of Personality and Social Psychology*, 63 (4), S. 545.

Box, G. E. P. / Jenkins, G. M. / Reinsel, G. C. / Ljung, G. M. (2015): *Time series analysis: forecasting and control*, Hoboken, New Jersey.

Brandstätter, V. / Frank, E. (2002): Effects of deliberative and implemental mindsets on persistence in goal-directed behavior, *Personality and Social Psychology Bulletin*, 28 (10), S. 1366–1378.

Braun, M. / Moe, W. W. (2013): Online display advertising: Modeling the effects of multiple creatives and individual impression histories, *Marketing Science*, 32 (5), S. 753–767.

Breuer, R. / Brettel, M. (2012): Short- and Long-term Effects of Online Advertising: Differences between New and Existing Customers, *Journal of Interactive Marketing*, 26, S. 155–166.

Broadbent, S. (1984): Modeling with adstock, *Journal of the Market Research Society*, 26 (4), S. 295–312.

Broadbent, S. / Haarstick, K. (1999): *Accountable advertising*, München, Düsseldorf.

Bruce, N. I. / Foutz, N. Z. / Kolsarici, C. (2012): Dynamic effectiveness of advertising and word of mouth in sequential distribution of new products, *Journal of Marketing Research*, 49 (4), S. 469–486.

Bruce, N. I. / Murthi, B. P.S. / Rao, R. C. (2017): A dynamic model for digital advertising: The effects of creative format, message content, and targeting on engagement, *Journal of Marketing Research*, 54 (2), S. 202–218.

Brucks, M. (1985): The effects of product class knowledge on information search behavior, *Journal of Consumer Research*, S. 1–16.

Bruhn, M.; Meffert, H. (Hg.) (2001): Handbuch Dienstleistungsmanagement: Von der strategischen Konzeption zur praktischen Umsetzung, 2. Aufl., Wiesbaden.

Brynjolfsson, E. / Hu, Y. / Simester, D. (2011): Goodbye pareto principle, hello long tail: The effect of search costs on the concentration of product sales, *Management Science*, 57 (8), S. 1373–1386.

Bucklin, R. E. / Sismeiro, C. (2003): A model of web site browsing behavior estimated on clickstream data, *Journal of Marketing Research*, 40 (3), S. 249–267.

Bui, M. / Krishen, A. S. / Bates, K. (2011): Modeling regret effects on consumer postpurchase decisions, *European Journal of Marketing*, 45 (7/8), S. 1068–1090.

Cacioppo, J. T. / Petty, R. E.: Persuasiveness of Communications is Affected by Exposure Frequency and Message Quality: A Theoretical and Empirical Analysis of Persisting Attitude Change. In: J. H. Leigh / C. R. Martin (Hg.): *Current Issues and Research in Advertising*, Ann Arbor, S. 97–122.

Calder, B. J. a. B. S. (1980): Television Commercial Wearout: An Information Processing View, *Journal of Marketing Research*, 17 (2), S. 173–186.

Chakravarti, A. / Xie, J. (2006): The impact of standards competition on consumers: effectiveness of product information and advertising formats, *Journal of Marketing Research*, S. 224–236.

Chalmers, A. F. (2001): *Wege der Wissenschaft*, 5. Aufl., Berlin, Heidelberg, New York, Barcelona, Hongkong, London, Mailand, Paris, Singapur, Tokio.

Chandran, S. / Morwitz, V. G. (2005): Effects of participative pricing on consumers' cognitions and actions: A goal theoretic perspective, *Journal of Consumer Research*, 32 (2), S. 249–259.

Chang Lee, K. / Kwon, S. (2008): A cognitive map-driven avatar design recommendation DSS and its empirical validity, *Decision Support Systems*, 45 (3), S. 461–472.

Chatterjee, P. / Hoffman, D. L. / Novak, T. P. (2003): Modeling the clickstream: Implications for web-based advertising efforts, *Marketing Science*, 22 (4), S. 520–541.

Chellappa, R. K. / Shivendu, S. (2010): Mechanism design for "free" but "no free disposal" services: The economics of personalization under privacy concerns, *Management Science*, 56 (10), S. 1766–1780.

Chen, G. / Ployhart, R. E. / Thomas, H. C. / Anderson, N. / Bliese, P. D. (2011): The Power of Momentum: A New Model of Dynamic Relationships between Job Satisfaction Change and Turnover Intentions, *Academy of management journal,* 54 (1), S. 159–181.

Chen, H.-Y. / Chen, S.-S. / Hsin, C.-W. / Lee, C.-F. (2014): Does revenue momentum drive or ride earnings or price momentum?, *Journal of Banking & Finance,* 38, S. 166–185.

Chen, J. / Stallaert, J. (2014): An economic analysis of online advertising using behavioral targeting, *Mis Quarterly,* 38 (2), S. 429–449.

Chmielewicz, K. (1995): *Forschungskonzeptionen der Wirtschaftswissenschaft,* 2. Aufl., Stuttgart.

Choi, H. (2013): Retargeting, Taking Full Advantage of the Online Shopping Behavior. working paper, *Taking Full Advantage of the Online Shopping Behavior (January 7, 2013).*

Christiano, L. J. / Fitzgerald, T. J. (2003): The Band Pass Filter*, *International Economic Review,* 44 (2), S. 435–465.

Cialdini, R. B. / Guadagno, R. E. (2004): Sequential request compliance tactics, *Persuasion, Compliance-Gaining, and Social Influence. Boston, MA: Allyn & Bacon.*

Constantinides, E. (2004): Influencing the online consumer's behavior: the Web experience, *Journal of Internet Research,* 14 (2), S. 111–126.

Courbet, D. / Fourquet-Courbet, M.-P. / Kazan, R. / Intartaglia, J. (2014): The Long-Term Effects of E-Advertising: The Influence of Internet Pop-ups Viewed at a Low Level of Attention in Implicit Memory, *Journal of Computer-Mediated Communication,* 19 (2), S. 274–293.

Csikszentmihalyi, M. (1975): Play and Intrinsic Rewards, *Journal of Humanistic Psychology,* 15 (3), S. 41–63.

Csikszentmihalyi, M. (1985): Das Flow-Erlebnis - Jenseits von Angst und Langeweile: im Tun aufgehen, 8, S. 335–342.

Csikszentmihalyi, M. / Csikzentmihaly, M. (1991): *Flow: The psychology of optimal experience.*

Cummings, W. H. / Venkatesan, M. (1976): Cognitive dissonance and consumer behavior: a review of the evidence, *Journal of Marketing Research,* S. 303-308.

Daher, H. / Hair, J. F. / Black, W. C. / Babin, B. J. / Studenmund, A. H. (2012): *Data analysis,* Harlow, Essex.

Dalessandro, B. / Hook, R. / Perlich, C. / Provost, F. (2012): Evaluating and Optimizing Online Advertising: Forget the click, but there are good proxies, *Center for Business Analytics Working Paper CBA-12-02.*

Danaher, P. J. / Bonfrer, A. / Dhar, S. (2008): The effect of competitive advertising interference on sales for packaged goods, *Journal of Marketing Research,* 45 (2), S. 211–225.

Danaher, P. J. / van Heerde, H. J. (2018): Delusion in Attribution: Caveats in Using Attribution for Multimedia Budget Allocation, *Journal of Marketing Research,* 55 (5), S. 667–685.

Dekimpe, M. G. / Hanssens, D. M. (1995): The persistence of marketing effects on sales, *Marketing Science,* 14 (1), S. 1–21.

Del Rey, J. (2010): Hey, come back here! Online ads that follow customers, Hg. v. Inc.com, zuletzt aktualisiert am Mai (2010).

Dhar, R. / Huber, J. / Khan, U. (2007): The shopping momentum effect, *Journal of Marketing Research,* S. 370–378.

Dinev, T. / Hart, P. (2006): An extended privacy calculus model for e-commerce transactions, *Information Systems Research*, 17 (1), S. 61–80.

Dinner, I. M. / van Heerde, H. J. / Neslin, S. A. (2014): Driving Online and Offline Sales: The Cross-Channel Effects of Traditional, Online Display, and Paid Search Advertising, *Journal of Marketing Research*, 51 (5), S. 527–545.

Doorn, J. van / Hoekstra, J. C. (2013): Customization of online advertising: The role of intrusiveness, *Marketing Letters*, 24 (4), S. 339–351.

Dube, Jean-Pierre / Manchanda, Puneet. (2005): Differences in Dynamic Brand Competition Across Markets: An Empirical Analysis, *Marketing Science*, 24, S. 81–95.

Edwards, S. M. / Hairong Li / Joo-Hyon Lee (2002): Forced Exposure and Psychological Reactance: Antecedents and Consequences of the Perceived Intrusiveness of Pop-up Ads, *Journal of Advertising*, 31 (3), S. 83–95.

Elandt-Johnson, R. C. / Johnson, N. L. (1980): Survival models and data analysis (Wiley series in probability and mathematical statistics).

Ellahi, A. / Bokhari, R. H. (2013): Key quality factors affecting users' perception of social networking websites, *Journal of Retailing and Consumer Services*, 20 (1), S. 120–129.

Eschweiler, M. (2006): *Externe Referenzpreise*, 1. Aufl., Wiesbaden.

Eschweiler, M. / Evanschitzky, H. / Woisetschläger, D. M. (2007): Ein Leitfaden zur Anwendung varianzanalytisch ausgerichteter Laborexperimente, *Wirtschaftwissenschaftliches Studium*, 36 (12), S. 546–554.

Eyrolle, H. / Cellier, J.-M. (2000): The effects of interruptions in work activity: Field and laboratory results, *Applied ergonomics*, 31 (5), S. 537–543.

Fader, P. S. / Hardie, B. G. S. (2009): Probability models for customer-base analysis, *Journal of Interactive Marketing*, 23 (1), S. 61–69.

Fang, X. / Singh, S. / Ahluwalia, R. (2007): An examination of different explanations for the mere exposure effect, *Journal of Consumer Research*, 34 (1), S. 97–103.

Farahat, A.; Bailey, M. (Hg.) (2012): How effective is targeted advertising? Proceedings of the 21st international conference on World Wide Web: ACM.

Festinger, L. (1957): *A theory of cognitive dissonance*, 1. Aufl., Stanford, Calif.

Feyerabend, P. K. (1965): Problems of Empiricism. In: R. G. Colodny (Hg.): *Beyond the edge of certainty*. Essays in contemporary science and philosophy, Englewood Cliffs, NJ (University of Pittsburgh series in the philosophy of science, 2), S. 145–260.

Feyerabend, P. K. (1967): On the improvement of the sciences and the arts, and the possible identity of the two, *Proceedings of the Boston Colloquium for the Philosophy of Science*, S. 387–415.

Fischer, M. / Albers, S. / Wagner, N. / Frie, M. (2011): Dynamic marketing budget allocation across countries, products, and marketing activities, *Marketing Science*, 30 (4), S. 568–585.

Flynn, E. A. / Barker, K. N. / Gibson, J. T. / Pearson, R. E. / Berger, B. A. / La Smith (1999): Impact of interruptions and distractions on dispensing errors in an ambulatory care pharmacy, *American Journal of Health System Pharmacy*, 56, S. 1319–1325.

Fong, N. (2016): How Targeting Affects Customer Search: A Field Experiment, *Management Science*, 63 (7), S. 2049–2395.

Fong, N. M. / Zhang, Y. / Luo, X. / Wang, X. (2016): Targeted Promotions and Cross-Category Spillover Effects, *SSRN Electronic Journal*.

Fong, W. M. / Wong, W. K. / Lean, H. H. (2005): International momentum strategies: a stochastic dominance approach, *Journal of Financial Markets,* 8 (1), S. 89–109.

Fox, J. / Bailenson, J. N. / Tricase, L. (2013): The embodiment of sexualized virtual selves: The Proteus effect and experiences of self-objectification via avatars, *Computers in Human Behavior,* 29 (3), S. 930–938.

Freedman, J. L. / Fraser, S. C. (1966): Compliance without pressure: the foot-in-the-door technique, *Journal of Personality and Social Psychology,* 4 (2), S. 195.

Freitas, A. L. / Salovey, P. / Liberman, N. (2001): Abstract and concrete self-evaluative goals, *Journal of Personality and Social Psychology,* 80 (3), S. 410.

Fry, T. R. L. / Broadbent, S. / Dixon, J. M. (1999): Estimating advertising half-life and the data interval bias. Monash University, Department of Econometrics and Business Statistics.

Fujita, K. / Gollwitzer, P. M. / Oettingen, G. (2007): Mindsets and pre-conscious open-mindedness to incidental information, *Journal of Experimental Social Psychology,* 43, S. 48–61.

Gal-Or, E. / Gal-Or, M. (2004): Customized Advertising on Television. working paper.

Ganesh, J. / Arnold, M. J. / Reynolds, K. E. (2000): Understanding the customer base of service providers: an examination of the differences between switchers and stayers, *Journal of Marketing,* 64 (3), S. 65–87.

Gernigon, C. / Briki, W. / Eykens, K. (2010): The dynamics of psychological momentum in sport: The role of ongoing history of performance patterns, *Journal of sport & exercise psychology,* 32 (3), S. 377–400.

Gijsbrechts, E. / Campo, K. / Goossens, T. (2003): The impact of store flyers on store traffic and store sales: a geo-marketing approach, *Journal of Retailing,* 79 (1), S. 1–16.

Gilovich, T. / Vallone, R. / Tversky, A. (1985): The hot hand in basketball: On the misperception of random sequences, *Cognitive Psychology,* 17 (3), S. 295–314.

Gobet, F. / Lane, P. C. R. / Croker, S. / Cheng, P. C. H. / Jones, G. / Oliver, I. / Pine, J. M. (2001): Chunking mechanisms in human learning, *Trends in cognitive sciences,* 5 (6), S. 236–243.

Godin, S. (1999): *Permission marketing: Turning strangers into friends and friends into customers,* New York.

Goldfarb, A. / Tucker, C. (2011a): Online Display Advertising: Targeting and Obtrusiveness, *Marketing Science,* 30 (3), S. 389–404.

Goldfarb, A. / Tucker, C. E. (2011b): Privacy Regulation and Online Advertising, *Management Science,* 57 (1), S. 57–71.

Gollwitzer, P. (1999): Deliberative versus implemental mindsets in the control of action, Konstanz: Bibliothek der Universität Konstanz. Online verfügbar unter http://worldcatl ibraries.org/wcpa/oclc/315614711.

Gollwitzer, P. M. (1990): Action phases and mind-sets, *Handbook of motivation and cognition: Foundations of social behavior,* 2, S. 53–92.

Gollwitzer, P. M. / Bayer, U. (1999): *Deliberative versus implemental mindsets in the control of action,* Konstanz.

Gollwitzer, P. M. / Kinney, R. F. (1989): Effects of deliberative and implemental mind-sets on illusion of control, *Journal of Personality and Social Psychology,* 56 (4), S. 531.

Grass, R. / Wallace, W. H. (1969): Satiation Effect of TV Commercials, *Journal of Advertising Research,* 9 (3).

Grewal, D. / Ailawadi, K. L. / Gauri, D. / Hall, K. / Kopalle, P. / Robertson, J. R. (2011): Innovations in retail pricing and promotions, *Journal of Retailing*, 87, S43–S52.

Griffin, J. G. / Broniarczyk, S. M. (2010): The slippery slope: The impact of feature alignability on search and satisfaction, *Journal of Marketing Research*, 47 (2), S. 323–334.

Groene, N. (2012): *Targeted Advertising and Consumer Privacy Concerns*, 1. Aufl., Göttingen.

Groene, N. / Wangenheim, F. v. / Schumann, J. H. (2012): Interest-Based Internet Advertising and Privacy Concerns: How to Increase the Acceptance of a Rising Marketing Phenomenon, *Marketing Theory and Applications*, S. 163.

Gupta, S. / Hanssens, D. / Hauser, J. R. / Lehmann, D. / Schmitt, B. (2014): Introduction to Theory and Practice in Marketing Conference Special Section of Marketing Science, *Marketing Science*, 33 (1), S. 1–5.

Gupta, S. / Kim, H.-W. (2007): Developing the commitment to virtual community: The balanced effects of cognition and affect, *Information Resources Management Journal (IRMJ)*, 20 (1), S. 28–45.

Hamilton, J. D. (1994): *Time series analysis*.

Hansen, R. A. / Robinson, L. M. (1980): Testing the effectiveness of alternative foot-in-the-door manipulations, *Journal of Marketing Research*, S. 359–364.

Hauser, J. R. / Wernerfelt, B. (1990): An evaluation cost model of consideration sets, *Journal of Consumer Research*, S. 393–408.

Hayes-Roth, B. / Johnson, V. / van Gent, R. / Wescourt, K. (1999): Staffing the web with interactive characters, *Communications of the ACM*, 42 (3), S. 103–105.

Heckhausen, H. / Gollwitzer, P. M. (1987): Thought contents and cognitive functioning in motivational versus volitional states of mind, *Motivation and emotion*, 11 (2), S. 101–120.

Heerde, H. J. van / Mela, C. F. / Manchanda, P. (2004a): The Dynamic Effect of Innovation on Market Structure, *Journal of Marketing Research (JMR)*, 41 (2), S. 166–183.

Heerde, H. J. van / Srinivasan, S. / Dekimpe, M. G. (2010): Estimating cannibalization rates for pioneering innovations, *Marketing Science*, 29 (6), S. 1024–1039.

Heerde, H. van / Helsen, K. / Dekimpe, M. G. (2007): The Impact of a Product-Harm Crisis on Marketing Effectiveness, *Marketing Science*, 26 (2), S. 230–245.

Heerde, H. van / Mela, C. F. / Manchanda, P. (2004b): The dynamic effect of innovation on market structure, *Journal of Marketing Research*, 41.

Heflin, D. T. A. / Haygood, R. C. (1985): Effects of scheduling on retention of advertising messages, *Journal of Advertising*, 14 (2), S. 41–64.

Helsen, K. / Schmittlein, D. C. (1993): Analyzing duration times in maketing: evidence for the effectiveness of hazard rate models, *Marketing Science*, 11 (4), S. 395–415.

Henschel, A. (2001): *Communities of Practice: Plattform für organisationales Lernen und den Wissenstransfer*.

Herlocker, J. L. / Konstan, J. A. / Terveen, L. G. / Riedl, J. T. (2004): Evaluating collaborative filtering recommender systems, *ACM Transactions on Information Systems (TOIS)*, 22 (1), S. 5–53.

Hodgetts, H. M. / Jones, D. M. (2006): Interruption of the Tower of London task: support for a goal-activation approach, *Journal of Experimental Psychology: General*, 135 (1), S. 103.

Hoeffler, S. / Ariely, D. (1999): Constructing stable preferences: A look into dimensions of experience and their impact on preference stability, *Journal of Consumer Psychology*, 8 (2), S. 113–139.

Hoeffler, S. / Ariely, D. / West, P. / Duclos, R. (2013): Preference exploration and learning: the role of intensiveness and extensiveness of experience, *Journal of Consumer Psychology,* 23 (3), S. 330–340.

Hoegg, J. / Alba, J. W. / Dahl, D. W. (2010): The good, the bad, and the ugly: Influence of aesthetics on product feature judgments, *Journal of Consumer Psychology,* 20 (4), S. 419–430.

Holzwarth, M. / Janiszewski, C. / Neumann, M. M. (2006): The influence of avatars on online consumer shopping behavior, *Journal of Marketing,* S. 19–36.

Homburg, C. (1998): *Kundennähe von Industriegüterunternehmen,* Wiesbaden.

Homburg, C. (2000): Entwicklungstrends der deutschsprachigen Marketingforschung. In: K. Backhaus (Hg.): *Deutschsprachige Marketingforschung.* Bestandsaufnahme und Perspektiven, Stuttgart, S. 339–360.

Homburg, C. / Krohmer, H. / Homburg-Krohmer (2003): *Marketingmanagement,* 1. Aufl., Wiesbaden.

Hoof, I. / Woisetschläger, D. / Backhaus, C. (2013): Nutzerverhalten als Einflussfaktor von Warenkorbabbrüchen im Online-Handel, Hg. v. Thomas Spengler, David Woisetschläger, Thomas Volling und Christof Backhaus, Braunschweig.

Houston, M. J. / Rothschild, M. L. (1978): Conceptual and methodological perspectives on involvement, *Research frontiers in marketing: Dialogues and directions,* 184, S. 187.

Hoyer, W. D. / Macinnis, D. J. (2012): *Consumer Behavior,* 6. Aufl., Mason, USA.

Hsee, C. K. (1996): The evaluability hypothesis: An explanation for preference reversals between joint and separate evaluations of alternatives, *Organizational behavior and human decision processes,* 67 (3), S. 247–257.

Huang, J. / Su, S. / Zhou, L. / Liu, X. (2013): Attitude toward the viral ad: Expanding traditional advertising models to interactive advertising, *Journal of Interactive Marketing,* 27 (1), S. 36–46.

Hubbard, T. L. (1990): Cognitive representation of linear motion: Possible direction and gravity effects in judged displacement, *Memory & Cognition,* 18 (3), S. 299–309.

Hubbard, T. L. (2015): The varieties of momentum-like experience, *Psychological Bulletin,* 141 (6), S. 1081–1119.

Huehn, H. L. / Scholz, H. (2014): Short-Term Reversal and Long-Term Momentum in Prior-Month Returns: European Evidence, *Available at SSRN 2552580.*

Huizingh, E. K. / Hoekstra, J. C. (2003): Why do consumers like websites?, *Journal of Targeting, Measurement and Analysis for Marketing,* 11 (4), S. 350–361.

Jäger, M. C. (2007): Time Series Analysis and Classification with State-Space Models for Industrial Processes and the Life Sciences. Dissertationsschrift. Ruprecht-Karls-Universität, Heidelberg.

Janiszewski, C. (1993): Preattentive Mere Exposure Effects, *Journal of Consumer Research,* 20 (3), S. 376–392.

Jaworska, J. / Sydow, M. (2008): Behavioural targeting in on-line advertising: An empirical study. In: *Web Information Systems Engineering-WISE 2008,* S. 62–76.

Jegadeesh, N. / TITMAN, S. (1993): Returns to buying winners and selling losers: Implications for stock market efficiency, *The Journal of Finance,* 48 (1), S. 65–91.

Jin, C. H. / Villegas, J. (2006): Consumer responses to advertising on the Internet: the effect of individual difference on ambivalence and avoidance, *CyberPsychology & Behavior,* 10 (2), S. 258–266.

Johnson, C. A. / Wilson, C. P. / Meyer, S. (2005): Rethinking the significance of cart abandonment. Forrester Research.

Johnson, E. / Ratcliff, R. (2013): Computational and process models of decision-making in psychology and behavioral economics. In: P. W. Glimcher / E. Fehr (Hg.): *Neuroeconomics: Decision-Making and the Brain*, 2. Aufl., New York.

Johnson, E. J. / Bellman, S. / Lohse, G. L. (2003): Cognitive Lock-In and the Power Law of Practice, *Journal of Marketing*, 67 (2), S. 62–75.

Johnson, E. J. / Moe, W. W. / Fader, P. S. / Bellman, S. / Lohse, G. L. (2004): On the Depth and Dynamics of Online Search Behavior, *Management Science*, 50 (3), S. 299–308.

Johnson, G. A. / Lewis, R. A. / Nubbemeyer, E. I. (2017): Ghost ads: Improving the Economics of Measuring Online Ad Effectiveness, *Journal of Marketing Research*, 54 (6), S. 867–884.

Joshi, A. / Hanssens, D. M. (2010): The direct and indirect effects of advertising spending on firm value, *Journal of Marketing*, 74 (1), S. 20–33.

Jung, E.-Y. / Baek, C. / Lee, J.-D. (2012): Product survival analysis for the App Store, *Marketing Letters*, 23 (4), S. 929–941.

Kalman, R. E. (1960): A new approach to linear filtering and prediction problems, *Journal of Fluids Engineering*, 82 (1), S. 35–45.

Kelly, R. F. (1968): The search component of the consumer decision process: a theoretical examination. In: Robert King (Hg.): *Marketing and the New Science of Planning*, Chicago, S. 271–274.

Kelman, H. C. (1961): Processes of opinion change, *Public opinion quarterly*, 25 (1), S. 57–78.

Kent, R. / Brandal, H. (2003): Improving email response in a permission marketing context, *International Journal of Market Research*, 45 (4), S. 489–504.

Kes, I. / Woisetschläger, D. M. (2012a): When does personalization really pay off?, *Advances in Consumer Research*, 40.

Kes, I. / Woisetschläger, D. M. (2012b): Wissenschaftliche Beiträge-Betriebswirtschaftslehre-Behavioral Targeting, *Wirtschaftswissenschaftliches Studium-WIST*, 41 (5), S. 228.

Kes, I. / Woisetschläger, D. M. / Kothe, F. (2014): Reaktivierungsmanagement. Die Macht des E-Mail-Marketings, Hg. v. David M. Woisetschläger und Thomas Spengler. TU Braunschweig, Braunschweig.

Kim, J. K. / Cho, Y. H. / Kim, W. J. / Kim, J. R. / Suh, J. H. (2003): A personalized recommendation procedure for Internet shopping support, *Electronic Commerce Research and Applications*, 1 (3), S. 301–313.

Kinard, B. R. / Capella, M. L. (2006): Relationship marketing: the influence of consumer involvement on perceived service benefits, *Journal of Services Marketing*, 20 (6), S. 359–368.

Kirmeyer, S. L. (1988): Coping with competing demands: interruption and the type A pattern, *Journal of Applied Psychology*, 73 (4), S. 621.

Klaus, M. (2016): Targeting: Relevanz ohne Streuverluste - Serviceplan Blog. Serviceplan. Online verfügbar unter https://serviceplan.blog/de/2010/03/targeting/, zuletzt geprüft am 07.01.2019.

Klemperer, P. (1995): Competition when consumers have switching costs: An overview with applications to industrial organization, macroeconomics, and international trade, *The Review of Economic Studies*, 62 (4), S. 515–539.

Knops, A. / Zitzmann, S. / McCrink, K. (2013): Examining the presence and determinants of operational momentum in childhood, *Frontiers in psychology*, 4, S. 325.

Koijen, R. S. J. / Rodriguez, J. C. / Sbuelz, A. (2009): Momentum and mean reversion in strategic asset allocation, *Management Science*, 55 (7), S. 1199–1213.

Komiak, S. Y. X. / Benbasat, I. (2006): The effects of personalization and familiarity on trust and adoption of recommendation agents, *Mis Quarterly*, S. 941–960.

Koyck, L. (1954): *Distributed Lags and Investment Analysis*, Amsterdam, North Holland.

Kroeber-Riel, W. / Weinberg, P. / Gröppel-Klein, A. (2013): *Konsumentenverhalten*, 10. Aufl., s.l.

Krugman, H. E. (1965): The impact of television advertising: Learning without involvement, *Public opinion quarterly*, 29 (3), S. 349–356.

Krugman, H. E. (1966): The measurement of advertising involvement, *Public opinion quarterly*, 30 (4), S. 583–596.

Kuhn, T. S. (1967): *Die Struktur wissenschaftlicher Revolutionen*, 13. Aufl., Frankfurt am Main.

Kukar-Kinney, M. / Close, A. G. (2010): The determinants of consumers' online shopping cart abandonment, *Journal of the Academy of Marketing Science*, 38 (2), S. 240–250.

Kull, T. J. / Boyer, K. / Calantone, R. (2007): Last-mile supply chain efficiency: an analysis of learning curves in online ordering, *International Journal of Operations & Production Management*, 27 (4), S. 409–434.

Kumar, V. / Choi, J. B. / Greene, M. (2017): Synergistic effects of social media and traditional marketing on brand sales: capturing the time-varying effects, *Journal of the Academy of Marketing Science*, 45 (2), S. 268–288.

Lambrecht, A. / Tucker, C. (2013): When Does Retargeting Work? Information Specificity in Online Advertising, *Journal of Marketing Research*, 50 (2), S. 561–576.

Lammenett, E. (2009): *Praxiswissen Online-Marketing*.

Lee, M. / Lou, Y.-C. (2011): Consumer reliance on intrinsic and extrinsic cues in product evaluations: a conjoint approach, *Journal of Applied Business Research*, 12 (1), S. 21–29.

Leeflang, P. S.H. / Bijmolt, T. H.A. / van Doorn, J. / Hanssens, D. M. / van Heerde, H. J. / Verhoef, P. C. / Wieringa, J. E. (2009): Creating lift versus building the base: Current trends in marketing dynamics, *International Journal of Research in Marketing*, 26 (1), S. 13–20.

Lefrançois, G. R. (1994): *Psychologie des Lernens*, 3. Aufl., Berlin.

Lehman, D. W. / Hahn, J. (2013): Momentum and organizational risk taking: Evidence from the National Football League, *Management Science*, 59 (4), S. 852–868.

Lehman, D. W. / Hahn, J. / Ramanujam, R. / Alge, B. J. (2011): The dynamics of the performance–risk relationship within a performance period: The moderating role of deadline proximity, *Organization Science*, 22 (6), S. 1613–1630.

Leibniz, G. W. (1920): *The Early Mathematical Manuscripts of Leibniz*.

Leone, R. P. (1995): Generalizing what is known about temporal aggregation and advertising carryover, *Marketing Science*, 14 (3), 141–150.

Lewin, K. (1926): *Vorsatz, Wille und Beduerfnis*, Berlin.

Liao, T.-H. (2017): Online shopping post-payment dissonance: Dissonance reduction strategy using online consumer social experiences, *International Journal of Information Management*, 37 (6), S. 520–538.

Lorenz, M.-L. / Oheimb, C. v. / Schögel, M. (2009): Behavioral Targeting – Die richtigen Kunden in Kontakt mit dem Unternehmen bringen, *Marketing Review St. Gallen*, 26 (6), S. 24–30.

Lück, H. E. / Rippe, H.-J. / Timaeus, E. (1986): *Einführung in die Psychologie*, 2. Aufl., Opladen.

Mahajan, V. / Muller, E. / Sharma, S. (1984): An empirical comparison of awareness forecasting models for new product introduction., *Marketing Science*, 3, 179–206.

Malhotra, N. K. / Kim, S. S. / Agarwal, J. (2004): Internet users' information privacy concerns (IUIPC): The construct, the scale, and a causal model, *Information Systems Research*, 15 (4), S. 336–355.

Manchanda, P. / Dubé, J.-P. / Goh, K. Y. / Chintagunta, P. K. (2006): The effect of banner advertising on internet purchasing, *Journal of Marketing Research*, 43 (1), S. 98–108.

Marinova, A. / Murphy, J. / Massey, B. L. (2002): Permission e-mail marketing as a means of targeted promotion, *Cornell Hotel and Restaurant Administration Quarterly*, 43 (1), S. 61–69.

Martijn, C. / Alberts, H. / Sheeran, P. / Peters, G.-J. Y. / Mikolajczak, J. / de Vries, N. K. (2008): Blocked Goals, Persistent Action: Implementation Intentions Engender Tenacious Goal Striving, *Journal of Experimental Social Psychology*, 44 (4), S. 1137–1162.

Matzler, K. (1997): *Kundenzufriedenheit und Involvement*.

Mavromaras, K. / McGuinness, S. (2012): Overskilling dynamics and education pathways, *Economics of Education Review*, 31 (5), S. 619–628.

Mavromaras, K. / McGuinness, S. / O'Leary, N. / Sloane, P. / Fok, Y. K. (2009): Job mismatches and labour market outcomes. ESRI working paper.

Mayer, H. / Illmann, T. (2000): *Markt- und Werbepsychologie*, 3. Aufl., Stuttgart.

McCrink, K. / Dehaene, S. / Dehaene-Lambertz, G. (2007): Moving along the number line: Operational momentum in nonsymbolic arithmetic, *Perception & psychophysics*, 69 (8), S. 1324–1333.

McCrink, K. / Spelke, E. S. (2016): Journal of Experimental Child Psychology, *Journal of Experimental Child Psychology*, 142, S. 66–82.

Meffert, H. (1992): *Marketingforschung und Käuferverhalten*, 2. Aufl., Wiesbaden.

Meffert, H. / Burmann, C. / Kirchgeorg, M. / Eisenbeiß, M. (2019): *Marketing*, 13. Aufl. 2019, Wiesbaden.

Mela, C. F. / Gupta, S. / Lehmann, D. R. (1997): The Long-Term Impact of Promotion and Advertising on Consumer Brand Choice, *Journal of Marketing Research*, 34 (2), S. 248–261.

Mela, C. F. / Jedidi, K. / Bowman, D. (1998): The long-term impact of promotions on consumer stockpiling behavior, *Journal of Marketing Research*, S. 250–262.

Melnyk, S. A. / Pagell, M. / Jorae, G. / Sharpe, A. S. (1995): Applying survival analysis to operations management: Analyzing the differences in donor classes in the blood donation process, *Journal of Operations Management*, 13 (4), S. 339–356.

Mielke, R. (2001): Psychologie des Lernens, *Stuttgart: Kohlhammer*.

Miller, G. (2018): 31 Shopping Cart Abandonment Statistics For 2018, *Annex Cloud*.

Moe, W. W. / Fader, P. S. (2001): Uncovering patterns in cybershopping, *CALIFORNIA MANAGEMENT REVIEW*, 43 (4), S. 106–117.

Moe, W. W. / Fader, P. S. (2004): Dynamic Conversion Behavior at E-Commerce Sites, *Management Science*, 50 (3), S. 326–335.

Morgan, G. (1980): Paradigms, metaphors, and puzzle solving in organization theory, *Administrative science quarterly : ASQ; dedicated to advancing the understanding of administration through empirical investigation and theoretical analysis*, 25 (4), S. 605–622.

Moriguchi, T. / Xiong, G. / Luo, X. (2016): Retargeting ads for shopping cart recovery: Evidence from online field experiments, *Working Paper*.

Mulpuru, S. / Hult, P. / Freeman, P. E. / McGowan, B. (2010): Understanding Shopping Cart Abandonment. Customers Are Often Unprepared To Buy And Stunned By Shipping Costs (Forrester Research.). Online verfügbar unter http://www.forrester.com/Unders tanding+Shopping+Cart+Abandonment/fulltext/-/E-RES56827?objectid=RES56827, zuletzt geprüft am 16.07.2013.

Mundlak, Y. (1978): On the pooling of time series and cross section data, *Econometrica*.

Murphy, K. P. (2002): Dynamic bayesian networks: representation, inference and learning. Working Paper. University of California, Berkeley.

Myers, D. G. (2008): *Psychologie*, 2. Aufl.,

Naik, P. / Tsai, C.-L. (2000): Partial least squares estimator for single-index models, *Journal of the Royal Statistical Society: Series B (Statistical Methodology)*, 62 (4), S. 763-771.

Naik, P. A. / Mantrala, M. K. / Sawyer, A. G. (1998): Planning media schedules in the presence of dynamic advertising quality, *Marketing Science*, 17 (3), S. 214–235.

Neelamegham, R. / Chintagunta, P. K. (2004): Modeling and forecasting the sales of technology products, *Quantitative Marketing and Economics*, 2 (3), S. 195–232.

Nenkov, G. Y. (2012): It's all in the mindset: Effects of varying psychological distance in persuasive messages, *Marketing Letters*, 23 (3), S. 615–628.

Nerlove, M. / Arrow, K. J. (1962): Optimal advertising policy under dynamic conditions, *Economica*, 29 (114), S. 129–142.

Nevin, J. A. / Grace, R. C. (2000): Behavioral momentum: Empirical, theoretical, and metaphorical issues, *Behavioral and Brain Sciences*, 23 (1), S. 117–125.

Newell, A. / Rosenbloom, P. S. (1981): Mechanisms of skill acquisition and the law of practice. In: J. R. Anderson (Hg.): *Cognitive skills and their acquisition*. [Symposium on Cognition, 16th, Carnegie-Mellon University, 1980], Hillsdale, NJ (Annual Carnegie Cognition Symposium, 16.1980).

Newton, I. (1999): *The Principia – A new translation by I.B. Cohen and A. Whitman*, Berkeley.

Nicholls, C. (2011): The Science of Shopping Cart Abandonment – A research report from The Conversion Academy. SeeWhy Inc.

Nottorf, F. (2013): Modeling the clickstream across multiple online advertising channels using a binary logit with Bayesian mixture of normals, *Electronic Commerce Research and Applications*.

o. V. (2000): 78 percent of online buyers abandon shopping carts according to Bizrate.com, *BizRate Press Release* (23).

o. V. (2015): Definition Real-Time-Bidding (RTB), Hg. v. onlinemarketing PRAXIS. Online verfügbar unter http://www.onlinemarketing-praxis.de/glossar/real-time-bidding-rtb, zuletzt geprüft am 04.10.2018.

o. V. (2017): Wordstream 2017 – Marketing-statistics: adwords. hubspot.com. Online verfügbar unter https://www.hubspot.com/marketing-statistics, zuletzt geprüft am 30.12.2018.

o. V. (2018): Most effective digital marketing techniques 2018 | Statistic. Survey among marketers from January 2018. Online verfügbar unter https://www.statista.com/statistics/190858/most-effective-online-marketing-channels-according-to-us-companies/, zuletzt aktualisiert am 2018, zuletzt geprüft am 31.12.2018.

Palanisamy, R. / Wong, S. A. (2003): Impact of online consumer characteristics on web-based banner advertising effectiveness, *Global Journal of Flexible Systems Management*, 4 (2), S. 15–25.

Pechmann, C. / Stewart, D. W. (1988): Advertising repetition: A critical review of wearin and wearout, *Current issues and research in advertising*, 11 (1–2), S. 285–329.

Peers, Y. / van Heerde, H. J. / Dekimpe, M. G. (2017): Marketing Budget Allocation Across Countries: The Role of International Business Cycles, *Marketing Science*, 36 (5), S. 792–809.

Peppers, D. / Rogers, M. / Dorf, B. (1999): Is your company ready for one-to-one marketing, *Harvard Business Review*, 77 (1), S. 151–160.

Perrigot, R. / Cliquet, G. / Mesbah, M. (2004): Possible applications of survival analysis in franchising research, *The International Review of Retail, Distribution and Consumer Research*, 14 (1), S. 129–143.

Peterson, L. / Peterson, M. J. (1959): Short-term retention of individual verbal items, *Journal of experimental psychology*, 58 (3), S. 193.

Petty, R. E. / Cacioppo, J. T. (1979): Effects of message repetition and position on cognitive responses, recall and persuasion_Petty, Richard E., and John T. Cacioppo_1979, *Journal of Personality and Social Psychology*, 37 (1), S. 97–109.

Petty, R. E. / Cacioppo, J. T. (1980): Effects of issue involvement on attitudes in an advertising context, *Proceedings of the Division*, 23, S. 75–79.

Petty, R. E. / Cacioppo, J. T. (1981): *Attitudes and Persuasion: Classic and Contemporary Approaches*, Dubuque, IA.

Petty, R. E. / Cacioppo, J. T. / Schumann, D. (1983): Central and peripheral routes to advertising effectiveness: The moderating role of involvement, *Journal of Consumer Research*, 10 (2), S. 135–146.

Phelps, J. / Nowak, G. / Ferrell, E. (2000): Privacy concerns and consumer willingness to provide personal information, *Journal of Public Policy & Marketing*, S. 27–41.

Popper, K. R. (2003): *Logik der Forschung*, 10. Aufl., Tübingen.

Postma, O. J. / Brokke, M. (2002): Personalisation in practice: The proven effects of personalisation, *The Journal of Database Marketing*, 9 (2), S. 137–142.

Pramataris, K. C. / Papakyriakopoulos, D. A. / Lekakos, G. / Mylonopoulos, N. A. (2001): Personalized interactive tv advertising: The imedia business model, *Electronic Markets*, 11 (1), S. 17–25.

Pratt, J. / Spalek, T. M. / Bradshaw, F. (1999): The Time to Detect Targets at Inhibited and Noninhibited Locations: Preliminary Evidence for Attentional Momentum, *Journal of Experimental Psychology: Human Perception and Performance*, 25 (3), S. 730.

Pritchard, D. / Hoerger, M. / Mace, F. C. (2014): Treatment relapse and behavioral momentum theory, *Journal of Applied Behavior Analysis*, 47 (4), S. 814–833.

Probala, S. / Weber, C. (2013): *Die Einstellungsforschung im Kontext der Dissonanz- und Selbstwahrnehmungstheorie: Untersuchungen zur Einstellungsbildung und -änderung.*

Prothmann, F. (2009): A behavioral finance approach to explain the price momentum effect. Dissertation. Universität Hohenheim, Hohenheim. Institut für Financial Management.

Qiu, L. / Benbasat, I. (2005): Online consumer trust and live help interfaces: The effects of text-to-speech voice and three-dimensional avatars, *International Journal of Human-Computer Interaction*, 19 (1), S. 75–94.

Redmond, W. H. (2002): The potential impact of artificial shopping agents in e-commerce markets, *Journal of Interactive Marketing,* 16 (1), S. 56–66.

Rheinberg, F. / Vollmeyer, R. / Engeser, S. (2003): *Die Erfassung des Flow-Erlebens.*

Riekhof, H.-C. / Schäfers, T. / Eiben, I. (2009): Behavioral Targeting: Ein effizienter Einsatz des Online-Werbebudgets? PFH Forschungspapiere/Research Papers, Private Fachhochschule Göttingen, Göttingen (6).

Risselada, H. / Verhoef, P. C. / Bijmolt, T. H. A. (2014): Dynamic effects of social influence and direct marketing on the adoption of high-technology products, *Journal of Marketing,* 78 (2), S. 52–68.

Sahni, N. S. (2015): Effect of temporal spacing between advertising exposures: Evidence from online field experiments, *Quantitative Marketing and Economics,* 13 (3), S. 203–247.

Sahni, N. S. / Nair, H. (2018): Sponsorship Disclosure and Consumer Deception: Experimental Evidence from Native Advertising in Mobile Search, *SSRN Electronic Journal.*

Sahni, N. S. / Narayanan, S. / Kalyanam, K. (2017): An experimental investigation of the effects of retargeted advertising: The role of frequency and timing, *Working Paper.*

Sahni, N. S. / Wheeler, S. C. / Chintagunta, P. (2018): Personalization in Email Marketing: The Role of Noninformative Advertising Content, *Marketing Science,* 37 (2), S. 236–258.

Sami Sakly (2016): *Toward a dynamic attribution model for marketing,* Paris.

Schlenker, B. R. (1980): *Impression management: The self-concept, social identity, and interpersonal relations.*

Schoder, D. (2015): *Real-Time Marketing – Fragen und Antworten für Entscheider,* Hamburg.

Schüppel, J. (1996): Wissensmanagement: Organisationales Lernen im Spannungsfeld von Wissen-und Lerntheorie: Wiesbaden, Germany: Deutscher Universitäts Verlag/Gabler.

Seel, N. M. (2003): *Psychologie des Lernens: Lehrbuch für Pädagogen und Psychologen.*

Seiffert, H. (2003): *Einführung in die Wissenschaftstheorie,* 13. Aufl., München.

Sherif, C. W. / Sherif, M. / Nebergall, R. E. (1965): *Attitude and attitude change: The social judgment-involvement approach.*

Simon, H. (1982): ADPULS: An advertising model with wearout and pulsation, *Journal of Marketing Research,* S. 352–363.

Simonson, I. (2005): Determinants of customers' responses to customized offers: Conceptual framework and research propositions, *Journal of Marketing,* 69 (1), S. 32–45.

Simonson, I. / Tversky, A. (1992): Choice in context: Tradeoff contrast and extremeness aversion, *Journal of Marketing Research,* 29 (3), S. 281–295.

Sindhav, B. (2011): Co-creation of Value: Creating New Products through Social Media, *International Journal of Management Research,* 2 (1), S. 6–15.

Slovic, P. (1995): The construction of preference, *American Psychologist,* 50 (5), S. 364.

Slovic, P. / Griffin, D. / Tversky, A.: Compatibility effects in judgment and choice. In: R. M. Hogarth (Hg.): *Insights in decision making: A tribute to Hillel J. Einhorn,* Chicago, S. 5–27.

Smith, H. J. / Milberg, S. J. / Burke, S. J. (1996): Information privacy: measuring individuals' concerns about organizational practices, *Mis Quarterly,* S. 167–196.

Speier, C. / Morris, M. G. (2003): The influence of query interface design on decision-making performance, *Mis Quarterly,* S. 397–423.

Speier, C. / Valacich, J. S. / Vessey, I. (1999): The influence of task interruption on individual decision making: An information overload perspective, *Decision Sciences,* 30 (2), S. 337–360.

Spielmann, N. / Richard, M.-O. (2012): How captive is your audience? Defining overall advertising involvement, *Journal of Business Research,* 66 (4), S. 499–505.

Sternthal, B. / Craig, C. S. (1974): Effective and ineffective use of fear in health promotion campaigns, *American Journal of Public Health,* 78 (2), S. 163–167.

Stewart, D. W. / Pavlou, P. A. (2002): From consumer response to active consumer: measuring the effectiveness of interactive media, *Journal of the Academy of Marketing Science,* 30 (4), S. 376–396.

Tam, K. Y. / Ho, S. Y. (2005): Web personalization as a persuasion strategy: an elaboration likelihood model perspective, *Information Systems Research,* 16 (3), S. 271–291.

Taylor, J. / Demick, A. (1994): A multidimensional model of momentum in sports, *Journal of Applied Sport Psychology,* 6 (1), S. 51–70.

Tellis, G. J. / Franses, P. H. (2006): Optimal data interval for estimating advertising response, *Marketing Science,* 25 (3), S. 217–229.

Thornton, I. M. / Hubbard, T. L. (2002): Representational momentum: New findings, new directions, *Visual Cognition,* 9 (1–2), S. 1–7.

Trafton, J. G. / Altmann, E. M. / Brock, D. P. / Mintz, F. E. (2003): Preparing to resume an interrupted task: Effects of prospective goal encoding and retrospective rehearsal, *International Journal of Human-Computer Studies,* 58 (5), S. 583–603.

Trommsdorff, V. (2003): *Konsumentenverhalten,* 5. Aufl., Stuttgart.

Trommsdorff, V. (2004): Verfahren der Markenbewertung. In: M. Bruhn (Hg.): *Handbuch Markenführung,* 2. Aufl., S. 1853–1875.

Tsang, M. M. / Ho, S.-C. / Liang, T.-P. (2004): Consumer attitudes toward mobile advertising: An empirical study, *International Journal of Electronic Commerce,* 8 (3), S. 65–78.

Tucker, C. (2010): The Economics Value of Online Customer Data. Background Paper #1. Joint WPISP-WPIE Roundtable.

Vallacher, R. R. / Wegner, D. M. (1989): Levels of Personal Agency: Individual Variation in Action Identification, *Journal of Personality and Social Psychology,* 57 (4), S. 660–671.

Vallerand, R. J. / Colavecchio, P. G. / Pelletier, L. G. (1988): Psychological momentum and performance inferences: A preliminary test of the antecedents-consequences psychological momentum model, *Journal of sport & exercise psychology,* 10 (1), S. 92–108.

Walters, C. G. / Bergiel, B. J. (1989): *Consumer behavior: A decision-making approach.*

Weber, J.?r. / Malz, R. / Lührmann, T. (2012): *Excellence im Management-Reporting,* Weinheim.

Weitzman, M. L. (1979): Optimal search for the best alternative, *Econometrica: Journal of the Econometric Society,* 47 (3), S. 641–654.

Weng, S.-S. / Liu, M.-J. (2004): Feature-based recommendations for one-to-one marketing, *Expert systems with applications,* 26 (4), S. 493–508.

West, M. / Harrison, J. (1997): *Bayesian forecasting and dynamic models,* 2. Aufl., New York [etc.].

West, M. / Harrison, P. J. / Migon, H. S. (1985): Dynamic generalized linear models and Bayesian forecasting, *Journal of the American Statistical Association,* 80 (389), S. 73–83.

Winer, R. S. (1979): An Analysis of the Time-Varying Effects of Advertising: The Case of Lydia Pinkham, *Journal of Business,* 52 (4), S. 563–576.

Woisetschläger, D. (2006): *Markenwirkung von Sponsoring,* 1. Aufl., Wiesbaden.

Wooldridge, J. M. (1995): Selection corrections for panel data models under conditional mean independence assumptions, *Journal of econometrics,* 68 (1), S. 115–132.

Xie, J. / Song, X. M. / Sirbu, M. / Wang, Q. (1997): Kalman filter estimation of new product diffusion models, *Journal of Marketing Research,* 34 (3), S. 378–393.

Yaveroglu, I. / Donthu, N. (2008): Advertising repetition and placement issues in on-line environments, *Journal of Advertising,* 37 (2), S. 31–44.

Yildiz, H. (2007): Permission marketing and commitment: proposal for a theoretical framework applied to e-mail opt-in, *Recherche et Applications en Marketing (English Edition),* 22 (3), S. 5–26.

Yoon, S.-O. / Simonson, I. (2008): Choice set configuration as a determinant of preference attribution and strength, *Journal of Consumer Research,* 35 (2), S. 324–336.

Youn, S. (2009): Determinants of online privacy concern and its influence on privacy protection behaviors among young adolescents, *Journal of Consumer Affairs,* 43 (3), S. 389–418.

Yu, J. H. / Cude, B. (2009): 'Hello, Mrs. Sarah Jones! We recommend this product!' Consumers' perceptions about personalized advertising: comparisons across advertisements delivered via three different types of media, *International Journal of Consumer Studies,* 33 (4), S. 503–514.

Zauberman, G. (2003): The Intertemporal Dynamics of Consumer Lock-In, *Journal of Consumer Research,* 30 (3), S. 405–419.

Zellner, A. (1962): An efficient method of estimating seemingly unrelated regressions and tests for aggregation bias, *Journal of the American Statistical Association,* 57 (298), S. 348–368.

Zerfaß., A. / Buchele, M. S. (2008): Kommunikationscontrolling: Forschungsstand und Entwicklungen, *Marketing Review St. Gallen,* 25 (1), S. 20–24.

Zhou, N. / Zhou, D. / Ouyang, M. (2003): Long-Term Effects of Television Advertising on Sales of Consumer Durables and Nondurables -The Case of China, *Journal of Advertising,* 32 (2), S. 45–54.

Zijlstra, F. R. H. / Roe, R. A. / Leonora, A. B. / Krediet, I. (1999): Temporal factors in mental work: Effects of interrupted activities, *Journal of Occupational and Organizational Psychology,* 72 (2), S. 163–185.

CPSIA information can be obtained
at www.ICGtesting.com
Printed in the USA
LVHW052137261120
672778LV00013B/2105